Macs Para Du...
10ª Edici...

A la Vista!

Cómo ven las cosas Windows y Mac

Término de Windows XP/Vista	Equivalente aproximado de Mac
Accessories (Accesorios)	Utilities, Aplications (Utilidades, Aplicaciones)
Tecla Alt	Tecla Option (Opción)
Tecla Control	Tecla ⌘ (Comando)
Control panel (Panel de control)	System Preferences (Preferencias del sistema)
Device Manager (Administrador de dispositivos)	System Profiler (Perfil del sistema)
Exit (Salir)	Quit (Salir)
Gadgets	Widgets del dashboard
My Computer/Computer (Mi PC/PC)	Desktop (Escritorio)
My Pictures/Pictures (Mis imágenes/Imágenes)	Carpeta Pictures (Imágenes)
Program Files (Archivos de programa)	Carpeta Applications (Aplicaciones)
Properties (Propiedades)	Get Info (Obtener información)
Papelera de reciclaje	Papelera
Atajo	Alias
Start menu (Menú inicio) y Taskbar (Barra de herramientas)	Dock
System tray (Bandeja de sistema)	Dock
Explorador de Windows	Finder

Cinco razones no tan obvias por las que las Macs mandan

Pueden jugar ajedrez. Desafíe a la computadora o vea a la computadora desafiarse a sí misma (Applications – Aplicaciones).

Son multilingües. Exhiba menús y cuadros de diálogo en quince idiomas extranjeros. Seleccione International (Internacional) en System Preferences (Preferencias del sistema).

Reconocen la voz. Use su voz para abrir aplicaciones, elegir elementos del menú y enviar correo electrónico. Seleccione Speech (Voz) en System Preferences (Preferencias del sistema).

Le permiten usar controles parentales. Especifique los sitios web que sus hijos pueden visitar, las personas con quienes pueden intercambiar correo electrónico o chatear y las aplicaciones que pueden ejecutar. Seleccione Parental controls (Controles parentales) en System Preferences (Preferencias del sistema).

Permiten hacer videoconferencias. Mantenga una videoconferencia con hasta tres personas a través de iChat AV (Applications – Aplicaciones).

Para Dummies: La Serie de Libros para Principiantes con Más Éxito en Ventas

Macs Para Dummies, 10ª Edición

¡A la Vista!

Atajos de teclado comunes

Comando	Atajo
Nueva ventana de Finder	⌘+N
Nueva carpeta	Shift+⌘+N
Nueva carpeta inteligente	Option+⌘+N
Abrir	⌘+O
Cerrar ventana	⌘+W
Obtener información	⌘+I
Duplicar	⌘+D
Crear Alias	⌘+L
Mostrar original	⌘+R
Agregar a barra lateral	⌘+T
Expulsar	⌘+E
Buscar	⌘+F

Rápida Fuga del infierno de las computadoras

Utilice Force Quit (Forzar salir) cuando una aplicación no responde: Seleccione Force Quit (Forzar salir) o presione las teclas ⌘d+Option+Esc. Haga clic en el nombre de la aplicación descarriada (probablemente aparezca *not responding [no responde]* junto a su nombre). Por lo general, no necesita reiniciar.

Reinicie. Si Force Quit (Forzar salir) no resuelve el problema, intente apagar y volver a encender el equipo. Si una Mac congelada no le permite hacer clic en el comando Restart (Reiniciar) del menú , mantenga presionado el botón de encendido por varios segundos o presione Ctrl+⌘ y luego presione el botón de encendido. Si todo lo demás falla, desconecte el cable, pero recuerde que apagar sin salir de su sesión sólo debe utilizarse como último recurso.

Reiniciar en Safe Mode (Modo seguro). Presione el botón de energía para encender su computadora y luego pulse y mantenga presionada la tecla Shift en el momento que escucha la melodía de bienvenida. Suelte Shift cuando aparezca el logotipo de Apple. Las palabras *Safe Boot* (Inicio seguro) aparecen en la ventana de inicio de sesión de Leopard. En el modo seguro, la Mac despliega una serie de pasos de resolución de problemas diseñados para hacer que la computadora recupere su salud. Si Safe Boot resolvió el problema, reinicie la Mac normalmente la próxima vez.

Para Dummies: La Serie de Libros para Principiantes con Más Éxito en Ventas

Macs
PARA
DUMMIES®

10ᴬ EDICIÓN

por Edward C. Baig
Columnista de Personal Technology (Tecnología Personal)
para *USA TODAY*

WILEY

Wiley Publishing, Inc.

Macs Para Dummies®, 10a Edición

Published by
Wiley Publishing, Inc.
111 River Street
Hoboken, NJ 07030-5774

www.wiley.com

Copyright © 2009 by Wiley Publishing, Inc., Indianapolis, Indiana

Published by Wiley Publishing, Inc., Indianapolis, Indiana

Published simultaneously in Canada

For general information on our other products and services, please contact our Customer Care Department within the U.S. at 800-762-2974, outside the U.S. at 317-572-3993, or fax 317-572-4002.

For technical support, please visit www.wiley.com/techsupport.

Wiley also publishes its books in a variety of electronic formats. Some content that appears in print may not be available in electronic books.

Library of Congress Control Number: 2009920041

ISBN: 978-0-470-37904-2

Manufactured in the United States of America

10 9 8 7 6 5 4 3 2 1

WILEY

Acera del Autor

Edward C. Baig escribe la columna semanal Personal Technology (Tecnología Personal) de USA TODAY y es co-conductor del video podcast semanal Talking Tech with Ed Baig & Jefferson Graham (Hablando sobre Tecnología con Ed Baig & Jefferson Graham) de USA TODAY. También es coautor del libro publicado por Wiley iPhone Para Dummies.

Antes de unirse a USA TODAY como columnista y reportero en 1999, Ed pasó seis años en Business Week, donde escribió y editó notas sobre tecnología de consumo masivo, finanzas personales, artículos coleccionables, viajes y cata de vinos. Recibió el Financial Writers and Editors Award (Premio a Escritores y Editores Financieros) en 1999 de la Medill School of Journalism por sus contribuciones en "Business Week Investor Guide to Online Investing" (La Guía del Inversor para Inversiones en Línea de Business Week). Esto llegó después de trabajar por tres años en U.S. News & World Report, donde Ed era el escritor técnico principal para la sección News You Can Use (Noticias que le Servirán), pero que también cubría diversos tópicos. Ed recuerda con cariño haber escrito una colección ecléctica de notas sobre inversiones en tarjetas de baseball, máquinas de karaoke y las cosas raras que la gente colecciona, incluyendo dispensadores de caramelos Pez, radios antiguas y parafernalia utilizada por magos e ilusionistas.

Ed comenzó su carrera periodística en Fortune, obteniendo allí la mejor capacitación que pueda imaginar en sus primeros años como verificador de datos y colaborador del ranking Fortune 500. Durante la docena de años que trabajó en la revista, Ed cubrió las industrias del tiempo libre, escribiendo artículos sobre el lucrativo mercado de citas y también sobre el efecto de la religión en la dirigencia corporativa, y estuvo muy involucrado en el proyecto de la revista Most Admired Companies (Compañías Más Admiradas). Ed también inició la columna de Fortune Products to Watch (Productos a Tener en Cuenta), un espacio para elementos tecnológicos simples y de alta complejidad.

Ed se convirtió en un apasionado de los aparatitos y la tecnología desde que compró su grabadora de carrete abierto y una radio de onda corta cuando era un niño. También se ha comprado varios reproductores de cartuchos de 8 pistas (que todavía están en algún lugar de su altillo) y la consola de video juegos Magnavox Odyssey, que no era la Xbox de su época. Hoy en día, cuando no está disfrutando de su familia o en el teclado de su miríada de computadoras, se lo puede encontrar alentando a los New York Giants y New York Mets, escuchando música de todo tipo, y viendo películas.

Es Licenciado en Ciencias Políticas del York College y obtuvo una Maestría en Administración de Empresas en Adelphi University.

Dedicatoria

Este libro está dedicado a mis extraordinarios y hermosos hijos: mi hija Sydney, a quien desde muy temprana edad le fascina el iTunes Visualizer (Visualizador iTunes), y mi hijo Sammy, quien no puede resistirse a golpear (en sentido literal) el teclado. Este libro también está dedicado a mi bella esposa Janie, quien todos los días hace grandes y pequeñas cosas asombrosas, y a mi "hijo" canino Eddie por recordarme continuamente con sus ladridos que soy yo quien vive y trabaja en su casa, y no al revés. Finalmente este libro está dedicado a mi mamá Lucy, por los valores que me has inculcado y que estás comenzando a inculcar en tus nietos. Los amo a todos.

Agradecimientos del Autor

Ningún libro de este tipo puede escribirse en el vacío y he recibido un respaldo maravilloso de muchísima gente. Déjenme empezar por agradecer nuevamente a mi agente, Matt Wagner, por convertirme en un autor de la serie Dummies.

En Wiley, quisiera agradecer al Editor de Adquisiciones Bob Woerner, a la Editora del Proyecto Susan Pink (el modelo ideal de paciencia), y al Editor Técnico Dennis Cohen — sus servicios son simplemente invaluables. Mucha gente en Wiley hace un trabajo tras bambalinas impresionante. No sé todos sus nombres, pero quiero que sepan que tienen el mayor de mis respetos y gratitud.

Nunca podría haber llevado a cabo este proyecto sin la ayuda considerable de mucha gente dentro de Apple. Así que agradezco especialmente a Katie Cotton, Steve Dowling, Natalie Kerris, Teresa Brewer, Greg (Joz) Joswiak, Tom Neumayr, Jannette Barrios, Jennifer Hakes, Keri Walker, Amy Bessette, Amy Barney, Bill Evans, y otros en Cupertino.

Gracias también a Jim Henderson, Geri Tucker, Nancy Blair, y mis otros colegas y amigos de USA TODAY por su aliento y por poner el sello de aprobación del periódico detrás de este proyecto.

Por último, pero no por ello menos importante, gracias a todos mis amigos y familiares que no sólo me instaron a que escriba este libro, sino también perdonaron mis mágicas desapariciones durante esos períodos en que las fechas de entrega ejercían su presión. Ya no tengo más excusas.

Agradecimientos de la Editorial

Estamos orgullosos de este libro; por favor, envíenos sus comentarios a través de nuestro formulario de registro en línea, el cual podrá encontrar en www.dummies.com/register/.

Éstas son algunas de las personas que ayudaron a publicar este libro:

Adquisiciones y Editorial

Editor del Proyecto: Susan Pink, Kevin Kirschner

Editor Ejecutivo de Adquisiciones: Bob Woerner

Editora de Copia: Susan Pink

Editor Técnico: Dennis Cohen

Gerente Editorial: Jodi Jensen

Asistente Editorial: Amanda Foxworth

Asistente Editorial en Jefe: Cherie Case

Tiras Cómicas: Rich Tennant (www.the5thwave.com)

Servicios de Composición

Coordinador del Proyecto: Kristie Rees

Diseño y Gráficos: Reuben W. Davis, Andrea Hornberger, Sarah Philippart

Correctores de Pruebas: Caitie Copple, John Greenough, Joni Heredia, Toni Settle

Indexador: Broccoli Information Management

Traductora: Grecia Levy, Word-It Translations

Publicación y Editorial para Tecnología Dummies

    Richard Swadley, Vicepresidente y Editor Ejecutivo del Grupo

    Andy Cummings, Vicepresidente y Editor comercial

    Mary Bednarek, Directora ejecutiva de Adquisiciones

    Mary C. Corder, Directora Editorial

Publicación para Consumidor Dummies

    Diane Graves Steele, Vicepresidente y Editora

Servicios de Composición y Producción

    Gerry Fahey, Vicepresidente de producción

    Debbie Stailey, Directora de Composición

Un Vistazo al Contenido

Tabla de Materias

Introducción

. . . .

Qué momento estupendo para conocer la Mac. Durante años, estas computadoras de elegante diseño han sido un modelo de simplicidad y estabilidad libre de virus. Pero eso nunca impidió que Apple hiciera estas máquinas incluso más difíciles de resistir, incorporando cambios sorprendentes.

Tenga en cuenta la adopción sísmica de Intel por parte de Apple hace algunos años. Significa que usted, Sr. o Sra. que compra una computadora, puede quedarse con el pan *y* con la torta (me encanta usar clichés cuando hacen falta). Puede sacar provecho de lo que queda del mejor matrimonio de computación personal (la unión sagrada entre el hardware de Mac y el software de Mac), pero ya no tiene que descartar el software basado en Microsoft Windows que suele utilizar por costumbre, debido a obligaciones de negocios, o porque no sabe usar otra cosa.

De hecho, este libro está dirigido en parte a los veteranos de Windows que por lo menos están pensando en abandonar las filas y pasarse a Mac. También está directamente orientado a la gente que es totalmente nueva en el mundo de las computadoras (e Internet). Y aunque este es, ante todo, un libro para principiantes, confío en que la gente que ya está interesada en las computadoras en general y las Macs en particular lo encontrará útil.

Acerca de Este Libro

Unas pocas palabras sobre la franquicia *Para Dummies* de la que estoy orgulloso de formar parte: Estos libros se crean sobre la idea de que todos nosotros nos sentimos bobos cada vez que probamos algo nuevo, especialmente cuando el tema que nos concierne (la tecnología) tiene esa peste de jerga específica.

Resulta que sé que no tiene ni un pelo de *dummy* en la cabeza, y que los editores de Wiley lo saben también. *Au contraire* (¿Qué tan tonto puede ser si habla francés?). En todo caso, ya ha demostrado inteligencia al comprar este libro. Ya está listo para zambullirse en el mejor entorno de computación que conozco.

Como es tan inteligente, probablemente se pregunte "¿Quién es este tipo para pedirme 400 páginas o más de mi tiempo?" Vaya y lea mi biografía resumida, que aparece justo antes de la Tabla de Contenidos.

Lo que no encontrará allí es esto: Soy, relativamente, un recién llegado a la Mac. Crecí con la computación en MS-DOS y luego migré como la mayoría del mundo a Windows. Todavía utilizo equipos con Windows todos los días.

Pero desde entonces me transformé en un converso de Mac y además utilizo mis distintas Apples todos los días (Sin comentarios irónicos, por favor, me hago tiempo para otras cosas).

Al escribir este libro, hice la promesa de mantener el tecnoparloteo al mínimo. No puedo eliminarlo del todo y, para ser honesto, no quisiera hacerlo. Es por esto:

- Puede encontrarse con términos absurdamente complicados en anuncios publicitarios y en la Web, así que es útil tener un mínimo de conocimiento sobre algunos de ellos.

- No hay nada que nos impida burlarnos de vez en cuando de los amantes de la tecnología que inventaron estas cosas.

Convenciones que Se Usan en Este Libro

Cualquiera que haya hojeado este o cualquier otro libro *Para Dummies* sabe que no son exactamente *La Guerra y la Paz*. Ahora que lo pienso, es una lástima que a Tolstoi se le ocurriera primero ese nombre. Sería un título genial cuando se escriba la historia definitiva de la alianza Apple-Intel.

Macs Para Dummies hace un uso importante de listas numeradas y viñetas, además de capturas de pantalla que, dicho sea de paso, se hicieron con una utilidad gratuita de Mac (invaluable para los escritores de libros como éste) llamada *Grab*. Como verá, todavía no ha salido de la introducción y ya le estoy dando su primera lección sobre Mac, sin más.

También verá varios apartados en el libro que contienen material que no forma parte del programa de estudios obligatorio (bueno, nada es realmente obligatorio). Espero que de todas maneras los lea. Algunos apartados son de carácter técnico y algunos brindan un poco de perspectiva histórica.

Cómo Se Organiza Este Libro

La belleza del formato *Para Dummies* es que puede saltar de un lado a otro y leer la sección que quiera. No está obligado a seguir una estructura lineal. ¿Necesita resolver un problema? Vaya directamente a la sección de resolución de problemas (Capítulo 20) sin perder el turno. ¿Quiere encontrar nueva música para escuchar mientras machaca a la computadora? Lo espero en el Capítulo 14.

Aquí *sí* hay un principio de ordenamiento. Esta edición de *Macs Para Dummies* se divide en media docena de partes. Si es nuevo en la computación, puede que quiera digerir este libro de principio a fin.

Parte 1: Primer Año en la Universidad Tecnológica de Arrastrar y Soltar

En la Parte I, preparo la base de su educación Mac: desde encender el equipo a navegar el escritorio de la Mac. Se le presentan los puertos y conectores, el dock, los programas gratuitos y los distintos modelos de Mac.

Parte 11: Trato Cotidiano con la Mac

Si la Parte I está dedicada principalmente a seminarios y conferencias, la Parte II es en la que hace el trabajo de laboratorio. Descubrirá cómo procesar palabras e imprimir, y cómo domar el sistema operativo Leopard.

Parte 111: Viaje en Cohete hacia el Ciberespacio

La Parte III cubre todo lo que tenga que ver con Internet. Encontrará cómo conectarse, realizar búsquedas en línea, comprar y enviar correo electrónico. También presento Time Machine, el programa de copias de seguridad de computadoras más hábil y sencillo de todos y MobileMe, el club en línea arancelado de Apple.

Parte 1V: Conseguir una Vida iLife

En la Parte IV realmente pasa a las cosas divertidas, los programas que pudieron llevarlo a comprar una Mac en primer lugar. iTunes, iPhoto, iMovie, iDVD, GarageBand e iWeb.

Parte V: La Sección Tecnófila Espeluznante

La Parte V es la parte de este libro sobre computadoras que puede imaginar como la más parecida a…, bueno, un libro sobre computadoras. No se preocupe, puede leer los capítulos de esta sección sin que lo califiquen como un *nerd*. En cualquier caso, está repleta de información práctica sobre trabajo en red y diagnóstico de problemas.

Parte VI: La Parte de los Diez

Listmania es una marca registrada de *Para Dummies*. Revise la Parte VI para diez sitios Web con sabor a Mac, diez widgets para el dashboard, más otras diez cosas interesantes que puede hacer una Mac, desde jugar ajedrez a contar un chiste.

Íconos que Se Usan en Este Libro

Repartidos por los márgenes de estas páginas hay pequeñas imágenes o íconos. Fácilmente podría haber mencionado los íconos en las "Convenciones utilizadas en este libro", porque los íconos también son convenciones de *Para Dummies*, por no decir ingredientes esenciales en las computadoras de hoy en día. Utilizo cuatro de ellos en todo este libro.

Un ícono de recuerdo significa que hay un punto de *énfasis*. Así que además de recordar el cumpleaños de su cónyuge y dónde puso las llaves de la casa, puede que quiera retener algunas de estas cosas.

Presento el ícono de consejo cuando un atajo o recomendación puede hacer que la tarea en cuestión se haga en forma más rápida o sencilla.

Algún porcentaje de los lectores de *Para Dummies* se engancharán tanto con la computación que se convertirán en los expertos tecnológicos de mañana. Estas son personas que agradecen la presencia de estos pequeños íconos de cara puntiaguda. Otros entre ustedes prefieren tragar aguarrás antes que leer un párrafo terriblemente técnico. Puede ignorar este material con total seguridad. (Aún así, ¿no siente ni un poquito de curiosidad sobre qué se puede estar perdiendo?)

Este ícono es mi forma de decirle que tiene que prestar atención a este párrafo y proseguir con cuidado, para no crear el tipo de caos que podría causar daño tal vez permanente a su computadora y (por consiguiente) a su billetera.

Hacia Dónde Ir desde Aquí

Hice todo el esfuerzo posible para hacer las cosas bien y presentarlas de un modo coherente. Pero si erré de algún modo, si lo confundí, lo hice enojar o cualquier otra cosa, envíeme un correo electrónico a baigdummies@aol.com. Realmente le doy la bienvenida a sus comentarios y sugerencias, y haré todo lo posible por responder a las consultas razonables oportunamente. La gente de Mac no es tímida para hacer escuchar sus opiniones. Ah, y como todos los escritores tienen egos frágiles, siéntase libre de enviarme algunos correos electrónicos *amables*. Por encima de todo, espero que se divierta leyendo el libro y, lo que es más importante, espero que pase un rato divertidísimo con su Mac. Gracias por comprar el libro.

Parte I
Primer Año en la Universidad Tecnológica de Arrastrar y Soltar

En esta parte . . .

Incluso en una facultad divertida, va a tener que inscribirse en algunas clases académicas. En estos primeros capítulos, el trabajo del curso provee un primer vistazo sobre las herramientas y programas que hacen tan atractivas a las Macs. La ventaja, los deberes son fáciles.

Excelente elección como carrera de especialización.

Capítulo 1

Aventurarse en el Mundo Mac

· ·

En Este Capítulo

▶ Descubrir por qué su computadora es especial

▶ Conversar con su computadora

▶ Iniciarse en iLife

▶ Salir de la caja

▶ Usar la computadora en forma segura

· ·

*P*erdóneme por entrar en un terreno íntimo de buenas a primeras, pero después de su pareja o media naranja, ¿hay alguien o algo que toque más a menudo que el teclado de su computadora? ¿O que mire con mayor intensidad que un monitor?

Si éste es su primer coqueteo con una Macintosh, es probable que ya esté locamente enamorado; es más, posiblemente éste sea el inicio de un apasionado affaire de por vida.

A pesar de ser muy bonita, la Mac es mucho más que una computadora para presumir. Puede admirar la máquina por ostentar un diseño inteligente, versatilidad y resistencia. Pero, una Mac puede cuidarse sola. Al momento de escribir estas líneas, la Mac sigue estando a salvo del flagelo de virus que acosan a las PCs basadas en Microsoft Windows. Las encantadoras Apple también son mucho más estables, por lo tanto rara vez fallan o colapsan.

La Impresionante Informática Mac

No debería alarmarse porque mucho menos personas tengan Macs que PCs. Es como decir que comparado con conductores de Chevys, existen muy pocos conductores de Ferraris. La superioridad numérica es un concepto sobrevalorado.

Además, como nuevo miembro de la comunidad Mac, tenga en cuenta con quién se va a codear. Los dueños de Mac tienden a pertenecer a un sector *cool*: artistas, diseñadores, actores y (no puedo resistirme) escritores.

Claro, esta misma gente puede ser engreída a veces. Me ha pasado que expertos en Mac lanzarán sus misiles contra mí por escribir críticas *positivas* que no eran lo bastante aduladoras. O hasta por atreverme a sugerir que las Macs no siempre son perfectas.

Pero están endemoniadamente cerca de serlo, y si usted recién llega a Mac, prepárese para el festín. Se dice que la mayoría de los usuarios de Windows van a su computadora para cumplir con la tarea y terminarla cuanto antes. El dueño de una Mac también cumple con su tarea, claro. La diferencia es que las máquinas grabadas con el logotipo Apple aman su trabajo. Por otra parte, ahora que Intel está dentro de las nuevas Macs, la computadora Apple duplica en eficacia a una máquina Windows.

Oh, y siempre recordará la primera vez.

Inspeccionar formas y tamaños

Cuando se habla de Mac, es posible referirse al equipo físico (o hardware) como también al software del *sistema operativo* que hace que todo funcione. Uno depende del otro. En una Mac, el sistema operativo se llama *OS X* (se pronuncia "ou-es-ten"). El sexto gran lanzamiento de OS X, lleva el feroz apodo de Leopard (consulte el Capítulo 6 para información adicional sobre el sistema operativo).

Apple Computer cuenta con una enorme ventaja respecto a otras compañías que promocionan Windows PCs ya que es una única entidad responsable de producir no sólo la computadora en sí, sino también el software, fundamental para coreografiar el modo en que funciona el sistema. Y todo está en armonía.

Un marcado contraste con los códigos del mundo de la PC. Compañías como Dell y Hewlett-Packard fabrican hardware. Microsoft produce el software de Windows que alimenta a las máquinas. No cabe duda de que estas compañías mantienen vínculos directos, pero claramente no comparten vínculos de sangre como Apple.

Encontrará una variedad de Macintosh concebidas para sentarse encima de su escritorio, de ahí el término *desktop computer* (computadora de escritorio). Se analizarán en detalle en el Capítulo 4. Sepa por ahora que los principales ejemplos de esta raza son la iMac, la Mac mini y la Mac Pro.

Las *laptops* (portátiles) Mac, llamadas así porque pueden ser transportadas y reposar en su falda, incluyen la MacBook, la MacBook Pro y la Twiggy-delgada MacBook Air. A veces se las llama *notebook computers* (computadoras cuaderno) o simplemente *notebooks*. Al igual que un cuaderno a espiral, caben en un portafolio.

Una Mac acorde a sus necesidades

¿Aún no decidió qué Mac comprar? Este libro le brindará ayuda. Un consejo barato: Si puede ir y examinar la computadora cara a cara, no lo dude. Apple opera más de doscientos locales de venta al público en el mundo, la mayoría en Norteamérica. Pero, también hay puntos de venta en el Reino Unido, Italia y Japón. Buscar su presa dentro de estas tiendas de caramelos súper tecnológicas es una delicia. Por supuesto, también puede comprar Macs en Internet o en cualquier tienda tradicional de computadoras.

Simplemente prepárese para desembolsar parte de su botín. Si bien la brecha entre el costo de una PC y una Mac se va reduciendo, seguramente pagará más por una Mac que por un modelo comparable de PC.

(Oh oh… Los fanáticos de Mac hierven ante este comentario: Puedo ver nítidamente explotar sus cabezas mientras vociferan: "No existe ninguna máquina Windows *comparable*".)

Recuerde que los estudiantes muchas veces pueden obtener descuentos en computadoras. Verifique esto en la librería de su escuela o universidad. Apple también otorga beneficios al cuerpo docente, personal administrativo y maestros de escuela primaria o educación inicial.

Puede también calificar para un descuento corporativo a través de su empleador.

Elegir periféricos útiles

Como seguramente imaginará, existe toda una gama de periféricos que complementan a la Mac. Si bien gran parte de lo que crea en *bits* y *bytes*, para ponerlo en términos informáticos, se conserva en ese formato electrónico, en algún momento usted querrá imprimir su trabajo. En antiguo papel, ni más ni menos. Afortunadamente, varias impresoras de calidad funcionan con Mac. Brindo detalles en el Capítulo 8.

También podría querer un *escáner*, que en cierto modo es lo opuesto a una impresora, ya que parte de una imagen que está en formato papel y la digitaliza, o transfiere a un formato que su computadora es capaz de entender y visualizar. De acuerdo, también puede digitalizar diapositivas y microfichas, pero quedó clara la idea.

Algunas máquinas combinan funciones de impresión y escaneo con capacidades para fotocopiar y enviar/recibir fax. Estas dispositivos se llaman *multifunción*, o todo-en-uno.

Comunicarse con Su Mac

La Mac no es tan estirada como algunos objetos de deseo humanos. Es amistosa y accesible. En esta sección, le contaré más.

Es un GUI

Toda computadora actual emplea hoy lo que se llama una *graphical user interface* (interfaz gráfica de usuario) o GUI. Podría decirse que la GUI de Mac es la más atractiva de todas. Consiste en objetos e imágenes de colores en pantalla, además de ventanas y menús (para mayores detalles, consulte el Capítulo 3). Usted interactúa con los mismos usando un *mouse* de computadora o cualquier otro *pointing device* (dispositivo de señalización) que le indique a su máquina y distintos programas cómo comportarse. Mucho mejor que teclear instrucciones en crípticos comandos o tomar un curso acelerado de programación.

Si bien GUI se pronuncia "gui", no tiene absolutamente nada que ver con la Wii.

Grandes herramientas para usted

Dada su versatilidad, muchas veces pensé que una Mac sería un producto estupendo para vender en unos de esos infomerciales que pasan por TV a la noche tarde. *"Corta en rebanadas, en cubitos. Hace mucho más que un Cuchillo Ginsu o el kit de pesca Popeil Pocket Fisherman!"*

Es más, ¿alguna vez se detuvo a pensar qué es una computadora a fin de cuentas? Consideremos algunas de sus más primitivas (aunque prácticas) funciones. Una Mac puede

- Dar la hora
- Mostrar retratos de familia
- Resolver problemas de aritmética
- Reproducir películas
- Permitirle chatear con amigos

Me atrevo a decir que usted no entregó una pequeña fortuna a cambio de un simple reloj, álbum de fotos, calculadora, reproductor de DVD o teléfono. Pero, sin duda, es muy cómodo tener todas esas funciones en un único lugar y, como aullaría el locutor de TV: *"Y eso no es todo."*

No puedo obviamente recitar todas las cosas geniales que puede hacer una Mac en una sola sección (además, le recomiendo que lea el resto del libro), pero si compró o piensa comprar una Mac para trabajar, jugar o lo que es más probable, una combinación de ambos, un pajarito me dice que el contenido de la caja de herramientas de Mac superará sus expectativas.

Y rendimiento, también

Confío en que pasará muchas horas placenteras frente a su computadora. Pero al final del día querrá demostrarle a los demás cuan hábil y productivo ha sido. Por lo tanto, así produzca informes legales, sensacionales boletines informativos para la Asociación de Padres y Maestros (PTA) o CDs de música para la súper fiesta de su hermandad, Mac hará que se sienta orgulloso.

Vivir la iLife

Todos los últimos modelos de Mac vienen equipados con un increíble paquete de software llamado iLife para que experimente a pleno el estilo de vida digital al que muy pronto se acostumbrará. (Para los modelos más antiguos, puede adquirir la actualización de la suite de programas iLife.) Analizaré en profundidad los diversos componentes de iLife en la Parte IV. A continuación, un breve adelanto:

- **iPhoto:** El gran fotógrafo Ansel Adams se hubiera dado un gran festín con iPhoto. Este software le permite organizar y compartir sus mejores fotos de infinitas maneras, entre ellas, ponerlas en calendarios o libros de mesa.

- **iMovie:** ¿Qué tan lejos estamos de ganar un Oscar? iMovie concierne todo lo relativo a aplicar efectos cinematográficos para convertir su video en una obra de arte sofisticada, de la que haría Martin Scorcese se sentiría orgulloso. ¿Quién sabe? Tal vez el jefe de Apple, Steve Jobs, le consiga un empleo en Disney o Pixar.

- **iDVD:** Use este programa para crear DVDs con capítulos, como las películas que alquila en la tienda de videos.

- **GarageBand:** ¿Alguien habló de fans? GarageBand le permite componer música utilizando instrumentos virtuales. La última versión le ayuda a crear programas de radio en línea, o *podcasts*.

- **iWeb:** Este miembro del clan iLife se ocupa de todo lo que implica crear su propio sitio Web.

Más Allá de la Caja

La computación moderna es una experiencia que va más allá del funcionamiento interno del artefacto material apoyado en su escritorio. La informática está más relacionada con lo que ocurre en el mágico reino del ciberespacio, mejor conocido como Internet.

Ponerse en línea

En el Capítulo 9, descubrirá todo lo que hay que saber para conectarse a Internet y los distintos senderos que puede seguir una vez allí. La Mac viene con el software que necesita para iniciarse y (dependiendo del modelo) el sistema de circuitos necesario para conectarse a la red mediante métodos de banda ancha veloz. Los modelos más antiguos tal vez sigan conectándose a través de un sistema de acceso telefónico por discado, aunque esto es cada vez menos frecuente.

Conexión con o sin cables

Pregunte a varias personas lo que significa *networking* (conexiones) y lo más probable es que hablen de conocer o tratar de quedar bien con personas influyentes que puedan ayudarlo a avanzar en su carrera o vida social.

Una Mac también puede ayudarlo en eso, pero no hablaba de ese tipo de *networking*. Las redes informáticas establecen una comunicación entre dos o más máquinas para compartir archivos, imágenes, música y, lo más importante, una conexión a varios puestos de avanzada en Internet. Incluso en una Mac este asunto de las redes puede tornarse algo hermético, aunque Apple hace un trabajo ejemplar para simplificar la tarea. Puede conectarse a la red mediante cables. Sin embargo, el método preferido es hacerlo sin ningún tipo de cables. Todo esto está explicado en el Capítulo 18.

Estar Seguro y sin Problemas

Como mencioné antes, históricamente Mac ha logrado evitar fastidiosos virus y otros códigos maliciosos que le han puesto los pelos de punta a más de un usuario de Windows. En los peores casos, esos equipos Windows (o ciertos programas) se cierran y la información personal es usurpada clandestinamente. Con los tiempos que corren, ni siquiera los dueños de una Mac deberían bajar la guardia. (Y recuerde, en ciertas instancias la Mac puede emular a un equipo Windows.) El Capítulo 13 brinda consejos sobre cómo evitar peligros en Internet.

No importa cuanto cuidado y alimentación hayan hecho falta para producir estas bellísimas computadoras, al fin y al cabo estamos hablando de artefactos físicos rellenos de circuitos y silicona. Las máquinas se rompen, o al menos se ponen maniáticas. Así que dé una vuelta por el Capítulo 20, donde enumero los pasos a seguir para resolver los problemas más comunes y garantizar que usted y su computadora desarrollen un vínculo de armonía. Es la alternativa tecnológica a la terapia de pareja.

Capítulo 2

El Esqueleto de Su Mac

¿Se jugó a todo y compró la computadora? Si lo hizo, tomó una decisión fabulosa.

Seguro que se muere por empezar. Tal vez hasta haya empezado sin leer estas instrucciones iniciales. Por mí está bien. No me ofendo. Después de todo, la Mac es intuitiva y, a pesar del título en la tapa de este libro, usted no es ningún *dummy*. Lo sé porque tuvo la brillante idea de comprar una Macintosh y este libro. Además, ¿qué se diría de los diseñadores de productos Apple si no pudieran hacerle entender cómo se enciende la computadora?

Si no empezó demasiado pronto, también es bueno. Para eso está su humilde servidor, eh, autor, aquí.

Encender y Afinar Su Mac

Voy a tomar prestada una línea de un musical famoso: "Empecemos por el principio, es un muy buen lugar para empezar. . ." En el *Do-Re-Mi* de la computación Macintosh, conectar la computadora al tomacorriente de pared es un muy buen lugar para comenzar. No se vuelve mucho más complicado a partir de allí.

¿La música de los cuatro de Liverpool?

El acorde musical que escucha justo después de pulsar el botón de encendido puede sonarle vagamente familiar. Durante mucho tiempo pensé que era la misma música con la que termina la canción de los Beatles *A Day in the Life*. Los ex hippies, hijos de las flores, *baby boomers*, y prácticamente todo aquel que estuviera consciente durante los 60 puede que lo quiera así. Para empezar, las Macs se venden con el software iLife. ¿No sería psicodélico que haya un nexo entre iLife y *Life* de los Beatles?

Es más, John, Paul, George y Ringo son famosos por haber grabado en la compañía discográfica Apple. (¿Alguien todavía recuerda los discos de vinilo?) Y el cofundador de Apple, Steve Jobs, como tantos de su generación, es un fanático de los Beatles. La triste realidad es que la compañía Apple de los Beatles tiene un historial de demandas contra Apple Computer por cuestiones de marcas registradas. Pero a pesar de su pasado litigioso, las dos compañías finalmente le dieron una oportunidad a la paz.

El botón de encendido

Tómese un momento para ubicar el botón de encendido, o botón de poder. En dónde esté depende del modelo de Mac que haya comprado, pero encontrarlo no debería ser muy desafiante. Hasta le voy a revelar el secreto de los modelos más recientes. En la última iMac, el botón de encendido está en el panel trasero, en el extremo inferior izquierdo del monitor (cuando está frente al monitor). En las laptops Mac, el botón está a la derecha del teclado.

Vaya y pulse el botón ahora. Están por ocurrir cosas explosivas. No ese tipo de explosivos; es solo que encender el fuego de su primera sesión en la Mac lo convierte en *la bomba* (traducción: argot universitario para algo sorprendente o genial).

Para que sepa que todo está de perlas (o debería decir de manzanitas), escuchará un acorde musical (vea el recuadro) mientras se muestra brevemente el logotipo de Apple en la pantalla sobre un fondo gris.

Conseguir credenciales

Encender una nueva Mac por primera vez puede hacerlo sentir que está entrando a las Naciones Unidas. Después de que desaparece el logotipo de Apple, comienza un prolongado proceso interrogatorio.

Se le pide amablemente que jure lealtad a un idioma en particular. *Deutsch als Standardsprache verwenden* y *Gebruik Nederlands als hoofdtaal* están entre las diecisiete opciones de la lista en un cuadro. Si no sabe qué significa ninguna de esas dos opciones, tal vez debería elegir otra opción. En cualquier caso, seleccione la opción deseada haciendo clic con el mouse (ver detalles en este capítulo) o presionando Enter o Return (Intro) en el teclado.

Si selecciona *Use English as the main language* (como lo hice yo), lo deleitarán con un video corto en el que se le da la bienvenida en varios idiomas al OS X Leopard, el *sistema operativo* de Mac. A continuación, tendrá oportunidad de decirle a la chismosa de su computadora su país o región (Estados Unidos, México, Puerto Rico, Cuba, Argentina y así sucesivamente). No hay necesidad de sacar el pasaporte.

En esta fase tiene la opción de *escuchar* instrucciones para configurar su Mac. Para hacerlo, presione la tecla Escape.

Si llegara a tener otra Mac, puede transferir la configuración de red, cuentas de usuario, documentos, aplicaciones, archivos, correo electrónico y distintas preferencias de esa otra computadora a ésta. El proceso generalmente implica conectar un cable *FireWire*, sobre el cual descubrirá más cosas cuando haya avanzado en este capítulo.

Con el lanzamiento de la computadora portátil MacBook Air, Apple actualizó su software para que pueda migrar de otra Mac en forma inalámbrica a través de una red informática. La razón: El modelo Air no tiene FireWire.

Se le presentará la opción de transferir información desde otra *partición* en esta Mac. Ese es un término para los aficionados a la computación que por ahora pasaremos por alto.

Y puede migrar de otro *volumen* de Mac usando la función Time Machine (máquina del tiempo) de Mac. Lea el Capítulo 13 para averiguar cómo volver atrás en el tiempo.

Por supuesto, si este es su viaje inaugural en la *SS Macintosh*, las opciones anteriores son irrelevantes. En vez de eso, seleccione la casilla *"Do not transfer my information"* (No transferir mi información) y haga clic en Continue (Continuar).

A medida que el interrogatorio avanza, podrá elegir una distribución de teclado y luego seleccionar cualquier servicio de Internet inalámbrico para utilizar.

El siguiente paso es ingresar su Apple ID (Identificación de Apple), suponiendo que tenga una. Dichas credenciales le permiten comprar cosas más adelante.

Antes de completar este proceso, también se le pedirá que revele su nombre, dirección, número de teléfono y (nuevamente, si es que lo tiene) su dirección de correo electrónico. No puede decir que no (aunque supongo que puede decir una mentirita).

Los desconfiados por naturaleza pueden hacer clic para leer la política de privacidad de Apple. Hasta donde yo sé, nadie le pedirá su número del seguro social o la licencia de conductor.

Aún así, el husmeo continúa. Luego, Apple quiere saber cómo se gana la vida ("Otra" es una opción segura del menú) y dónde usará la computadora principalmente. También podrá decirle a Apple si quiere que lo mantenga al tanto sobre noticias de la compañía, actualizaciones de software y los últimos productos y servicios. Aceptar la suscripción depende completamente de usted. Tan sólo tenga en cuenta que debe destildar la casilla para no suscribirse.

Crear una identidad

Está casi listo para empezar el tour por la computadora. Pero no del todo. Falta un paso importante. Debe elegir una identidad o una _cuenta de usuario_, para decirle a la Mac que es el Gran Jefe de esta computadora en particular. Como su administrador todopoderoso, usted y solamente usted podrá más adelante agregar cuentas para los otros miembros de su familia o compañeros de trabajo, cada uno con su propia contraseña para evitar que espíen el trabajo informático del otro (vea el Capítulo 5).

Escriba el nombre del titular de la cuenta (por ejemplo, _Monstruo de las galletas_), el nombre corto (_Galleta_), la contraseña (_chipdechocolate_, o mejor aún algo que sea más difícil de adivinar), y la contraseña nuevamente para verificarla. También le pedirá que ingrese una pista para la contraseña (_rico sabor_) como un amable recordatorio en caso de que llegara a olvidar la contraseña. Olvidarse de las cosas puede que sea algo que no le pasa a usted, pero sí que me pasa a mí.

En modelos con una cámara integrada, también se le pedirá en esta etapa que elija una fotografía para la cuenta. Será mejor que no le tenga aversión a la cámara, porque no podrá negarse a esto tampoco.

Relojeo

Como probablemente ya parece que el día se convierte en noche, este es un buen momento para, bueno, seleccionar su zona horaria haciendo clic cerca de donde vive en el mapa mundial que aparece. Si está conectado a Internet, la computadora ya sabe la fecha y hora. Si no, puede ingresarla ahora.

Registrar su Mac

Cuando se haya dicho y hecho todo, a los simpáticos muchachos de Apple también les gustaría que registre su Mac. Puede dejar esto para después o saltearlo. Se trata de permitir que Apple sepa quién brinda la oportunidad a la compañía de llenar su casilla de correo electrónico con publicidad. Sin embargo, puede registrarse y optar por no suscribirse a ese correo electrónico promocional.

Estrechar lazos

Según cómo configure las cosas, verá una *pantalla de bienvenida* con una lista de todas las personas que tienen una cuenta de usuario en la computadora, cada una con su foto de prontuario personal u otra imagen en miniatura junto a su nombre. Haga clic en el nombre o la imagen. El sistema le pedirá que ingrese su contraseña (suponiendo que tenga una). Escríbala correctamente y será transportado al área principal de trabajo, o *escritorio*.

El escritorio al que me refiero aquí es la *interfaz* que ve en la pantalla de la computadora y no debe confundirse con una máquina de escritorio.

Apagado

Empezamos este capítulo con una noble charla sobre cómo encender la Mac. (Sígame el juego si cree que la charla no fue para nada noble). Así que aunque apenas se ha mojado los pies, le voy a decir cómo apagar ese maldito aparato. ¿No detesta cuando la gente no solamente arruina el final (es el mayordomo), sino que además le dice que haga algo y luego le dice por qué no debería haberlo hecho?

Está bien. ¿Listo? Hora del Sayonara.

Con el *cursor* con forma de flecha, que controla con el mouse, apúñale el pequeño logo de Apple que se encuentra en la esquina superior izquierda de la pantalla. Haga clic una sola vez y aparecerá un menú desplegable. Mueva el cursor hacia abajo hasta que quede resaltada la entrada Shut Down (Apagar). Sabrá que un comando o entrada está resaltado porque aparece una franja azul sobre su nombre.

Cuando se presiona Enter en el teclado o se hace clic en Shut Down (Apagar), se activa lo que se llama *cuadro de diálogo* (ver Figura 2-1). No soy psicólogo, pero obviamente deduzco por la pregunta que la computadora hace en este cuadro que sufre de miedo al abandono. "Are you *sure* you want to shut down your computer now?" (¿Está seguro de que desea apagar su ordenador ahora?)

> **Are you sure you want to shut down your computer now?**
>
> If you do nothing, the system will shut down automatically in 52 seconds.
>
> Cancel   Shut Down

No haga nada y la máquina se apagará por sí sola en un minuto en equipos Leopard o dos minutos en Macs más viejas. Si quiere decirle "¡Hasta la vista!" inmediatamente, haga clic en el botón con la leyenda Shut Down (Apagar). Si mantiene presionada la tecla Option (Opción) mientras selecciona Shut Down (Apagar), se salteará este diálogo.

¿Tiene dudas? Haga clic en Cancel (Cancelar).

Hacer que su Mac duerma la siesta

Más allá de la culpa, ¿por qué no apagarla? La principal razón es que puede dejar que la computadora tome una *siesta* sin apagarla. Una Mac dormida consume mucha menos energía que cuando está en estado consciente. Las Macs no roncan, pero le hacen saber que están vivas con una tenue luz parpadeante. Resulta ser que su equipo tiene el sueño liviano. Puede despertarla inmediatamente presionando cualquier tecla del teclado. Lo mejor de todo es que cualquier cosa en la que esté trabajando está justo donde la dejó. Tiene que comenzar desde cero cuando reinicia una Mac que apagó por completo.

Si va a dejar la Mac encendida durante un período de tiempo largo, asegúrese de que esté conectada a un protector contra sobre-voltajes que proteja la máquina de rayos eléctricos. Los protectores contra sobre-voltajes más caros tienen baterías de reserva.

Puede hacer que una laptop Mac se vaya a dormir inmediatamente con solo cerrar la tapa. Para hacer que un equipo de escritorio se vaya a dormir, haga clic en el comando Sleep (Dormir) del menú .

Corretear por la Interfaz con el Ratón

Hasta ahora viene incorporando la idea de que este asunto de la computación necesita mucho más clics que los que necesitó Dorothy para volver a Kansas. Ella usó las zapatillas de rubí. Usted tiene que usar un ratón.

El ratón de una computadora generalmente es menos terrorífico que el otro tipo de animal. Siguiendo con esta paralelismo con *El Mago de Oz*, ni siquiera el León Cobarde se asustaría de él. Y aunque su roedor de alta tecnología puede volverse fastidioso por momentos, existen pocas posibilidades de que decida poner trampas para planear su muerte.

Algunos ratones se conectan a la computadora a través de cables. Algunos ratones son inalámbricos. (Y las laptops usan trackpads o áreas de contacto). En cualquier caso, se los conoce como *dispositivos señaladores* porque (prepárese para este concepto avanzado) son dispositivos que de algún modo señalan.

Le explico. Usted desliza el ratón a través de una superficie plana (generalmente su escritorio, tal vez una almohadilla especializada para el ratón). Cuando lo hace, un cursor o punto de inserción de la pantalla milagrosamente imita como un mono el movimiento de su mano deslizando el ratón. (Nota personal: A la policía de la metáfora mixta, también conocida como mi editor, le debe fascinar que mencione un ratón y un mono en una misma frase). Si el ratón pierde contacto con la superficie de su escritorio, el cursor no se moverá más.

Cuando coloca el cursor precisamente donde quiere que esté, debe prepararse para la parte de hacer clic. Coloque su dedo índice en la porción superior izquierda del ratón, presiónela hacia abajo rápidamente y suelte. Escuchará un ruido que suena como "clic" y, en algunos casos, sentirá un hormigueo de satisfacción por todo el cuerpo. Finalmente ha dominado el delicado arte de hacer clic.

No haga mucho alarde. Ahora trate de hacer *doble clic*, una acción a veces necesaria para lograr algo. Básicamente está repitiendo el ejercicio anterior, solo que ahora está haciendo clic dos veces en rápida sucesión mientras mantiene el cursor en la misma ubicación. Puede necesitar un poco de práctica. Pero lo aprenderá.

Clic izquierdo y derecho

Si estuvo utilizando una computadora con Windows, ya está acostumbrado a trabajar con un mouse que tenga dos o más botones. La mayoría de las veces, hace clic, o doble clic, con el botón del extremo superior izquierdo. De ahí viene el sorprendentemente poco original nombre de *clic izquierdo*. Hacer clic izquierdo generalmente sirve para seleccionar cosas en la pantalla. Por contraste, la acción opuesta, *clic derecho*, activa un menú de comandos rápidos.

Hasta hace poco, el ratón típico de Apple tenía un solo botón, el equivalente funcional del botón izquierdo de un ratón de Windows. (El Mighty Mouse programable de Apple, incluido con las Mac recientes, puede trabajar como un Mouse con botones múltiples). Tener un solo botón en una Mac es una cuestión menos importante de lo que cree. Esto es porque puede tranquilamente hacer un clic derecho, o abrir un menú de acceso rápido con un ratón para Mac de un solo botón, de todos modos. Para lograr esta importante hazaña, presione Control en el teclado mientras hace clic.

Señalar y hacer clic en una laptop

Puede conectar un ratón común a cualquier laptop Mac, pero no siempre es conveniente usarlo cuando está en un 747 o trabajando en un espacio pequeño.

Por suerte, las Mac portátiles tienen algo llamado *trackpad*, un área lisa debajo del teclado. Usted desliza su dedo en el trackpad para coreografiar el movimiento del cursor. El botón debajo del trackpad maneja las tareas de clic.

Arrastrándose por todos lados

El ratón es responsable de, por lo menos, otra parte importante de sus asuntos: *arrastrar*. Ubique el cursor encima del símbolo o ícono que desea arrastrar. Luego mantenga presionado el botón del ratón y deslice el ratón por su escritorio. Mientras lo hace, el icono se mueve a una nueva ubicación en la pantalla.

Aprenda Qué Está a la Mano en el Teclado

Como con cualquier otra computadora (o una antigua máquina de escribir, al fin y al cabo), el teclado de la Mac está diseñado estilo *QWERTY*, lo que significa que la primera fila de letras comienza con *Q, W, E, R, T* y la *Y*. Pero el teclado de una computadora también contiene una serie de teclas especializadas que los inventores de la máquina de escribir nunca hubieran soñado.

Encontrar las funciones principales

La primera fila del teclado de Mac tiene un montón de teclas con la letra *F* seguida por un número. De izquierda a derecha tendrá F1, F2, F3 y todas las teclas intermedias (en algunos casos) hasta F16. Estas son sus leales *teclas de función*, y sus órdenes estrictas varían según los modelos de Mac. Según su configuración, presionar determinadas teclas F no tiene efecto alguno.

Salvo algunas excepciones, las teclas F9, F10, F11, y F12 están relacionadas con una función de Mac llamada *Exposé*, que explicaré en el Capítulo 5. En el mismo capítulo hablo del rol que tiene F8 para activar una función nueva llamada *Spaces*.

En las laptops Mac, las teclas F1 y F2 pueden aumentar o disminuir el brillo de su pantalla. En otros tipos de Macs F14 y F15 realizan estas funciones. Pero, como ya dije, hay excepciones.

Estas distintas teclas F pueden ser difíciles de ver al principio en una laptop. Tienen texto muy pequeño y comparten teclas. Tendrá que presionar la tecla fn al mismo tiempo que presiona una tecla de función para que, digamos, funcione como una tecla de función. De no ser así, estas teclas cumplirán con sus otros deberes.

Las teclas que usa todos los días

Pregunta relámpago: ¿Cuáles son las teclas que utiliza más seguido? Demasiado fácil. Las teclas que usa todos los días son las que representan vocales y consonantes con valores bajos en *Scrabble*.

Naturalmente, estas no son las únicas teclas que hacen horas extras. La barra espaciadora, la coma y el punto están siempre ocupadas. Si le gustan las hipérboles, el signo de admiración también tiene su cuota de trabajo honesto. Y no podría quitarles el crédito a Shift o Return. Y ya sé que ustedes, los contadores del público, se pasan mucho tiempo machacando todas esas teclas de números.

Más para dar en la tecla

Encontrará estas otras teclas extremadamente útiles:

- **esc:** La gran tecla Escape. El equivalente de hacer clic en Cancel (Cancelar) en un cuadro de diálogo.

- ◀ ◀)) ◀ : Estas suben, bajan o silencian el volumen de los parlantes de la computadora, aunque en las laptops algunas teclas de función realizan estas tareas.

- ▲ : No hay duda de que esta es la tecla preferida de James Bond. Presiónela y se supone que ocurrirá una de dos cosas. En las Macs más modernas, un CD o DVD cargado en las entrañas de la computadora se eyectará de una ranura escondida. En otros modelos, la bandeja que sostiene el disco se desliza hacia fuera.

- **Delete, delete:** No está viendo doble. Algunos teclados Mac tienen dos teclas delete (suprimir), cada una con una asignación distinta. La tecla normal de borrado es su tecla backspace (retroceso). Presiónela y borrará el carácter inmediatamente a la izquierda del cursor. La segunda tecla de borrado, que a veces aparece como Del (Supr) y a veces como Delete (suprimir), acompañada por una x dentro de un pequeño pentágono, es la tecla de borrado hacia adelante. Elimina el carácter que está a la derecha del cursor. Para confundir, algunas laptops y aquellas que tienen un nuevo teclado de aluminio, puede purgar la letra a la derecha del cursor presionado fn y delete (suprimir) al mismo tiempo.

- **Home, End:** Las teclas más saltarinas que encontrará. Presione Home (Inicio) y se lo catapultará al principio del documento o ventana de página web en la que esté trabajando. Presione End (Fin) y por lo general caerá al fondo en picada, según la aplicación.

- **Page Up, Page Down (Avanzar Página, Retroceder Página):** Una alternativa en el teclado para moverse un buen pedazo de pantalla hacia arriba o hacia abajo de un saque.

- **Option:** Al presionar Option (la tecla de opción, marcada como Alt Option, o Alt Gr en algunos teclados) mientras presiona otra tecla generará símbolos. No hay manera de que los recuerde todos, aunque con el tiempo aprenderá las combinaciones de teclas para símbolos que utiliza con frecuencia. Por ejemplo, presione Option y 2 para ™, Option y V para √, y Option y R para ®. Siéntase libre de jugar un poco con las otras combinaciones.

- **Control:** La tecla Control y el clic del mouse son una poderosa combinación. Hacer control-clic activa una ventana emergente con *menús contextuales* que solamente tienen sentido en el momento. Por ejemplo, hacer control clic en un término del programa procesador de textos Microsoft Word abre un menú que le permite encontrar un sinónimo para esa palabra, entre otras cosas. Como encontrar un sinónimo no tiene mucho sentido cuando hace control-clic en una imagen en el iPhoto (Capítulo 15), la acción abre distintas posibilidades, incluyendo edición, rotación y duplicación de una imagen.

- **⌘:** Al presionar esta tecla de trébol al mismo tiempo que presiona otro carácter del teclado se crean atajos de teclado, un asunto digno de su propio tema (ver la siguiente sección).

Tomando un atajo

Si aprecia mucho a su ratón, quizás quiera darle a su amiguito un tiempo de descanso de vez en cuando. Esa es la belleza de los atajos o accesos directos de teclado. Cuando presiona simultáneamente ⌘ y una tecla específica, ocurren cosas. Solamente debe recordar qué combinación de letras utilizar en cada circunstancia.

Para entender cómo funcionan los accesos directos de teclado, piense en el conocido acto de copiar material de un programa y reproducirlo en otro. Está a punto de realizar cirugía de *cortado y pegado*.

Le presento dos formas de hacer esto. Una deja casi todo en manos del ratón. La otra, si bien utiliza un poco el ratón, explota principalmente los atajos de teclado.

La primera opción es la siguiente:

1. **Use el mouse para resaltar, o seleccionar, la sección que desea copiar.**

2. **En la barra de menú del extremo superior de la pantalla, seleccione Edit➪Copy (Edición➪Copiar).**

3. **Mueva el mouse y haga clic para ubicar su mouse en el lugar donde quiere pegar el texto.**

4. **Seleccione Edit➪Paste (Edición➪Pegar).**

   El material copiado aparece mágicamente en su nuevo destino.

Este es el método de atajo de teclado:

1. **Resalte el texto que desea copiar.**

2. **Mantenga presionada la tecla ⌘ mientras presiona la tecla C.**

   El resultado es el mismo que si hubiera hecho clic en Edit (Edición) y Copy (Copiar).

3. **Mueva el mouse y haga clic para ubicar el mouse en el lugar donde quiere pegar el texto.**

4. **Presione ⌘ y la tecla V.**

   Acaba de pegar el texto.

Muchos elementos del menú a los que puede hacerle clic tienen equivalentes en el teclado. Estos atajos se muestran en los distintos menús a la derecha de sus comandos asociados, como se muestra en la Figura 2-2. Observe que algunos atajos de teclado que se muestran en el menú están atenuados. Eso es porque los comandos no se pueden usar en este momento en particular. Y algunos atajos de teclado necesitan la tecla ⌘ y una o más teclas de modificación adicionales, como Shift+⌘+N para seleccionar Nueva Carpeta.

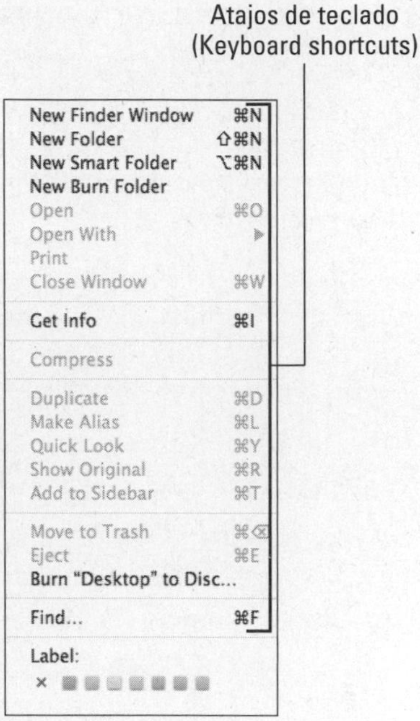

Atajos de teclado
(Keyboard shortcuts)

New Finder Window	⌘N
New Folder	⇧⌘N
New Smart Folder	⌥⌘N
New Burn Folder	
Open	⌘O
Open With	▶
Print	
Close Window	⌘W
Get Info	⌘I
Compress	
Duplicate	⌘D
Make Alias	⌘L
Quick Look	⌘Y
Show Original	⌘R
Add to Sidebar	⌘T
Move to Trash	⌘⌫
Eject	⌘E
Burn "Desktop" to Disc...	
Find...	⌘F
Label:	
× ▪ ▪ ▪ ▪ ▪ ▪ ▪	

Figura 2-2:
¿Usar un
atajo de
teclado o
no? Esa es
la cuestión.

Almacenar Cosas en el Disco Duro

Usted guarda un montón de cosas en una computadora. Software que agregó.
Fotos, canciones, películas. Su tesis de posgrado que analiza la atracción
fatal que ejercía Simon Cowell sobre las jóvenes divas estadounidenses.
Apple dejó un montón de cosas ahí también, principalmente los archivos y
programas que hacen que su Mac sea especial.

En resumidas cuentas: Las computadoras se parecen mucho a las casas.
Cuanto más tiempo pasa, más desorden se acumula. Y a pesar de sus mejores
intenciones en un día lluvioso, casi nunca puede deshacerse de la basura.

Además, tiene muchos tesoros que vale la pena guardar, y necesita un lugar
para almacenarlos. El enorme armario de almacenamiento de su computadora
se llama *disco duro* y, como con un armario físico, cuanto más grande
mejor. Puede que incluso elija agregar un segundo o tercer disco duro. Casi
siempre puede aprovechar el espacio de almacenamiento extra. Además,
puede usar un disco duro adicional para hacer un *backup*, o conservar una
copia de sus recuerdos electrónicos más preciados. Por ese motivo, un
disco duro adicional es necesario para el programa Time Machine... Y como
descubriremos más adelante, esta es una función que vale la pena explorar.

De hecho, este es un punto en el que no puedo dejar de insistir como si le pegara con una rama en la cabeza: no importa cómo, guarde copias, guarde copias, guarde copias.

Información Esencial de la Memoria, o RAM

¿Notó mi uso no tan sutil de la palabra *rama* en la sección anterior? Es para que vaya pensando en la *RAM*. Es la sigla de *Random Access Memory* (Memoria de acceso aleatorio) o, por suerte, solamente *memoria* para abreviar. (No puedo evitar pensar que el acceso a mi propia memoria es aleatorio, lo cual tal vez explica por qué puedo recordar cosas que pasaron en tercer grado pero no las que ocurrieron ayer). Del mismo modo que usted quiere un disco duro con la mayor capacidad posible, querrá cargar toda la memoria RAM que pueda pagar en su sistema.

Es por esto: El disco duro es el lugar que usa para sus necesidades de almacenamiento a largo plazo. La memoria RAM es *almacenamiento temporario*, y tener mucha RAM a mano lo ayuda cuando abre varios programas a la vez y trabaja con documentos muy grandes. Usted puede estar editando videos, escuchando música y haciendo cuentas, todo mientras hace pausa en su trabajo para defender el planeta de los extraterrestres malvados del espacio profundo. Amigo, estás haciendo unos tremendos malabares de alta tecnología también conocidos como *multitarea*. Los que hacen multitarea devoran la RAM.

Los fanáticos de la computadora se refieren a la cantidad de memoria y espacio en el disco duro en términos de *bits* y *bytes*. El pequeñísimo bit (diminutivo de dígito binario) es la unidad de información más pequeña que maneja una computadora. Ocho bits equivalen a un byte, y un byte generalmente representa una letra, un signo de puntuación o un dígito en su pantalla. Ya sé. Eso es mucho para digitar, eh, digerir.

Verá medidas en *kilobytes*, o KB (que son en realidad 1.024 bytes), *megabytes* o MB (1.048.576 bytes) y *gigabytes,* o GB (1.073.741.824 bytes). En perspectiva: Al momento de escribir este libro, la iMac menos costosa viene con un disco duro de 250GB y 1GB de RAM.

En el otro extremo, la poderosa computadora Mac Pro puede administrar hasta 4 *terabytes* (TB) de almacenamiento. Un terabyte son 1.024 gigabytes.

Ubicar los Puertos Comunes y Conectores

Los conectores, orificios y enchufes estándar de la industria ubicados en el panel trasero de su Mac (según tenga un equipo portátil o de escritorio y su modelo) pueden verse raros. Pero no podría vivir sin (la mayoría de) ellos. Son su puente a la gran cantidad de dispositivos y periféricos que querrán entablar una relación con su computadora (ver Figura 2-3).

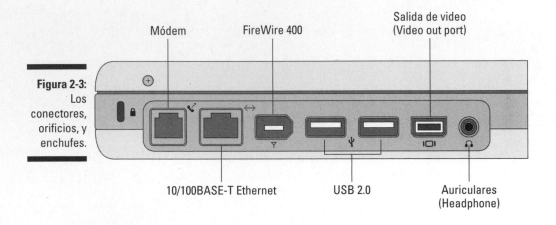

Figura 2-3: Los conectores, orificios, y enchufes.

Módem · FireWire 400 · Salida de video (Video out port)

10/100BASE-T Ethernet · USB 2.0 · Auriculares (Headphone)

Hablando periféricamente: USB contra FireWire

Ralph Kramden nunca condujo un *Bus de serie universal.* Pero tomará la ruta USB bastante seguido. Eso es porque USB (que se pronuncia "iu-es-bi") conecta las impresoras, escáneres, cámaras digitales, cámaras web, iPods, joysticks, parlantes, discos removibles, teclados de piano e incluso el mouse y teclado de su computadora.

Lo más avanzado en puertos USB es USB 2.0. Las Macs más antiguas tienen puertos USB 1.1 más lentos.

Enchufar un dispositivo USB es tan simple como, bueno, enchufarlo (aunque a veces tiene que cargar software primero). Por lo general puede desconectar dispositivos USB de la computadora sin causar daño con solamente tirar del cable hasta que salga del enchufe.

Sin embargo, a veces la Mac prefiere que le avise antes de tirar del cable. Para sacar un iPod conectado por USB, por ejemplo, su Mac generalmente quiere que haga clic en un pequeño icono de la lista fuente del software iTunes, junto al nombre que le haya asignado al reproductor de música portátil. No hacer clic en el icono puede provocar consecuencias desagradables. (Para mayores detalles sobre iPods y iTunes, consulte el Capítulo 14).

USB generalmente funciona de maravillas. Pero como la mayoría de las cosas en la vida, hay algunas desventajas ocasionales. En primer lugar, como hay tantos dispositivos que aman el USB, puede quedarse sin puertos disponibles. En ese caso, puede comprar un *hub de expansión* para USB. Si lo hace, recomiendo que consiga un hub que pueda enchufar a un tomacorriente eléctrico.

Muchos dispositivos USB no necesitan ningún tipo de tomacorriente eléctrico porque toman la energía de la propia Mac. Por ejemplo, puede recargar un iPod con solo conectarlo a un puerto USB de una Mac. Pero algunos puertos USB, generalmente aquellos que están en el teclado, son relativamente débiles. Funcionan bien con dispositivos de bajo consumo, como su ratón, pero no tan bien con, digamos, una cámara digital hambrienta de energía. Si conecta un dispositivo USB en un puerto del teclado y no funciona, intente conectarlo directamente en el panel trasero o lateral de la computadora.

FireWire es el nombre amistoso que inventó Apple para un conector que Sony llama iLink y que también se conoce con el desafortunado descriptor IEEE 1394 (no pretendo aburrirle con una explicación, salvo que es la razón por la que los ingenieros se dedican a la ingeniería y no al marketing). FireWire es un conector de alta velocidad que se utiliza generalmente con filmadoras digitales. Pero también conecta discos rígidos externos y iPods viejos.

FireWire viene en dos sabores, la especificación más antigua *FireWire 400* y su primo más rápido, *FireWire 800.* Solo algunas Macs admiten al sujeto más rápido. Como mencioné antes en este capítulo, la MacBook Air no tiene ningún puerto FireWire.

Tal para cual: El enchufe de teléfono y Ethernet

Las Macs más antiguas vienen con un conector de teléfono que es idéntico al enchufe de la pared en el que conecta un teléfono común. Conecte una línea telefónica a este enchufe para sacar provecho de un módem telefónico para acceder a Internet (Capítulo 9). Ahora que hemos ingresado a la era de la veloz banda ancha, los módems de acceso telefónico son cosa del pasado, y por eso Apple ya no los considera obligatorios en las Macs más nuevas. Esto es una pena, porque todavía puede toparse con extrañas situaciones en las que el acceso telefónico sea su única opción. Apple vende módems de acceso telefónico USB opcionales para tal eventualidad.

El extremo del cable que se conecta a un enchufe *Ethernet* se ve igual que un enchufe telefónico que tomó esteroides. El principal objetivo en la vida de Ethernet es brindar una conexión rápida a Internet o a la red de computadoras de su oficina.

Enchufes para todos los gustos

Los siguientes conectores se utilizan con menos frecuencia y también varían según el equipo.

- ✔ **Video output jack (Conector de salida de video):** Conecta una Mac a un monitor externo para, digamos, presentaciones en un salón de clases.

- ✔ **External Apple monitor jack (Enchufe para monitor Apple externo):** Enchufe exclusivo de Apple para conectar uno de sus monitores.

- ✔ **Lock (Bloqueo):** Presente en laptops y la Mac mini, este pequeño orificio es donde puede colocar un cable de bloqueo de seguridad Kesington. Con un extremo asegurado firmemente a la computadora, puede dar la vuelta a un cable Kensignton alrededor de la pata de un escritorio pesado o algún otro objeto inamovible. Esto se hace con la esperanza de evitar que un ladrón se lleve su computadora portátil. El cable de la laptop es similar a la cadena y candado de una bicicleta con el que ata la rueda a un poste para prevenir un hurto.

- ✔ **Headphones (Auriculares):** Para jugar juegos o escuchar melodías sin molestar a su vecino o al compañero de su cubículo de trabajo.

- ✔ **Video out (Salida de video):** También conocido como puerto de salida DVI o Mini-DVI. Puede utilizar adaptadores opcionales para conectar la computadora a una TV, reproductor de DVD o proyector. De ese modo, verá un DVD proyectado en una pantalla grande. Los adaptadores admiten conexiones VGA, S-Video y video compuesto.

- ✔ **ExpressCard slot (Ranura ExpressCard):** La ranura (para agregar lectores de tarjeta de memoria o sintonizadores de TV) es un estándar relativamente nuevo que ha comenzado a reemplazar la ranura de tarjeta de PC presente en computadoras portátiles Mac más antiguas. Al momento de escribir este libro, solamente estaba disponible en la MacBook Pro.

Tener las conexiones correctas en su computadora, como en la vida, puede resultar muy útil.

Llegando al Corazón de la Manzana

Aunque estoy bastante seguro de que nunca usó una computadora personal en toda su vida, el filósofo chino Confucio pudo haber tenido una Mac en mente cuando dijo: "Encuentra un trabajo que te guste y no volverás a trabajar un solo día de tu vida". La gente realmente disfruta sus Macs, incluso cuando *están* haciendo su trabajo en la máquina. Sin embargo, antes de que pueda pasarla en grande, ayuda tener en claro algunas cuestiones básicas. De ese modo podrá apreciar mejor por qué esta "Manzana" en particular es tan sabrosa.

Navegar por el Escritorio de la Mac

Todos los caminos llegan y salen del *escritorio* de la computadora. Un nombre confuso, si los hay. En este contexto, no me refiero a la pieza mecánica fija que puede apoyarse sobre, digamos, un escritorio de caoba.

En vez de eso, este es el escritorio que ocupa toda la pantalla de su computadora. En una PC, esto se conoce como el escritorio de Windows. En una Macintosh, es el escritorio de Mac o (como homenaje al sistema operativo de la máquina) el escritorio de Leopard.

Muchas veces encontraremos una parte importante de su escritorio. Es el *Finder* (Buscador), y es un lugar para organizar y a veces buscar entre los archivos y carpetas de su Mac. Finder puede servir como plataforma de lanzamiento a todo lo que puede hacer en su computadora.

Espíe brevemente la Figura 3-1, que muestra una distribución típica para el escritorio de Mac. El fondo de pantalla predeterminado solía ser azul. Leopard trajo consigo un nuevo escritorio estrellado llamado Aurora. Si no tiene ánimos de algo celestial, puede alterarlo y hacer otros cambios cosméticos (vea el Capítulo 5). La hora se muestra cerca de la esquina superior derecha de la pantalla y se ve una papelera en la esquina inferior derecha. Mire alrededor y notará en la pantalla otros *íconos* gráficos que se ven extraños.

Déjeme probar con una comparación. Un estadio de baseball de las Grandes Ligas tiene cuatro líneas de falta, bases separadas por noventa pies y una base para el lanzador a sesenta pies y seis pulgadas del home. Estas son reglas estándares que se siguen. Pero las dimensiones del campo abierto y las capacidades de asientos varían enormemente. Al igual que los banquillos, el área de prácticas y la arquitectura del estadio.

Barra de Menú   Escritorio   Ícono del disco duro
(Menu bar)   (Desktop)   (Hard drive icon)

Figura 3-1:
El escritorio
típico de
la Mac

Dock

También hay algunas convenciones que se aplican al escritorio de Mac. Pero usted se puede apartar de esas convenciones. Así que, finalmente, todos los escritorios de Mac se verán diferentes. Por ahora, voy a dedicarme a las convenciones principales.

Revisar la Barra de Menú

¿Ve la banda angosta que se extiende por todo el extremo superior de la pantalla del escritorio? Sí, la que tiene la pequeña imagen de una manzana a la extrema izquierda, y palabras tales como File (Archivo), Edit (Edición) y View (Ver) a la derecha. Esta es su *barra de menú*, llamada así porque al hacer clic en la manzana (o en cualquiera de las palabras de esa banda) se abre un *menú* o lista de comandos. (Lo lamento, no es ese tipo de menú. No puede pedir una orden de tapas).

Si hace un solo clic en la manzana, se abrirá un menú con algunas funciones importantes. Los lectores del Capítulo 2 ya están familiarizados con los comandos Sleep (Dormir) y Shut Down (Apagar). También encontrará Software Update (Actualización de software), System Preferences (Preferencias del sistema), Force Quit (Forzar salida) y otros comandos que volveré a tratar a lo largo de este libro. Basta decir que el menú es tan relevante que está disponible desde cualquier aplicación en la que esté trabajando.

Ahora haga clic en el elemento que se encuentra por encima del menú , About This Mac (Acerca de esta Mac). La *ventana* que aparece le permite saber qué versión del software de sistema operativo está ejecutando (ver Capítulo 6), el tipo de *procesador*, o chip principal en el que está operando el sistema y la cantidad de memoria incluida.

Haga clic en More info (Más información) en la misma ventana para que aparezca el *System Profiler* (Gestión de perfiles del sistema). Entre otras cosas, puede encontrar el número de serie de su máquina, información bastante útil si alguna vez lo captura el enemigo. Confío en que ya se sabe su nombre y rango. (De acuerdo con la Convención de Ginebra, eso es todo lo que necesita revelar a Microsoft).

La mayor parte del resto de estas cosas, francamente, es un montón de tonterías técnicas presentadas en forma de lista. Sin embargo, vale la pena saber parte de esta información, incluido un vistazo rápido a su configuración de energía.

Comprender los Íconos, Carpetas y Ventanas

Usted ya conoce los *íconos*, esas tiernas imágenes que milagrosamente hacen que algunas cosas sucedan cuando hace doble clic en ellas. La belleza de la computación gráfica es que no necesita pensar por un momento en las pesadas maquinaciones que ocurren debajo del capó una vez que hace clic en un ícono.

Trate de hacer doble clic en el ícono con la leyenda Macintosh HD. La sigla *HD* significa "hard drive" (disco duro) y se ubica (en forma predeterminada) cerca del extremo superior derecho del escritorio. Aparece una ventana con más íconos. Estos representan las distintas aplicaciones de software cargadas en su disco duro, además de *carpetas* atiborradas con archivos y documentos.

Ahora haga la prueba con esto: Haga doble clic en la carpeta Users (Usuarios). Vea si puede ubicar la *home folder* (Carpeta de inicio). Pista reveladora: Es la que tiene la imagen de una casa y su nombre. Haga doble clic en la carpeta de inicio y otra ventana más saltará al frente. Esta contiene *subcarpetas* para los documentos que haya creado, además de películas, música e imágenes.

Puede hacer doble clic debajo de Users (Usuarios) para ver las carpetas principales de otra gente con cuentas de usuario en su sistema. Pero los círculos rojos con una línea blanca que los atraviesa le indicarán que el contenido de estas respectivas subcarpetas es privado o está restringido. Yo llamo a estos pequeños círculos rojos los símbolos de *Aquí no, amigo*. Si es audaz y hace clic en un *AnA*, recibirá una gentil reprimenda con un aviso que dice "you do not have sufficient access privileges" (no tiene suficientes privilegios de acceso").

Decoración de ventanas

La sola mención de ventanas pone nerviosos a muchos de ustedes. Puede evocar pensamientos sobre una determinada visión de la computación propagada por ese tipo tan adinerado que se pasea por las afueras de Seattle. Pero no estoy hablando de Microsoft o Bill Gates. Las ventanas de las que hablamos aquí, en inglés comienzan con una "doble U" minúscula ("windows").

Las capacidades de estas ventanas no tienen nada de pequeño. Del mismo modo que abrir ventanas en su casa puede hacer que entre el aire fresco, abrir y cerrar ventanas de Mac también puede hacerlo, al menos en forma metafórica.

Por supuesto, las ventanas de la Mac pueden hacer una enormidad de cosas más que las típicas ventanas de su casa, a menos que viva con Willy Wonka. Estas ventanas se pueden estirar, arrastrar a una nueva ubicación en el escritorio y ponerse una encima de otra.

Para ayudarlo a entender estas ventanas, consulte la Figura 3-2.

Una vista impresionante

La Mac cortésmente le permite mirar la información desde cuatro perspectivas principales. Abra el menú View (Ver) en la barra de menú y seleccione As Icons (por íconos), As List (por lista), As Columns (por columnas) o As Cover Flow (por flujo de portadas).

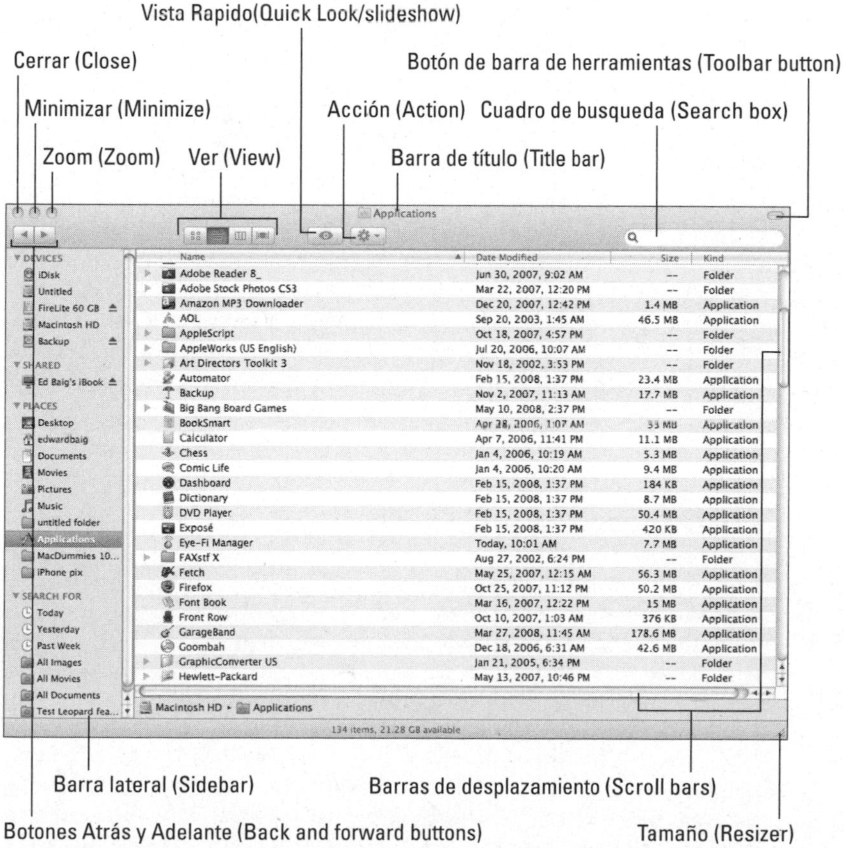

Figura 3-2: Armar ventanas.

En forma alternativa, haga clic en el botón deseado de View (Vista) en la barra de herramientas de la ventana de Finder, como se muestra en la Figura 3-3. ¿No puede, este ejem..., ver esos botones de vista? Haga clic en el botón oval en la esquina superior derecha de la ventana. Haga un acercamiento para ver de cerca estas vistas.

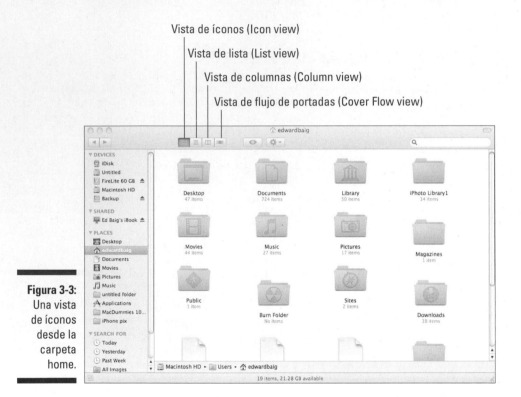

Figura 3-3: Una vista de íconos desde la carpeta home.

Por ícono

En el ejemplo de la Figura 3-3, exploramos la ventana de la carpeta Home (Inicio) a través de lo que se conoce como *icon view* (vista de íconos) porque las ventanas están pobladas de esas imágenes pequeñas y bonitas. Usted reconoce la subcarpeta Music (Música) porque su ícono es una nota musical. Y reconoce la carpeta Movies (películas) por la pequeña imagen de un trozo de celuloide o (en versiones de OS X anteriores a Leopard), una claqueta de cine.

Si está con ánimo juguetón (o no tiene nada mejor que hacer), puede cambiar el tamaño de los íconos seleccionando View➪Show View Options (Ver➪Mostrar opciones de visualización) y arrastrando el control deslizable Icon size (Tama-ño de ícono) desde la izquierda hacia la derecha. Arrastre el control deslizable Grid spacing (Espaciado de grilla) para cambiar la distancia entre íconos.

Al acceder a View Options (Opciones de ver) en el menú View (Ver), también puede alterar la posición de una etiqueta de ícono (haciendo clic en el botón de radio inferior o derecho). Puede cambiar el color del fondo de la ventana o usar una de sus propias imágenes como fondo. También puede organizar el orden de los íconos por la fecha en la que se modificaron, la fecha en la que se crearon, el tamaño, tipo o etiqueta. O seleccione Snap to Grid (Formar grilla) para hacer que los íconos se alineen obedientes en filas y columnas.

La ventana View Options (Opciones de ver) cambia según la vista que haya elegido.

Por lista

Observe el menú View (Ver) y note la casilla de verificación junto a As Icons (Como íconos). Ahora haga clic en el elemento As List (Como lista) y la marca se mueve allí. Los íconos se encogen significativamente, y las subcarpetas de la carpeta home aparecen como, bueno, como una lista. De este modo, estará viviendo en la tierra de *List view* (Vista de lista), que se muestra en la Figura 3-4. Se muestra todavía más información en esta ventana, incluida la fecha y hora en la que se modificó un archivo, su tamaño y el tipo de archivo (como, por ejemplo, una aplicación o carpeta). Y al hacer clic en el encabezado de una columna, puede ordenar la lista del modo que quiera.

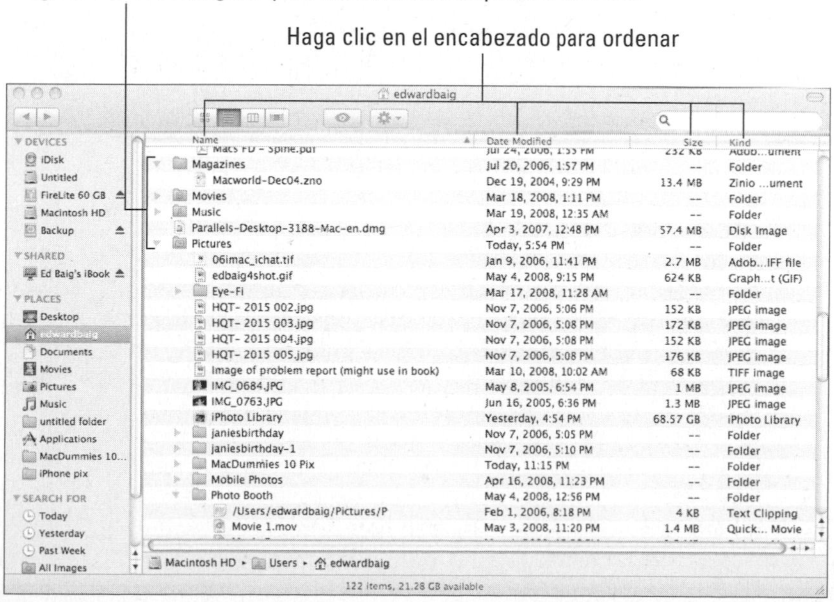

Haga clic en los triángulos para descubrir subcarpetas o archivos

Haga clic en el encabezado para ordenar

Figura 3-4:
La vista
de lista

Supongamos que está buscando un archivo en su carpeta Documents (documentos). Tal vez no puede recordar el nombre del archivo, pero recuerda el mes y día en el que trabajó en él. Haga clic en el encabezado Date Modified (Fecha de modificación) y las subcarpetas y archivos ahora se muestran en orden cronológico, con el más viejo o el más nuevo primero, según la dirección en que apunta el vértice del pequeño triángulo junto al encabezado. Haga clic en el encabezado Date Modified (Fecha de modificación) para cambiar el orden de más reciente a más viejo o viceversa.

Si el tamaño importa (¿y no es así siempre?), haga clic en el encabezado Size (Tamaño) para que se muestre la lista del archivo más grande al más pequeño o del más pequeño al más grande. Nuevamente, hacer clic en el pequeño triángulo, cambia el orden.

Si prefiere organizar la lista por tipo de archivo (como texto o carpeta), haga clic en el encabezado de la columna Kind (Tipo) para agrupar entradas afines.

Mientras está en la vista de lista, notará unos triángulos que apuntan a la derecha junto a algunos de los nombres. Este triángulo le indica que una lista en particular contiene subcarpetas o archivos. Para ver qué son, haga clic en el triángulo. El pequeño símbolo apunta hacia abajo y entonces cualquier subcarpeta o archivo asociado con la carpeta original se revela ahora, en algunos casos con sus propios triángulos pequeños.

A veces no puede ver todos los encabezados porque la ventana no es lo suficientemente grande. Tiene algunas opciones. Arrastre un encabezado de columna hacia la derecha o la izquierda para reorganizar las columnas de modo que aparezca lo que desea ver. Puede arrastrar la barra deslizable al fondo de la pantalla para ver los encabezados sin cambiar el orden. O tomar el control en la esquina inferior derecha de la ventana para aumentar el tamaño de la ventana completa.

Por columnas

A continuación, seleccione View⇨As Columns (Ver⇨Como columnas). Nuevamente, la casilla de verificación se mueve, alterando su perspectiva. Varios paneles verticales aparecen dentro de una ventana grande. Estas ventanas más pequeñas ubicadas dentro de otras ventanas muestran una progresión.

En el extremo izquierdo hay un panel llamado *sidebar* (barra lateral), un lugar frecuentado por su red de trabajo, disco duro, carpeta de inicio, aplicaciones, documentos, películas y más.

La barra lateral aparece en el mismo lugar en cada ventana del Finder. Ahora que se ha rediseñado como parte de Leopard, me imaginé que se merece que le dedique una barra lateral propia.

Pensamiento lateral sobre la barra lateral

La nueva barra lateral de Leopard tiene mucho en común con la lista fuente de iTunes (Capítulo 14). Los elementos han sido segregados en secciones colapsables; haga clic en el símbolo del triángulo para colapsar estas secciones y reducir el desorden.

En la sección Devices (Dispositivos) de la barra lateral encontrará los discos duros, discos USB, o almacenamiento iDisk como parte de MobileMe, el club online de Apple del cual aprenderemos más en el Capítulo 12.

La sección Shared (Compartido) le permite acceder a otras Macs o PC's de Windows en su red de trabajo hogareña. Ese es otro tema en el que nos adentraremos más adelante. Por ahora, solamente sepa que desde una Mac puede explorar archivos públicos de otra. Y al escribir un nombre de usuario y contraseña de otra computadora, puedes acceder a otros archivos no públicos.

En la sección Places (Lugares) puede acceder a las carpetas que usa con más frecuencia, tales como Desktop (Escritorio), Movies (Películas) y Pictures (Imágenes).

La última sección de la barra lateral, Search For (Buscar) le permite encontrar cosas en las que haya trabajado al comienzo del día, el día anterior o la semana pasada. O podría buscar en All Images (Todas las imágenes), All Movies (Todas las películas) o All Documents (Todos los documentos). Estas últimas agrupaciones son ejemplos de Smart Folders (Carpetas inteligentes), a las que les dedicaré más tiempo en el Capítulo 6.

Ahora suponga que la carpeta home (inicio) está resaltada en la barra lateral. El panel a su derecha inmediata muestra el contenido. Resalte un elemento de ese panel y la columna inmediatamente a la derecha revela sus contenidos. Cada vez que resalta una entrada en un panel en particular, un nuevo panel aparece a su derecha.

Nuevamente, puede cambiar el tamaño del panel de una columna arrastrando el control en el extremo inferior del panel, como se muestra en la Figura 3-5. Para cambiar de tamaño a todas las columnas simultáneamente, presione la tecla Option (Opción) mientras arrastra. Puede expandir toda la ventana arrastrando este control en la esquina inferior derecha.

Por Cover Flow

Si tiene la edad suficiente para haber sido dueño de una colección de discos, probablemente recordará lo que era buscar entra las portadas de los álbumes para encontrar el que quería poner. Ese es el principio detrás de Cover Flow (Flujo de portadas), la función arte de álbumes en tres dimensiones que introdujo Apple un tiempo atrás en iTunes.

Arrastre un control para cambiar el tambaño de la columna

Agregar Cover Flow al Finder fue otra iniciativa de Leopard. Es bastante ingenioso. Para acceder a Cover Flow, haga clic en el ícono Cover Flow de la barra de herramientas de Finder o seleccione View⇨As Cover Flow (Ver⇨Como Cover Flow).

Al arrastrar el control deslizable que se muestra en la figura 3-6, puede ir viendo las distintas vistas previas en alta resolución de documentos, imágenes, archivos Adobe PDF y más, al igual que puede hojear las portadas de los álbumes en iTunes.

Es más, puede saltear la primera página de documentos PDF de páginas múltiples o diapositivas en una presentación creada con el programa Keynote de Apple. Para hacerlo, mueva el mouse sobre la imagen de Cover Flow y haga clic en las flechas que aparecen.

Intente reproducir una película dentro de Cover Flow haciendo clic en la flecha que aparece. Así se hace: Haga clic en Movies (Películas) en la barra lateral y luego arrastre el control deslizable hasta que aparezca la película que desea ver. Coloque el mouse sobre la imagen fija de la película en cuestión para que aparezca un círculo con una flecha. Haga clic en el círculo para comenzar a reproducir. La flecha de adentro se convierte en un cuadrado; haga clic de nuevo para pausar la película. Sin saberlo, acaba de darle el primer vistazo a Quick Look (Vista rápida), como se detalla en la siguiente sección.

Figura 3-6:
Ver una
película
dentro de la
vista Cover
Flow.

Echar una vista rápida

De hecho, Apple brinda a los usuarios de Leopard otra manera inteligente
de ver los contenidos de archivos en su Mac... Sin tener que iniciar las
aplicaciones que crearon esos archivos.

Más que hacerle justicia a su nombre, Quick Look (Vista rápida) le deja ver
un archivo como una imagen miniaturizada de tamaño bastante decente o
incluso a pantalla completa. Y Quick Look también se puede llamar Quick
Listen (Escucha rápida) porque incluso puede reproducir música. De hecho,
la función se ejecuta con todo tipo de archivos: PDF, hojas de cálculo, documentos de Microsoft Word, películas y más. Eso es porque Quick Look tiene
complementos para muchos otros formatos disponibles en Internet.

Así es como lo hace:

1. **Resalte un archivo en Finder.**

2. **Haga clic en el botón Quick Look (etiquetado en la Figura 3-2) de la barra de herramientas o presione la barra espaciadora del teclado.**

   El archivo salta hacia usted en una ventana. Para mostrar el archivo en pantalla completa, haga clic en el botón que se muestra en la Figura 3-7 que se ve como dos flechas en diagonal que apuntan en direcciones opuestas.

3. **Si está mirando una imagen y desea agregarla a la biblioteca de imágenes de iPhoto, haga clic en el botón iPhoto.**

4. **Si decide abrir el archivo que está previsualizando y el programa que lo abre, haga doble clic en la ventana de previsualización de Quick Look.**

   Para salir de Quick Look, haga clic en la x que está dentro del círculo en la esquina superior izquierda de la ventana o vuelva a presionar la barra espaciadora.

Figura 3-7:
Rápido, eche un vistazo a mi imagen

Haga clic para agregar a iPhoto

Haga clic para mostrar el archivo en pantalla completa

Puede previsualizar imágenes múltiples en Quick Look. Simplemente resalte más de un archivo y presione el botón de la barra de herramientas de Quick Look o la barra espaciadora. Luego, puede usar la flecha hacia adelante o hacia atrás para navegar manualmente por los archivos. O presione play (reproducir) para previsualizar los archivos en una presentación de diapositivas. Finalmente, puede hacer clic en el botón Light table (Mesa Luminosa) para ver los documentos en una grilla.

¿Qué Hay de Nuevo, Dock?

Sus ojos no pueden resistir la atracción que ejerce la barra colorida, reflectante y tridimensional que está en el extremo inferior de la pantalla (consulte la Figura 3-8). Este es su *Dock* (muelle), y puede reconfortar a aquellos que conocen el método de Microsoft para diseñar una interfaz de computadora pensar que el Dock es una cruza extraña entre la barra de tareas y el menú Inicio de Windows. En mi humilde opinión, es mucho más atractiva que la barra de tareas de Windows. Y también más divertida. Arrastre una ventana cerca del extremo inferior de la pantalla y se reflejará en el Dock.

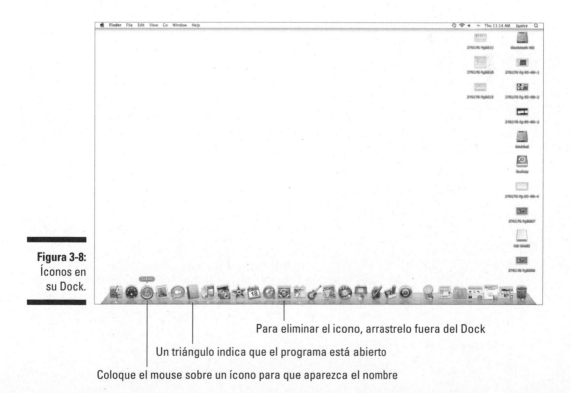

Figura 3-8:
Íconos en
su Dock.

Para eliminar el icono, arrastrelo fuera del Dock

Un triángulo indica que el programa está abierto

Coloque el mouse sobre un ícono para que aparezca el nombre

Pruebe hacer un solo clic en un ícono del Dock. La pequeña imagen sube y baja como un niño de primaria desesperado por llamar la atención de la maestra para poder llegar a tiempo al baño.

Qué encontrará en el Dock

El Dock se divide en dos partes con una línea blanca. A la izquierda de la línea están los programas y otras herramientas. Del lado derecho están todas las carpetas y archivos abiertos, además de una nueva colección de íconos expandibles llamados Stacks (Pilas), de las que tendré más para decir avanzado este capítulo. También encontrará la papelera. Tenga en cuenta que el solo hecho de hacer un clic en un ícono del Dock inicia un programa u otra actividad. Cuando mueve el mouse sobre un ícono del Dock, aparece el título de la aplicación correspondiente.

¿Notó la esfera azul que brilla debajo de algunos íconos del Dock? Eso le indica que el programa al que representa el ícono se está ejecutando en su sistema.

En modelos de Mac más nuevos, los siguientes íconos aparecen en forma predeterminada a la izquierda del Dock (el orden en el que aparecen depende, en su mayor parte, de usted):

- **Finder (Buscador):** Con esa carita tonta encima de un cuadrado, el ícono de Finder parece salido de la serie animada *Bob Esponja*. Haga clic una vez aquí para abrir la ventana principal de Finder.

- **Dashboard (Consola):** El indicador redondo es la sección frontal para aplicaciones pequeñas y útiles llamadas *widgets* (artilugios) (vea los capítulos 6 y 21 para obtener más información).

- **Safari:** El estupendo navegador web de Apple (Capítulo 9).

- **Mail (Correo):** Sí, Apple tiene un programa de correo electrónico integrado (Capítulo 10).

- **iChat:** En parte mensajero instantáneo, y en parte programa de chat con audio y video (Capítulo 11).

- **Address Book (Libreta de direcciones):** Lugar para los números de teléfono y direcciones de correo electrónico (más acerca de esto en este capítulo).

- **iTunes:** La famosa rockola de Apple (Capítulo 14).

- **iPhoto:** La caja de zapatos para almacenar, compartir y retocar imágenes digitales (Capítulo 15).

- **iMovie:** El lugar para editar videos (Capítulo 16).

- **iCal:** Un calendario incorporado (más sobre este tema en este capítulo).

- **Preview (Vista previo):** Un programa para ver imágenes y archivos PDF (más sobre este programa en este capítulo).

- **QuickTime Player:** Reproductor de audio/video multimedia (más adelante en este capítulo).

- **System Preferences (Preferencias del sistema):** Para hacer las cosas a su manera (Capítulo 5).

- **GarageBand (Banda de garaje):** Aquí es donde puede lanzar su carrera musical (Capítulo 17).

- **Spaces (Espacios):** Un método muy útil para organizar la computadora de modo que solamente se muestren esas ventanas que se refieren a una actividad específica (Capítulo 5).

- **Time Machine (Máquina del tiempo):** La nueva herramienta de copia de seguridad inteligente de Leopard le permite restaurar los archivos perdidos volviendo en el tiempo para recuperarlos (Capítulo 13).

- **iWeb:** Le permite crear sitios Web personales, blogs y *podcasts* (Capítulo 12).

- **iDVD:** Grabe películas en un disco (Capítulo 16).

Y estos aparecen en la orilla derecha:

- **Stacks (Pilas):** Colecciones de íconos para mantener su escritorio organizado y limpio, especialmente para documentos o cuando descarga archivos (más sobre esto en este capítulo).

- **Papelera:** Ey, hasta la basura de la computadora tiene que ir a parar a algún lado (Capítulo 7).

Cargando el Dock

Agregar elementos favoritos al Dock es tan simple como arrastrarlos y soltarlos ahí. Por supuesto, cuanto más íconos se suelten en el Dock, más congestionado estará. Incluso los íconos merecen espacio para respirar. Para eliminar elementos, simplemente arrástrelos fuera del Dock. El ícono desaparece detrás de una pequeña nube blanca.

Aquí hay otro truco genial:

1. **Abra el menú de Apple.**

2. **Seleccione Dock⟶Turn Magnification On (Dock⟶Encender aumento).**

   Ahora cuando su cursor pasa por los íconos, las pequeñas imágenes se inflan como goma de mascar.

Si le gusta jugar con el tamaño de los íconos del Dock, seleccione Dock⇨ Dock Preferences (Dock⇨Preferencias del Dock). Compruebe que la casilla Magnification (Aumento) esté seleccionada y arrastre el control deslizable Magnification de la izquierda (Mín.) a la derecha (Máx.) según lo prefiera. Con un control deslizable independiente puede alterar el tamaño del Dock.

Puede también alterar el tamaño del Dock haciendo clic en la línea discontinua que separa los programas y las Stacks (Pilas), y arrastrarlo hacia la izquierda o la derecha.

Estacionar el Dock

La primera vez que ve el Dock, éste aparece en el extremo inferior de su pantalla. Apple no lo obliga a dejarlo ahí. El Dock se puede mover hacia el extremo izquierdo o derecho de la pantalla, según, supongo, su afiliación política.

Nuevamente, seleccione el comando Dock del menú . Seleccione Position on Left (Ubicar a la izquierda) o Position on Right (Ubicar a la derecha). ¿Ve qué dócil es su Dock?

Si siente que el Dock está entorpeciendo su tarea sin importar dónde lo ubique, puede hacerlo desaparecer. Al menos hasta que lo vuelva a necesitar. Seleccione ⇨Dock⇨Turn Hiding On (⇨Dock⇨Activar Modo Oculto).

Cuando el modo Hiding (Oculto) está activado, arrastre el cursor hasta el fondo (o los costados) de la pantalla en donde se veía el Dock si estuviera visible. Mágicamente vuelve a aparecer a la vista. El Dock vuelve a esconderse en su cueva cuando aparta el cursor. Si siente que extraña el Dock después de todo, repita los pasos anteriores, pero ahora seleccione Turn Hiding Off (Desactivar Modo Oculto).

Un efecto reductor

El Dock no es la única cosa que le gustaría sacar de en medio de vez en cuando. A veces hay ventanas enteras que ocupan mucho terreno en la pantalla o cubren otras ventanas que desea ver. Puede cerrar la ventana objetable por completo, pero eso a veces es una maniobra draconiana, especialmente si pretende trabajar en la ventana nuevamente un rato más tarde.

En vez de esto, puede minimizar la ventana. Mueva el mouse hasta la esquina superior izquierda de su ventana abierta y encuentre la gotita amarilla flanqueada entre las gotitas roja y verde. (Es decir, ya vienen en color rojo, amarillo y verde por defecto). Le mostraría una imagen, pero este libro es en blanco y negro. Yo diría que use su imaginación, pero algo me dice que ya está familiarizado con la idea de rojo, amarillo y verde. En cualquier caso, si hace un solo clic en el círculo amarillo de la esquina superior izquierda de una ventana, todo se arruga y aterriza en forma segura en el extremo derecho del Dock [suponiendo que se haya quedado con la opción Minimize using Genie Effect (Minimizar usando Efecto Aladino) dentro del menú Dock preferentes (Preferencias del Dock)].

Para restaurar la ventana a su posición completa y (supuestamente) correcta, haga un solo clic en este ícono que se acaba de crear en el Dock.

Tenga cuidado de no hacer clic en el círculo rojo pequeño. Eso cierra la ventana en vez de minimizarla.

Hacer clic en el círculo verde maximiza la ventana a su potencial completo, pero al hacer clic otra vez se vuelve al tamaño anterior. Si uno de los círculos aparece sin color, significa que esa función en particular no está disponible en este momento.

Apilando pilas (Stacks)

Tengo enormidad de pilas de papel en mi oficina. Y en teoría, todos los papeles de una pila están relacionados con todos los papeles de la misma pila.

Este mismo principio de organización se aplica a una nueva y útil función de Leopard llamada Stacks (Pilas). Los Stacks son simplemente una colección de archivos organizados por tema, y hacen maravillas para todos los adictos al desorden del público de los que, lamentablemente, soy uno. Encontrará Stacks a la derecha de la línea que divide al Dock.

Apple ya ha creado de fábrica dos útiles Stacks para que empiece directamente. Un Stack para sus documentos, y otro reservado para todas las cosas que pueda descargar; como adjuntos de correo guardados, transferencia de archivos a través de iChat y archivos capturados de Internet con el navegador Safari. Como ve, es más que fácil crear sus propios Stacks.

Estoy encariñado con el Stack llamado Downloads (descargas), que sube y baja para notificarle que acaba de llegar algo nuevo. Antes de Leopard, los archivos descargados tenían tendencia a desordenar su escritorio.

El ícono para el Stack Downloads toma la forma del elemento más reciente que haya descargado, una presentación de PowerPoint, archivo de audio o cualquier cosa que sea.

Abrir Pilas (Stocks)

Para ver los contenidos de un Stack, haga clic en el ícono Stacks. Se abre inmediatamente de uno de los siguientes modos:

- Íconos para los archivos, junto con sus nombres, se despliegan en un arco (ver Figura 3-9). El archivo más reciente está al final del abanico.

- Los archivos y nombres aparecen como una grilla (ver Figura 3-10).

Por defecto, la decisión de abanico o grilla se determina automáticamente según la cantidad de archivos que contiene un stack. Si bien la vista de abanico es más atractiva, una grilla le permite ver más íconos a la vez. Sin embargo, ambas vistas tienen sus límites de almacenamiento. No hay forma de mostrar, por ejemplo, cientos de documentos en una grilla o en un abanico. Así que verá un ícono que dice 598 More in Finder (598 Más en Finder) o cualquiera sea la suma total. Hacer clic en el ícono More in Finder (Más en Finder) lo lleva al Finder.

Efecto especial genial: Mantenga presionada la teca Shift mientras hace clic en un Stack y se abrirá en cámara lenta como un abanico o una grilla. Si ya tenía un Stack abierto, al hacer shift-clic en otro Stack, puede ver uno colapsar lentamente mientras el otro se abre.

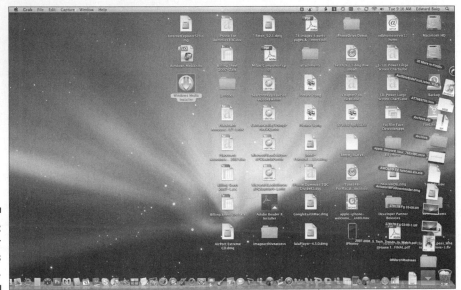

Figura 3-9:
Desplegar
sus
archivos.

Figura 3-10:
Hay más de
una manera
de reventar
su pila.

Puede determinar si los Stacks se despliegan como abanico o grilla. Haga clic derecho o control-clic en el ícono de Stacks en el Dock para traer instantáneamente el *menú contextual* del Stack, como se muestra en la Figura 3-11. O mantenga presionado el botón izquierdo del mouse por apenas un segundo hasta que se abra el menú. Desde el menú, seleccione Fan (Abanico) Grid, (Grilla), List (Lista) o Automatic (Automático) para darle al Stack sus órdenes militares. Notará algunas opciones más en este menú contextual. Puede organizar los íconos de Stacks por nombre, fecha en que se agregó, fecha en la que se modificó, fecha de creación, o tipo de archivo.

Figura 3-11:
Un menú
para contro-
lar Stacks.

Puede invocar un menú contextual para todos sus otros elementos del Dock. Opciones: eliminar el elemento del Dock, abrir el programa en cuestión cuando inicia sesión, o mostrarlo en Finder.

Agregar Stacks

Puede convertir cualquier carpeta de su arsenal en un Stack arrastrándola desde el Finder o el escritorio a la derecha de la línea divisoria del Dock y a la izquierda de la papelera. Es así de simple.

Hora de salir

Son las 5 PM (o en mi mundo, varias horas después), así que es hora de salir. Así se marca la tarjeta de salida en una aplicación específica. A la derecha inmediata del menú , verá el nombre del programa en el que está trabajando actualmente. Supongamos que es Safari. Haga un solo clic en el nombre Safari y seleccione Quit Safari (Salir de Safari) en el menú desplegable. O si estuvo trabajando en, supongamos que Word, puede elegir Quit Word (Salir de Word) desde el menú desplegable. Hay una alternativa de teclado rápida: Presione ⌘+Q y seleccione el programa en el menú desplegable.

Una Cantidad de Programas Gratis

Un beneficio adicional de ser dueño de una Mac es todo el software genial que recibe "free". Muchos de estos programas gratuitos, en especial aquellos que son parte de iLife, son tan importantes que se merecen capítulos enteros para cada uno.

En esta sección hablo de programas de menor categoría. No los estoy degradando; de hecho, muchos de estos programas *incluídos* son muy útiles para tener a mano.

Encontrará algunos de los programas que estoy a punto de mencionar en el Dock. Pero otro buen lugar para buscar es en la carpeta *Applications* (Aplicaciones), a la cual accede de la siguiente manera:

- ✔ Haga clic en Applications (Aplicaciones) en la barra lateral.
- ✔ Seleccione Go⇨Applications (Go⇨Aplicaciones).
- ✔ Presione el atajo de teclado Shift+⌘+A.

Mantenerse organizado

No todos tenemos el lujo de contratar a un asistente para mantener nuestra vida en una cierta apariencia de orden o solo para brindar un empuje de cafeína cuando lo necesitamos. Yo, seguro que no (suspiro).

Lamentablemente, una Mac todavía no puede hacer café. Pero es reconfortante saber que la computadora puede simplificar otras tareas administrativas. Pruebe las aplicaciones de esta sección.

Address Book (Libreta de direcciones)

¿Acaba de conocer a un/a atractivo/a extraño/a de camino a la tienda de Apple? El Address Book (Libreta de direcciones), al que accede a través de la carpeta Applications o haciendo clic en el ícono del Dock, es un depósito muy útil para direcciones, números de teléfono y direcciones de correo electrónico. También puede agregar una imagen y una nota sobre la persona ("tremendamente tierna/o, tiene una Mac").

Después de abrir el programa, así es como agrega una entrada a Address Book.

1. **Debajo de la columna marcada como Name (Nombre), haga clic en el signo + (se muestra en la Figura 3-12).**

   Alternativamente, puede abrir Address Book y seleccionar File➪New Card (Archivo➪Nueva tarjeta).

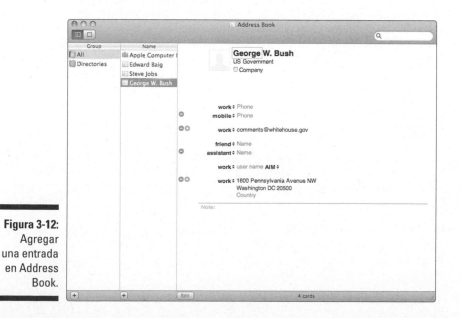

Figura 3-12: Agregar una entrada en Address Book.

2. **Escriba el nombre y apellido de la persona, compañía, número de teléfono y demás información en los campos apropiados.**

   Presione la tecla de tabulación para moverse de un campo a otro. Puede saltear campos si no tiene información y agregar otros si los necesita. Por ejemplo, para agregar espacio para una nueva entrada de número de teléfono móvil, haga clic en el + que está junto al campo del nombre.

3. **Cierre Address Book.**

Si alguien le envía una tarjeta de dirección virtual (conocida como *vCard*), simplemente arrástrela a la ventana de Address Book. Si ya tiene una entrada para esta persona, tendrá la opción de combinar los datos nuevos con los viejos.

Puede dibujar instantáneamente un mapa hacia la casa de una persona en su Address Book. Así se hace:

1. **Mantenga presionada la tecla Control mientras hace clic en una dirección.**

2. **Haga clic en Map Of (Mapa de) en el menú contextual.**

3. **En el Google Map que aparece, puede hacer clic para obtener indicaciones o buscar una pizzería cercana, u otro destino.**

Como se habrá imaginado, Address Book tiene lazos estrechos con muchas otras aplicaciones de Mac que trataré más adelante en este libro, en particular iChat y Mail. También puede sincronizar los contactos con otras computadoras usando su cuenta MobileMe, a la cual le dedico el Capítulo 12. Si tiene una libreta de direcciones de Yahoo!, también puede sincronizarla. Y puede sincronizar su Address Book con una cuenta que use un servidor de Microsoft Exchange.

Crear grupos inteligentes

Ahora suponga que un grupo grande de personas de su Address Book tiene algo en común. Tal vez todos ustedes juegan softball los fines de semana. (Eso está bien. Tómese un recreo. Diviértase. Haga ejercicio. Su computadora lo estará esperando cuando vuelva). Un *Smart Group* (Grupo inteligente) es una estupenda manera de administrar información de todos sus compañeros de juego en Address Book.

La clave está en agregar una palabra descriptiva que los reúna a todos en el campo Notes (Notas). Algo como, voilá, softball. Así que cada vez que aparezca un nuevo contacto y usted escribe la palabra *softball*, él o ella se convertirá en parte de su Smart Group (Grupo inteligente).

Para crear un Smart Group desde cero, siga estos pasos:

1. **Seleccione File⇨New Smart Group (Archivo⇨Nuevo grupo inteligente).**

2. **En el campo Smart Group Name (Nombre de grupo inteligente) escriba un nombre para su grupo.**

   Yo escribí Weekend Athletes (Atletas de fin de semana).

3. **Haga clic en el + y especifique el criterio del grupo con los menús desplegables, como se muestra en la figura 3-13.**

4. **Si desea saber cuándo se agregó un nuevo bateador a la lista, asegúrese de que esté seleccionada la opción Highlight Group When Updated (Resaltar el grupo cuando se actualiza).**

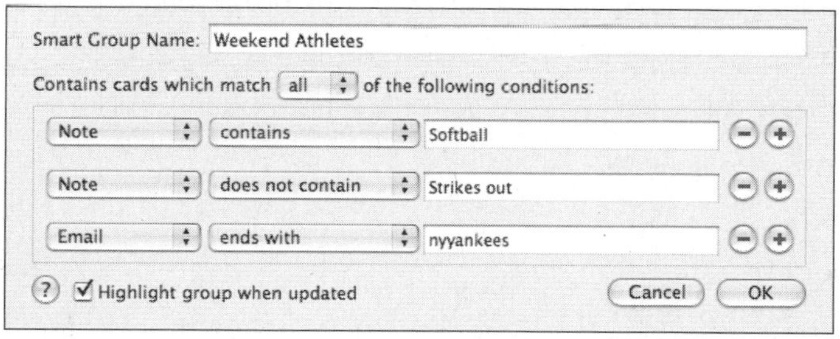

Figura 3-13:
Crear un
Smart
Group.

iCal

Está bien que todos sus amigos se quieran unir al equipo. Pero le deseo suerte para elegir un horario en el que todos puedan jugar.

Para obtener ayuda, consulte a la aplicación de calendario personal de Mac, iCal. Le permite compartir su calendario con gente que use la misma computadora o "publicar" un calendario en Internet para compartir con otros, tal vez suscribiéndose a MobileMe. El programa lo ayuda a encontrar un horario conveniente para que todos se reúnan.

iCal también le permite suscribirse a calendarios públicos a través de Internet (estrenos de cine, festividades religiosas y más). Como se imaginará, también puede mostrar los cumpleaños de los que habiten en su Address Book.

Oh, y si necesita un recordatorio de todas las cosas que tiene que hacer (Terminar el capítulo de *Dummies*), iCal le permite ver la lista To Do (pendientes), que se organiza manualmente por fecha, prioridad, título o calendario.

iSync

Muchos de ustedes tienen más de una computadora (sería muy afortunado de tener más de una Mac). Probablemente también tenga un teléfono celular, un asistente digital personal (PDA) y un iPod. A través de iSync, puede mantener su calendario, libreta de direcciones y marcadores de Internet sincronizados en varios dispositivos. Si cambia una dirección de correo electrónico de su teléfono celular, puede conectar el dispositivo a la Mac (incluso en forma inalámbrica a través de la tecnología conocida como *Bluetooth*) y hacer que el dato se actualice en la libreta de direcciones de la computadora. Algunas funciones de sincronización ahora son dominio de MobileMe.

Stickies

Camine por su oficina y apostaría que algunos de sus colegas tienen notas Post-it pegadas a los monitores de sus computadoras. Usted también, ¿eh? Son una muy buena manera de hacer que su supervisor piense que está muy ocupado.

La Mac ofrece una versión electrónica que se llama *Stickies*. Como las otras pegajosas de papel, estas notas electrónicas le permiten anotar esas listas rápidas de compras, números de teléfono y listas de asuntos pendientes.

Pero los Stickies virtuales ofrecen mucho más que sus contrapartes de papel. Tenga en cuenta estas proezas:

✔ Puede cambiar el tamaño de las notas Stickies arrastrando el control que está en la esquina inferior derecha de la nota.

✔ Puede importar texto o gráficos y alterar fuentes y tamaños de fuentes.

✔ Puede revisar la ortografía de las palabras de la nota.

✔ Puede crear Stickies traslúcidos para ver lo que está detrás de ellos.

✔ Puede borrar una nota sin arrugarla o tachar su contenido.

✔ No desordenará su atractiva computadora Macintosh. (Tendrá que idear otro plan malévolo para convencer a su jefe de lo mucho que está trabajando).

Crear un nuevo Stickie no cuenta como trabajo. Después de abrir la aplicación seleccione File⇨New Note (Archivo⇨Nueva nota). Luego comience a garabatear, estem, teclear directamente.

En busca de una referencia

Mucho de lo que una persona hace en una computadora es buscar cosas, principalmente a través de motores de búsqueda de Internet (Capítulo 9) y otras herramientas en línea (Capítulo 11). La Ayuda está más a la mano. Y en la carpeta Applications (Aplicaciones).

Dictionary (Diccionario)

Encontrar el significado de palabras o frases es tan sencillo como escribirlas en una casilla de búsqueda. Encontrar el significado de la vida ya es otro tema. La Mac incluye versiones del *New Oxford American Dictionary* y *Oxford American Writer's Thesaurus*. Con Leopard se incluye un nuevo Apple Dictionary (Diccionario de Apple) para buscar términos que no puede encontrar en este libro. También puede consultar la enciclopedia en línea Wikipedia o traducir palabras de español a japonés o viceversa. La computadora incluso puede leer una entrada del diccionario en voz alta.

TextEdit (Editor de texto)

TextEdit es un procesador de texto gratuito. Aunque no ofrece nada remotamente cercano a la flexibilidad de un procesador de texto de clase industrial como Microsoft Word (Capítulo 7), tampoco se queda atrás. Puede crear tablas y listas y aplicar un montón de trucos de formato. Y puede alojar documentos de Word (si alguien le envía uno).

Calculator (Calculadora)

Ey, si todos nosotros pudiéramos hacer cálculos matemáticos mentalmente, no necesitaríamos una calculadora. De hecho, la Mac ofrece tres calculadoras en pantalla: Basic (Básica), Scientific (Científica) y Programmer (de Programación). Seleccione la que necesita desde el menú View (Ver) de la calculadora.

Basic Calculator (Calculadora básica) es para la gente como yo que necesita de la aritmética simple de vez en cuando. Puede utilizar el teclado numérico o el mouse para hacer clic en las teclas de la calculadora.

La versión científica agrega las funciones square root (raíz cuadrada), sin (seno), cos (coseno) y otras teclas que de solo pensar en ellas me provoca sarpullido. (Ni sueñen con que me encontrarán como futuro autor de *Matemáticas Para Dummies*).

La calculadora de programación es incluso más intimidante. Tiene teclas con las leyendas Hide Binary, Byte Flip, Unicode, RoL y RoR. Usted recibe una mención especial en los créditos si sabe qué hacen todas esas funciones.

La Mac Calculator es capaz de hacer trucos que ganan por mucho a cualquiera de las calculadoras de bolsillo más completas, como buscar en línea las últimas cotizaciones del mercado cambiario.

QuickTime justo a tiempo

QuickTime Player, el reproductor multimedia gratuito de Apple viene al rescate cuando quiere ver una película (pero no un DVD), reproducir sonidos o visualizar imágenes. QuickTime generalmente aparece cuando se lo necesita.

Si desea editar películas o tiene otras audaces ambiciones (es decir, reproducir en pantalla completa), considere la posibilidad de pagar por una versión de 30 dólares del programa que se llama QuickTime Pro.

Previsualizar la vista previa

Preview (Vista Previa) es un programa versátil que le permite ver archivos gráficos y faxes, capturas de pantalla, convertir formatos de archivo (Ej. de TIFF a JPEG) y manejar PDFs. (PDF es la abreviatura de *portable document format*, o "formato de documento portátil" de Adobe). Generalmente, Preview se carga en forma automática cuando se necesita. Por ejemplo, si hace doble clic en un archivo PDF que alguien le envió, Preview será probablemente el programa que le permitirá leerlo. También puede usar Preview para rotar, cambiar el tamaño y recortar imágenes en uno de los muchos tipos de archivos que reconoce.

Preview en Leopard agregó un montón de nuevas funciones, la mejor de las cuales es probablemente Instant Alpha, que le permite remover a una, ejem, persona sin importancia (o el fondo) de una imagen.

Capítulo 4

Mac Por Aquí, Mac Por Allá, Mac Por Todos Lados

¿**C**uál de las siguientes afirmaciones lo describe mejor?

✔ Basándose en lo que ya sabe (o lo que ha cosechado de este libro), usted transita el camino correcto hacia la compra de una computadora Macintosh. *El desafío consiste en determinar cuál es el modelo más adecuado.*

✔ Ya tiene una Mac y tiene intenciones de agregar una segunda o incluso una tercera máquina a su arsenal. *El desafío consiste en determinar cuál es el modelo más adecuado.*

✔ Le regalaron este libro y no tiene ninguna intención de comprar una computadora. *El desafío consiste entonces en explicarle a la persona que se lo regaló por qué ningún modelo es el adecuado (sin herir sus sentimientos).*

Lamentablemente, no puedo ayudar a nadie en el tercer grupo. Lo invito a que nos siga acompañando de todos modos.

¿Intel por Dentro?

La industria de las computadoras forma a veces extrañas parejas, pero ninguna más extraña que la unión aparentemente feliz acordada entre Apple e Intel en el 2005. Para los veteranos usuarios intransigentes de Mac, insertar *procesadores* o chips Intel dentro de sus amadas computadoras, fue un escándalo de proporciones similares al que sería si Súper Sónico y Vilma Picapiedras fueran amantes.

Después de todo, Intel era el enemigo. Sus procesadores pertenecían a las computadoras con Windows, no Apple, de ahí el despectivo apodo (desde el punto de vista Mac) de Wintel. En resumen, el mandamás de Apple, Steve Jobs, dejó boquiabiertos a unos cuantos cuando se despachó con la noticia: su compañía estaba dejando plantados a los procesadores favoritos por tanto tiempo *PowerPC G4* y *G5* producidos por IBM y Motorola, y de ahí en más usarían chips fabricados por Intel.

En un período relativamente corto de tiempo, Apple renovó completamente la línea de hardware con chips Intel. ¿Pero qué vendría a ser un procesador? En pocas palabras, es el cerebro detrás de su computadora.

Dos chips son mejor que uno

La mayoría de las Macs reformuladas para incluir procesadores Intel en realidad poseen dos chips incorporados en una sola pastilla de silicio. Los chips *Core 2 Duo* (presentes en la mayoría de los modelos al momento de escribir este libro) se vanaglorian de duplicar la potencia computacional que brinda el diseño más tradicional de un solo chip. La idea es que los dos chips forman un equipo y comparten los recursos según sea necesario pero también ahorran energía si uno de los dos Cores (Núcleos) no es necesario para una determinada función.

¿Pero están sacrificando algo para obtener otra cosa?

El problema principal para los fanáticos de Mac era saber si la presencia de Intel iba a arruinar las cosas de alguna manera. La respuesta resultó ser un contundente no. Las máquinas basadas en la tecnología Intel se siguen viendo como Macs, suenan como Macs y se comportan como Macs. Las excepciones se explican en el apartado "Déjeselo a Rosetta".

Déjeselo a Rosetta

Para ayudar a los pueblos a adaptarse al transplante de cerebro de la Mac, Apple y sus amigos de la industria comenzaron a desarrollar las aplicaciones de software denominadas *Universal*. Estos programas estaban pensados para correr *en forma nativa* tanto en los equipos G4/G5 como en las Macs basadas en tecnología Intel. En otras palabras, funcionaban en cualquier parte. Quedada claro que había comprado una aplicación Universal porque la caja llevaba el logo que se muestra a continuación. No es de sorprender que el software iLife cargado en su computadora también reciba el sello de aprobación Universal.

Pero ¿qué sucede con el software más antiguo que tenga por ahí? ¿Esos programas podrán entenderse con Intel? La mayoría sí, gracias a la tecnología detrás-de-escena conocida como *Rosetta*. (Me niego al chiste sobre Apple que no deja piedra sin dar vuelta.) No tiene que emprender una misión exhaustiva para despertar a Rosetta. Ella realiza sus asuntos en forma silenciosa e invisible, los que básicamente consisten en traducir código de software para garantizar que los programas no-Universal funcionen bien, incluso en su máximo potencial. Casi todos los desarrolladores de software siguen produciendo aplicaciones Universal.

Sin embargo, tenga en cuenta que los programas más antiguos no funcionarán en los equipos "Mac-tel". Esto incluye a las aplicaciones Classic que precedieron al OS X.

¿Mac Grande o Mac Pequeña? La Opción Portátil versus de Escritorio

¿Computadora de Escritorio? ¿Portátil? ¿O notebook? Está bien, la pregunta es un poco tramposa, los términos *notebook* y *laptop (portátil)* se refieren a lo mismo. Así que, en realidad, la cuestión es: computadora de escritorio versus laptop/notebook. (portátil).

La elección depende de su estilo de vida, su economía, y de cómo se gana la vida. Si es de los que acumulan millas de viajero frecuente, lo más probable es que se incline hacia una computadora portátil. Si tiende a estar confinado en su hogar u oficina, una computadora de escritorio será la opción más conveniente.

Veamos qué nos ofrece cada opción. Éstas son las razones para comprar una Mac de escritorio:

- En general obtiene más poder computacional por dólar invertido.
- El disco duro tiene mayor capacidad, la pantalla es más grande y hay más conectores.

✔ Es más fácil actualizarlas.

✔ No va a provocar demoras en los aeropuertos por tener que declararla en seguridad.

✔ El equipo se ve genial en su casa u oficina.

Y aquí las razones por las que querrá comprar una Mac portátil:

✔ Es liviana y portátil.

✔ Es tentadora si trabaja o vive apretujado en espacios reducidos.

✔ Funciona con baterías o corriente alterna.

✔ Puede impresionar a su compañero de asiento en el avión.

Si Su Debilidad Son las Computadora de Escritorio

Comprar una Apple de escritorio no significa rediseñar ni tampoco renovar su mobiliario. Obvio, las Macs de escritorio ocupan más espacio que las notebooks (portátiles). Pero las máquinas no son más grandes de lo que deberían y en general son tan lindas que de todos modos va a querer lucirlas.

iMac

Como se ve en la Figura 4-1, la *iMac* es la computadora de escritorio con el diseño más elegante que existe en el planeta.

Ahora que ya lo dije, permítame hacer una salvedad: La iMac es la computadora de escritorio con el diseño más elegante a la fecha en que esto se escribió. Al momento en que llegue este libro a sus manos, la pandilla con oficinas centrales en Cupertino, California, ya se habrá superado a sí misma. Ahora que ya hicimos el comentario que nos cubre legalmente, volvamos a la fatal seductora que tenemos entre manos. Las entrañas del sistema todo en uno — procesador Intel Core 2 Duo, memoria, disco duro, reproductor de CD/DVD, y más — se ocultan en el interior del monitor de pantalla plana de 2 pulgadas de espesor. Es inevitable preguntarse dónde está el resto de la computadora, especialmente si está acostumbrado al diseño más tradicional de PC con gabinete tower (torre).

Cuando inserte un CD o DVD en la ranura ubicada sobre el lateral derecho de la iMac, éste será succionado de inmediato como un billete en una máquina expendedoras de bebidas.

Figura 4-1:
La elegante
iMac.

La pequeña mirilla cuadrada en la parte superior del monitor esconde
una cámara de video *iSight*. La computadora viene también con un control
remoto Apple del tamaño de un encendedor descartable, para gestionar a
distancia la música, videos y otros medios mediante la ingeniosa alternativa
Apple para software de interfaz a pantalla completa *Front Row* (Primera Fila).
Particularmente útil cuando usted no se encuentra sentado precisamente
frente a su computadora.

Mac mini

¿La *Mac mini* que muestra la Figura 4-2 es realmente de escritorio? Después
de todo, es fácil confundir una Mac mini con una panera o un posavasos
alimentado a esteroides. Pero el pequeño artilugio de aluminio de 2 pulgadas de altura, 6,5 pulgadas de base es en verdad la demente (y confortable)
noción que tiene Apple sobre lo que es una computadora de escritorio eco-
nómica. Con menos de 3 libras de peso, Mac mini es portátil, pero no en el
mismo sentido que una notebook con la que podría sobrevolar el país. (En
verdad, fue concebida para ser transportada de una habitación a otra.)

Cortesía de Apple

Figura 4-2:
La Macintosh favorita de MiniMe.

Hay modelos que arrancan en tan solo $599 al momento de escribir este libro, pero recuerde que es una computadora BYOB (Traiga Su Propia Bebida) — así como su propio teclado, mouse y monitor. (Se presume que ya tiene todo esto, pero si no lo tiene, Apple estará feliz de poder vendérselo.) ¡Eh! Por lo menos viene con el control remoto Apple. Teniendo en cuenta su tamaño y precio, Mac mini podría ser ideal como segunda o tercera computadora así como la compañera ideal para su dormitorio.

Como Mac mini trae Front Row y una colección de conectores para video, también puede conectarla a un TV de pantalla gigante o a un sistema de audio de calidad superior. Y Mac mini también es lo bastante ingeniosa para reproducir música o videos almacenados en otras computadoras de su hogar incluyendo sistemas Windows.

Mac Pro: Una Mac con masa muscular

La vigorosa Mac Pro — capaz de administrar una potencia de procesamiento de ocho "cores" (núcleos) Intel — es la favorita de los diseñadores gráficos, realizadores de videos, científicos, músicos, desarrolladores y similares. Si no pertenece a ninguno de estos grupos, lárguese.

Movilidad

Hoy en día no necesita ser el tradicional viajante de negocios para desear una notebook. Basta con que necesite arrastrar algo de sala de conferencia a sala de conferencia, de su hogar a la oficina, o incluso desde el sótano al dormitorio. Y hay ciertas computadoras que vale la pena tenerlas (como por ejemplo la MacBook Air, que describiremos en breve) por la simple razón de que son tan sexy.

Al elegir cualquier computadora portátil, tenga en cuenta su *peso*. Además del peso de la máquina en sí, no olvide calcular el peso del cable de alimentación CA y posiblemente una batería de repuesto.

Una de las primeras decisiones a tomar es elegir el tamaño de pantalla. Las pantallas grandes son bonitas, por supuesto, pero pesan y cuestan más. Y puede estar sacrificando parte de la vida útil de la batería. Vaya, se va dando cuenta de que este asunto de la batería es todo un tema, ¿no? Es por eso que le ofrezco algunos consejos para ahorrar batería, al final del capítulo.

Como parte de la migración hacia los procesadores Intel, Apple retiró dos miembros veteranos de la familia de portátiles en 2006, la iBook blanco marfil (popular entre estudiantes) y la PowerBook plateada. Sus equivalentes con tecnología Intel, la MacBook y la MacBook Pro, todavía están en la lista.

¿Una Mac tablet?

Axiotron de El Segundo, California, practicó cirugía sobre una MacBook estándar, convirtiéndola en una computadora tipo tablet (pizarra) llamada Modbook. La pizarra hábilmente diseñada está orientada a ilustradores, artistas, y estudiantes que se inclinan más por dibujar o escribir (usando un lápiz especial) que por tipear.

Modbook también aprovecha la tecnología de reconocimiento de escritura manuscrita que incorpora el sistema OS X para convertir sus garabatos en texto. Y al incluir un sistema de tecnología GPS, o *Global Positioning System (Sistema de Posicionamiento Global),* puede conectarse a satélites en órbita para determinar su ubicación en la Tierra.

Para hacer que todo esto funcione, Axiotron tomó la MacBook, eliminó el teclado y trackpad, y los reemplazó con una pantalla digitalizadora LCD (Liquid Crystal Display – Pantalla de Cristal Liquido) que funciona con un lápiz digital fabricado por Wacom, un dispositivo externo que también permite agregar capacidades de pizarra electrónica a las computadoras Apple comunes. Con un valor de $2,279 (desde), Modbook se ubica en un vecindario más caro que la MacBook en la que se basa. Pero, sin teclado, tampoco es una computadora muy popular de todos modos. Incluye un teclado virtual que se puede visualizar en pantalla y obedece al lápiz Wacom. También es posible agregar un teclado a través del conector USB o en forma inalámbrica usando Bluetooth.

Apple, que es un celoso guardián de su hardware y software, todavía tolera la existencia del Modbook al momento de escribir este libro. Y es posible que ya haya puesto a la venta su propia computadora tipo tablet (pizarra) para cuando lea esto.

MacBook Pro

La sucesora de la PowerBook es la *MacBook Pro,* que se puede ver en la Figura 4-3. Le va a costar unos buenos $1,999 o más. MacBook Pro se parece en su aspecto exterior a la PowerBook, pero es muy diferente en su interior. Esto se debe a que la máquina de una pulgada de espesor ejecuta esos procesadores Core 2 Duo. Al tiempo de escribir estas líneas, están disponibles los modelos con pantallas de 15 y 17 pulgadas. Todas incluyen las discretas cámaras iSight. Las MacBook Pros también incorporan el control remoto Apple y Front Row.

MacBook Pro sacrificó algunas características que se encontraban en las PowerBooks, como por ejemplo, menos puertos y conectores. En un principio la ausencia del módem telefónico estándar para conectarse a Internet en hoteles o cualquier otro lugar pareció una omisión tonta y fastidiosa. Pero las conexiones telefónicas a Internet son tecnología del pasado. Sin embargo, si le resulta absolutamente necesario, puede comprar un módem telefónico externo para conectarlo a uno de los puertos USB de la computadora por $49.

Apple también reemplazó la ranura estándar tipo PC Card que se utiliza para agregar elementos tales como lectores de tarjetas de memoria y módems para celulares por la nueva generación de ranuras de conexión llamada ExpressCard.

Figura 4-3:
Una
magnífica
MacBook
Pro de 17
pulgadas.

Cortesía de Apple

Tropezar con los cables

¿Alguna vez su perro o hijo irrumpió en la habitación y se llevó por delante el cable de alimentación conectado a su laptop? La máquina sale volando de su escritorio, y usted sale disparado detrás de ella a evaluar los daños. ¿No le da vergüenza? Primero atienda a su hijo.

Apple tuvo precisamente esta situación en mente al diseñar el conector MagSafe, una innovación muy ingeniosa que hizo su debut con la MacBook Pro. En vez de insertar físicamente el cable de alimentación a un conector como en las laptops Mac previas, puede adherir el conector MagSafe en forma magnética.

De esta forma la próxima vez que sus adolescentes (caninos o humanos) vengan corriendo y se lleven por delante el cable, éste se soltará con facilidad, supuestamente sin dañar la Mac ni a su hijo primogénito. La desventaja: La *fuente externa de alimentación* en medio del cable sigue siendo voluminosa.

Se incluyen también sensores de ambiente que pueden iluminar el teclado cuando la luz se vuelve más tenue en la cabina de un avión. Si esto no logra crear el ambiente y demostrar a la guapa pasajera del asiento 12C que usted es un hombre de recursos, nada logrará hacerlo. Mientras tanto, si se le cae la máquina, y créame que esto sucede, sensores incorporados aparcarán los cabezales del disco duro instantáneamente para reducir el daño.

Otra cuidada característica, llamada MagSafe, puede que no le haga ganar puntos frente a los desconocidos en un avión, pero sí le hará ganar vítores en casa. Para descubrir más, vea el apartado "Tropezar con los cables".

MacBook

A pesar de su precio inferior —$1,099 o $1,299 para los modelos en color blanco y $1,499 para la versión color negro— la MacBook comparte algunas características con su primo Pro, entre ellas la cámara incorporada iSight, Front Row, el control remoto Apple y MagSafe. La diferencia principal es que la MacBook de 5 libras de peso y apenas una pulgada de alto viene con una pantalla más pequeña (de 13,3 pulgadas de ancho) y no tiene capacidades gráficas tan robustas como para poder ejecutar programas de edición fotográfica de alto gama tales como Aperture. Como sucedía con la iBook que la precedió, MacBook encontró su hogar en los campus universitarios. Y como ya demostramos en el apartado "¿Una Mac tablet?", una emprendedora compañía del Sur de California encontró otro propósito para la MacBook.

Figura 4-4:
Flotar
sobre la
MacBook
Air.

MacBook Air

Es difícil imaginar lo delgada que es la MacBook Air sin verla. Las fotos — incluyendo las que muestra la Figura 4-4 — no le hacen justicia. Con su gabinete de aluminio y su pantalla de 13,3 pulgadas, las medidas de la Air son apenas de 0,16 pulgadas en su parte más delgada y de sólo 0,75 pulgadas en la parte de mayor espesor. No conforme con ello, alardea con su teclado de tamaño completo y una excelente duración de batería. (Mala suerte: la batería está sellada y no se puede cambiar fácilmente).

Claro, cualquier computadora liliputiense exige compromisos. La computadora Air no es la excepción. A diferencia de las notebooks de la línea Apple, no trae lectoras de CD/DVD integradas, aunque puede comprar una lectora externa que se conecta al puerto USB por $99.

Y sólo incluye un único y solitario puerto USB y ningún conector Ethernet, aunque puede comprar un trasto externo de este tipo por $29.

Air viene en dos versiones, un modelo por $1,799 que trae un disco duro modesto de 80GB, y el otro por $3,098 con una unidad de estado sólido de menor capacidad, pero más duradera, de 60GB.

Domar el Trackpad

En el Capítulo 2, presenté el trackpad, la superficie rectangular suave y deliciosa debajo del teclado que es la respuesta al ratón que brinda su laptop. Claro que también puede usar un mouse común con su laptop, y puede que prefiera hacerlo si está sentado en un escritorio normal. Si en cambio se encuentra sentado en un autobús, el ratón se convierte en una criatura molesta, en especial para el pasajero sentado a su lado. No se sorprenda si él o ella llama a un exterminador (o al menos a la azafata).

Un trackpad (y los seres humanos que lo controlan) tiene molestas idiosincrasias. Puede negarse a cooperar si lo toca después de haberse duchado. Las lociones para manos son otro motivo de negativa. Un trackpad detesta la humedad. Si se humedece, séquelo suavemente con un paño limpio. No utilice ninguna solución de limpieza para el hogar.

El mejor lugar para entrenar un trackpad se ubica en la sección Keyboard and Mouse Preferences (Preferencias de Teclado y Ratón). Seleccione System Preferences (Preferencias de Sistema). Debajo de Keyboard and Mouse Preferences (Preferencias de Teclado y Ratón), haga clic en Trackpad. La Figura 4-5 muestra la sección Keyboard & Mouse Preferences en un sistema de los más recientes como el de MacBook Air. Las opciones pueden variar en sistemas más antiguos.

Figura 4-5:
La clave para domar su trackpad en distintas laptops.

En la Air, por ejemplo, tiene opciones para que todo funcione con un dedo, o dos, seleccionando los recuadros adecuados. Un video breve pero práctico le indicará lo que debe hacer. El Scrolling (desplazamiento) con dos dedos es una función relativamente nueva que no admiten modelos más antiguos.

La MacBook Air admite otros gestos multitacto (realizados con más de un dedo), algunos tomados prestado de su famoso primo corporativo, el iPhone. Se puede realizar un zoom (acercamiento) a una página Web con el navegador Safari o una foto dentro del programa iPhoto usando el gesto de "pinchar," o sea, apoyando juntos en el trackpad los dedos índice y pulgar para luego separarlos. Y con el gesto de "barrer", puede navegar páginas Web con tres dedos arrastrándolos de derecha a izquierda para avanzar, y de izquierda a derecha para retroceder.

A continuación se describen algunos elementos comunes con otras Mac portátiles:

- ✔ Deslice el control Tracking Speed (Velocidad de Seguimiento) para cambiar la velocidad con que se mueve el puntero. El control Double-Click Speed (Velocidad de Doble Clic) permite ajustar cuan rápido debe *usted* hacer doble clic.

- ✔ Si desea hacer clic golpeando la superficie del trackpad, sin usar el botón del mismo, elija la opción Clicking (Hacer clic).

- ✔ Es posible arrastrar un elemento golpeteando el trackpad dos veces, sin tener que mantener presionado el botón, al seleccionar la opción Dragging (Arrastrar).

- ✔ Si selecciona la opción Ignore Accidental Trackpad Input (Ignorar Entradas Accidentales del Trackpad), el cursor no se moverá al presionar el trackpad accidentalmente con dos dedos.

- ✔ Si tiene pensado utilizar un ratón, seleccione la opción Ignore Trackpad When Mouse Is Present (Ignorar el Trackpad cuando se Detecte la Presencia del Ratón).

Mantener Cargada Su Notebook

Tarde o temprano, especialmente en situaciones donde Murphy (ese buen señor detrás de esa Ley tan lamentable) tenga algo que decir, su batería se va a quedar sin carga. Precisamente en el peor momento posible. Como cuando su profesor lo está preparando para un examen final. O cuando está por descubrir quién es el asesino mirando un DVD en un vuelo transoceánico. Es mi deber informarle que mirar una película consumirá su batería mucho más rápidamente que cuando utilice una planilla de cálculos.

El pequeño medidor sobre la barra de menú, que muestra la Figura 4-6, le brinda a usted una medición decente de cuánto tiempo puede trabajar antes de que su batería se agote. Es posible cambiar la unidad de medida de este artilugio entre tiempo y porcentaje. Simplemente haga clic sobre el ícono en la barra de menú, elija Show (Mostrar), y luego elija entre Icon Only (Sólo el Ícono), Time (Tiempo Restante), o Percentage (Porcentaje).

La vida útil de la batería declarada por sus fabricantes tiene mucho en común con la estimación del consumo de combustible declarado por los fabricantes de automóviles. La vida útil real de su batería va a variar, según el uso que le dé a su computadora. Ya verá que al final la duración de la batería resulta menor que la declarada por el fabricante.

Medidor de batería (Battery gauge)

Figura 4-6:
Revelar
cuánta
energía
queda en la
batería.

Puede adoptar la costumbre de dejar conectada su computadora al toma-corriente para recargar la batería. De todas formas, Apple recomienda desconectar el cable en forma periódica, para mantener fresca la batería. Si no tiene previsto utilizar la computadora por seis meses o más (¿y por qué diablos dejará de usarla?), retire la batería y almacénela cuando tenga el 50 por ciento de la carga. No podrá resucitar una batería totalmente des-cargada abandonada a su propia suerte demasiado tiempo. (Como dijimos anteriormente, la MacBook Air viene con una batería sellada).

Las baterías recargables admiten una cantidad finita de ciclos de carga, por lo tanto, por más cuidado que tenga en el manejo y recarga de su batería, eventualmente deberá reemplazarla. Resulta evidente que es tiempo de enviar a su batería a cuarteles de invierno cuando ya no conserve la carga. Recuerde que deberá celebrarle un entierro ecológicamente correcto.

Sin embargo, todavía no se rinda. Puede tomar algunas medidas para ampliar la longevidad de su batería. Su computadora se las ingenia bastante bien con la conservación. Cuando está conectada a un tomacorriente, se siente libre para relajarse. Esto significa que el disco duro girará con la velocidad que le indique su corazón, y la pantalla se ajustará al brillo máximo disponible.

Podrá indicarle a la Mac cómo comportarse cuando no esté conectada:

✔ Reduzca el brillo de la pantalla. No hay nada que le guste más a la batería de su computadora portátil que una iluminación tranquila. Presione la tecla F1 en el teclado para bajar el brillo.

✔ Abra la opción *Energy Saver* (Ahorro de Energía) (ver Figura 4-7) haciendo clic sobre el medidor de batería en la barra de menú y luego seleccione Energy Saver Preferences (Preferencias de Ahorro de Energía). [Como alternativa, presione ⌘⇨System Preferences (Preferencias del Sistema) y haga clic sobre Energy Saver (Ahorro de Energía)]. Cerca de la parte superior de la ventana, elija Better Battery Life (Mejor Duración de Batería) del menú desplegable Optimization (Optimización). Encontrará otras opciones dentro de Energy Saver, incluido un control deslizante para poner a dormir la computadora luego de cierto período, junto con otro control similar para poner a dormir la pantalla luego de que la máquina esté inactiva. Si hace clic sobre Schedule (Cronograma), puede determinar cuándo la computadora arranca, cuándo se despierta o cuándo se pone a dormir. Es una excelente idea asegurarse de que la opción Put the Hard Disk(s) to Sleep When Possible (Poner los Discos Rígidos a Dormir Cuando Sea Posible) esté seleccionada. Haga clic en Show Details (Mostrar Detalles) si estas opciones no están visibles.

✔ Apague el sistema de red inalámbrica *AirPort* (Capítulo 18) si no está navegando por Internet o compartiendo archivos a través de la red. AirPort es un gran consumidor de energía. Y tampoco debería utilizarlo si se encuentra viajando en un avión.

✔ De la misma forma, apague el sistema de red inalámbrica Bluetooth si se encuentra en un avión o quiere ahorrar batería.

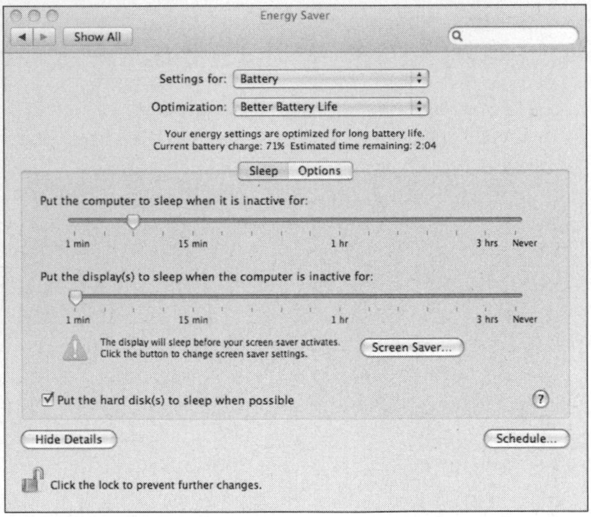

Figura 4-7:
Conservación de la Mac. Energy Saver por dentro.

Después de todo, entre todo lo que usted aspira obtener de su computadora, lo ultimo que desea es quedarse sin energía.

Parte II
Trato Cotidiano con la Mac

The 5th Wave　　　Por Rich Tennant

"Oh, Anthony ama trabajar en Applescript. Ha personalizado los documentos Word con un archivo de sonido, así todos cierran con un "¡Bang! Listo".

En esta parte . . .

¿*N*o es tiempo de hacer algo de computación al ciento por ciento? Arremánguese. Está a punto de personalizar la Mac a su gusto y estilo, adentrarse en las preferencias del sistema, emprender interesantes expediciones de búsqueda a través de Spotlight, y crear e imprimir documentos — todo esto con la sensación cálida y difusa que suele envolverlo toda vez que cumple con lo que se propone.

Capítulo 5

Adueñándose de Su Mac

*U*sted ama infinitamente a su familia y amigos, pero debe admitir que cada tanto lo sacan de quicio. Saben cuáles son sus puntos débiles, y seguramente usted conoce los de ellos también. La gente se vuelve maniática con ciertas cosas, y eso lo incluye a usted (y a mí).

Esto también se aplica a su Macintosh. Se presume que usted y su Mac van a convivir felizmente por un largo tiempo. Aún así, no estaría mal empezar con el pie derecho y configurar su equipo para que se adapte a sus gustos y expectativas personales, y no a las de algún programador de Apple. El software que usted instala en su computadora es distinto al que sus mejores amigos tienen instalado. Es de los que toleran decenas de íconos en el escritorio de su Mac, sus amigos prefieren una pantalla menos poblada. Usted elige una imagen ampliada de Homero Simpson como fondo de pantalla, sus amigos prefieren un afiche de Jessica Simpson.

Establecer Cuentas de Usuario

Si bien es cierto que la computadora que lo está mirando a la cara es *su* Mac, es muy probable que vaya a compartirla con alguien más: su esposa e hijos, o tal vez sus estudiantes y compañeros de trabajo. Apuesto a que, en un acto de desprendimiento, pensó en comprarle a cada uno de ellos su computadora. Pero resulta que su hijo más pequeño necesita aparatos, tiene en la mira esos preciosos palos de golf, y la verdad sea dicha, su generosidad tiene límites. Y bueno, deberá compartir su computadora, al menos por un rato. El desafío consiste entonces en evitar el caos y la guerra civil total.

La Mac pone su granito de arena para mantener la paz concediendo a cada uno su propia cuenta de usuario, que representa un área separada donde pasar el rato, protegida por una contraseña para prevenir intrusiones. (No es mucho lo que puede hacer la gente de Apple para evitar las peleas respecto a *cuándo* los otros usan la computadora).

Establecer jerarquías entre las cuentas de usuarios

En el Capítulo 2, expliqué como crear su propia cuenta de usuario como parte de la configuración inicial de su computadora. Pero las cuentas de usuario no se crean iguales, y usted es extra especial. Esto es así simplemente porque es el dueño del equipo, el mandamás, el pez gordo, o dentro de la burocracia de su computadora, el *administrador*.

Ser El Pez Gordo no lo hace merecedor de una cuenta de gastos o una oficina alfombrada con vista al lago. Le brinda, sin embargo, algunos privilegios ejecutivos. Puede decidir no sólo quién más puede usar su computadora sino también quién, si es que existe alguien, puede tener los mismos derechos administrativos que usted.

Medite mucho y fríamente antes de otorgar a alguien más estos poderes dictatoriales. Sólo un administrador puede instalar programas nuevos en la carpeta Applications (Aplicaciones), o juguetear con las configuraciones del sistema tales como Date & Time (Fecha y Hora) y Energy Saver (Ahorro de Energía). Y sólo un administrador puede contratar y despedir gente, creando o eliminando las cuentas de otros usuarios.

Démosle un vistazo rápido a las jerarquías de las cuentas:

- **Administrator (Administrador):** Como se explicó anteriormente, es todopoderoso, al menos en lo que se refiere a su computadora.

- **Standard (Estándar):** No puede juguetear con las cuentas de otros. Pero tiene bastante libertad en lo que concierne a su cuenta. Esto significa que puede instalar software, modificar cómo se ve su escritorio, etc.

- **Managed with Parental Controls (Administrado con Control de Padres):** Considere esto como la venganza de mamá y papá. Los niños podrán poner patas arriba su casa, pero no pueden hacer lo mismo con su Mac.

- **Sharing Only (Sólo Compartir):** Una cuenta limitada para compartir archivos a través de la red.

✔ **Group (Grupo):** Al crear una cuenta de grupo, se pueden compartir archivos entre los miembros del mismo. En realidad es un tipo de cuenta compuesto por varias cuentas.

✔ **Guest (Invitado):** ¿Quiere permitir a su niñera jugar con su Mac después de que puso a dormir a sus hijos? Una cuenta de invitado le permitirá iniciar una sesión sin contraseña (aunque podrá restringir sus actividades usando el control parental). Puede permitir a los invitados acceder a las carpetas compartidas dentro del sistema. O no. Y lo más lindo que tienen las cuentas de invitados es que una vez que hayan terminado su sesión, se borrarán todas las huellas de su actividad, junto con la carpeta de inicio temporaria creada para su visita...

Crear cuentas nuevas

Ahora que ya conoce los diferentes tipos de cuenta de usuario, veamos en más detalle cómo configurar una. Para crear una cuenta para, digamos, un compañero de trabajo, siga estos pasos:

1. **Elija ▸System Preferences (Preferencias de Sistema), y luego haga clic en el ícono Accounts (Cuentas) en la sección System (Sistema).**

   Otra forma de hacerlo es, hacer clic en su nombre de usuario en la esquina superior derecha de la pantalla, bajar el mouse hasta Accounts Preferences (Preferencias de Cuentas), y clic o bien acceder a System Preferences directamente a través el ícono del Dock.

   Vale la pena que recuerde como llegar a System Preferences (Preferencias del sistema) porque pasaremos un buen tiempo en ese menú en este capítulo. La ventana de Accounts (Cuentas) que aparece se muestra en la Figura 5-1.

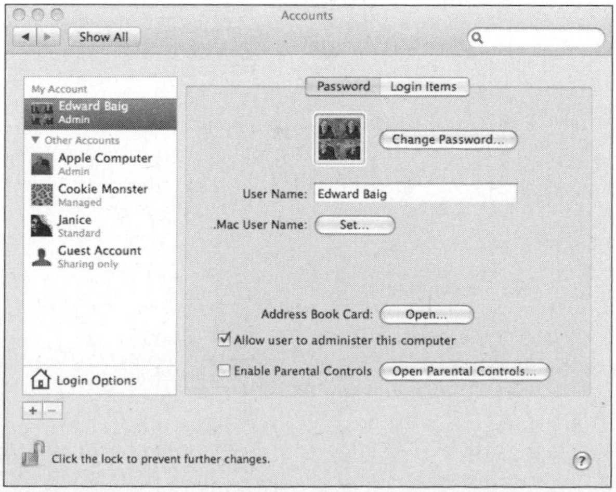

Figura 5-1: Cambie las preferencias de cuentas aquí.

2. Si la pestaña Password (Contraseña) no está resaltada, haga clic en ella.

3. Haga clic en el signo + que está debajo y a la izquierda de la lista de nombres.

Si el + aparece atenuado, deberá hacer clic sobre el candado en la parte inferior de la pantalla e ingresar su nombre y contraseña para continuar. (Se topará varias veces con este candado al modificar las preferencias del sistema y deberá hacer clic sobre el mismo e ingresar la contraseña del administrador para ser autorizado a realizar cambios.)

4. En la pantalla que se muestra en la Figura 5-2, haga lo siguiente:

a. En el menú emergente New Account (Cuenta Nueva), elija una de las categorías de usuario de la lista en la sección precedente.

b. Ingrese un nombre, un nombre corto, una contraseña, la verificación de la contraseña, y (si quiere) un recordatorio de contraseña en los campos en blanco disponibles.

Para ayuda en la elección de contraseña, haga clic en la llave al lado del campo contraseña. Y para seguridad extra, elija la opción Turn on FileVault Protection (Activar Protección de Bóveda de Archivo) — pero lea antes el Capítulo 13 para sopesar beneficios y desventajas. A menos que tenga una buena razón para no hacerlo, deje la opción Allow User to Administer This Computer (Permitir que el Usuario Administre la Computadora) sin activar (como se muestra en la Figura 5-1). Por supuesto, probablemente quiera habilitar a un compañero de trabajo o una persona compartiendo una cuenta la posibilidad de cambiar su contraseña y nombre de usuario.

c. Haga clic en Create Account (Crear Cuenta).

Puede dejar los siguientes pasos en manos del dueño de la cuenta, para permitirle, por ejemplo, elegir la imagen que lo identifique.

5. Haga clic en la pestaña Picture (Imagen).

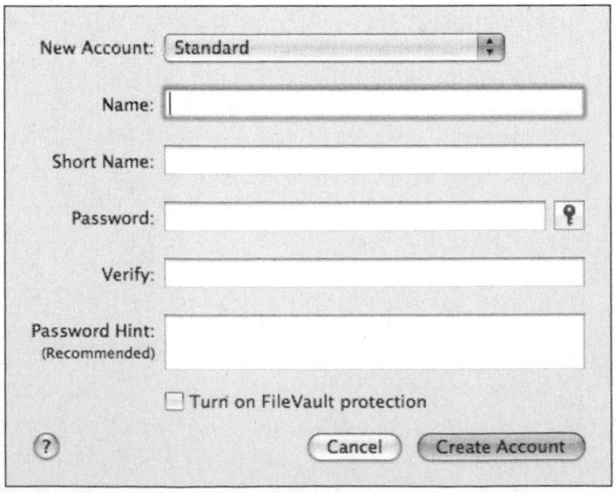

Figura 5-2: La ventana New Accounts (cuentos nuevos).

6. **Elija la imagen en miniatura que aparecerá al lado del nombre de usuario cuando el titular de la cuenta inicie sesión en la computadora.**

Puede elegir entre palos de Bowling, galleta de jengibre, labios sensuales, o cualquier otro de los íconos tontos que aparecen en la ventana Accounts (Cuentas). Pero, es posible que el dueño de la cuenta quiera elegir una imagen propia. Para hacerlo:

a. **Abra la ventana de navegación predeterminada Finder del OS X (haciendo clic en el ícono del Finder en el Dock) y luego haga clic en Pictures (Imágenes).**

b. **Arrastre una imagen hasta el cuadro pequeño al lado del botón Reset Password (Restaurar contraseña) en la ventana Accounts.**

Aparece una nueva ventana mostrando la imagen que acaba de arrastrar.

c. **Haga clic en Set para establecer esa imagen como la imagen de su cuenta, Cancel (Cancelar), si se arrepintió, o Choose (Elegir) para seleccionar otra imagen dentro del Finder.**

Si el titular de la Cuenta nueva tiene un Nombre de Usuario, Mac, puede ingresarlo aquí.

No se pierda la próxima sección "Entrar a la Cabina de Fotos" para otra forma más divertida de crear una imagen de cuenta.

Entrar a la Photo Booth (Cabina de Fotos)

¿Se acuerda cuando usted y su novia del secundario se metían en esas cabinas de fotos automáticas que por diez centavos de dólar sacaban 5 fotos? O puede que esto le haya pasado a papi o mami. No se preocupe, no voy a andar contando lo que sucedía detrás de esa cortinita. Usted o su padre probablemente ya habrán confiscado la evidencia hace años, una tira de fotos con esas poses ridículas.

Las poses ridículas están de moda otra vez. Apple provee su propia cabina de fotos como una característica del software incorporado en las últimas Macs con cámaras iSight integradas. Puede obtener una imagen de cuenta de calidad aceptable para usar cuando intercambia mensajes instantáneos (Capítulo 11).

El Photo Booth (Cabina de fotos) de Apple y las equivalentes del pasado tienen algunas diferencias importantes. Para empezar, con la versión de Apple no necesita entregar monedas. Es más, no hay una cortina detrás de la cual ocultarse (lo que es una pena), aunque el ícono del Photo Booth es una cortina. Y aquella vieja cabina automática de fotos nunca podrá igualar otras proezas de la de Apple — grabar pequeñas videos o hacer que su cara aparezca frente a una montaña rusa en *movimiento* o cualquier otro fluido telón de fondo.

Sacar una foto en el Photo Booth

Abra Photo Booth haciendo clic en su nombre dentro de la carpeta Applications (Aplicaciones). Puede sacar una foto instantáneamente con sólo hacer clic en el botón redondo del disparador debajo de la pantalla grande que sirve como visor, como se ve en la Figura 5-3.

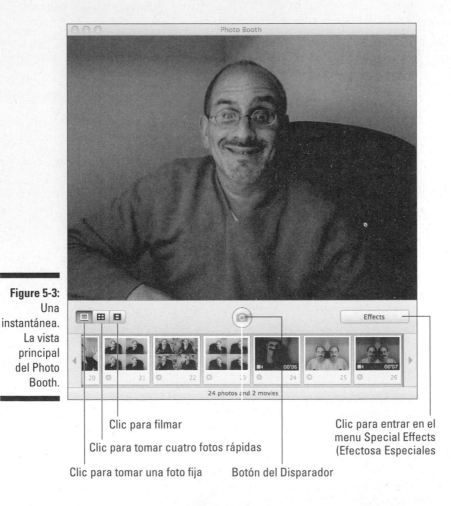

Figure 5-3:
Una instantánea. La vista principal del Photo Booth.

Clic para filmar

Clic para tomar cuatro fotos rápidas

Clic para tomar una foto fija

Botón del Disparador

Clic para entrar en el menu Special Effects (Efectosa Especiales

Al hacer esto, comienza una cuenta regresiva de tres-dos-uno... Cuando llega a cero, la pantalla destella, y su cara queda inmortalizada. Pero veamos las otras opciones. Mire atentamente los tres pequeños íconos a la izquierda del botón del disparador. Haciendo clic en el cuadrado de la extrema izquierda, usted obtendrá una foto fija.

Ahora haga clic sobre el cuadrado del medio, que esta dividido en cuatro cuadrantes. Acaba de activar el *Burst Mode (Modo Ráfaga)*. Esta vez cuando pulse el botón del disparador, se tomarán cuatro fotos consecutivas, justo después de la cuenta regresiva. Estas imágenes recién capturadas aparecen las cuatro a la vez en una disposición, digamos, de cuatro paneles.

El tercer botón pone al Photo Booth en modo video. Luego de la cuenta regresiva, la computadora comienza a filmar un pequeño video, con audio incluido. Deberá hacer clic en Stop (Detener) para dejar de grabar. Un contador digital rojo le recordará que todavía esta filmando.

Aplicar efectos especiales

Hasta ahora le fui contando como sacar fotos en forma directa. Ahora es cuando empieza la diversión. Puede invocar a su científico loco interior y aplicar algunos efectos deformantes.

Haga clic en el botón Effects (Efectos). Aparece una grilla parecida a la de La Tribu de los Brady, con cada cuadrado mostrando un efecto diferente, como en la pantalla que se muestra en la Figura 5-4. Haga clic sobre las flechas a los costados del botón Effects para visualizar otro conjunto de efectos.

Haga clic en el cuadrado para tener una vista previa, y eventualmente elegir, un efecto. Haga clic en el medio de esta grilla estilo ta-te ti para volver a la foto normal.

Puede hacer que la foto parezca tomada con una cámara infrarroja o de rayos X o dibujada con un lápiz de color. Puede convertirla en arte pop digno de Warhol o hacerla brillar radiactivamente. Y puede crear una imagen de espejo de sí mismo que recordará a los gemelos de la goma de mascar Doublemint.

Cuando selecciona algunos efectos (como por ejemplo bulge [combar], squeeze [estrujar], o twirl [retorcer]) aparece un control deslizable que le permite usar el mouse para ajustar el nivel de distorsión. Hay otros efectos, como los descritos en el apartado "Recorrer el mundo (o algo así)", que le permiten cambiar el fondo del video.

Figure 5-4:
¿Cuál es el límite de la tontería? Aplicando efectos en Photo Booth.

Admirar y compartir fotos del Photo Booth

Las fotos y filmaciones que realice en Photo Booth aparecen en la parte inferior del mismo como una tira de fotos. Para admirar la imagen, simplemente haga clic sobre la vista en miniatura correspondiente.

Tiene varias formas de compartir la foto o película con otros. Eligiendo el botón apropiado, puede convertir una foto en su Account Picture (Imagen de Cuenta) o Buddy Picture (para usarla como *ícono de contacto*) en iChat. Puede enviar la foto por e-mail a través de la aplicación de Mail (Correo) de Mac o enviarla a la biblioteca de imágenes de iPhoto. O puede arrastrarla a su escritorio.

Puede exportar la miniatura también seleccionándola, eligiendo la opción File (Archivo) en el menú de Photo Booth, y luego seleccionando Export (Exportar). Si fue una toma realizada con la opción de cuatro fotos, se exportará como un archivo .gif animado que podrá usar en sitios Web o en su buddy picture (foto de contacto) de iChat.

Recorrer el mundo (o algo así)

¿No ha estado en París? Ese no es motivo para no tener una foto suya con la Torre Eiffel de fondo.

Gracias al Photo Booth puede aparentar que estuvo donde nunca fue. Una serie de fondos impresionantes pueden colocarlo entre las nubes, sobre la luna, o frente a una plantilla de puntos coloridos al estilo de los 60. O el fondo puede ser (si es que su Mac tiene un procesador Intel Core Duo o superior) un pequeño video: un viaje alocado en una montaña rusa, nadando con los peces, junto a una cascada en Yosemite, o una playa remota. Puede sustituir su foto o video clip arrastrando sus imágenes o videos desde el Finder (Buscador) hacia los cuadros vacíos para este efecto, hasta ocho en total.

Entonces, ¿cómo puede usted aparecer en uno de estos paisajes? Cuando selecciona cualquiera de estos efectos, se le pedirá que salga fuera de cuadro para que Photo Booth pueda separarlo a usted, el sujeto, del fondo tal como se ve desde el lente de la cámara. Luego de esta operación podrá capturar la imagen fija o en movimiento. Mejor aún, al elegir uno de estos cuadros de Hollywood (como me gusta llamarlos), puede aplicar estos efectos sin tener que depender de esas "pantallas verdes" como las que se emplean en la industria cinematográfica o programas de noticias cuando quieren simular que alguien está en algún sitio en particular.

Si usted es como yo, rápidamente acabará con una colección de imágenes tontas del Photo Booth. Una linda manera de lucirse con ellas es mostrándolas en forma secuencial, como slideshow (presentación de diapositivas). Desde el menú View (Ver), haga clic sobre Start Slide show (Iniciar la Presentación de Diapositivas).

Usar el Control Parental: Cuando Papá (o Mamá) Saben lo que te Conviene

Suponga que una de las cuentas nuevas que ha creado es para su prole, el impresionable Monstruo de las Galletas. Como padre responsable, querrá fijar límites para evitarle problemas. Y como dueño responsable de Mac, querrá evitar que sin querer (o queriendo) cause daño a la computadora.

Es tiempo de aplicar *controles parentales*. Es probable que haya configurado la cuenta del Monstruo de las Galletas como managed account with parental controls (cuenta administrada con control de padres). Si no es así, haga clic para seleccionar el cuadro Enable Parental Controls (Habilitar Control de Padres) en la ventana Accounts (Cuentas). Al hacer esto, la cuenta del Monstruo de las Galletas pasa de ser una cuenta estándar a ser una cuenta administrada, siendo usted el administrador. Tiene bastante autoridad para decidir qué puede y qué no puede hacer su hijo. Veamos.

En la ventana Accounts, haga clic sobre Open Parental Controls (Abrir Controles de Padres). Como alternativa puede hacer clic en Parental Controls dentro de System Preferences (Preferencias de Sistema). Ambos caminos conducen a Roma. En la ventana de Parental Controls, que se puede ver en la Figura 5-5, seleccione el nombre Monstruo de las Galletas en la lista a la izquierda. Ahora, padre protector, es mucho lo que puede hacer.

Figura 5-5:
Los controles de padres le permiten proteger a sus hijos y su computadora.

Investiguemos las cinco solapas en la parte superior de la ventana:

- **System (Sistema):** Los padres pueden seleccionar el cuadro Use Simple Finder (Usar el Buscador Simple) para proveerle al Monstruo de las Galletas el escritorio más restringido y despojado. Sólo hay tres carpetas en la versión Simple Finder del Dock (My Applications [Mis Aplicaciones], Documents [Documentos], y Shared [Compartido]). Mientras tanto, su hijo sólo podrá ver las aplicaciones seleccionadas en la opción Only Allow Selected Applications (Sólo Permitir las Aplicaciones Seleccionadas). Bajo esta visualización del sistema, puede también permitir a su muchachito que administre impresoras, grabe CDs y DVDs, cambie la contraseña, y modifique el Dock. (La modificación del Dock está categóricamente deshabilitada en Simple Finder.)

- **Content (Contenido):** Al seleccionar esta solapa, podrá filtrar malas palabras del Diccionario. También puede restringir el acceso a la Web de forma que lo que el Monstruo de las Galletas supuestamente obtiene son sólo sitios decentes. Apple tomará las decisiones de parte suya si selecciona la opción Try to Limit Access to Adult Website Automatically (Intentar Limitar el Acceso a Sitios Web Adultos Automáticamente). Si hace clic en Customize (Personalizar), podrá elegir los sitios aprobados por usted, así como aquellos que juzgue como "no kosher". Para ver qué sitios merecen la aprobación de Apple, haga clic en Allow Access to Only These Websites (Permitir el Acceso Sólo a Estos Sitios Web). Discovery Kids, PBS Kids y el Instituto Smithsonian figuran entre los sitios que lograron aparecer en la lista de Apple.

✔ **Mail & iChat (Correo e iChat):** Seleccionando Limit Mail and/or Limit iChat (Limitar Correo y/o iChat), podrá aprobar quién puede intercambiar e-mails y chatear con el Monstruo de las Galletas. También puede recibir un e-mail de solicitud de permiso cuando el Monstruo de las Galletas intente comunicarse con alguien que no se encuentre en la lista de autorizados.

✔ **Time Limits (Límites de Tiempo):** El asunto no es con quién quiere que el Monstruo de las Galletas interactúe o con cuáles programas quiere que ande jugando — también se trata de cuándo le permite hacerlo. Al arrastrar los controles deslizables que se ven en la Figura 5-6, puede establecer restricciones de tiempo para días de la semana y fines de semana. En otras palabras, puede evitar que acceda a la Mac cuando sea el momento de dar el besito de las buenas noches, eligiendo diferentes horarios para las noches de la semana — que va al colegio — y fines de semana. El Monstruo de las Galletas recibirá una amable advertencia poco antes de que el sistema se apague para que tenga tiempo de guardar su trabajo. También tendrá la oportunidad de apelar por más tiempo.

✔ **Logs (Registros):** Sabemos que usted confía en su hijo. Honestamente. Al mismo tiempo, quiere asegurarse de que esté sano y salvo. Aquí es donde usted podrá, hum, monitorear (es una forma agradable de decirlo) su comportamiento. Puede ver qué sitios Web ha visitado (o intentó visitar), las aplicaciones que usó, y con quién chateó. Puede registrar la actividad de una semana, un mes, tres meses, etc. También puede agrupar los registros por contacto y fecha.

No es necesario que tenga hijos para implementar el control de padres. Estos controles funcionan muy bien para fijar límites a empleados, amigos o parientes que lo visiten.

¿Su hijo está usando otra Mac dentro de su casa? Puede gestionar en forma remota los controles parentales para todas las Macs de su red hogareña. Deberá configurar una cuenta de administrador en todas las computadoras que desee administrar. En la esquina inferior izquierda de la ventana Parental Controls, haga clic sobre el pequeño engranaje (que está justo sobre el candado). En el menú emergente, elija Allow Remote Setup (Permitir Configuración Remota). Repita este ejercicio en cada Mac que quiera administrar.

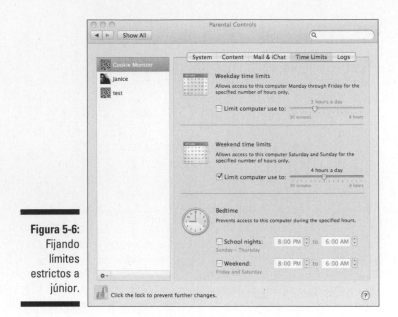

Lo que Hay que Saber sobre Iniciar Sesión

Puede crear cuentas de usuario para todos y cada uno de los miembros de su familia o visitantes que utilizarán una Mac en particular. También puede controlar cómo inician sesión. En esta sección describiré cómo hacerlo.

En System Preferences (Preferencias de Sistema), elija Accounts Preferences (Preferencias de Cuentas), y luego haga clic en Login Options (Opciones de Inicio de Sesión) debajo del panel izquierdo, bajo la lista de todos los titulares de cuenta de su sistema. Si es necesario, haga clic en el candado e ingrese el nombre y contraseña administrativa. Una vez dentro, verá la ventana que muestra la Figura 5-7.

Para iniciar sesión de un usuario en particular automáticamente (probablemente usted mismo), elija la opción Automatic Login (Inicio de Sesión Automático) y elija la persona apropiada del menú emergente. Deberá ingresar una contraseña.

Si la computadora está configurada para que inicie sesión automáticamente con su cuenta, cualquier usuario que reinicie la Mac en su ausencia tendrá acceso a su cuenta.

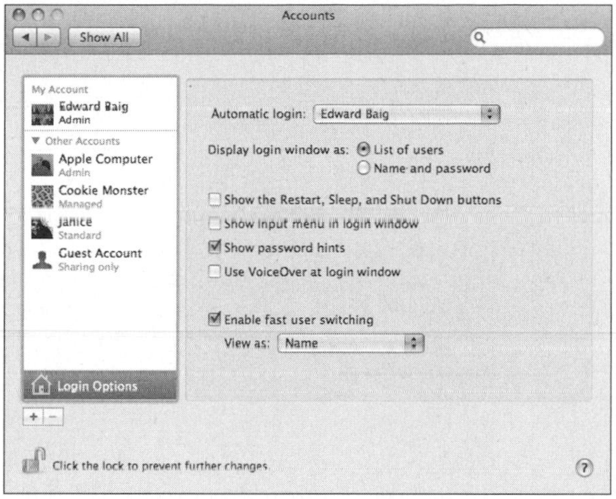

Figura 5-7:
Elegir
opciones
de inicio
de sesión.

Si esta opción no está habilitada, los usuarios que enciendan la Mac se encontrarán con la pantalla de Login (Inicio de Sesión). Puede aparecer de diferentes maneras dependiendo de cuál botón de radio haya elegido en Display Login Window As (Mostrar la Ventana de Inicio de Sesión Como) bajo Login Options (Opciones de Inicio de Sesión).

Elija List of Users (Lista de Usuarios) para ver una pantalla de Login con una lista de personas y sus imágenes asociadas para sus respectivas cuentas. Seleccione Name and Password (Nombre y Contraseña), y los titulares de las cuentas deberán ingresar el nombre de usuario y contraseña en los campos apropiados de la pantalla de Login.

En ambos casos, presione Enter o haga clic luego de ingresar la contraseña para realmente iniciar sesión. Si ingresa mal su contraseña, toda la ventana se sacude como si le hubiese dado un ataque momentáneo de epilepsia. Ingrese mal la contraseña un par de veces más, y aparecerá el recordatorio de contraseña que haya ingresado anteriormente (suponiendo que haya elegido esta opción dentro de Login Options [Opciones de Inicio de Sesión]).

Y Finalizar Sesión

Supongamos que usted se rinde por hoy, pero no quiere apagar el equipo. Al mismo tiempo, no quiere dejar abierta su cuenta para que cualquier entrometido ande husmeando. *Ley de Baig: El hecho de que su familia, amigos, y compañeros de trabajo sean ciudadanos probos no significa que no vayan a fisgonear.* La forma de apagar sin realmente apagar es elegir ⌘➪Log Out (Fin de Sesión).

Un truco práctico

Ahora consideremos un escenario bastante común. Está en el medio de un trabajo cuando —como decir esto delicadamente— la pasta de la cena de anoche exige revancha. El llamado de la naturaleza. Mientras se levanta para irse a "meditar", su esposa viene corriendo y le dice: "*Querido, ¿puedo revisar mi correo un momentito?*" Podría finalizar su sesión para permitirle hacerlo, pero dado que usted volverá enseguida, se imagina que habrá una forma mejor de hacerlo. Esta forma mejor de hacerlo se llama *fast user switching (cambio rápido de usuarios).* Para sacarle provecho a esta característica, deberá habilitar previamente la opción en el cuadro Enable Fast User Switching (Habilitar Cambio Rápido de Usuario), en la ventana Login Options (Opciones de Inicio de Sesión).

Luego, para permitir que su esposa (o cualquier otro usuario) haga lo suyo, haga clic en su nombre de usuario en la parte superior derecha de la pantalla. Aparece la lista de todos los titulares de cuentas. La persona puede hacer clic en su nombre e ingresar su contraseña. Todo su escritorio gira haciendo aparecer el escritorio del otro usuario como si fuera una puerta giratoria. Cuando vuelva un momento después, repita el proceso eligiendo su nombre de usuario y su contraseña. Su escritorio vuelve a girar, y aparece tal como lo dejó.

Dejar que Alguien Se Vaya

A veces ser el jefe implica ser el malo de la película. El equivalente a despedir a alguien en la Mac es borrar del sistema la cuenta de usuario de esta persona. En la ventana de Accounts (Cuentas), haga clic sobre el candado (está en la esquina inferior izquierda de la ventana) para habilitar los cambios. Luego elija el nombre de la persona que recibirá la papeleta rosa. Haga clic en el botón — bajo la lista de nombres.

Aparece un cuadro de diálogo con unas pocas opciones: haciendo clic en OK se elimina la cuenta del sistema pero todavía deberá elegir si quiere conservar la carpeta principal de esta persona en una imagen de disco (una carpeta precisamente etiquetada Deleted Users [usuarios eliminados]), dejarla donde estaba dentro de la carpeta Users (Usuarios), o borrarla directamente. Esto último se reserva para aquellos usuarios que fueron particularmente pícaros (y usted no necesita sus archivos).

Cambiar Apariencias

Ahora que ya ha pasado el mal trago de echar a patadas a alguien del sistema, puede volver a ponerse en contacto con su parte más amable y gentil — la parte que se encarga exclusivamente de hacer que la Mac se vea preciosa.

Modificar botones y el escritorio

¿No está conforme con el aspecto de los botones, menús y ventanas en su Mac? ¿El fondo de pantalla que los diseñadores de Apple pusieron detrás de su escritorio le resulta apenas atractivo pero no de su gusto? Puede arrancarlo y empezar de cero.

Elija ⬛⬦System Preferences (Preferencias de Sistema) y luego haga clic en Appearance (Apariencia). Aquí es donde puede alterar los menús y los colores de esos botones, y aplicar otros retoques cosméticos.

Luego vaya a la opción Desktop & Screen Saver (Escritorio y Salvapantallas) dentro de System Preferences para comenzar a poner su firma en el lugar. Asegúrese de que la pestaña Desktop (Escritorio) esté resaltada, como se muestra en la Figura 5-8. Haga clic en una de las categorías de diseño que aparecen a la izquierda: Apple Images (Imágenes de Apple), Nature (Naturaleza), Plants (Plantas), etc. Varias muestras de diseño aparecen a la derecha. Lo mejor es que, a diferencia del muestrario que le puede ofrecer un vendedor en una tienda de decoración, puede ver como va a quedar el trabajo de remodelación una vez terminado. Todo lo que tiene que hacer es clic.

Figura 5-8:
Convertirse en su propio decorador de interiores.

Las categorías de diseño que se encuentran a la izquierda incluyen un listado de Pictures Folder (Carpeta de Imágenes) así como álbumes de su biblioteca iPhoto (ver el Capítulo 15). Hacer clic sobre estas opciones le permitirá elegir una de sus propias imágenes como fondo de escritorio. La colección de los diseñadores de Apple no puede competir contra obras maestras que incluyen la foto de su guapísimo hijo.

Si la variedad es el condimento de la vida — o tiene déficit de atención — haga clic para agregar una marca de verificación en la opción Change Picture Every 30 Minutes (Cambiar la Imagen Cada 30 Minutos) — o elija otro margen de tiempo dentro del menú emergente. Al elegir la opción Random Order (Orden Aleatorio) hará que el fondo de su pantalla cambie (lo habrá adivinado ya) siguiendo un orden aleatorio. Esta opción va recorriendo las imágenes en la carpeta que eligió en el panel izquierdo.

Mientras hace esto, haga clic para seleccionar o deseleccionar el cuadro Translucent Menu Bar (Barra de Menú Traslúcida) dependiendo de su gusto.

Elegir un salvapantallas

Los salvapantallas o protectores de pantalla obtienen ese nombre porque fueron creados para salvar (proteger) su pantalla de un fenómeno fantasmal conocido como monitor quemado. Cada vez que una misma imagen se mostraba en la pantalla durante un período largo de tiempo, quedaba grabado un espectro difuso de la misma en la pantalla. El monitor quemado ya no es un problema actualmente, pero los protectores de pantalla siguen existiendo. Hoy en día su valor es estrictamente cosmético, en forma análoga en que puede elegir vistosas placas de automóvil, o el tono de llamada de su teléfono celular.

En el panel Desktop & Screen Saver (Escritorio y Salva Pantalla) dentro de System Preferences haga clic en la solapa Screen Saver. (¿No está allí? Elija System Preferences y luego clic en Desktop & Screen Saver.)

Haga clic en uno de los protectores de pantalla en el recuadro de la izquierda, como se muestra en la Figura 5-9. Algunas imágenes son impresionantes (recomiendo Cosmos o Nature Patterns). Puede también elegir imágenes de su propia biblioteca o instalar protectores de pantalla creados por otras compañías distintas de Apple.

Si quiere saber el significado de palabras tales como "*soporífero*" o "*acequia*", elija el salvapantallas Word of the Day (Palabra del Día). No es tan lindo como las otras opciones, pero al menos enriquecerá su vocabulario.

Puede tener una vista previa de los protectores de pantalla en la pantalla pequeña de la derecha o haciendo clic en el botón Test (Prueba) para verlo en toda la pantalla.

Luego de elegir un salvapantallas (o como ya dijimos, permitir que Apple elija uno al azar por usted), arrastre el control deslizante Start Screen Saver (Iniciar el Salvapantallas) para informarle a la Mac el tiempo antes de arrancar el mismo, que puede variar desde los tres minutos a dos horas (o nunca).

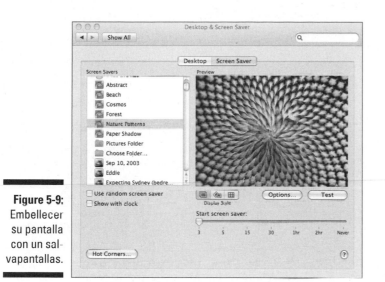

Figure 5-9:
Embellecer
su pantalla
con un sal-
vapantallas.

Ordenar con Exposé

Está tan terriblemente ocupado que sus papeles terminan esparcidos cada uno por su lado, tazas de café vacías se acumulan en su escritorio, y hay pilas de cajas sobre pilas de cajas. Para peor, no puede encontrar ese elemento preciso en el momento exacto en que lo necesita. ¿Le suena familiar? Los psiquiatras tienen un nombre técnico para este tipo de trastorno. Se denomina ser un dejado. (Al conocer a uno conoces a todos).

Las cosas pueden desordenarse en el escritorio de la Mac, también; especialmente si hace malabarismos con varios proyectos a la vez. En un momento dado, puede tener abierto System Preferences (Preferencias del Sistema), Dictionary (Diccionario), iCal, un programa de e-mail, varios documentos abiertos en el procesador de texto, y así sucesivamente. Las ventanas aparecen sobre otras ventanas. Abunda el caos. Ha caído en el oscuro abismo del multitasking (multitarea).

Apple tiene el tónico perfecto para el MDLS (Messy Desktop Layered Syndrome — Síndrome del Escritorio Desastroso), como se ve en la Figura 5-10. El antídoto es *Exposé,* y está tan a mano como su tecla F9 (o la combinación Fn+F9 en algunos modelos).

Vamos, presione F9 (o Fn + F9) ya (o F3 en el nuevo teclado de aluminio de Apple). Cada ventana abierta previamente que se encuentre oculta emergerá desde su escondite, como criminales entregándose por fin luego de estar rodeados mucho tiempo. Todas las ventanas se reducen proporcional y simultáneamente de tal forma que puede ver a todas a la vez temporalmente, como se muestra en la Figura 5-11.

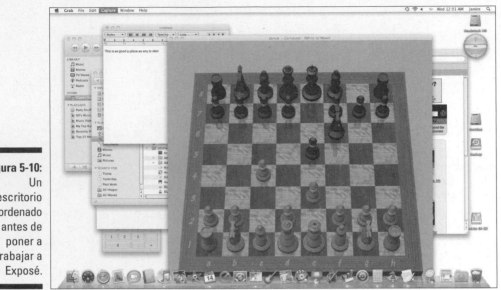

Figura 5-10:
Un escritorio desordenado antes de poner a trabajar a Exposé.

Ahora mueva el cursor sobre una de las ventanas visibles. Se muestra el título de la aplicación o carpeta, y la ventana aparece atenuada. Señale la ventana que quiera traer al frente (para trabajar con la misma) y presione la barra espaciadora, o presione Enter (Intro), o haga clic dentro de la ventana.

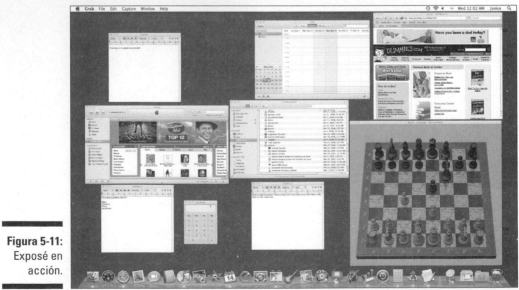

Figura 5-11:
Exposé en acción.

Exposé es bueno para realizar algunos trucos más, y éstas son las teclas predeterminadas para que se ejecuten:

- **F10 (o ⌘+F3 en el teclado nuevo):** Abre todas las ventanas de la aplicación que está usando actualmente. Si está trabajando, por ejemplo, con un documento en TextEdit, cualquier otro documento abierto con este programa también se manda al frente de batalla.

- **F11 (o ⌘ +F3 en el teclado nuevo):** Esconde todas las ventanas para que pueda admirar el maravilloso fondo de pantalla que eligió para su escritorio.

Si tiene algo contra las teclas F9, F10, y F11 (o las otras teclas que utiliza con Exposé), abra System Preferences (Preferencias del Sistema), elija Exposé & Spaces, y asigne teclas alternativas. Y si en realidad tiene algo contra todas las teclas en general, puede arreglar que Exposé haga sus cosas moviendo el cursor hacia una de las cuatro esquinas de la pantalla.

Por cierto, si se está preguntándo sobre la parte Spaces (Espacios) de Exposé & Spaces, continúe leyendo. Luego cerraremos el capítulo con una visita a los elementos restantes de System Preferences.

Hacer Espacio

Exposé es excelente para reducir el desorden. Pero no puede resolver un problema organizacional básico: mantener agrupados los programas y las ventanas relacionadas a un mismo pasatiempo dentro de un área dedicada. Aquí es donde la función del Leopard conocida como Spaces (Espacios) hace su aparición. Le permite mostrar sólo los elementos requeridos para abordar los proyectos que tiene entre manos.

Quizás sea de aquellos tipos que se la pasan mandando e-mails y navegando en la Web. Quizás esté armando un álbum familiar. Y quizás esté escribiendo un libro de la serie *Para Dummies* en su tiempo libre. Puede configurar distintos espacios para cada una de estas actividades. Veamos como:

1. **En System Preferences, haga clic en Exposé & Spaces.**

2. **Asegúrese de seleccionar la solapa Spaces (Espacios), como se ve en la Figura 5-12.**

3. **Haga Clic en Enable Spaces (Habilitar Espacios).**

4. **Haga Clic en Show Spaces in Menu Bar (Mostrar Espacios en la barra de Menú).**

   Bueno, en verdad este paso es opcional. Pero es una forma práctica de tener a la vista en qué espacio está parado.

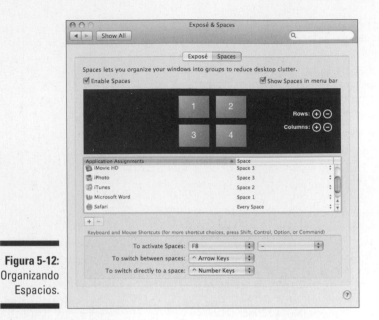

Figura 5-12:
Organizando
Espacios.

5. **Haga Clic en los botones + y – a los lados de Rows and Columns (Filas y Columnas) para elegir la cantidad de Spaces (Espacios) que va a necesitar y configurar su disposición.**

   Puede seleccionar entre una distribución de a dos Espacios y una grilla de dieciséis por dieciséis, cada uno numerado, hasta llegar a la suma total de espacios que haya elegido.

6. **Para asignar una aplicación particular a un espacio específico, haga clic en el + bajo la lista Applications Assignments (Asignación de Aplicaciones) y luego clic bajo Space para elegir al que tenga en mente.**

   El sujeto de los mails y la Web va a preferir dedicar un Espacio particular a los programas de Mail de Mac y el navegador Safari. El coleccionista de fotos familiares va a querer poner el programa iPhoto en otro.

   Elija Every Space (Todos los Espacios) si quiere que una aplicación esté disponible sin importar qué espacio esté usando, como hago yo con el navegador Web Safari.

Moverse de espacio en espacio

Luego de descubrir unos pocos movimientos claves se convertirá en un verdadero cadete espacial.

✔ Para ver todos los espacios a la vez, como se muestra en la Figura 5-13, presione la tecla F8. Haga clic sobre un espacio para ingresar. Puede arrastrar espacios alrededor de esta vista a vuelo de pájaro para reordenarlos.

✔ Para ir a un espacio en particular, presione la tecla ⌘ y la tecla numérica del Space (Espacio) donde quiera aterrizar.

✔ Para moverse al siguiente espacio o al último, presione ⌘ y la flecha de navegación izquierda o derecha, respectivamente.

✔ Si usted eligió la opción Show Spaces in Menu Bar como se delineó en los pasos precedentes, haga clic en el ícono de Spaces en la barra de menú y luego clic en el espacio donde desee ir.

✔ Si una aplicación está asignada a un espacio específico, al abrirla sobre el Dock hará que sea transportado automáticamente a ese espacio.

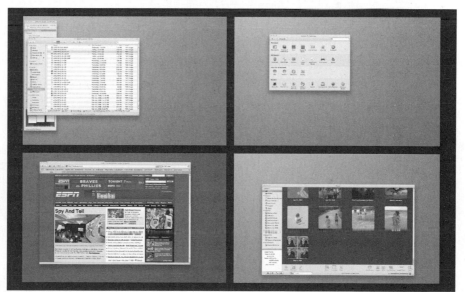

Figura 5-13:
Vista a
vuelo de
pájaro
de los
Espacios.

Como agentes anti-desorden, Exposé y Spaces trabajan muy bien juntos. Por lo tanto desde la vista a vuelo de pájaro de Spaces que se accede con la tecla F8, presione la tecla F9 de Exposé en los teclados (antiguos) y vea como las ventanas abiertas en cada Espacio se alinean obedientemente. Para volver a sus posiciones anteriores, presione nuevamente F9.

Cuando habilita Spaces (o Exposé, y así sucesivamente) para anular una función fija del nuevo teclado Apple, siempre puede volver atrás usando la tecla Fn. Por ejemplo, si tiene configurada la tecla F8 para la vista a pantalla completa de Spaces, pero quiere usar la función reproducir/pausa, simplemente deberá presionar Fn y F8 para obtener esa funcionalidad.

Mover ventanas entre espacios

Puede ser que decida de repente que una ventana en particular quedaría mejor en un espacio diferente, al menos por el momento. Pruebe con estos trucos.

- ✔ Desde la vista a vuelo de pájaro, basta con arrastrar una ventana de un espacio a otro.

- ✔ Si ya se encuentra trabajando en un espacio, arrastre la ventana hacia el borde izquierdo o derecho de la pantalla mientras mantiene presionado el botón del mouse. Un momento después la ventana cambiará al espacio adyacente.

- ✔ Quizás necesite ser un atleta para lograr esto. Pero aquí están las propias instrucciones de Apple. "Mueva el puntero sobre la ventana, y mantenga presionado el botón del mouse mientras presiona la tecla ⌘ y una de las flechas o teclas de número".

System Preferences (Preferencias del Sistema): Definir Prioridades

Es probable que se esté preguntando qué es lo que falta. Ya nos hemos metido dentro de System Preferences para modificar el escritorio y el salvapantallas, establecer control de padres, juguetear con Exposé y Spaces, y alguna que otra cosa más. Pero como se muestra en la Figura 5-14, todavía puede hacer mucho más. Exploremos algunas de estas opciones ahora y otras más tarde.

Figure 5-14: A mi manera en System Preferences.

Sincronizar la fecha y la hora

En la configuración inicial de Mac, estableció la fecha, la hora y zona horaria (en el Capítulo 2). En System Preferences, puede cambiar la ubicación del reloj de la barra de menú a una ventana aparte. Puede cambiar la apariencia del reloj para que se vea en formato digital o como un reloj analógico con manecillas. Si elije el reloj digital, puede hacer que parpadeen los separadores de los campos de la hora —o no. Puede mostrar la hora con segundos, usar el formato de 24 horas, o ambas opciones. Puede incluso hacer que la Mac anuncie la hora una vez por hora, cada media hora, o cada quince minutos.

Pantallas

Si está más que feliz con la apariencia de su pantalla, siéntase libre de ignorar esta sección. Léala en cambio si al menos siente curiosidad por la *resolución* y qué cambios le hará a su pantalla. La resolución es una medida de precisión y se expresa en pequeños elementos de imagen, o *píxeles*. Píxeles es una palabra que suena tan bien que siempre pensé que sería un nombre excelente para un cereal para desayuno, algo así como Píxeles Azucarados de Kellogg. Pero, me aparté del tema.

Verá que la resolución se expresa en un formato tal como 800 x 600, 1024 x 768, 1680 x 1050, y así sucesivamente. El primer número se refiere a la cantidad de píxeles en dirección horizontal, y el segundo a la cantidad de píxeles en dirección vertical. Números mayores reflejan resoluciones superiores, lo que significa que la imagen es más nítida y puede mostrar más cosas en la pantalla. Con resoluciones más bajas, las imágenes pueden verse más grandes pero también más difusas, aunque esto último depende de su monitor, y en el caso de las pantallas LCD, si se usa una resolución distinta que la original también se verá algo borroso. Las resoluciones más bajas también *refrescan,* o se actualizan, más rápidamente, aunque difícilmente pueda notarlo en los monitores modernos. Mientras sucede, la frecuencia de actualización no genera ninguna carga en computadoras tales como las iMacs con pantallas LCD o planas.

También puede juguetear con la cantidad de colores que la Mac muestra (millones, miles, o hasta la lastimosa cantidad de 256). El mejor consejo: Juegue con estas configuraciones si no le queda otro remedio. Si no, déjelas en paz.

Sonido

¿Alguna vez se preguntó qué es el sonido del *Basso*? ¿O *Sosumi* o *Tink*? Los tocaría para usted si este fuera un libro de audio, pero como no lo es, pruebe estos y otros efectos de sonido en System Preferences. Escuchará alguno de ellos cada vez que la Mac quiera emitir una advertencia. Sound Preferences (Preferencias de Sonido) es también el lugar donde podrá ajustar el balance de los altavoces, configurar el micrófono, y todo lo que tenga que ver con lo que puede oír en su Mac.

Actualización de Software

Su Mac puede ser una máquina, pero sin embargo tiene rasgos orgánicos propios. Y Apple no se ha olvidado de usted solo porque ya haya comprado una de sus preciadas computadoras. Cada tanto, la compañía lanzará versiones nuevas de ciertos programas para agregarle características por las que no deberá pagar, para *patch* (emparchar) o corregir bugs (errores), o para vencer amenazas de seguridad. Para ver el registro completo, haga clic en Installed Updates (Actualizaciones Instaladas).

Puede hacer que la Mac revise automáticamente las actualizaciones de software en forma diaria (puede ser demasiado), semanalmente, mensualmente, o en el momento. Puede elegir que la Mac obtenga actualizaciones importantes en segundo plano, y molestarlo recién cuando estén listas para instalarse. Se puede acceder a Software Update también desde el menú .

Acceso Universal

Algunos usuarios con discapacidades físicas pueden necesitar ayuda especial para controlar la Mac. Elija Universal Access (Acceso Universal) bajo System Preferences, y luego haga clic en la solapa de la asistencia que requiera: Vista, Oído, Teclado, o Mouse, como se ve en la Figura 5-15.

Entre las opciones, puede configurar

- Encender o apagar VoiceOver, para escuchar descripciones de lo que se encuentra en pantalla. Y al abrir el utilitario de VoiceOver, puede cambiar la voz por defecto. Con Leopard, VoiceOver soporta las pantallas Braille más populares.

- Mejorar el contraste, o cambiar la pantalla de blanco sobre negro o negro sobre blanco.

- Hacer parpadear la pantalla cuando se emite un sonido de alerta.

- Hacer zoom (acercamiento) sobre la pantalla para que todo se vea más grande. O agrandar el tamaño del puntero si tiene problemas para ver el mouse.

✔ Utilice la función Slow Keys (Teclas Lentas) para agregar una demora entre que la tecla se presiona y se acepta el resultado de esa tecla. O, si no puede pulsar varias teclas a la vez, elija Sticky Keys (Teclas Pegajosas) para presionar un grupo de teclas modificadoras (Shift, ⌘, Option, y Control) en secuencia.

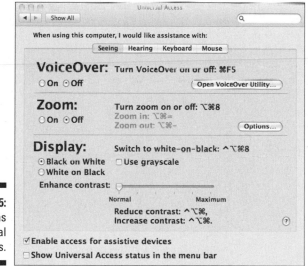

Figura 5-15:
Preferencias
de Universal
Access.

La Mac puede compartir su apodo con cierta hamburguesa de McDonald's. Pero en realidad una de las viejas consignas de Burger King es la más apta para describir a su computadora. Como se demostró en este capítulo, puedes "hacerla a tu manera".

Capítulo 6

El Fetiche Felino de Apple

Steve Jobs es aficionado a los gatos grandes. Antes de que Apple soltara al Leopard ("Leopardo"), las versiones anteriores del software Mac OS X llevaban pseudónimos *purr-fectos* del mismo tipo, como Cheetah (Chita), Puma, Jaguar, Panther (Pantera) y Tiger (Tigre). (Apple utilizaba las palabras clave Cheetah y Puma internamente). El Snow Leopard (Leopardo de las nieves) ya se anunció, y se supone que Apple también está criando a Lynx (Lince) y Cougar (León de montaña) dentro de sus jaulas en Cupertino, California.

Con un lanzamiento tan importante como este, el nombre OS X no tiene la garra que inspiran Leopard o los sobrenombres de los demás gatitos gigantes. Sin embargo, X (por el número diez) es el uso más celebrado de los números romanos de este lado del Super Bowl.

Leopard en realidad representa la versión 10.5 de OS X. Al pasar un período que varía de dieciocho meses a dos años aproximadamente, Apple presenta una nueva edición de su software de sistema operativo (vea el apartado "Un punto de partida para sistemas operativos"), completo con todo un arsenal de funciones nuevas e identificado con un punto decimal adicional. Apple dice que el Leopard OS X versión 10.5 reúne más de trescientas funciones que no tiene su predecesor Leopard OS X versión 10.4. Yo no las conté.

Durante el transcurso de un año, Apple hará pequeños ajustes a su sistema operativo. Lo sabrá porque el OS adopta un dígito decimal adicional. Al momento de escribir estas palabras, Apple había llegado al OS X versión 10.5.3 (se pronuncia "diez punto cinco punto tres").

Me pregunto cuántas funciones nuevas se deben agregar para que Apple cambie la designación a OS XI.

Un punto de partida para otros sistemas operativos

Primero está el software, amigos, y luego está el SOFTWARE. No se confunda, el sistema operativo de la computadora merece el primer puesto. Si esta fuera una película y los créditos de apertura estuvieran imprimiéndose en pantalla, el nombre del sistema operativo aparecería antes que el título. Otros actores de su computadora, sin importar cuánto talento posean, hacen apenas un par de escenas secundarias en comparación.

Ahora que lo pienso, sin el sistema operativo ni siquiera habría una película, porque es la base sobre la cual corren todos los otros programas. Sin el SO, ese programa de edición de fotografías tan bonito que compró hace poco bien podría ser un pedazo de roca.

En cuanto a los sistemas operativos que hay, tiene mucha suerte de tener Leopard. OS X obtiene buenas críticas no solo porque es sofisticado y agradable a la vista. Leopard es robusto, confiable y estable. Su base es algo llamado *UNIX,* un venerable sistema operativo por sí mismo. Lo brillante de Apple fue descubrir cómo explotar UNIX sin hacer que *usted* aprenda UNIX. Agradezca que está debajo del capó y no le dedique otro pensamiento.

Pero yo sé que algunos de ustedes no lo pueden dejar así. Quieren investigar UNIX. (Usted es la persona que quiero a mi lado en las trincheras.) Bueno, ahí va. Abra la carpeta Applications (Aplicaciones), seleccione Uitilities (Utilidades) y entre en un programa que se llama *Terminal.* Lo que encontrará allí no es agradable. No hay íconos. No hay menús fáciles. Ha salido del pueblo de villaGUI y ahora está investigando una *interfaz de línea de comandos* — lo que significa que debe escribir comandos arcanos para decirle a la computadora qué hacer. Hacer esto puede desatar el caos en su sistema, así que tenga cuidado. Ya sabe lo que dicen sobre la curiosidad que mata a los gatos.

Para comprobar la versión del software de Mac que se ejecuta en su sistema, seleccione ⌘⇨About This Mac (⌘⇨Acerca de esta Mac). Seleccione Software Update (Actualización de software) para ver si el sistema operativo (y, de paso, otros programas) está actualizado.

En resumen: Los leopardos son criaturas sorprendentes y poderosas. Demandan respeto y admiración. Un poco como las computadoras Apple.

¿Cuántas Funciones Nuevas? Déjeme Contarle Cuántas

Como ya dijimos, Apple agregó más de trescientas funciones al Mac OS en Leopard. Ya hablamos de algunas como Quick Look (Vista rápida) y Spaces (Espacios), y vamos a llegar a otras como Time Machine (Máquina del tiempo). Pero incluso si tuviera suficiente espacio, no puedo decir que tenga la experiencia práctica para hacer justicia a todas las funciones nuevas. Como servicio público y para deleitar su lectura, pensé que por lo menos podría destacar algunos de los elementos de esta lista larga como la del supermercado con funciones de Apple. Exención de responsabilidad: No intento rebajar estas mejoras. Obviamente, estas son de gran valor para alguien, pero no para el consumidor promedio. (¿Alguien usa el corrector de ortografía para danés?). Siéntase libre de saltear esta sección.

Estoy dejando que Apple hable aquí. No cambié nada de las descripciones de la compañía (salvo por las introducciones en negrita):

- **Para el público internacional:** Aproveche los nuevos métodos de entrada para idioma chino, árabe y japonés. Leopard también ofrece dos nuevos métodos de entrada para chino: Pinyin y Zhuyin.

- **Para amantes de UNIX:** Utilice Ruby y Python como idiomas de primera clase para crear aplicaciones Cocoa, gracias a los puentes de Objetivo C, además de soporte completo para Xcode e Interface Builder.

- **Para los que trabajan en red:** Permita que Leopard ajuste el tamaño de búfer TCP automáticamente. Obtenga un rendimiento de aplicación óptimo, especialmente en entornos de banda ancha/latencia alta.

- **Para desarrolladores:** Visualice los errores de sus creaciones, definiciones de puntos de ruptura y valores de depuración junto con el código fuente relevante.

Búsquedas con Spotlight

¡Fiu! Ahora que terminé con esos datos triviales, es hora de poner bajo el reflector a *Spotlight,* la maravillosa utilidad de búsqueda que debutó con OS X Tiger y sigue mejorando con Leopard. La búsqueda es algo importante. Una computadora no sirve de mucho si no puede poner sus manos rápidamente en los documentos, imágenes, mensajes de correo electrónico y programas que necesita en un momento en particular. Cuando la mayoría de las personas piensa en buscar en una computadora, seguramente están pensando en Google, Yahoo! o en algún otro motor de búsqueda de Internet. Por supuesto, la búsqueda en Internet es también importante, y me paso un rato hablando de ella en el Capítulo 9.

Sin embargo, el tipo de búsqueda en el que estoy pensando ahora tiene que ver con los contenidos de su propio sistema. Con el tiempo, los usuarios de Mac acumulan miles de fotografías, canciones, informes escolares, proyectos de trabajo, contactos, entradas de calendario... lo que se le ocurra. Spotlight le permite encontrarlos en un abrir y cerrar de ojos. Suelta resultados de búsqueda antes de que termine de escribir.

Lo que es incluso mejor es que Spotlight puede descubrir material dentro de documentos y archivos. Eso es increíblemente útil si no tiene la más remota idea de cuál es el nombre que le dio a un archivo. Mientras su máquina tenga Leopard, Spotlight le permitirá buscar los archivos de cualquier otra Mac con Leopard en su red de trabajo, siempre y cuando la función de compartir esté activada.

Ahora probemos Spotlight:

1. **Haga clic en el ícono de la lupa ubicado en la esquina superior derecha de la barra de menú. O presione ⌘ y la barra espaciadora al mismo tiempo.**

   (Seleccione la casilla debajo de Spotlight en System Preferences [Preferencias del sistema], si el atajo de teclado no funciona.) Aparecerá el cuadro de búsqueda de Spotlight.

2. **Ingrese la palabra o frase que desea buscar.**

   Al instante que escribe la primera letra, aparecerá una ventana que Spotlight considera la coincidencia de búsqueda más posible. La búsqueda se refina inmediatamente a medida que escribe las demás letras, como se muestra en la Figura 6-1. La búsqueda es tan rápida que verá resultados más rápido de lo que le toma leer esta oración.

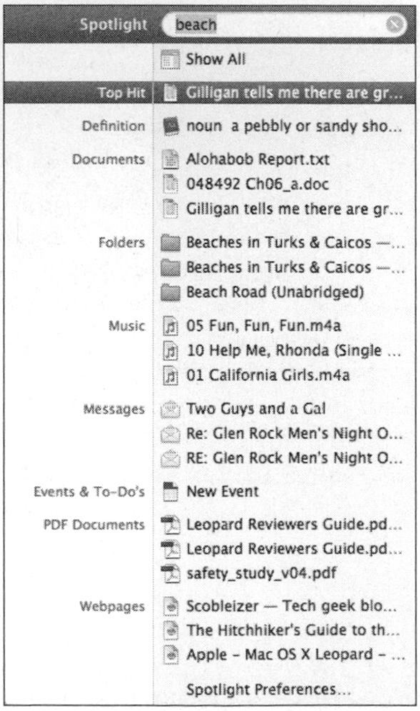

Spotlight	beach
	Show All
Top Hit	Gilligan tells me there are gr...
Definition	noun a pebbly or sandy sho...
Documents	Alohabob Report.txt
	048492 Ch06_a.doc
	Gilligan tells me there are gr...
Folders	Beaches in Turks & Caicos —...
	Beaches in Turks & Caicos —...
	Beach Road (Unabridged)
Music	05 Fun, Fun, Fun.m4a
	10 Help Me, Rhonda (Single ...
	01 California Girls.m4a
Messages	Two Guys and a Gal
	Re: Glen Rock Men's Night O...
	RE: Glen Rock Men's Night O...
Events & To-Do's	New Event
PDF Documents	Leopard Reviewers Guide.pd...
	Leopard Reviewers Guide.pd...
	safety_study_v04.pdf
Webpages	Scobleizer — Tech geek blo...
	The Hitchhiker's Guide to th...
	Apple – Mac OS X Leopard – ...
	Spotlight Preferences...

Figura 6-1:
El cuadro de búsqueda de Spotlight.

Supongamos que está planeando unas vacaciones tropicales y recuerda que su primo Gilligan le envió un correo electrónico hace algún tiempo desvariando sobre una playa en alguna isla desierta del Pacífico. Puede abrir el programa Mail de Mac y buscar la misiva entre las muchas otras que le envió Gilligan. (Evidentemente tenía mucho tiempo libre). Pero es mucho más simple y rápido escribir el nombre Gilligan en Spotlight.

O quizás quiera hacerle un llamado rápido a Gilligan. Sin Spotlight, probablemente abriría Adress Book (Libreta de direcciones) para encontrar el número de teléfono de su primo. La forma más rápida es escribir **Gilligan** en Spotlight y luego hacer clic en su nombre junto a Contacts (Contactos) en la ventana de resultados. Se abre Address Book y muestra la página de contacto de Gilligan.

Hurgar entre sus cosas

Spotlight viene integrado al sistema operativo. Detrás de la escena, silenciosamente, Spotlight crea índices o catálogos con la mayoría de los archivos de su computadora para que pueda acceder a ellos en cualquier momento. El índice se actualiza a la perfección cada vez que agrega, mueve, modifica, copia o elimina un archivo.

Es más, Spotlight hurga automáticamente en los *metadatos,* la información sobre sus datos. Las fotos digitales, por ejemplo, suelen capturar los siguientes metadatos: el modelo de cámara utilizado para tomar la fotografía, la fecha, la configuración de apertura y exposición, si se utilizó flash, y así sucesivamente. Por ejemplo, si un amigo le envía por correo electrónico fotografías tomadas con una cámara Kodak, puede encontrar estas imágenes rápidamente (en vez de, digamos, aquellas que tomó con su propia cámara Canon) buscando el término **Kodak**.

Spotlight es un tonto confiado. Se anima a arriesgar lo que considera que es el *top hit* (resultado principal), o el resultado de búsqueda que tiene en mente. (El resultado principal de la Figura 6-1 es un documento en el que Gilligan analiza en detalle esas playas geniales.) Su historial es muy bueno. Si adivina correctamente, haga clic en la entrada Top Hit o presione Return o Enter. Esto lanzará la aplicación en cuestión, abrirá un archivo en particular o mostrará la carpeta correcta en Finder. Como suele ocurrir, hay un atajo. Presione ⌘ y Return para abrir el resultado principal.

Spotlight es casi indiscutiblemente la forma más veloz para lanzar una aplicación. Simplemente comience a escribir su nombre en el campo de búsqueda de Spotlight y aparecerá el resultado principal después de escribir solamente un par de letras (y, a veces, una sola). Presione return para iniciar el programa.

Por supuesto, Spotlight no siempre adivina bien el resultado principal, así que también muestra lo que considera los siguientes veinte resultados más probables. Los resultados se separan en categorías: Applications (Aplicaciones), Documents (Documentos), Folders (Carpetas), PDF Documents (Documentos PDF), Music (Música), Messages (Mensajes), Images (Imágenes), Movies (Películas), Bookmarks (Favoritos) y así sucesivamente. Nuevamente, solo haga clic en un elemento para iniciarlo o abrirlo.

Algunas búsquedas dan más de veinte resultados posibles. A veces muchísimos más. De eso se trata el comando Show All (vea la Figura 6-1). Hacer clic en Show All (Mostrar todo), en realidad no le muestra todo. La mayor parte del tiempo, su ventana no será lo suficientemente grande. En vez de eso, Show All abre una ventana independiente de Finder como la que se muestra en la Figura 6-2. Y, como está a punto de ver, es realmente una ventana poderosa.

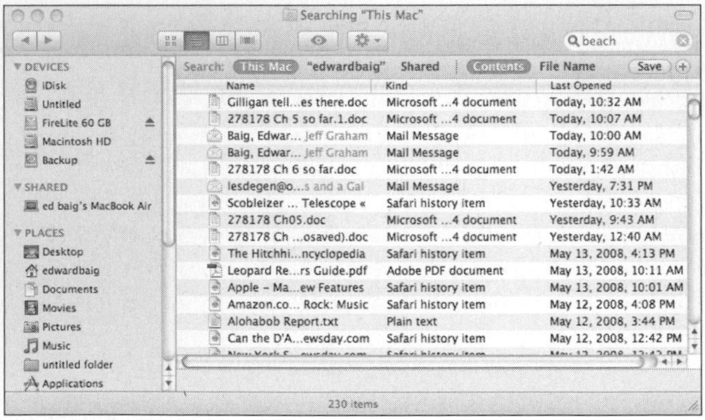

Figura 6-2:
Iluminando
los resul-
tados de
Spotlight en
una ventana
de Finder.

Si recibe una cascada de resultados y no está seguro de cuál es el que está buscando, Spotlight es un buen lugar para usar la opción Quick Look (Vista rápida) de Leopard (Ver Capítulo 5). Simplemente haga clic en el ícono Quick Look y, bueno, eche un vistazo rápido a los archivos clasificados hasta que encuentre el correcto.

Búsqueda inteligente

Puede personalizar los resultados de la búsqueda de muchas formas. Diciéndole a Spotlight dónde buscar. Y, transmitiendo, en detalles precisos, los criterios para utilizar en esa búsqueda.

Mire por aquí

Empecemos por dónde mirar. Si el contenido que está buscando está dentro de la Mac frente a sus ojos (en vez de en otro equipo de su red de trabajo), asegúrese de que el botón Search: This Mac (Buscar en: esta Mac, vea la Figura 6-2) sea el seleccionado.

El botón a su derecha inmediata (edwardbaig en la Figura 6-2) se refiere específicamente a una carpeta abierta, o (si no hay una carpeta abierta) su carpeta de inicio. Elegir cualquier opción le dice a Spotlight que no busque en otro lugar que no sea esa carpeta.

El siguiente botón, Shared (Compartido), le da a la Mac permiso para buscar en las otras Macs de su red de trabajo. Pero la opción Shared no aparecerá si no hay otra Mac en su red de trabajo con la opción de compartir archivos activada. De hecho, tendrá que preparar las computadoras para que estén de humor para compartir (consulte el Capítulo 18 para más detalles).

Buscar esto, no aquello

Ahora que Spotlight sabe adónde enfocar la vista, es hora de decirle exactamente lo que está buscando. ¿Desea que Spotlight busque un elemento por su nombre de archivo? ¿O desea buscar pedazos que estén enterrados en algún lugar bien profundo de esos archivos? Si es la primera opción, haga clic en el botón File Name (Nombre de archivo), si es la segunda opción, seleccione Contents (Contenido).

Recuerde que al buscar algo no siempre querrá desplegar una red demasiado amplia.

La mejor manera de limitar los resultados es ingresar el término de búsqueda más específico desde el principio. Mientras planea sus vacaciones, escribir **playa** probablemente traiga el mensaje de correo electrónico que le envió Gilligan. Pero como Spotlight encontrará *todos* los archivos o programas que tengan ese texto, los resultados también pueden incluir presentaciones de PowerPoint con la playa como tema principal, imágenes de su familia en la costa y canciones de sus discos duros cantadas por los Beach Boys. Escribir **Gilligan** y **playa** juntos lo ayudará a afinar su búsqueda.

Si sabe cuál es el tipo de elemento que está buscando, como el correo electrónico de Gilligan y no su foto, puede filtrar la búsqueda de otra manera. Ingrese el término de búsqueda seguido por **kind (tipo)**, dos puntos, y el tipo de archivo que está buscando. Algo así:

```
Gilligan kind:email
```

Si desea buscar una presentación que alguien le mandó sobre los mejores sitios vacacionales de la costa pero no puede recordar si la presentación se creó en AppleWorks, Keynote o PowerPoint, intente con

```
complejo vacacional kind:presentations
```

Y si desea buscar solamente presentaciones abiertas la última semana, escriba

```
complejo vacacional kind:presentations date:last week
```

Para buscar en una aplicación como Microsoft Word, escriba

```
Word kind:application
```

Para buscar la información de contacto de Gilligan, escriba

```
Gilligan kind:contacts
```

Para buscar música, escriba

```
Beach Boys kind:music
```

Para buscar imágenes en la playa, escriba

```
Playa kind:images
```

Y así sucesivamente. Las palabras clave de kind (tipo) datan de la época del OS X Tiger, cuando se presentó por primera vez Spotlight. Tales palabras claves se expandieron como parte de Leopard, de modo que ahora puede utilizar una etiqueta como author (autor), por ejemplo author:baig, o width (ancho) en width:768-1024.

Hay otras técnicas avanzadas de Spotlight, también cortesía del último gato:

- **Boolean query (Búsqueda buliana o lógica):** puede ingresar una frase de búsqueda con AND (Y), NOT (NO), o con OR (O) (en mayúsculas, como se muestra) dentro de un paréntesis. Así que puede escribir *(Mary Ann OR Ginger) NOT Mrs. Howell* para traer referencias de cualquiera de los primeros dos náufragos pero no de la mujer del millonario. Puede reemplazar un guión (-) por NOT (no), como en *vacaciones – isla* para indicar que no desea ver ninguna foto de sus aventuras tropicales.

- **Dates (Fechas):** Al ingresar *kind:message created 03/11/08*, puede buscar un correo electrónico que haya mandado el 11 de marzo deseando a un amigo un feliz cumpleaños. También puede ingresar un rango de fechas, como *kind:images date 03/11/08 – 03/15/08*.

✔ **Quotes and phrases (Citas y frases):** Al colocar comillas para envolver una frase en particular, Spotlight buscará esa frase exacta. Si busca una canción con las palabras *Blue Sky* , use comillas para encerrar la frase, como en *"Blue Sky"*, para que Spotlight busque esa coincidencia exacta. De otro modo, Spotlight buscará cualquier cosa que contenga las palabras *blue* y *sky*.

✔ **Definition (Definición):** En el capítulo 3, presento Dictionary (Diccionario) como uno de los programas gratuitos que vienen en una Mac. Gracias a otra mejora de Spotlight en Leopard, quizás ni siquiera tenga que consultar Dictionary si lo único que quiere es una definición rápida. Escriba la palabra que tiene en mente en el campo de búsqueda de Spotlight y Spotlight le dirá lo que significa, justo debajo del resultado principal. Si necesita una definición más completa, haga clic en el resultado de búsqueda de Definition (Definición) y Spotlight abrirá Dictionary.

✔ **Calculator (Calculadora):** Spotlight puede resolver un problema matemático sin que tenga que llamar al programa Calculator (Calculadora). Simplemente escriba el problema o ecuación matemática en el cuadro de búsqueda y Spotlight le dará el resultado. Por ejemplo, para dividir 654 entre 7, todo lo que necesita hacer es escribir *654/7,* y Spotlight le dará la respuesta (93,428571429).

✔ **Web history (Historial web):** Spotlight lo sigue por la web. Más o menos. Es decir, indexa los nombres de los sitios que visitó recientemente. Simplemente ingrese una búsqueda que se relacione con un sitio al que desea volver.

Sintonía fina de Spotlight

Ya le conté cómo Spotlight está integrado en el sistema operativo. Y cómo al hacer clic en Show All (Mostrar todos) aparece Spotlight en una ventana de Finder.

Que Finder tenga un cuadro de búsqueda ya no es novedad para nadie que haya pasado tiempo con versiones anteriores de OS X. Pero la similitud se termina ahí. Me encantan las analogías de béisbol, así que déjeme explicarlo de esta manera. Las encarnaciones anteriores del cuadro de búsqueda de Finder se parecían a un jugador que podía batear, digamos, un promedio alto. Pero hoy en día, el cuadro de búsqueda de Finder es algo más parecido a un jugador "cinco-en-uno" que no solamente batea un buen promedio, sino que puede lanzar, correr y pegar con fuerza. En otras palabras, puede ganarle de muchas maneras.

Así que vamos a mirar nuevamente la ventana de resultados de Spotlight. ¿Ve el pequeño signo + en un círculo a la derecha de los botones Contents (Contenidos) y File Name (Nombre de archivo)? Haga clic en ese botón ahora.

Al hacerlo aparecen dos botones personalizables que le permiten filtrar una búsqueda según parámetros específicos. El botón a la izquierda se llama Kind (Tipo). Ahora haga clic en Kind. Inmediatamente verá que el botón a la extrema izquierda ofrece otras opciones desplegables: Last opened date (Última fecha en la que se abrió), Last modified date (Última fecha de modificación), Created date (Fecha de creación), Name (Nombre), Contents (Contenido) y Other (Otro).

Lo que se muestra en el botón a la derecha inmediata depende de lo que haya seleccionado a la izquierda. Si deja el botón izquierdo como Kind, los nombres del botón derecho son Any (Cualquiera), Applications (Aplicaciones), Documents (Documentos), Folders (Carpetas), Images (Imágenes), Movies (Películas), Music (Música), PDF, Presentations (Presentaciones), Text (Texto), y Other (Otro). Así que, por ejemplo, si selecciona Documents (Documentos) como tipo, está diciéndole a Spotlight que busque solamente los documentos. Es bastante simple.

Supongamos que en vez de eso selecciona Created Date (Fecha de creación) en la casilla de la izquierda. Ahora, el botón a su derecha inmediata le dará distintas opciones: within last (en la última/el último), exactly (exactamente), before (antes de), after (después de), today (hoy), yesterday (ayer), this week (esta semana), this month (este mes), this year (este año). Según cuál de estos parámetros elija, puede aparecer otro botón más a su derecha. Por ejemplo, si elige within last (en la última/el último), tendrá que decirle a Spotlight el período de tiempo que tiene en mente. Para hacerlo, ingrese un número y elija según días, semanas, meses o años.

Es posible que sus decisiones no terminen ahí. Tal vez después de decidir el tipo de archivo (en este caso, documentos), y el período de tiempo (en los últimos 2 meses), desea marcar Name (Nombre) o Contents (Contenido). Usted sólo siga incorporando criterios haciendo clic varias veces en el + (consulte la Figura 6-2). Si presiona el botón – se borra la fila completa.

Supongamos que quiere buscar todas las canciones que contengan la palabra *Lost* en el título y que haya escuchado en el transcurso del año. La opción para Kind es Music (Música) y para Last Opened Date (Última fecha en que se abrió) es Within Last 1 Years (en el último año). Una búsqueda así me trajo los resultados que se muestran en la Figura 6-3.

Hablando de perdidos, los fanáticos de la serie éxito de TV *Lost* pueden sentir un escalofrío con la sola mención de los *Otros.* (Para aquellos que no miran el programa, parece que son los malos). Pero pueden venirle bien los otros cuando se trata de activar las consultas más especializadas en su Mac. Se lo explico. Hace un momento mencioné el campo que incluye todo, Other (Otro), como una de las opciones de Kind. Marcar esa opción abre la ventana que se muestra en la Figura 6-4, que es básicamente una lista larga de atributos filtrados para usar en su búsqueda, más una descripción de su propósito.

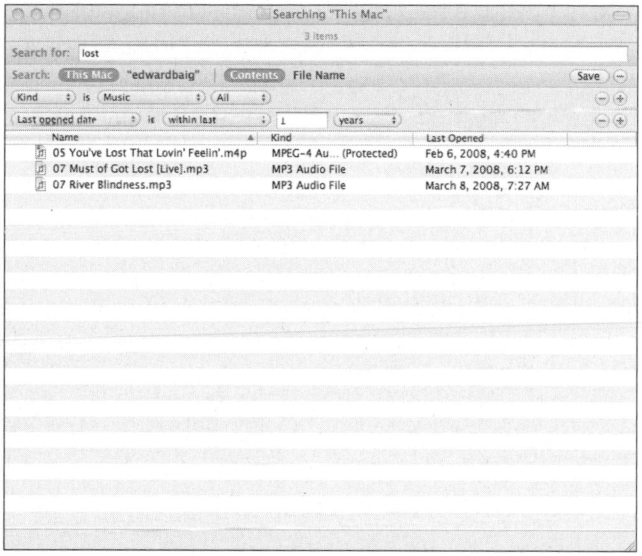

Figura 6-3:
Buscar
la música
Perdida.

Por ejemplo, puede elegir un atributo de búsqueda basado en los autores de un elemento, fecha de entrega, duración en segundos, letrista de una canción, nota musical de una canción, género, altura en píxeles de un documento, año en el que el elemento se grabó y más de cien características más.

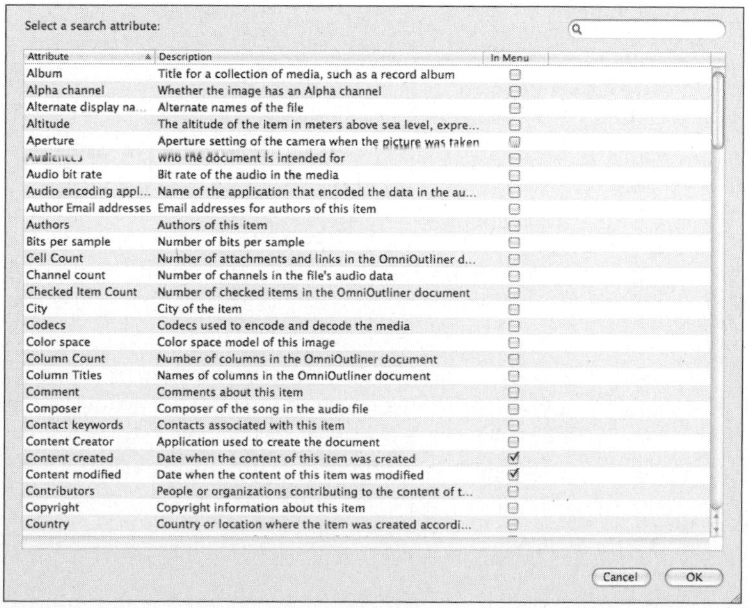

Figura 6-4:
Elegir otros
atributos de
búsqueda.

Antes de cerrar Spotlight en la ventana de Finder, puede que quiera guardar los resultados de su búsqueda. Para hacer eso, simplemente haga clic en Save (Guardar).

Buscar a su modo

Como el jefe, puede especificar qué categorías aparecen en los resultados de búsqueda de Spotlight. Para hacer esto, abra Spotlight Preferences (Preferencias de Spotlight) haciendo clic en el extremo inferior de la ventana de resultados de Spotlight o desde la ventana principal de System Preferences (Preferencias del sistema). Con la pestaña de Search Results activada, puede seleccionar o desactivar los tipos de elementos que quiere que busque Spotlight, como se muestra en la Figura 6-5. También puede arrastrar las categorías en el orden en el que desea que aparezcan los resultados.

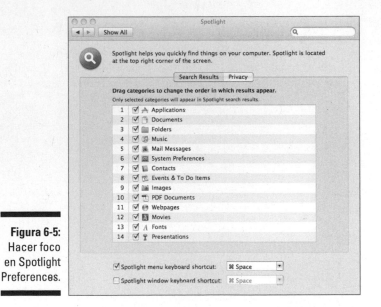

Figura 6-5:
Hacer foco en Spotlight Preferences.

Si hace clic en la pestaña Privacy (Privacidad), puede evitar que Spotlight busque algunas ubicaciones en particular. Haga clic en Add button (+) o arrastre carpetas o discos en el panel Privacy para hacer que Spotlight sepa que éstos están prohibidos. Spotlight excluirá todos los archivos asociados del índice.

Smart Folders (Carpetas inteligentes)

Si se toma todo ese trabajo de seleccionar atributos específicos a su consulta de búsqueda, es posible que quiera volver a esa búsqueda en el futuro. Incorporando la última información, por supuesto. Y por eso la ventana de Finder/Spotlight tiene un botón muy útil llamado Save (Guardar).

Tradicionalmente, los archivos de su computadora se organizan por su ubicación en el disco. *Smart Folders* (Carpetas inteligentes) cambia el principio de organización en base al criterio de búsqueda que haya elegido. A estas carpetas les importa un rábano dónde viven los archivos reales que coinciden con su criterio de búsqueda dentro de la máquina. Estos se quedan quietos en su ubicación original. En realidad, usted está trabajando con *alias,* o atajo, de esos archivos. (Vea el siguiente capítulo para obtener más información sobre los alias.)

Y además, detrás de la escena, las Smart Folders están constantemente al acecho, buscando nuevos elementos que coincidan con su criterio de búsqueda. En otras palabras, se actualizan en tiempo real.

Para crear una Smart Folder, haga clic en el botón Save de la ventana Finder. (Se muestra el botón Save en la esquina superior derecha de la Figura 6-2.) En forma alternativa, en Finder seleccione File➪New Smart Folder (Archivo➪ Nueva carpeta inteligente). Aparece una ventana que le pide especificar un nombre y un destino para su Smart Folder recién creada, como se muestra en la Figura 6-6. Si lo desea, seleccione la opción Add to Sidebar (Agregar a barra lateral) para encontrar rápidamente la Smart Folder que acaba de crear.

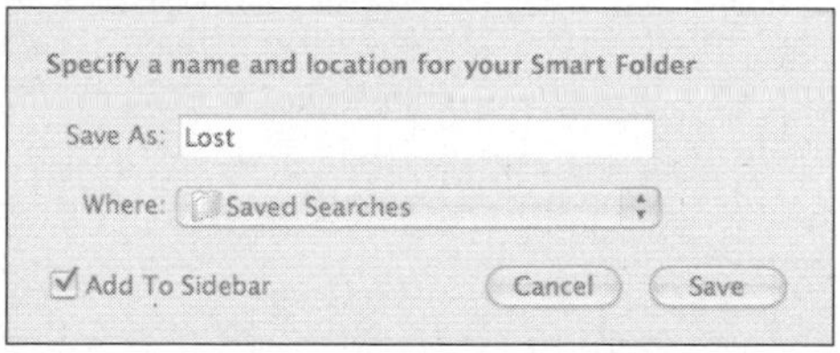

Figura 6-6:
Aquí está
la ventana
de Smart
Folder.

Specify a name and location for your Smart Folder

Save As: Lost

Where: ☐ Saved Searches

☑ Add To Sidebar   Cancel   Save

Hay una Smart Folder pre-creada en la barra lateral llamada All Documents (Todos los documentos). Pero, tal vez quiera crear una Smart Folder sencilla que contenga todos los documentos con los que trabajó en los últimos siete días. Déle un nombre original. Eh, no sé, algo como *¡Qué semana infernal!* En cualquier caso, todos sus archivos recientes estarán a su disposición. Sus documentos más antiguos pasarán por al lado de los recién llegados mientras se van.

Jugar con los Widgets del Dashboard (Consola)

Además de acechar en los corredores virtuales del ciberespacio o interactuar con los programas iLife de Apple, la mayor parte del tiempo que pase frente a la Mac estará entretenido con alguna auténtica aplicación de software (y, por lo general, costosa) — incluso si aprovecha un grupo de funciones relativamente limitado.

Aquellos de ustedes que sean literatos no podrán subsistir sin Microsoft Word o algún otro procesador de texto de calidad industrial. Los que son artistas gráficos viven y respiran Adobe Photoshop. Pero la computación personal no siempre es falsificar fotos o escribir la gran novela americana (o un libro *Para Dummies*). A veces todo lo que quiere es un poco de información rápida, la temperatura, una cotización de la bolsa de valores o un número de teléfono.

De eso trata una bandada de mini aplicaciones llamadas *widgets*. Efectivamente, estos programas livianos generalmente sirven para un propósito útil y singular: desde permitirle rastrear el envío de un paquete urgente a descubrir si su equipo favorito anotó el tanto. Francamente, puede realizar muchas de estas tareas a través de la web o con otros programas en su escritorio. Pero pocos lo hacen con la facilidad y el estilo de los widgets.

Presentados con íconos grandes y coloridos, los widgets se acercan en masa a usted cuando activa el *Dashboard*. Esta ventana traslúcida que se muestra en la Figura 6-7, yace en la parte superior de su escritorio. Nada de lo que está debajo se altera.

Para abrir el Dashboard, haga clic en el ícono de Dashboard del dock (marcado en la Figura 6-7) o presione la tecla F12 de los teclados más viejos o F4 en el nuevo teclado de aluminio de Apple. Al presionar la tecla nuevamente se cierra el Dashboard. También puede salir haciendo clic en cualquier lugar que no sea un widget.

Para que pueda comenzar, Apple ofrece una colección de widgets básicos: calculator (calculadora), clock (reloj), calendar (calendario), weather (pronóstico del clima). Hay miles de widgets más, muchos de ellas muy interesantes, en línea. Puede embarcarse en una cacería de widgets en `www.apple.com/downloads/dashboard`. O haga clic derecho en el ícono de Dashboard en el dock y clic en More Widgets (Más widgets).

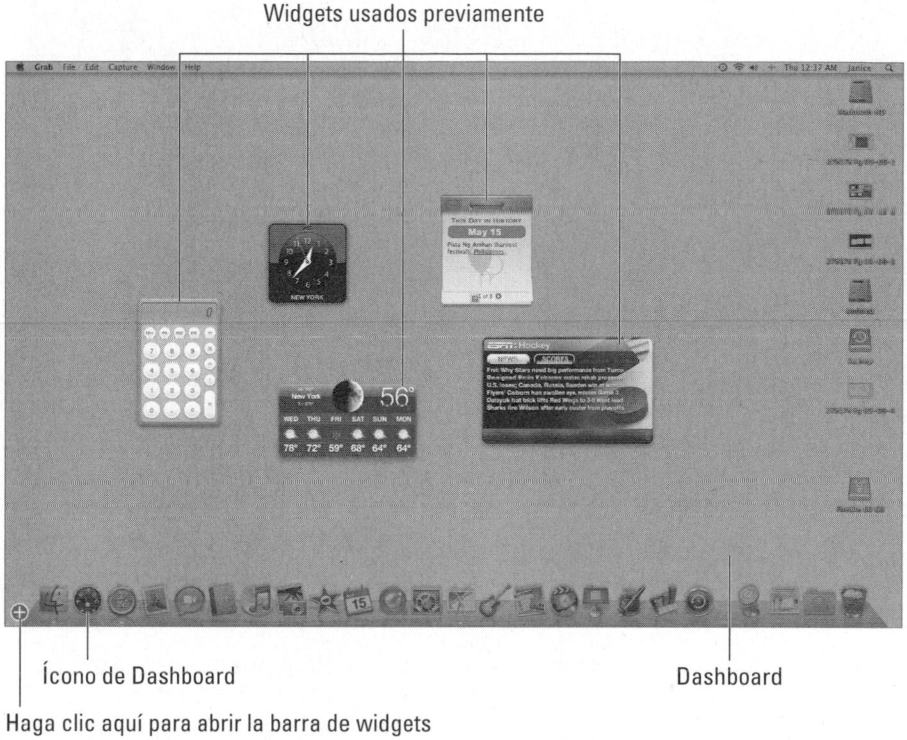

Widgets usados previamente

Figura 6-7:
Widgets presenta-
dos en la colección
Dashboard.

Ícono de Dashboard   Dashboard

Haga clic aquí para abrir la barra de widgets

Cuando activa el Dashboard, solamente los widgets que haya usado anteriormente aparecen en la pantalla, justo donde los dejó. El resto están muy cómodas en la *widgets bar* (barra de widgets), que puede abrir haciendo clic en el botón + (marcado en la Figura 6-7). Si desea reclutar uno de las widgets, simplemente arrástrelo al área del Dashboard. Lo sorprenderá un efecto de ondas mientras hace su entrada triunfal. Al momento de la última llamada para partir, haga clic en el botón X (marcado en la Figura 6-8) para cerrar la barra de widgets.

En su gran mayoría, los widgets descargables son gratuitos. Unos pocas están disponibles como *shareware,* lo que significa que puede probarlos antes de pagar. Que entregue el botín o no, es algo que depende de su conciencia. Pero a menos que piense que el programa no sirve para nada, el creador debe ser recompensado por sus esfuerzos.

Figura 6-8:
Locos por
los widgets
en la barra
de widgets.

Haga clic aquí para cerrar la   Arrastre los iconos de la barra de widgets   Barra de widgets
barra de widgets   para que se vean en el Dashboard

Algunos widgets son extensiones de otros programas de su computadora, como los que muestran datos de iCal o su Address Book (Libreta de direcciones), o los que traen las Stickies en blanco. Pero la mayor parte de los widgets recogen información en línea, así que necesita una conexión a Internet. Los widgets de esta categoría pueden decirle qué dan en la tele esta noche o darle un informe sobre surf (sobre las olas, amigo, no el ciberespacio).

Otros pases mágicos de los widgets:

- Si mantiene presionada la tecla Shift mientras pulsa F12, los widgets se abren o cierran en cámara súper lenta.

- Si mantiene el mouse sobre un widget abierto y presiona ⌘+R, el asistente gira como un tornado y se actualiza. Cualquier información en vivo se actualiza.

- Para organizar los widgets del área Dashboard, simplemente arrástrelos de un lado a otro.

- Puede ver más de una instancia del mismo widget, lo cual es útil si, por ejemplo, quiere ver el estado del clima en varios lugares. Simplemente arrastre el widget nuevamente hacia fuera desde su escondite en la barra de widgets.

Hay unos cuantos trucos de widgets más en este libro. Puede recortar porciones de una página Web con el navegador Safari y convertirlas en un widget (ver Capítulo 9). Si tiene una cuenta de MobileMe, puede sincronizar el Dashboard de una Mac con el de otra (Capítulo 12). Y en el Capítulo 21, le doy una lista rápida de diez chucherías de widgets.

Igualmente, antes de escaparnos de este seminario sobre widgets, déjeme mencionar uno más al pasar. Un widget para manejar todos los otros widgets. El widget que se muestra en la Figura 6-9 contiene una lista de otros widgets: People (Personas), Researcher (Investigador), Ski Report (Informe de Ski) y demás. Al destildar los nombres de los widgets de esa lista, puede desactivarlos y en algunos casos mandar a la papelera. Si hace clic en el botón More Widgets (Más widgets), será transportado a la página Web principal de Widgets del Dashboard de Apple, donde podrá descargar otros widgets.

Figura 6-9:
El widget para domar otros widgets.

Desatar el Automator

A ver, levanten la mano aquellos que han tomado una clase de programación de computadoras. (¿Creen que no me doy cuenta si tienen la mano levantada? Bueno, sí puedo.) Eso me imaginé. No muchos de ustedes.

Tiger presentó una función llamada *Automator* (Automatizador) que le permite programar acciones repetitivas — renombrar un grupo de archivos, por ejemplo — sin necesidad de saber cómo programar — y Leopard hace que sea todavía más fácil, comenzando con una nueva interfaz. Automator es la forma que tiene Apple de automatizar o simplificar una práctica informática que se conoce como *scripting* (programación de lenguaje interpretado o por scripts). (Lea el apartado "Leer el AppleScript" para una vista general de AppleScripts.)

Automator se construye alrededor de tareas específicas, o *acciones* (Abrir imágenes en vista previa, por ejemplo), que se arrastran de la lista de acciones Action a un área de flujo de trabajo sobre el lateral derecho de la pantalla.

Para ayudar a que circule el flujo de trabajo, Automator (en Leopard) ahora le permite elegir un punto de partida haciendo clic en los íconos que se muestran en la Figura 6-10: Custom (Personalizado), Files & Folders (Archivos y carpetas), Music & Audio (Música y audio), Photos & Images (Fotografías e imágenes), o Text (Texto).

Select a starting point to open a new workflow:

Custom · Files & Folders · Music & Audio · Photos & Images · Text

Custom

To start a new workflow, click Choose, and then drag actions to the workflow.

Open an Existing Workflow... Close Choose

Figura 6-10:
Selección
de un punto
de inicio de
Automator.

Supongamos que selecciona Music & Audio (Música y audio). Desde los menús emergentes, puede seleccionar cómo el flujo de trabajo recibe los archivos de sonido (desde iTunes, desde su Mac, desde la web) y cómo proceder en base a lo que haya decidido. Por ejemplo, ask for songs and playlists now (solicitar canciones y listas de reproducción ahora), ask for songs and playlists when my workflow runs (solicitar canciones y listas de reproducción cuando se ejecuta mi flujo de trabajo). Cuando esté satisfecho, haga clic en Choose (Seleccionar).

CONSEJO

Leer el AppleScript

Automator no es la única forma de gestionar tareas repetitivas en su computadora. También puede abrir *AppleScript,* que ha estado circulando desde los días de System 7 (que sería Mac OS 7). AppleScript es en realidad un lenguaje de programación y está más allá del alcance de un libro para principiantes. Pero eso no significa que no pueda sacar provecho de AppleScript (y generalmente lo hace sin darse cuenta).

Por ejemplo, abra Finder. Seleccione ⇨ Applications ⇨AppleScript (⇨Applications⇨ AppleScript). Haga clic para abrir la utilidad AppleScript. Marque la casilla Show Script in Menu Bar (Mostrar script en barra de menú)

y Show Library Scripts (Mostrar scripts de la biblioteca). Finalmente, haga clic en el pequeño ícono que aparece en la barra de menú. Ahora tiene un montón de scripts de muestra a su disposición, organizados en 16 categorías, como Address Book Scripts (Scripts de la libreta de direcciones), Mail Scripts (Scripts de correo), etc. Haga clic en las flechas de cada categoría para ver un muestrario de los scripts que incluye. Por ejemplo, debajo de Internet Services (Servicios de Internet), puede solicitar "Current Temperature by Zipcode" (Temperatura actual por código de área) o "Stock Quote" (Cotización bursátil).

Cuando haya arrastrado todas las acciones hacia el área de flujo de trabajo, haga clic en el botón Run (Ejecutar) en la esquina superior derecha de la ventana Automator; cada acción se realiza en un orden natural con los resultados de una tarea que fluyen hacia la siguiente. De este modo, varias tareas se pueden realizar en secuencia y tienen sentido al trabajar en conjunto. Para abrir Automator, abra Finder, haga clic en Applications (Aplicaciones) y luego haga doble clic en Automator.

Una sola acción puede constituir un flujo de trabajo. Para darle un ejemplo rudimentario, puede automatizar el proceso de eliminar listas de reproducción vacías en iTunes arrastrando esa acción al espacio de flujo de trabajo y hacer clic en Run (Ejecutar). En la esquina inferior derecha de Automator aparecerá el mensaje Workflow Execution Completed (Ha finalizado la Ejecución del flujo de trabajo) para indicar que el trabajo se completó. (Para más detalles sobre listas de reproducción y sobre iTunes, lea el Capítulo 14.)

A menudo múltiples tareas componen un flujo de trabajo. En el flujo de trabajo sencillo de la Figura 6-11, la computadora buscará en Address Book a las personas que cumplan años este mes y les enviará una felicitación por correo electrónico (con imagen). Puede guardar y reutilizar flujos de trabajo presionando ⌘+Shift+S.

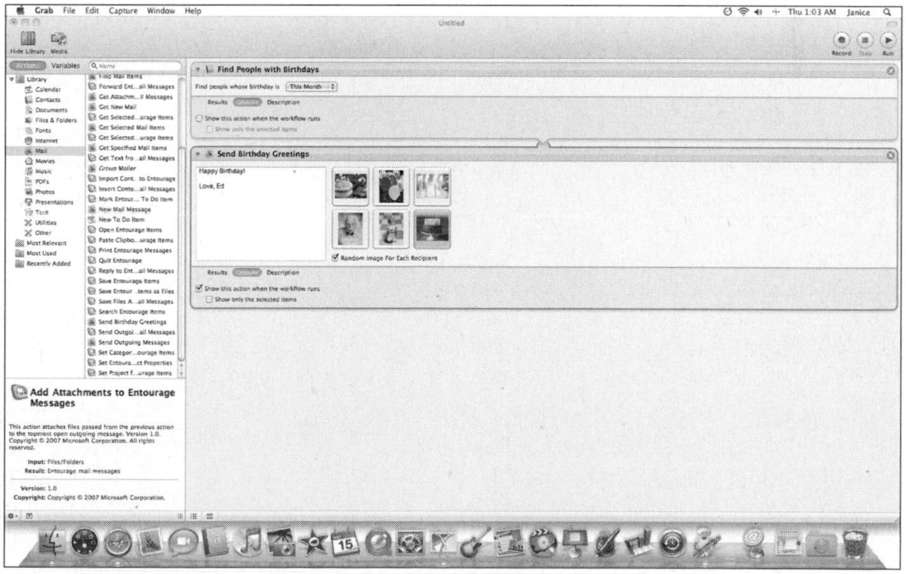

Figura 6-11: Con Automator no hay excusa para olvidarse de un cumpleaños.

Si no está seguro de los pasos que componen un flujo de trabajo, haga clic en el botón record (grabar) de la esquina superior derecha de la pantalla para tomar ventaja de una función del estilo "Watch me do it" (Mira cómo lo hago).

Desarrolladores independientes de Apple están creando acciones de flujo de trabajo para sus aplicaciones. Puede ver algunas de ellas en `www.apple.com/downloads/macosx/automator`.

Automator es apenas una razón más para sentirse bien en compañía de gatos grandes.

Capítulo 7

Gestionar Todo ese Duro Trabajo

· ·

En Este Capítulo

▶ Preparar sus documentos

▶ Seleccionar texto

▶ Arrastrar, soltar, cortar y pegar

▶ Revelar fuentes

▶ Dar formato a los documentos

▶ Guardar su trabajo

▶ Hacer revisiones

▶ Sacar la basura

▶ Comprender los alias

· ·

*E*n el fútbol profesional, los jugadores que juegan en el puesto reservado a los más talentosos – el mariscal de campo, los corredores y receptores abiertos – obtienen una cantidad desproporcionada de gloria de parte de los fanáticos del equipo cuando ganan, y cargan sobre sus hombros casi toda la culpa cuando pierden. Pero un general del ejército medianamente competente le dirá que los tipos que están en la trinchera son los que mayormente definen el resultado.

Estoy seguro de que está impaciente por delinear un plan de juego con su Mac que dejará a todos boquiabiertos. Probablemente algo que involucre gráficos estupendos y efectos especiales que ericen la piel. En resumen, un *flea-flicker* —jugada astuta y espectacular— de alta tecnología, para seguir usando la lengua vernácula del campo de fútbol.

Después de todo, usted compró la computadora con la intención de convertirse en el próximo Mozart, Picasso, o como mínimo Steve Jobs. (*¿Qué, acaso esperaba que le dijera Peyton o Eli Manning?*)

Pero le pido, solo por este capitulito nomás, que mantenga sus expectativas bajo control. Deberá primero realizar intentos, antes de concretar anotaciones. Olvídese del desesperado pase de Ave María. Lo más probable es que le pulvericen yardas por las malas.

En lenguaje de entrenador, la presente misión es dominar el equivalente computacional de bloquear y taclear: procesamiento de texto básico y otros fundamentos requeridos para poder desenvolverse en su rutina cotidiana.

Practique ahora. Puede derramar Gatorade sobre mi cabeza más tarde.

Forma y Función: Lo Esencial del Procesamiento de Texto

Soy lo suficientemente viejo como para recordar cómo era la vida antes de los procesadores de texto. (Bueno, no hace *tanto* tiempo, caramba.)

No puedo siquiera empezar a sondear sobre cómo sobrevivimos en los días anteriores a que todo el mundo tuviera acceso a procesadores de texto y computadoras en sus respectivos escritorios.

Disculpe la interrupción, pero la frase anterior no me mueve un pelo. Por ahí tiene demasiadas palabras y repeticiones. Permítame ir directo al grano.

No puedo imaginarme cómo nos las arreglábamos sin procesadores de texto.

Gracias, mucho más concisa.

El propósito de este ejercicio de mini-edición es ilustrar la gloria del procesamiento de textos. Si hubiese escrito estas frases con una máquina de escribir en vez de un procesador de texto, difícilmente habría valido la pena cambiar algo, ni siquiera unas pocas palabras. Habría tenido que usar corrector líquido para borrar mis comentarios previos y sobrescribirlos. Si las cosas se complicaban de verdad, o hubiese querido cambiar el rumbo de mi escrito, terminaría arrancando asqueado la hoja de papel de la máquina de escribir, y empezaría otra vez de cero con una página en blanco.

El procesamiento de textos le permite sustituir palabras a discreción, mover bloques enteros de texto de un lado a otro con elegancia, y visualizar caracteres de diversas tipografías o usar fuentes específicas. Ni siquiera tendrá que bajar su productividad cambiando cintas de máquina de escribir (o intercambiando bolas) a mitad del proyecto, aunque, como el siguiente capítulo revelará, deberá cambiar la tinta en su impresora en algún punto.

Antes de salir corriendo a comprar un procesador de texto Microsoft Word (o cualquier otro de potencia industrial y caro) para su Mac — y no estoy sugiriendo que no lo haga — me veo en la obligación de señalar que Apple incluye con el OS X un procesador de texto respetable. El programa es *TextEdit,* y considera su hogar a la carpeta Applications (Aplicaciones). TextEdit será el aula donde desarrollaremos gran parte de este capítulo.

Crear un Documento

El primer orden del día para usar TextEdit (o prácticamente en cualquier procesador de texto) es crear un *documento* nuevo. No hay mucho que decir al respecto. Es tan fácil como abrir el programa. En el momento que lo haga, aparece una ventana con un área amplia en blanco para ingresar texto, como muestra la Figura 7 1.

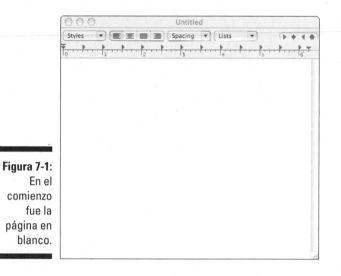

Figura 7-1:
En el comienzo fue la página en blanco.

Recorramos la ventana. En la parte superior se ve *Untitled* (Sin Título) porque nadie en Apple es tan impertinente como para inventar un nombre para su manuscrito a punto de ver la luz. Veremos el tema de nombrar (y guardar) sus trabajos más adelante. Mi experiencia me indica que es mejor escribir primero y agregar el título después, aunque, hum, los eruditos pueden no estar de acuerdo.

Fíjese en esa línea vertical parpadeante ubicada en la parte superior izquierda de la pantalla, justo debajo de la regla. Esa línea, denominada *punto de inserción,* puede perfectamente estar transmitiendo en código Morse la frase "empiece a escribir aquí."

De veras, amigos, acaban de toparse con el punto más desafiante de toda la experiencia del procesamiento de texto, y créanme, no tiene nada que ver con la tecnología. La presión está sobre ustedes para producir prosa inteligente, ingeniosa e inventiva, no vaya a ser que se desperdicie todo ese espacio en blanco.

Bien, ¿nos entendemos? Comience a escribir desenfrenadamente en el punto de inserción parpadeante, algo original como

> Era una noche oscura y tormentosa

Si escriben a máquina como yo, habrán producido accidentalmente

> Era una nohce oscura y tormentsa

Por suerte, su amigable procesador de texto quiere lo mejor para usted. ¿Observó la línea roja de puntos debajo de *nohce* y *tormentsa* en la Figura 7-2? Es la forma no muy sutil en que TextEdit le marca un probable error de escritura. Asumiendo que dejó activada la opción predeterminada Check Spelling As You Type (Verificar la Ortografía mientras Escribe) en las Preferences (Preferencias) de TextEdit. Como estamos al comienzo de este ejercicio, podríamos pensar que es una presunción acertada.

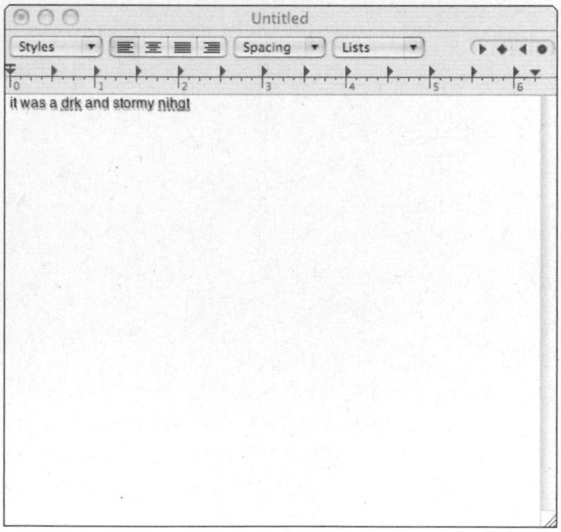

Figura 7-2:
Uh, me equivoqué.

Puede corregir estos dislates de varias maneras. Usar la tecla Delete (Suprimir) para eliminar todas las letras a la izquierda del punto de inserción. (La tecla Delete [Suprimir] funciona como la tecla retroceso en la Smith Corona que jubiló años atrás.) Luego de haber mandado a Siberia esa palabra mal deletreada, puede escribir en el espacio con más cuidado. Todo vestigio de su metida de pata desaparece.

La tecla Delete es maravillosamente práctica. Recomiendo que la use para eliminar una única palabra como *tormentsa*. Pero en nuestro pequeño caso de estudio, tenemos que reparar también a *nohce*. Y si usa Delete para borrar *nohce* significaría sacrificar *oscura* e *y* también. En mi opinión es demasiado.

Volvamos al fútbol. Es tiempo de cambiar la estrategia y llamar un audible. Algunas opciones rápidas:

- Use la flecha izquierda (que encontramos en la parte inferior derecha del teclado) para mover el punto de inserción hacia la posición justo a la derecha de la palabra que quiere vaporizar. No se eliminan caracteres al mover el punto de inserción de esta manera. Sólo cuando el punto de inserción esté colocado justo donde quiere puede contratar a su matón preferido, Delete.

- Olvídese del teclado y haga clic con el mouse sobre el mismo punto a la derecha de la palabra mal escrita. Luego presione Delete.

- Por supuesto no necesita borrar nada. Basta con colocar el punto de inserción luego de la letra *t* y escriba una *o*.

Ahora pruebe este útil remedio. Haga clic derecho sobre cualquier parte de la palabra mal escrita. Aparece una lista de sugerencias, como se ve en la Figura 7-3. Haga un clic sobre la palabra correcta y, voila, reemplaza instantáneamente el error. Cuídese de elegir en este ejemplo la palabra *once*.

Figura 7-3:
No se me vino la noche. Pude arreglarlo.

Seleccionar Texto en un Documento

Probemos otro experimento. Haga doble clic en una palabra. Vea lo que sucede. Es como si hubiese pasado un marcador de fibra celeste sobre la palabra. Acaba de *resaltar,* o *seleccionar,* esta palabra lo que le permite borrarla, moverla o cambiarla.

Muchas veces querrá seleccionar más de una palabra. Tal vez una frase completa. O un párrafo. O varios párrafos. Aquí le muestro cómo resaltar un bloque de texto para borrarlo:

1. **Usando el mouse, apunte al bloque en cuestión.**

2. **Presione y mantenga presionado el botón izquierdo del mouse y arrastre el cursor (que nos recuerda remotamente al edificio Space Needle de Seattle) a través de toda la sección que desea resaltar.**

   La dirección hacia donde arrastre el mouse determina lo que queda resaltado. Si arrastra en forma horizontal, queda seleccionada una sola línea. Arrastrando verticalmente se selecciona un bloque entero. Puede resaltar texto también sosteniendo la tecla Shift (Mayúsculas) y usando las flechas.

3. **Suelte el botón del mouse cuando haya llegado al final del pasaje que quería resaltar, como se muestra con _Érase una vez_ en la Figura 7-4.**

4. **Para eliminar inmediatamente el texto seleccionado, presione Delete.**

   Como alternativa, comience a escribir. Su viejo material queda exorcizado apenas presiona la primera tecla y se reemplaza por los caracteres que usted vaya escribiendo

Untitled

Styles | Spacing | Lists

It was a dark and story night. Once upon a time

Figura 7-4:
Resaltar
texto.

Para saltar a una línea específica de texto, elija Edit⇨Find⇨Select Line (Editar⇨Buscar⇨Seleccionar Línea). Luego ingrese el número de línea. O bien, para avanzar, digamos, cinco líneas, agregue el símbolo + como por ejemplo +5. En cambio, para retroceder 5 líneas, ingrese -5.

Para seleccionar varias páginas de texto de una vez, haga clic una vez en el inicio del material que quiere seleccionar, y luego desplácese hasta la parte inferior. Mientras mantiene presionada la tecla Shift (Mayúsculas), haga clic de nuevo. Quedará seleccionado todo lo que se encuentre entre ambos clics.

Ahora supongamos que se entusiasmó demasiado y seleccionó demasiado texto. O quizás soltó el mouse un poco demasiado pronto con lo cual no llegó a seleccionar todo el pasaje que tenía en mente. Simplemente haga un clic con el mouse para quitar la selección al área y pruebe de nuevo.

Otra metida de pata. Esta vez aniquiló un texto que pensándolo mejor, quiere conservar. Por suerte, la Mac le permite rehacer. Elija Edit⇨Undo Typing (Editar⇨Deshacer Escritura). El texto revive milagrosamente. Podemos encontrar distintas variantes del comando salvavidas Undo (Deshacer) en la mayoría de los programas de Mac. Por lo tanto, antes de perder el sueño por alguna tontería que haya cometido con su computadora, visite el menú Edit y verifique las opciones del comando Undo.

Arrastrar y Soltar

En el Capítulo 3 hablo de *arrastrar y soltar* para mover íconos hacia el Dock. En este capítulo, arrastraremos un bloque completo de texto hacia una nueva ubicación y allí lo dejaremos.

Seleccione un pasaje usando alguno de los métodos mencionados en la sección previa. Ahora, haga clic y mantenga presionado el botón del mouse en cualquier parte del área resaltada. Mueva el mouse sobre una superficie plana para arrastrar el texto hacia su nuevo destino. Deje de presionar el botón del mouse para soltar el texto. Y si además mantiene presionada la tecla Option (Opción), podrá arrastrar una copia, lo que le permitirá duplicar el pasaje sin tener que cortar y pegar (vea la siguiente sección).

No está limitado al programa que está utilizando para arrastrar y soltar texto. Puede levantar un texto fuera de TextEdit y soltarlo dentro de Word, Stickies, o Pages, un programa de Apple para crear boletines informativos y folletos con mucho estilo.

Otra variante: si sabe que va a querer usar un bloque de texto en otro programa más adelante — pero no tiene idea cuándo — puede soltarlo directamente sobre el escritorio de la Mac (ver Figura 7-5) y recuperarlo cuando lo necesite. Un texto copiado al escritorio se mostrará como un ícono y tendrá como nombre el texto que aparece al comienzo de la selección que copió. Cuando se mueve texto de esta manera hacia un programa externo o el escritorio se ejecuta un comando de Copiar, no es Mover, de tal forma que el texto que levantó permanece en su lugar de origen.

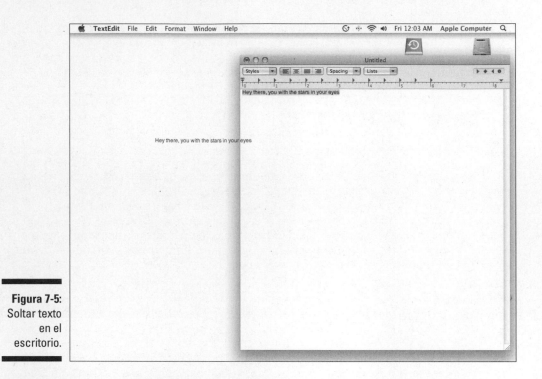

Cortar y Pegar

En la sección anterior, copiamos material desde una posición y movimos una copia del mismo a otra ubicación. Por el contrario, cortar y pegar levanta material de un lugar y lo mueve hacia otra parte sin dejar nada atrás. (En la era de la máquina de escribir, literalmente había que cortar pasajes de papel con tijeras y luego pegarlas en nuevos documentos.)

Luego de seleccionar el material de origen, elija Edit⇨Cut (Cortar, o la combinación alternativa de teclas ⌘+X). Para pegar en la nueva ubicación, navegue y haga clic en la posición deseada y elija Edit⇨Paste (Pegar o ⌘+V).

El comando Cut (Cortar) se confunde fácilmente con el de Copy (Copiar o ⌘+C). Como su nombre lo sugiere, éste último copia el texto seleccionado que luego podrá pegar en otro lugar. Cut remueve el texto de su posición original.

Lo último que haya copiado o cortado se almacena temporalmente en el portapapeles. Permanece allí hasta que lo reemplace el nuevo material que vaya copiando o cortando.

Si no recuerda lo ultimo que almacenó en el portapapeles, elija Edit⇨Show Clipboard (Editar⇨Mostrar Portapapeles) cuando Finder (el primer ícono del extremo izquierdo del Dock) esté activado.

Cambiar la Fuente

Cuando estaban en boga las máquinas de escribir, lo usual era que sólo pudiese utilizar la tipografía de la máquina. Siendo las computadoras como son, puede alterar la apariencia de caracteres individuales y palabras enteras sin ningún esfuerzo. Comencemos con algo simple.

En la ventana de TextEdit, haga clic en el menú emergente Styles (Estilos) y elija Italic (Cursiva). El texto resaltado se convertirá en *texto*. Ahora pruebe Bold (Negrita). El texto seleccionado se convertirá en **texto.**

Recomiendo usar en este caso los métodos abreviados de teclado. Justo antes de escribir una palabra, pruebe ⌘+I para escribir en *italics (cursiva)* o ⌘+B para *bold (negrita)*. Para volver a la letra normal, basta con presionar la misma combinación de teclas nuevamente.

Hacer que las palabras estén en negrita o cursiva es la punta del iceberg proverbial. Puede adornar documentos con distintas *fuentes*, o tipografías.

Abra el menú Format (Formato) y elija Font⇨Show Fonts (Fuentes⇨Mostrar Fuentes). Aparece la ventana de la Figura 7-6. Puede cambiar la tipografía de cualquier texto seleccionado haciendo clic en una de las fuentes que aparecen en la lista dentro del panel etiquetado Family (Familia). Las opciones llevan nombres tales como Arial, Baghdad, Chalkboard, Courier, Desdemona, Helvetica, Papyrus, Stencil, y Times New Roman.

A menos que su tesis de graduación haya sido en *Fuentemología* (ni se moleste en buscar la palabra, es un invento mío), nadie en la facultad de *Para Dummies* espera que tenga alguna idea remota de cómo se ven las susodichas fuentes mencionadas. En mi caso, ni idea. Esta permitido hacer trampa. Vaya espiando en su documento para ver cómo van cambiando las palabras seleccionadas a medida que va eligiendo entre las distintas fuentes.

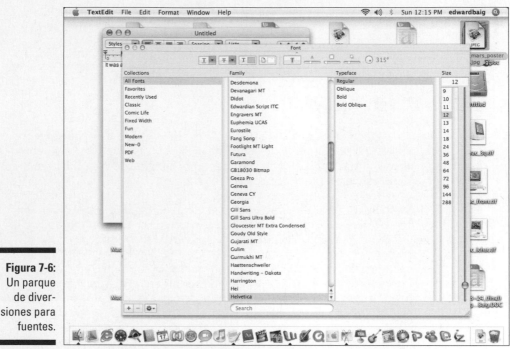

Figura 7-6:
Un parque
de diver-
siones para
fuentes.

Como siempre, existe otra forma de ver las fuentes disponibles. En la esquina inferior izquierda de la ventana Font (Fuente), haga clic en el ícono que se parece a un engranaje o una rueda dentada. Elija Show Preview (Mostrar Vista Previa) en el menú (ver Figura 7-7). Podrá inspeccionar varios tipos de letra y tipografías en el panel de vista previa que aparece sobre su selección. Presione nuevamente el ícono del engranaje para elegir Hide Preview (Ocultar Vista Previa).

También puede previsualizar el *tamaño de fuente*, que se mide en unidades estándar denominadas *puntos*. En general, 1 pulgada tiene 72 puntos.

Revelar el Libro de las Fuentes

Es muy probable que tenga más de cien fuentes en su computadora, si no tiene muchísimas más. Algunas fueron provistas por TextEdit. Otras vinieron con otros programas de procesamiento de texto. Pudo haber ido a cazar fuentes por Internet y agregar algunas más. Al fin y al cabo, puede necesitar ayuda para administrar y organizarlas.

Vista previa de su fuente

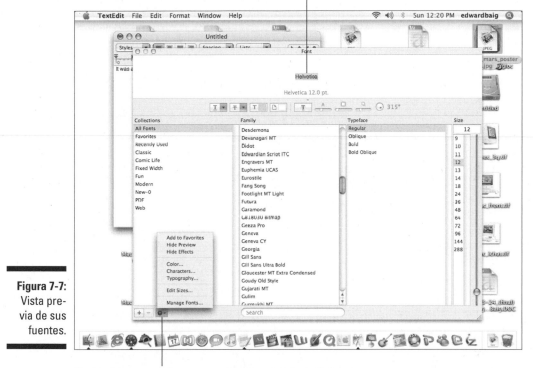

Figura 7-7:
Vista pre-
via de sus
fuentes.

Haga clic para ocultar o mostrar la vista previa de la fuente

Para esto fue pensado un programa del OS X llamado *Font Book (Libro de las Fuentes),* que se encuentra en la carpeta Applications (Aplicaciones). Lo podemos ver en la Figura 7-8. Imaginemos a Font Book como una galería donde se exponen nuestras fuentes más refinadas. De hecho, aquí se pueden agrupar las fuentes en colecciones.

Se pueden ver dos agrupamientos principales de fuentes:

- **User (Usuario):** Las fuentes privadas de uso exclusivo en su cuenta de usuario (Capítulo 5).

- **Computer (Computadora):** Las fuentes de uso público disponibles para cualquiera que use el equipo.

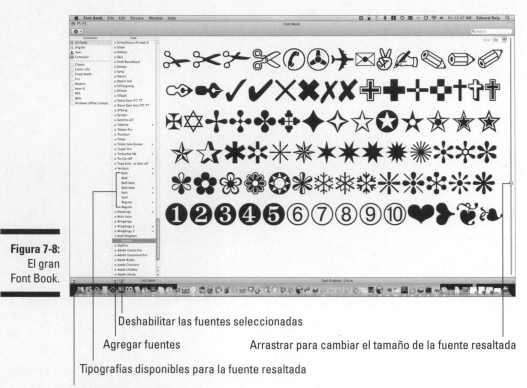

Figura 7-8:
El gran
Font Book.

Deshabilitar las fuentes seleccionadas

Agregar fuentes

Arrastrar para cambiar el tamaño de la fuente resaltada

Tipografías disponibles para la fuente resaltada

Crear una colección nueva

Además de los dos agrupamientos principales, encontrará otras *colecciones de fuentes*, incluyendo Web, PDF, and Classic (Clásica). La colección Classic reúne fuentes clásicas con nombres tales como Baskerville, Copperplate, y Didot.

Puede crear sus propias colecciones de Fuentes eligiendo File⇨New Collection (Archivo⇨Colección Nueva) y escribiendo un nombre para la colección. Luego simplemente arrastre fuentes desde la columna Font hacia su colección nueva.

Haciendo clic sobre un nombre en la columna Font, puede obtener una muestra de cómo se ve la fuente de su elección en el panel de la derecha. Arrastre el control deslizable (etiquetado en la Figura 7-8) hacia la derecha de ese panel para ajustar el tamaño de letra de las fuentes que está verificando.

Si resulta que está en Finder (Buscador), otra forma elegante de tener una vista previa de las fuentes es vía Quick Look (Vista Rápida). Verá el alfabeto completo en mayúsculas y minúsculas (más los números de 0 a 9) en la fuente que haya elegido.

Si usted es como el común de los mortales, usará un conjunto pequeño de fuentes durante toda su vida, incluso algunas con nombres marchosos como Ayuthaya o Zapf Dingbats (vea el apartado "Todo en las fuentes").

Puede deshabilitar las fuentes que rara vez (o nunca) utiliza haciendo clic en el pequeño cuadro con el tilde bajo la lista de Font (etiquetada en la Figura 7-8). La palabra *Off* (Apagada) aparece al lado del nombre de la fuente recientemente marcada con gris. Si se arrepiente, elija Edit⇨Enable (Habilitar) *font you disabled*.

No se preocupe si se encuentra con una aplicación que requiera una fuente deshabilitada. Leopard abrirá la fuente en su nombre y luego la cerrará cuando cierre el programa.

Si desea agregar fuentes a su equipo, haga clic en el botón + debajo de la misma columna y busque la ubicación de la fuente en su computadora. También puede abrir fuentes nuevas que haya descargado o comprado con la aplicación Font Book simplemente haciendo doble clic sobre las mismas.

Si aparece un punto al lado de un nombre en la lista de Font, se han instalado duplicados de esa familia de fuentes. Para eliminar las repeticiones, seleccione la fuente en cuestión y elija Edit⇨Resolve Duplicates (Editar⇨Resolver Duplicados).

Imprimir fuentes

Otra forma de tener una vista previa de una familia de fuentes (o varias familias) en Font Book es imprimiéndolas. Puede visualizar estas fuentes de tres maneras, dependiendo de qué Report Type (Tipo de Reporte) haya elegido dentro del menú emergente. Este menú aparece luego de elegir File⇨Print. (Archivo⇨Imprimir). Si no aparece, haga clic en el triángulo al lado del menú emergente Printer (Impresora).

- **Catalog (Catálogo):** Se imprime una línea de texto de ejemplo (en mayúsculas y minúsculas). Arrastre el control deslizable Sample Size (Tamaño de la Muestra) para modificar el tamaño del texto de ejemplo.

- **Repertoire (Repertorio):** Imprime una grilla de todos los glifos de la fuente. Esta vez podrá elegir el tamaño del glifo con el control deslizable Glyph Size.

- **Waterfall (Cascada):** Las Cataratas del Niágara de la impresión de fuentes. Se imprime un alfabeto completo de fuentes cada vez más grandes hasta que no quede más lugar en la página impresa. Puede elegir los tamaños de los textos de muestra.

Todo en las fuentes

Admítalo, siente curiosidad por saber de la genealogía detrás de la fuente llamada Zapf Dingbats. Yo también. Para el caso, puede estar preguntándose sobre las raíces de otras fuentes en su sistema. Y claro, siendo su computadora, tiene derecho a saber. Bajo el menú Preview (Vista Previa), elija Show Font Info (Mostrar Información de la Fuente — o use el método abreviado de teclado ⌘+I) y la ventana del Font Book le revelará todo, incluyendo el nombre completo de la fuente, los idiomas en los que se usa, y cualquier información de copyright y marcas registradas que exista. Lo más que puedo decirle es que Archie Bunker no fue el creador de Zapf Dingbats.

Dando Formato a Su Documento

Usar fuentes sofisticadas no es la única manera de embellecer un documento. Tiene que tomar decisiones importantes respecto a márgenes apropiados, sangrías de párrafos y tabulación de textos. Y debe determinar si usará interlineado simple o doble. Caramba, aún así sigue siendo más fácil que usar una máquina de escribir.

Muy bien, hemos vuelto a nuestra clase de TextEdit. Elija los márgenes y tabulaciones arrastrando los triángulos diminutos que están en la regla.

Ahora haga clic en el menú desplegable que dice Spacing (Espaciado), justo sobre la regla. Haciendo clic en Single (Simple) separa las líneas de la misma manera que en este párrafo.

Si prueba con Double (Doble), las líneas saltan hasta aquí, y luego la línea siguiente

salta hasta aquí.

¿Se entiende?

Los adictos al control entre ustedes (al que le quepa el sayo que se lo ponga) pueden querer hacer clic en Other (Otra) bajo el menú Spacing. Aparece un cuadro de diálogo como se ve en la Figura 7-9. Ahora podrá determinar la altura precisa de su línea, la forma en que se espaciarán los párrafos (vendría a ser la distancia desde la parte inferior del párrafo hasta la parte superior de la primer línea del párrafo siguiente), y otros parámetros, de acuerdo al sistema de puntos.

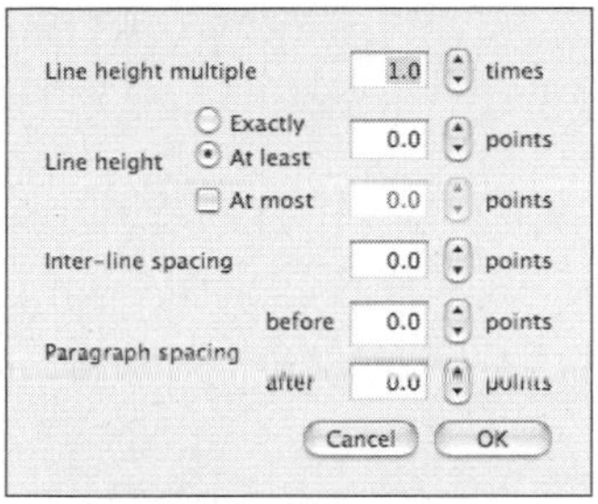

Figura 7-9:
Cuando tiene que verse exactamente así.

Veamos algunos trucos que hacen de TextEdit un compañero de escritura muy capaz.

✔ **Alinear párrafos:** Luego de hacer clic en cualquier lugar dentro de un párrafo, elija Format➪Text (Formato➪Texto) y allí elija una alineación (izquierda, centrada, justificada, o derecha). Juegue un poco con estas opciones hasta encontrar la que se vea mejor.

✔ **Escribir de derecha a izquierda:** Supongo que esta opción sólo será útil para escribir en hebreo o arábico. Elija Format➪Text➪Writing Direction (Formato➪Texto➪Dirección de Escritura) y luego haga clic en Right to Left (De Derecha a Izquierda). Si hace clic nuevamente volverá a la dirección anterior, o elija Edit➪Undo Set Writing Direction (Editar➪ Cambiar Configuración de Dirección de Escritura).

✔ **Ubicar texto:** Puede usar el comando Find (Buscar) dentro del menú Edit (Editar) para descubrir múltiples repeticiones de palabras y frases específicas y reemplazarlas individual o colectivamente.

✔ **Producing lists (Crear listas):** A veces la mejor forma de transmitir su mensaje es a través de una lista. Algo parecido a lo que estoy haciendo aquí. Haciendo clic en el menú desplegable Lists (Listas), puede presentar una lista con viñetas, números, numeración romana, letras mayúsculas o minúsculas, y más, como se ve en la Figura 7-10. Siga haciendo clic en las opciones hasta encontrar la que mejor se adapte a sus necesidades.

✔ **Creating tables (Crear tablas):** Nuevamente, puede querer enfatizar algunos puntos importantes usando una tabla o diagrama. Elija Format➪ Text➪Table (Formato➪Texto➪Tabla). Puede elegir en la ventana que aparece (ver Figura 7-11), la cantidad de filas y columnas que va a necesitar para su tabla. Puede elegir el color de fondo de cada celda haciendo clic en la lista desplegable Cell Background (Fondo de Celda), elija Color Fill, y luego seleccione un tinte de la paleta que aparece cuando hace clic en el rectángulo a la derecha. Puede arrastrar los bordes de una fila o columna para alterar sus dimensiones. También puede fusionar o dividir celdas de la tabla seleccionando las celdas apropiadas y luego haciendo clic en el botón Merge Cells (Fusionar Celdas) o el botón Split Cells (Dividir Celdas).

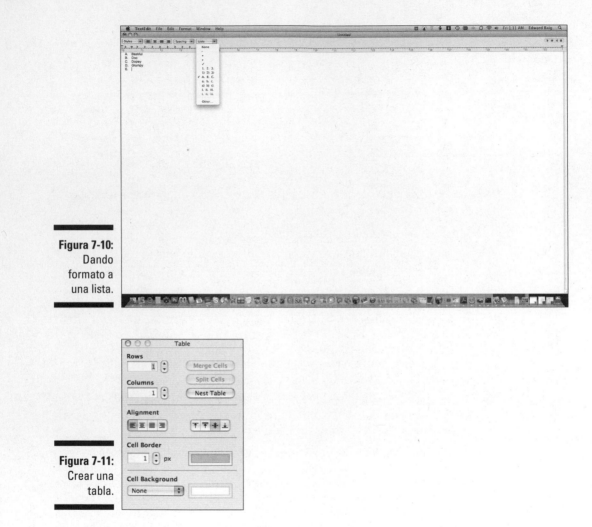

Figura 7-10:
Dando
formato a
una lista.

Figura 7-11:
Crear una
tabla.

✔ **Smart Quotes (Comillas Tipográficas):** Los editores suelen a veces
tratar de darle un aspecto más sofisticado a sus libros usando
comillas tipográficas (de forma curvada) en vez de rectas. Parece ser
que lo curvo es más distinguido que lo recto. Como sea. Para usar
comillas tipográficas en el documento en el que está trabajando, elija
TextEdit➪Edit➪Substitutions➪Smart Quotes (TextEdit➪Editar➪
Sustituciones➪Comillas Tipográficas). Para usar comillas tipográficas
en todos los documentos, elija TextEdit Preferences (Preferencias de
TextEdit), haga clic en New Document (Documento Nuevo), y seleccione
el cuadro Smart Quotes. Si ya tiene seleccionadas las comillas tipográficas

y quiere cambiar a comillas rectas, presione Ctrl y apóstrofe (para obtener comillas simples) o Ctrl+Shift+ apóstrofe para comillas dobles.

✔ **Smart Links (Enlaces Inteligentes):** Configurando esta opción, cada vez que escriba una dirección de Internet (Capítulo 9) en un documento, se generará un enlace o punto de salto que lo llevará a dicha página Web. Elija TextEdit⇨Substitutions⇨Smart Links (TextEdit⇨Sustituciones⇨ Enlaces Inteligentes) para usarlos en el documento en el que está trabajando. O visite TextEdit Preferences (Preferencias de TextEdit), luego haga clic en New Document (Documento Nuevo), y seleccione el cuadro Smart Links para que esta característica sea permanente.

Guardar Su Trabajo

Usted trabajó a destajo para hacer que su documento sea de fácil lectura y se vea lindo y yo odiaría que todos sus esfuerzos se vayan por el caño. Y en el despiadado mundo de las computadoras, esto es precisamente lo que sucede si no se toma unos segundos para *guardar* su archivo. Y un segundo es todo lo que lleva guardar un archivo — pero puede perder todo con la misma velocidad.

Estable como es, la Mac es una máquina librada a la buena de Dios y no es inmune a los fallos de energía o a las flaquezas humanas. Aunque parezca extraño, incluso los autores de literatura técnica aporrean alguna combinación calamitosa de teclas de vez en cuando.

Todo el trabajo que ha realizado hasta ahora tiene una existencia un tanto etérea, como parte de la *memoria temporaria* (ver Capítulo 2). No se deje engañar por el hecho de que puede ver algo en su computadora. Si apaga su computadora, o bien ésta se bloquea inesperadamente (se sabe que le ha sucedido incluso a las Macs), todo el material que no se haya guardado residirá en otro tipo de memoria. La suya.

Entonces, ¿qué hay que hacer para guardar su trabajo? ¿Y dónde exactamente es que guarda su trabajo? Usando *Save sheet* (Guardar hoja) por supuesto (vea la Figura 7-12). Se desliza desde la parte superior de su documento hasta dejarse ver cuando presione la combinación de teclas ⌘+S o elija File⇨Save (Archivo⇨Guardar).

Recuerde que hace mucho, en el comienzo de este capítulo, había mencionado que Apple no se atrevería a ponerle un nombre a un archivo (excepto para darle el apodo temporario de *Untitled* [*Sin Título*]). Muy bien, ahora tiene la oportunidad de darle al archivo un nombre especial completando el título donde dice Save As (Guardar Como). Vamos, póngale un nombre, qué se yo, digamos *Oscuro y Tormentoso*.

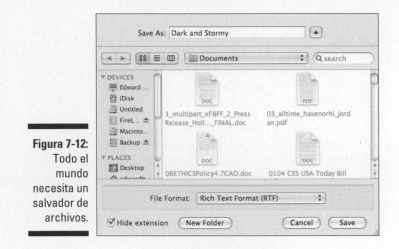

Figura 7-12:
Todo el
mundo
necesita un
salvador de
archivos.

Cuando haga clic en el botón Save (Guardar), se le asignará un hogar permanente dentro del disco duro al contenido de Oscuro y Tormentoso, al menos hasta que esté preparado para volver a trabajar en este documento.

Pero hay más. Va a tener que elegir en qué carpeta se va a almacenar el archivo. La Mac sugiere la carpeta Documents (Documentos), una elección lógica. Pero puede elegir entre varios destinos posibles, lo que se ve claramente al hacer clic en la flecha al lado de donde acaba de nombrar a su documento. Puede calzar su manuscrito en cualquier carpeta existente o subcarpeta en la barra lateral o crear una desde cero hacienda clic en el botón New Folder y luego nombrar la carpeta recién creada.

Es el momento de confesarse: estuve ocultándole algo. Cuando usted bautizó su opus Oscuro y Tormentoso en realidad no tenía ni la más remota idea de que le estaba dando un nombre ligeramente más largo: *Oscuro y Tormentoso. rtf.* El pequeño sufijo o *extensión,* es la abreviatura de *Rich Text Format (Formato de Texto Enriquecido),* uno de los formatos de archivo con el que la Mac se lleva bien. Podría haberlo guardado en alguno de los formatos de Microsoft Word disponibles (tales como los archivos de extensión *doc* o *docx*). O podría haber elegido *HTML,* el lenguaje de la World Wide Web (vea el Capítulo 9). Si quiere ver qué extensiones tienen sus archivos, quite la selección en la casilla de verificación Hide Extension (Ocultar Extensión).

Leopard en toda su sabiduría provee una red de seguridad para guardar. En otras palabras, puede guardar automáticamente los documentos de TextEdit. Elija TextEdit⇨Preferences (TextEdit⇨Preferencias), y haga clic en Open and Save (Abrir y Guardar). En el menú emergente Autosave Modified Documents (Guardar Automáticamente Documentos Modificados), elija el intervalo apropiado de tiempo (cada 15 segundos, 30 segundos, un minuto, 5 minutos, o nunca).

A menos que haya seguido este último paso, queda aquí debidamente
advertido de guardar y guardar con frecuencia su trabajo.

Hacer Revisiones

Oscuro y Tormentoso está sano y salvo en su disco duro. Pero luego de
asimilar las pastillas calmantes durante la noche, a la mañana siguiente su
punto de vista sobre la vida cambió totalmente. Ha dejado atrás su período
siniestro. Ahora quiere reformular el tema central de su inspiración y darle
un nuevo nombre también, *Brillante y Soleado.*

A volver con el TextEdit.

Elija File⇨Open (Archivo⇨Abrir). Aparece un cuadro de diálogo. Desplácese
dentro de la carpeta donde grabó por última vez su documento, y haga doble
clic sobre su nombre o ícono cuando lo encuentre.

Ya está todo listo para que pueda aplicar sus cambios. Como su documento
es tan permanente como la última vez que lo guardó, recuerde grabarlo
desde el principio y con frecuencia, a medida que vaya haciendo revisiones.
(Este es un hábito que vale la pena adquirir incluso aunque haya activado la
opción de guardar automáticamente: TextEdit no es el único programa donde
querrá guardar su trabajo, desde luego.) De paso, puede nombrar su best-
seller usando Save As (Guardar Como) y elegir un nombre nuevo, aunque
todavía conservará la versión previa con el nombre anterior.

De forma más conveniente, puede renombrar un archivo seleccionándolo
(desde una ventana del Finder o desde el escritorio) y presionando Enter
(Intro). Ingrese el nombre nuevo y presione Enter otra vez.

Como siempre, su Mac trata de asistirlo en estos asuntos. La computadora
asume que si usted trabajó en un documento ayer o anteayer, podría querer
volver a darle otra puñalada hoy. Y para evitar que usted, Oh El Gran Prolífico,
se estrese excavando arduamente hasta encontrar el documento que quiere
editar, elija File⇨Open Recent (Archivo⇨Abrir Reciente). Sus archivos
más frescos aparecerán en la lista. Simplemente haga clic en el nombre del
documento que quiera volver a visitar.

Quizás la forma más rápida de encontrar un archivo es usar la herramienta
Spotlight. Elija Spotlight haciendo un clic sobre su ícono en la esquina
superior derecha de la pantalla y escriba el nombre del manuscrito que
requiera su atención.

Sacar la Basura

Como muchas otras cosas de la vida, los documentos, cuando no carpetas enteras, inevitablemente sobreviven más allá de su utilidad. El material se vuelve rancio. Toma hedor virtual. Ocupa lugar en el disco duro que podría utilizar en algo mucho más provechoso.

Si, es tiempo de sacar la basura.

Use el mouse para arrastrar el ícono del documento encima de la papelera en el dock. Suelte el mouse cuando la papelera se torne negra.

Como siempre, existe una alternativa de teclado, ⌘+Delete. O puede elegir File⇨Move to Trash (Archivo⇨Mover a la Papelera).

Podrá darse cuenta que tiene algo en la papelera porque el ícono muestra papel arrugado. Así como sucede en la vida real, hay que vaciar los cestos de basura de tanto en tanto, aunque se quejen los vecinos.

Para hacerlo, elija Empty Trash (Vaciar la Papelera) bajo el menú Finder (Buscador) o presione ⌘+Shift+Delete. Aparecerá una advertencia (vea la Figura 7-13), recordándole que lo que se fue, se fue para siempre. (Aún cuando en realidad podría recuperarlo comprando un software de recuperación de datos o contratando a un experto.)

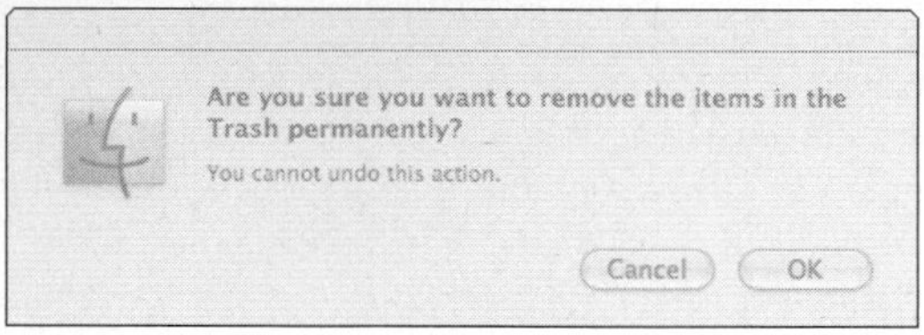

Figura 7-13:
Piense antes de vaciar la basura.

> Are you sure you want to remove the items in the Trash permanently?
>
> You cannot undo this action.
>
> Cancel   OK

Si está completa y absolutamente seguro de que se quiere librar del contenido de su cesto de basura — y paranoico respecto a los espías industriales que se dedican a recuperar datos — elija Secure Empty Trash (Vaciar la Papelera en Forma Segura) del menú de Finder en vez del comando habitual Empty Trash (Vaciar la Papelera).

No Importa: Recuperar lo que Ha Tirado

Es muy fácil sacar algo de la basura, suponiendo que no haya tomado la última medida draconiana y seleccionado Empty Trash (Vaciar la Basura). Es menos hediondo y embarazoso que meter sus manos en un cesto de basura real. Haga clic en el ícono de Trash (Papelera) en el dock para espiar su contenido. Si encuentra algo que valga la pena guardar después de todo, arrástrelo hacia el escritorio o la carpeta donde solía residir.

Crear un Alias

Puede crear un *alias* de un archivo para que sirva como acceso directo, sin importar dónde esté enterrado dentro de su Mac Para entender qué es un alias, sirve entender que no es un alias. No es un duplicado completo de un archivo. (Si quiere crear un duplicado completo, presione ⌘+D o elija File⇨Duplicate [Archivo⇨Duplicar.])

Lo que está haciendo en realidad es copiar el ícono del archivo, no el archivo en sí, lo que significa que está usando muy poco espacio en el disco duro. Cuando haga clic en el ícono del alias invocará al archivo original sin importar donde esté colgado dentro de la computadora – incluso aunque haya renombrado el archivo.

¿Para qué crear un alias después de todo? Quizás no esté seguro dónde colocar un archivo que podría encajar fácilmente en varias carpetas. Por ejemplo, si tiene un documento llamado Siete Enanitos, podría estar en una carpeta para Blanca Nieves, otra para Tímido, otra para Sabio, y así sucesivamente. Como la Mac le permite crear varios alias, puede colocar efectivamente el archivo en cada una de esas carpetas (aunque usted y yo sabemos que reside realmente en un solo lugar).

Para crear un alias, seleccione el ícono original y presione ⌘+L o elija File⇨Make Alias (Archivo⇨Crear Alias). También puede arrastrar un ícono fuera de la ventana donde está su archivo o cualquier otra ubicación dentro de la ventana mientras mantiene presionadas las teclas Option y ⌘.

Como puede ver en la Figura 7-14, el alias se ve como un clon del ícono original, excepto por el sufijo *alias* que se agrega a su nombre y aparece una pequeña flecha en la parte inferior izquierda del ícono. Haciendo clic en cualquiera de estos íconos abrirá el mismo archivo.

Figura 7-14:
El ícono
de alias
descansa
arriba del
ícono para
el archivo
original.

Si quiere encontrar la ubicación del archivo original, seleccione el ícono de alias y elija File⇨Show Original (Archivo⇨Mostrar Original).

Para librarse de un alias, arrástrelo hasta la papelera. Al hacerlo, no borrará el archivo original.

Si antes borró el archivo original, el alias no podrá invocarlo. Pero, puede vincular el alias a un archivo nuevo dentro del equipo.

Capítulo 8

Imprimir y Faxear

. . . .

En Este Capítulo

▶ Seleccionar una impresora

▶ Conectar una Impresora

▶ Imprimir

▶ Resolver problemas

▶ Usar la Mac como escáner

▶ Usar la Mac como máquina de fax

. . . .

Se supone que las computadoras sirven para dar alivio a todos aquellos que juntan y juntan papeles y cosas. La idea de que uno pueda almacenar documentos y archivos en forma electrónica en su disco rígido (y así reducir la basura física) es interesante para todo el mundo. De este modo, algunos árboles podrían respirar aliviados también.

Sin embargo, a pesar de todo el revuelo causado en estos años por la posibilidad de lograr una sociedad libre de papel, no veo que este tema les haya quitado el sueño a los ejecutivos de la industria papelera.

El hecho es que uno quiere tener algo tangible para su propia instrucción y conveniencia. Copias en papel para poder mostrar. Siempre es mejor darle a la abuela las fotos impresas del bebé recién nacido que sacar la computadora (u otro aparatejo electrónico) para hacer alarde del motivo de su más reciente alegría. Además, aún en la era del correo y los archivos electrónicos, todavía suele imprimir documentos e informes para sus empleados, profesores, instituciones financieras y (¡ay!) la Agencia de Recaudación Impositiva.

Lo cual me recuerda: a pesar de los maravillosos adelantos en impresoras con tecnología de última generación, los falsificadores que nos están leyendo no encontrarán ninguna ayuda en este capítulo acerca de cómo imprimir dinero.

Elegir una Impresora

¿Qué son esas impresoras de última generación? Gracias por preguntar. Las impresoras actuales generalmente se dividen en dos categorías principales: *chorro de tinta* o *láser,* cuya diferencia reside en cómo hace la tinta para llegar al papel. (Sí, hay otras diferencias, especialmente en el caso de la impresión de fotos — *sublimación de tinta,* ¿les suena?) Las impresoras varían en velocidad, funciones, resolución (nitidez), calidad de impresión y precio.

Los modelos más conocidos son los productos de Canon, Epson, Hewlett-Packard, Kodak y Lexmark, pero también puede comprar impresoras fabricadas por muchísimos otras marcas.

Créase o no, todavía puede encontrar impresoras baratas y usadas, *de margarita* o *de matriz de puntos* en eBay y otros sitios (y algunos fabricantes aún hacen impresoras nuevas que funcionan con las Macs modernas). Pero estas supuestas *impresoras de impacto* definitivamente *no* son las de última generación que tengo en mente.

Chorro de tinta

Las impresoras de chorro de tinta constan de boquillas que rocían gotitas de tinta sobre una hoja de papel en blanco. Según el modelo, pueden tener un solo cartucho de tinta negra y un solo cartucho de tinta de color. La otra opción es que pueden tener varios cartuchos de tinta de color.

¿Dónde está el cartucho de color magenta cuando lo necesito?

La mayoría de ustedes, supongo, terminarán con una impresora de chorro de tinta. Son las más económicas y se pueden encontrar algunos modelos a precios bajísimos de hasta apenas $19.

No obstante, las ofertas no son siempre lo que parecen. El *costo de propiedad* de las impresoras de chorro de tinta puede ser exorbitante. Debe reemplazar los costosos cartuchos de tinta ($30 aproximadamente) con frecuencia, aún más si se la pasa imprimiendo fotos de Peluche, su gatito mascota. Así que el costo por página de una impresora de chorro de tinta tiende a ser considerablemente más alto que el de sus primas, las impresoras láser.

Dicho esto, las impresoras de chorro de tinta son generalmente la opción más flexible para los consumidores, especialmente si usted tiende a ser un fanático de la fotografía. Además del papel de tamaño estándar de 8$\frac{1}{2}$ por 11 pulgadas, algunos modelos de chorro de tinta pueden imprimir instantáneas a color de 4 por 6 pulgadas de buena calidad sobre papel fotográfico satinado. (El papel fotográfico, cabe señalar, es caro.)

De acuerdo, el texto negro impreso con una impresora de chorro de tinta no se verá tan nítido como el texto impreso por una láser, aunque puede verse bastante aceptable igualmente. Bajo ciertas condiciones, algunas tintas se corren o emborronan. Pero en la mayoría de los casos, la calidad de las impresoras de chorro de tinta es perfectamente aceptable para producir, digamos, boletines o folletos informales para su floreciente negocio de servicio de comidas y bebidas.

Láser

Resulta un tanto sorprendente que un rayo láser concentrado pueda reproducir gráficos de tan excelente calidad. Igualmente, si el láser puede corregir la miopía y realizar otros milagros médicos, tal vez imprimir no sea una cuestión tan complicada después de todo.

Las impresoras láser se valen de una combinación de calor, tinta y electricidad estática para reproducir imágenes espléndidas sobre papel. Estas impresoras, especialmente los modelos a color, solían venderse en miles de dólares. De seguro todavía encontrará los precios de algunos modelos por la estratosfera. Pero las impresoras láser más básicas ahora cuestan unos $150 y los modelos monocromáticos están a menos de $100.

A pesar de lo accesibles que se han vuelto en los últimos años, las impresoras láser todavía se cotizan más que las de chorro de tinta. Pero son mucho más económicas en el largo plazo. Los cartuchos de tóner son relativamente baratos y no es necesario reemplazarlos muy seguido. El costo de funcionamiento de una impresora láser altamente eficiente puede ser de un par de centavos por página, una pequeña fracción del costo de funcionamiento de una impresora de chorro de tinta.

Las impresoras láser son un elemento indispensable en las oficinas de las empresas. Éstas aprecian la reproducción con calidad de fotocopia y el hecho de que las impresoras láser puedan manejar cargas de grandes volúmenes de impresión a una velocidad vertiginosa. Estas máquinas generalmente también ofrecen más opciones de manejo de papel. Por el contrario, consumen mucha más electricidad que la mayoría de las impresoras de chorro de tinta, por lo cual son menos "verdes".

Todo en uno

Las impresoras imprimen, por supuesto. Pero si su Mac es el eje de su oficina hogareña, probablemente quiera realizar otras tareas. Por ejemplo, fotocopiar y escanear. Y también enviar faxes. El modelo *todo en uno,* también conocido como una impresora *multifunción,* puede brindar una combinación de estas tareas. La mayoría de los burros de carga multifunción que se usan en las oficinas hogareñas se basan en el chorro de tinta.

Es más barato comprar un dispositivo multifunción que varios aparatos individuales. Además, esta única máquina ocupa menos espacio. Y muchos de estos aparatos "todo en uno" también sirven para imprimir fotos.

Si su fax, fotocopiadora o escáner se estropea, tal vez deba vivir sin una impresora mientras el aparato multifunción está en reparación.

Qué otra cosa hay que tener en cuenta

Aquí van otras funciones para considerar a la hora de comprar una impresora:

- **Grandes bandejas de papel:** Pocas cosas son tan molestas como tener que cargar una nueva pila de papel cuando se está a la mitad de un trabajo de impresión importante. Con una bandeja para papel bien grande, no tendrá que fastidiarse tan a menudo. Algunos modelos cuentan con una bandeja para papel fotográfico por separado, por lo que no tendrá que estar constantemente poniendo y sacando distintos tipos de papel según lo que vaya a imprimir.

- **Ranuras para tarjetas de memoria:** Tal vez no debería mencionar esta función en un libro sobre Mac. Porque francamente, el propósito de las ranuras para tarjetas de memoria es eliminar a Mac de la ecuación. De hecho, puede imprimir las imágenes almacenadas en una tarjeta de memoria sin necesidad de usar una computadora.

- **Pantalla de LCD:** Esto se usa para echar un vistazo a las fotos que desea imprimir (ver punto anterior) sin usar una computadora. También puede usar esta pantalla para las diversas funciones del menú de la máquina.

- **Impresión doble faz:** Esto sirve (lo supuso) para imprimir en ambos lados de una hoja de papel. A menudo se la llama impresión *doble faz*.

- **Diapositivas:** Algunas impresoras imprimen diapositivas y negativos (a veces con adaptadores opcionales).

- **Funciones de red:** Use su impresora en muchas Macs o PC de Windows o en ambas. Las impresoras que funcionan en redes inalámbricas cuestan más. La conectividad por redes es un tema reservado para el Capítulo 18.

Conectar y Activar una Impresora

Casi todas las impresoras compatibles con OS X, lo cual incluye la mayoría de las impresoras del mercado actual, se conectan a su Mac a través de un puerto *USB* (*Universal Serial Bus*), del cual hablamos en el Capítulo 2. Y después hablan de no jubilar a la impresora guardada en el placard que se conecta a lo que se denomina puerto *paralelo*.

Seguramente saldrá de la tienda considerablemente más pobre de lo que se hubiera imaginado en primer lugar aún si compraba una impresora de oferta. *Deberá* comprar pilas de papel, más tinta porque los cartuchos incluidos con su impresora tal vez no duren demasiado y, muy probablemente, un cable para conexión a USB.

La buena noticia es que no todas las impresoras necesitan un cable. Algunas son compatibles con Wi-Fi o Bluetooth.

Listos, Preparados, Imprimir

Tiene tinta. Tiene papel. Tiene un cable para conexión a USB. Está ansioso. El tiempo corre. Percibo su impaciencia. Pongamos manos a la obra.

Enchufe la impresora a un tomacorriente AC de pared. Enchufe el cable USB en el puerto USB de la Mac y asegúrese de que esté bien conectado a la impresora. Encienda su impresora. El aparato cobra vida y está listo para actuar. Leopard generosamente reunió a la mayoría de los *drivers* (controladores) de software necesarios para comunicarse con las impresoras modernas. Lo más probable es que el suyo sea uno de ésos. Si no, probablemente lo encuentre en el programa que vino con la impresora. O bien en el sitio Web de la compañía.

Configurar impresoras en redes inalámbricas o alámbricas (a través de Ethernet) es un poquito más complicado. Por ahora, supondremos que se ha conectado a una impresora mediante un puerto USB. Abra el confiable procesador de textos de Mac, TextEdit. Luego siga estos pasos:

1. **Abra el documento que quiere imprimir.**

2. **Seleccione File⇨Print (Archivo⇨Imprimir), o use el método abreviado de teclado ⌘+P.**

   Si bien estamos haciendo este ejercicio en TextEdit, encontrará el comando Print (Imprimir) en el menú File (Archivo) de todos los programas de Mac. El comando abreviado ⌘+P también funciona en forma general. Aparece la ventana de impresión que se muestra en la Figura 8-1. (Si la ventana de impresión que aparece muestra menos de lo que ve aquí, haga clic en el triángulo que apunta hacia abajo ubicado arriba a la derecha.)

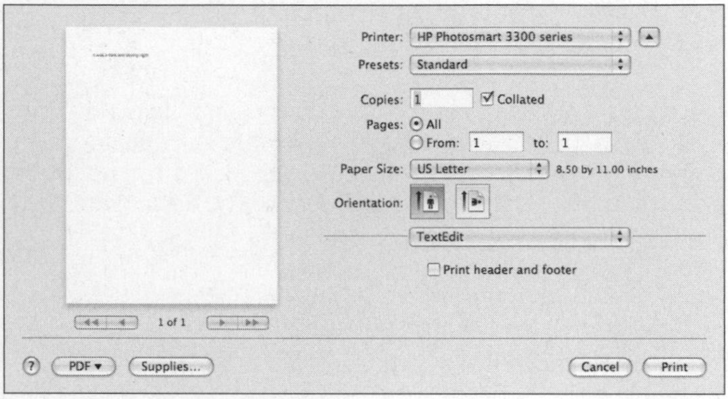

Figura 8-1:
¿Listo para
imprimir?

3. **Haga clic en el menú emergente Printer (Impresora) y seleccione su impresora, si está disponible.**

4. **Si su impresora conectada al puerto USB no aparece en la ventana de impresión:**

   a. **Haga clic en Add Printer (Agregar impresora) en el menú emergente.**

   Se abrirá la ventana de configuración para agregar la impresora.

   b. **Si su impresora está en la lista, haga clic para seleccionarla (si es que no está ya seleccionada). Haga clic en Add (Agregar) y listo. Siga con el Paso 5.**

   c. **Si su impresora no aparece en la lista, haga clic en el ícono de tipo de conexión para impresora que aparece arriba y seleccione lo que desea, tal como se muestra en la Figura 8-2.**

   Entre las opciones está Default (Predeterminada), Fax (si elige una máquina de fax), IP (una impresora con conexión a Internet), AppleTalk (significa que existe una red), Bluetooth y More Printers (Más impresoras). Cuando haga su elección, la Mac buscará las impresoras que están disponibles.

   d. **Marque la impresora que quiere usar y haga clic en Add (Agregar).**

   También puede hacer clic en el menú emergente Print Using (Imprimir con) y luego seleccionar Select a Driver to Use (Seleccionar qué controlador usar) para hallar un modelo específico, si está disponible.

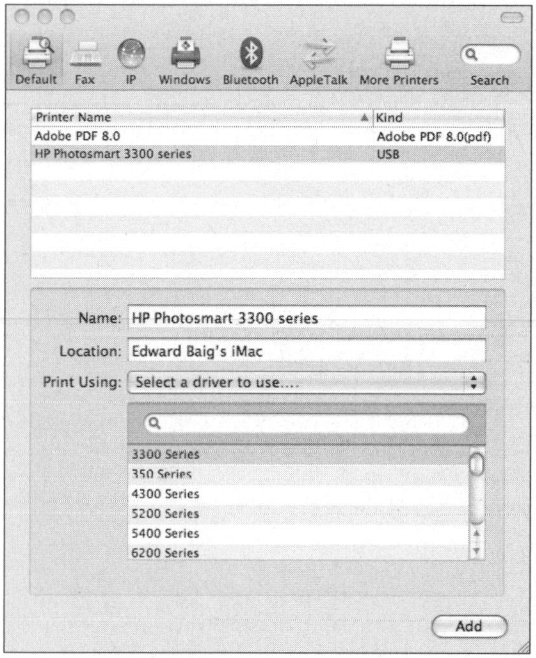

Figura 8-2:
Agregar una
impresora.

5. **Elija una de las muchas opciones de la ventana de impresión.**

Seleccione qué páginas va a imprimir. (En forma predeterminada
aparece All [Todo], pero puede asignar cualquier rango de impresión en
los cuadros From [Desde] y To [Hasta].) Haga clic donde corresponda
para seleccionar el tamaño del papel y la orientación de la impresión, lo
cual podrá decidir examinando el documento que desea imprimir en la
vista preliminar. Puede seleccionar la cantidad de copias que necesita y
el orden de las páginas. Puede decidir si quiere imprimir un encabezado
y un pie de página. También puede optar por guardar su documento con
el formato PDF de Adobe (junto con otras opciones de PDF).

Tenga en cuenta que esta ventana o cuadro de diálogo de impresión
puede ser levemente diferente según el programa. En el explorador
Safari, por ejemplo, puede elegir si desea imprimir imágenes de fondo,
una opción que no aparece en el cuadro de diálogo TextEdit.

6. **Cuando haya terminado de seleccionar todas las opciones, haga clic
en Print (Imprimir).**

Si todo sale según lo planeado, su impresora lo complacerá.

Aunque la Mac reconozca su impresora de inmediato, le recomiendo cargar
todos los discos de instalación para Mac que vengan con la impresora.

¿Para qué tomarse la molestia? Mi impresora ya imprime cosas. La respuesta es que el disco puede proporcionarle fuentes adicionales (vea el Capítulo 7), además de útiles actualizaciones de programas.

Tampoco le vendría mal visitar el sitio Web del fabricante para ver si hay actualizaciones disponibles para los controladores de la impresora.

Imprimir a su manera

La Mac le da muchas opciones para decidir la manera en que funcionará su impresora y cómo se verán sus impresiones.

Tal vez haya notado otro menú emergente en la hoja de impresión justo debajo de los íconos de orientación. Ahora se ve TextEdit, pero si hace clic en el botón, aparecerá una multitud de otras opciones. (Algunas de las opciones enumeradas son específicas de su impresora o de las aplicaciones que están en uso.)

✔ **Layout (Diseño):** Puede seleccionar la cantidad de "páginas" para imprimir en una sola hoja de papel y decidir la forma en la que se verán esas páginas, tal como se muestra en la Figura 8-3. Puede elegir un borde de página: Single Thin Line (Línea delgada única), Double Hairline (Línea ultra-delgada doble), etc. También puede activar o desactivar la impresión a doble faz, siempre que su impresora opere dicha función.

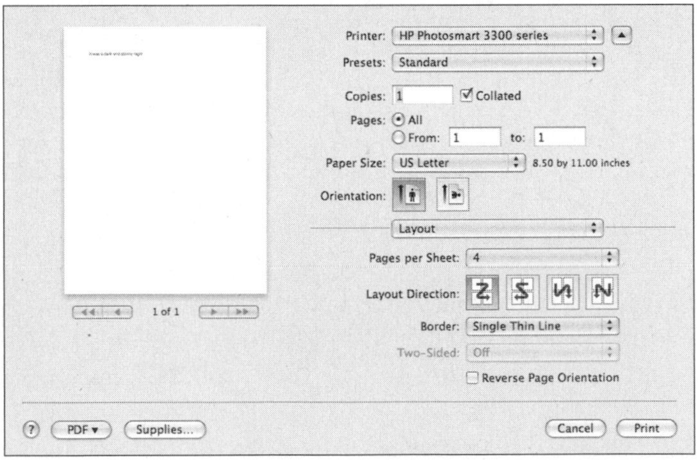

Figura 8-3: Elegir un diseño de impresión.

- ✔ **Scheduler (Programador):** Supongamos que tiene que imprimir docenas de invitaciones para la fiesta sorpresa de su cónyuge y quiere asegurarse de hacerlo cuando su amorcito no se encuentre en casa. Configure su Mac para que imprima en un horario en el que ambos se encuentren juntos fuera de casa.

- ✔ **Paper Handling (Manejo del papel):** Puede elegir imprimir sólo páginas pares o impares o imprimir páginas en orden inverso. También puede modificar una página para que se ajuste a una hoja tamaño oficio o tamaño carta, a un sobre o a una variedad de otros tamaños de papel.

- ✔ **Color Matching (Coincidencia de colores):** Elija esta configuración para seleccionar ColorSync Profiles (Perfiles de sincronización de colores, de Apple y otros). De este modo puede hacer coincidir el color de la pantalla con el color que desea imprimir.

- ✔ **Cover Page (Portada):** Hagamos de cuenta de que trabaja para la CIA. Entonces, imprima una portada en la que se indique que todo lo demás que está imprimiendo es información clasificada, confidencial o ultra-secreta. (Sí, como si nadie fuera a mirar.)

- ✔ **Paper Type/Quality (Tipo/Calidad del papel):** Le puede indicar a la impresora qué tipo de papel le cargó (para chorro de tinta, transparencias, folletos, etc.). También puede elegir la calidad de la impresión. Un rápido borrador usa menos tinta que si imprime con la mejor o más sensacional calidad. Si su impresora tiene más de una bandeja (por ejemplo, una bandeja principal y una bandeja para papel fotográfico), también puede elegir el origen del papel a utilizar.

- ✔ **Borderless Printing (Impresión sin bordes):** Indique a su impresora que imprima sin bordes. O no.

Este parece un buen momento para ver qué otras opciones de impresión le ofrece System Preferences (Preferencias del sistema), que se encuentra generalmente en el menú . En la sección Hardware de System Preferences, haga clic en el ícono Print & Fax (Imprimir y Enviar/Recibir Fax). Puede seleccionar el cuadro Share This Printer (Compartir esta impresora) si está dispuesto a compartir la impresora con otras computadoras que pueda haber en su casa u oficina.

Ahora haga clic en el botón Print Queue (Cola de impresión) para verificar el estado de todas las tareas de impresión en proceso, entre otras cosas.

Vista preliminar de su impresión

Antes de desperdiciar tinta y papel en una desacertada tarea de impresión, probablemente quiera estar seguro de que sus documentos cumplan con sus elevados estándares. Esto significa que los márgenes y el espaciado se vean exactos y que su diseño sea prolijo sin líneas *viudas*. Eso, en la jerga editorial, significa una o dos palabras que quedan solas en la última línea de un párrafo.

Como ya ha visto, la Mac le permite espiar en la pequeña ventana que aparece en el cuadro de diálogo de impresión de TextEdit (y de otros programas). Para ver una vista más grande en programas tales como Microsoft Word, seleccione File➪Print Preview (Archivo➪Vista preliminar).

Si le gusta la vista preliminar, siga adelante y haga clic en Print. Si no, vuelva hacia atrás y realice los cambios necesarios a sus documentos.

Otra cosita interesante sobre la impresión con Mac: Los diversos programas en los que trabaja le ofrecen muchas más opciones de impresión personalizada. Por ejemplo, puede imprimir un encarte para un estuche de CD especial en iTunes (Capítulo 14) o una agenda de direcciones de bolsillo en Address Book (Libreta de direcciones).

Cuando las Impresoras Dejan de Imprimir

En cuanto se meta en el terreno de la computación, es seguro que tarde o temprano (pero probablemente temprano) su impresora fallará. Ya he insinuado el por qué.

Quedarse sin tinta o tóner

La tinta es perecedera. Especialmente en una impresora de chorro de tinta. Los síntomas serán obvios. Los caracteres se verán cada vez más tenues sobre el papel a medida que siga imprimiendo, hasta llegar al punto en que apenas sean legibles. El programa que viene con su impresora tal vez le indique la cantidad estimada de tinta que le queda cada vez que imprime. También puede verificar los niveles de suministro haciendo clic en el botón Options & Supplies (Opciones y Suministros) en la sección Print & Fax (Imprimir y Enviar/Recibir Fax) de System Preferences (Preferencias del sistema) y luego en Supply Level (Nivel de suministro). También puede hacer clic en Supplies (Suministros) en el cuadro de diálogo de impresión.

¿Longevidad digital?

El tipo de papel que compra, ¿marca una diferencia? Algunos especialistas creen que sí. Los científicos aseguran que la combinación de la tinta y el papel que se usa para imprimir fotografías digitales tiene un efecto significativo en cuánto perdurarán las imágenes en el transcurso del tiempo. Wilhelm Imaging Research realizó pruebas de envejecimiento acelerado que indicaron que, aún en la misma impresora, las impresiones realizadas en papel de alta calidad podrían durar más de setenta años al estar expuestas a la luz, mientras que durarían dos o tres años si se utilizara papel de calidad inferior. Independientemente del papel que use, puede aumentar la vida útil de las fotografías impresas manteniéndolas apartadas de la luz, humedad, humo del cigarrillo y demás agentes contaminantes.

Quedarse sin papel

A menos que adquiera la costumbre de echar un vistazo a la bandeja de papel de su impresora, no recibirá un aviso concreto cuando se haya acabado su suministro de papel. Por supuesto, por regla general se quedará sin papel una hora antes de tener que entregar un importante informe trimestral (o informe legal o artículo periodístico; tómese la libertad de completar este espacio con su propia catástrofe).

Independientemente de dónde compre su tinta y papel, le recomiendo siempre contar con un set de repuesto.

A veces una impresora deja de funcionar por ningún motivo aparente. En Print Queue (Cola de impresión), pruebe hacer clic en Resume or Start Jobs (Reanudar o iniciar tareas). Si todo esto no funciona, apague y reinicie su impresora.

Conectar un Escáner

Al igual que con las impresoras, conectar un escáner no es gran cosa. Generalmente se conecta a través de un puerto USB, aunque los modelos FireWire también se encuentran en el mercado. También es posible que obtenga un escáner como parte de un dispositivo multifunción, o un "todo en uno".

Los escáneres son una especie de anti-impresoras porque ya cuenta con una imagen impresa que quiere reproducir en la pantalla de su computadora, tales como recibos, artículos de periódicos o diapositivas y negativos. Los escáneres independientes pueden costar menos de $50, aunque pagará mucho más a medida que agregue funciones.

Si hace clic sobre Scanner (Escáner) en Print Queue (Cola de Impresión), podrá hacer pequeños ajustes con los programas provistos por el fabricante de su escáner. Este programa tal vez le permita quitar el polvo o los rayones existentes en una imagen y restaurar las imágenes descoloridas.

También es posible que su escáner se pueda acoplar con un programa a bordo de Apple llamado Image Capture (Captura de imagen), que se encuentra en la carpeta Application (Aplicaciones). Para ello, seleccione Image Capture Preferences (Preferencias de captura de imagen) en el menú Image Capture, luego seleccione When Image Capture Is Launched, Open Scanner Window (Al iniciarse la captura de imagen, abrir la ventana del escáner). Entonces, cuando encienda el escáner, podrá elegir la resolución o nitidez de las imágenes escaneadas. Image Capture funciona con escáneres que cuentan con controladores de programas OS X, así como con algunos modelos compatibles con TWAIN.

Convertir la Mac en una Máquina de Fax

Si su Mac tiene un módem de conexión telefónica incorporado, lo cual es cada vez más y más improbable, no necesita una máquina de fax independiente. Simplemente conecte el cable telefónico al enchufe del módem y listo. Desafortunadamente, el módem para conexión telefónica ya no es un dispositivo estándar en las últimas Macs, es un dispositivo complementario que se conecta mediante un puerto USB y cuesta $49.

Enviar un fax

Si tiene el módem de Apple, podrá apreciar la conveniencia de enviar faxes por computadora. No es necesario que imprima un documento y se tome el trabajo de alimentar una máquina de fax específica. En lugar de eso, puede enviar faxes directamente desde cualquier programa con las funciones de impresión. Siga los pasos a continuación:

1. **Abra el documento que quiere enviar por fax.**
2. **Seleccione File⇨Print (Archivo⇨Imprimir).**

3. **Haga clic en el botón PDF y elija Fax PDF en el menú emergente.**

   Aparecerá una ventana como la que se muestra en la Figura 8-4.

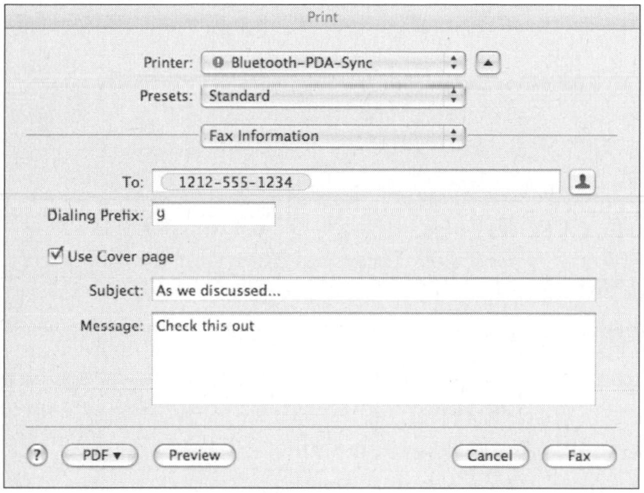

Figura 8-4:
Complete
los campos
necesarios
para enviar
un fax.

4. **En el campo To (Para), escriba el número de fax de la persona a la que desea enviar el fax, incluyendo 1 en el código de área.**

   Si es necesario acceder a una línea externa, agregue un prefijo de discado, por ejemplo, 9 en el cuadro Dialing Prefix.

   Otra posibilidad es elegir una entrada de su Libreta de direcciones. Para ello, haga clic en el ícono de la silueta sombreada que está a la derecha del campo To y luego doble clic en la tarjeta del contacto a quien desea enviar el fax.

5. **En el cuadro Modem, seleccione Internet Modem (o lo que sea) como el medio para enviar su fax.**

6. **Si quiere incluir una portada, seleccione la opción Use Cover Page (Usar portada) y escriba un título y un breve mensaje.**

7. **Si hace clic en el menú emergente que dice Fax Information (Información de fax), puede elegir otras opciones para programar la entrega de su fax o modificar el diseño.**

8. **Use la ventana de vista preliminar para revisar el fax antes de enviarlo.**

9. **Haga clic en el botón Fax.**

   Debería oír ese horrible chirrido que hace el fax al ser enviado. Es la mejor prueba de que su fax está felizmente en camino.

Recibir un fax

Es lógico que si una Mac puede enviar un fax, también pueda recibirlo. Asegúrese de contar con una línea telefónica disponible y que su computadora esté despierta. Una Mac en modo de suspensión no puede recibir un fax. Luego siga estos pasos:

1. **En System Preferences, seleccione Print & Fax y luego haga clic en el botón Open Fax Queue (Abrir cola de fax).**

2. **Si no se ve su número de fax, escríbalo.**

3. **Haga clic en Receive Options (Opciones de recepción) y seleccione la opción Receive Faxes on This Computer (Recibir faxes en esta computadora).**

4. **Establezca cuántas veces sonará el fax antes de atender.**

   Asegúrese de que la computadora llegue a atender antes de que se active un contestador automático conectado a la misma línea telefónica.

5. **Seleccione qué hacer con el fax entrante:**

   • Guardar el fax como un PDF en la carpeta Shared Faxes (Faxes compartidos) que sugiere Apple, o guardarlo en otra carpeta.

   • Enviar el fax a una dirección de correo electrónico específica.

   • Imprimir el fax automáticamente.

Puede aceptar un fax entrante aún si ni siquiera se tomó la molestia de configurar el sistema para recibir faxes automáticamente. Vaya a System Preferences, seleccione Print & Fax y, cuando su máquina de fax aparezca marcada en la lista a la izquierda de la ventana, seleccione Show Fax Status (Mostrar estado de fax) en la opción Menu Bar (Barra de menú). Cuando suene el teléfono, haga clic en el ícono Fax Status en la barra de menú y seleccione Answer Now (Responder ahora).

Parte III
Viaje en Cohete hacia el Ciberespacio

The 5th Wave   Por Rich Tennant

"Guau, no sabía que el OS X podía reenviar un correo electrónico <u>así</u>."

En esta parte . . .

¿No se siente a veces como la última persona sobre la Tierra en descifrar qué es Internet? Estos capítulos lo guiarán a conectarse y lo ayudarán a sobrevivir una vez allí. También descubrirá por qué el correo electrónico es tan maravilloso — y tan espantoso a veces. Luego viaje a través de la Máquina del Tiempo, y medite profundamente sobre las ventajas de obtener una membresía en MobileMe.

Capítulo 9

Escalera a Internet

¿Recuerda cómo era la vida antes de mediados de los noventa? Antes de que esa cosa nebulosa llamada Internet cambiara apenas *todo*.

Hace mucho tiempo, en la edad de piedra, la gente solía ir caminando a las tiendas a comprar música. Los estudiantes iban a la biblioteca para hacer investigaciones. La gente pagaba cuentas con cheques y leía periódicos en, caramba, papel. Incluso levantaban el teléfono para hablar con los amigos.

Qué arcaico.

Hoy en día, esas transacciones e intercambios se llevan a cabo muchillones de veces por segundo en Internet. El ciberespacio se ha convertido en el lugar para comprar, encontrar a su alma gemela y hacer negocios. También es un campo de juego virtual para los niños.

Puede conseguir, o *descargar*, software de computadora, películas y todo tipo de chucherías. Incluso puede conseguir las cosas gratis. Pero si baja la guardia, también puede perder hasta la camisa. (Realmente debería preguntarse cómo ganó la lotería de Sri Lanka si nunca compró un billete).

Nadie en los albores de Internet hubiera imaginado tal futuro. Lo que finalmente se transformó en la Red fue inventado por los *nerds* de su época, los científicos del Departamento de Defensa de los EE.UU. en los sesenta. Construyeron — para interés de la seguridad nacional — la madre de todas las redes informáticas.

Cientos de miles de computadoras se interconectarían con cientos de miles más. La cara amigable del ciberespacio — que se convirtió en la *World Wide Web* (que significa "red de alcance mundial"), o *Web* para abreviar — todavía tardaría décadas en aparecer.

¿De algún modo esto pasó inadvertido para usted? Olvídese de acomplejarse si todavía no se subió a la cibernave. Ponerse al día en Internet no es tan intimidante como se lo imagina. Puede disfrutar de una experiencia en línea con total gratificación a través de su Mac sin jamás descifrar los términos más extraños de la Red. Todo lo que va de *nombres de dominio* a *protocolos de transferencia de archivos.* Y definitivamente no tiene que quedarse despierto tarde preparando exámenes finales.

Pero Internet tampoco es para esa gente que considera que la siesta es sagrada. Es tan adictiva como la nicotina. Es de esperar que en cualquier momento aparezca una advertencia del Ministro de Sanidad: Pasar tiempo en línea pone en riesgo su ciclo de sueño.

¿Se siente valiente? ¿Desea dar la zambullida en línea de todos modos? El resto de este capítulo le dará pistas de cómo le conviene manejarse.

Haciendo el Llamado

Que comiencen los juegos. En casa, puede encontrar la forma de ponerse en línea de dos maneras principales, y ambas implican amigarse con una pieza importante de los circuitos de la computadora, el *módem*. Voy a hablar de los módems *dial-up* (de acceso telefónico) y los módems de *banda ancha* en la siguiente sección.

Dial-up, o acceso telefónico, es el plan más sencillo y barato. Necesita pensar tan poco como si hiciera una llamada telefónica. Espere un segundo; *es* hacer una llamada telefónica. Cuando el módem hace su magia, llama a Internet a través de una línea telefónica común, como si usted estuviera llamando a su madre. La diferencia es que nadie del otro lado lo hará sentir culpable por no visitarla con tanta frecuencia. Si tiene suerte, tampoco recibirá señal de ocupado.

Dial-up antes ameritaba un análisis más largo, pero este tipo de módems son cosa del pasado. Apple no ha vendido una Mac con módem interno desde que se pasó a Intel. Si usted tiene un modelo con un módem interno, solamente necesita ubicar el enchufe del teléfono en el panel trasero o lateral de la computadora. Un pequeño ícono con un teléfono le hará saber que llegó al lugar correcto. Si todavía no ha adoptado la banda ancha, puede comprar un módem dial-up opcional que se conecta a un puerto USB de la máquina. De cualquier modo, conecte un extremo de un cable de teléfono estándar en el enchufe del módem y el otro extremo al conector de línea en el que estaba conectado su teléfono.

A toda velocidad

Cuando los expertos en computadoras hablan de las velocidades de los módems, generalmente hablan en términos de *kilobits por segundo*, o Kbps, que es el equivalente de mil bits por segundo. El pequeñísimo *bit*, o *dígito binario*, es la unidad de medida de datos más pequeña. Los módems dial-up generalmente tienen una velocidad de 56 Kbps (a veces se expresa como 56K). La dura realidad: rara vez se logran las velocidades máximas, así que un módem de 56K probablemente transmita datos a 48K o algo así. Si no tiene una conexión limpia, puede arrastrarse a una velocidad mucho más lenta que eso. Estará contando "un Mississippi, dos Mississippi, tres Mississippi" etc. antes de que la página Web en la que hizo clic apenas *empiece* a aparecer.

Ahora veamos los módems de *banda ancha*. Aquellos que son realmente geniales pueden abrirse camino a más de 10 *megabits por segundo*, o 10 Mbps. La diferencia entre banda ancha y dial-up es similar a comparar a un corredor olímpico con alguien que sale a trotar los fines de semana. Las páginas Web pueden aparecer *asídeveloces*, los archivos descargados aparecen en un santiamén y los videos se ven mucho más fluidos, como si estuviera viendo TV en vez del equivalente a una presentación de diapositivas que se interrumpe a cada rato.

Tomar el Expreso de Banda Ancha

Si el módem dial-up tradicional es el tren local, el de banda ancha es el expreso. ¿Quién puede culparlo por querer tomar el tren rápido? Pagará más por el boleto. Los precios varían, pero 30 dólares por mes es bastante típico. El aspecto positivo es que no necesitará una segunda línea telefónica. Además, el expreso de banda ancha casi siempre vale la pena. Después de experimentar una conexión rápida, le costará mucho abandonarla.

DSL, cable . . .

El servicio de banda ancha viene de muchos sabores hoy en día. Según dónde viva, podrá elegir entre todas, algunas o ninguna de las alternativas. Todos los tipos de banda ancha tienen módems dedicados que se ubican fuera de la computadora. En muchos, pero no en todos los casos, un técnico vendrá a su casa (generalmente tiene que pagar una tarifa) y conectará un módem de banda ancha para el servicio que haya seleccionado. Las opciones son:

✔ **Cable módem:** Es la opción de banda ancha más rápida y la que generalmente tiene más sentido si ya está suscripto a un servicio de TV por cable. La razón es que su compañía de cable probablemente le haga una pequeña rebaja sobre la tarifa mensual (especialmente si también elige el servicio telefónico que ofrecen). La conexión requiere conectar el cable del servicio de TV al módem.

✔ **DSL:** Como dial-up, DSL, que significa Digital Subscriber Line o Línea de abonado digital, funciona sobre líneas telefónicas existentes. Pero la gran diferencia comparada con dial-up es que puede merodear por Internet y hacer o recibir llamadas al mismo tiempo. Y DSL, como un cable módem, es mucho más rápido que un módem dial-up, aunque generalmente más lento que el cable. Al igual que con cable, puede hacer un buen negocio si contrata el servicio de la misma compañía que le provee su servicio de teléfono regular.

✔ **FIOS:** En esta veloz red de banda ancha por fibra óptica que ofrece Verizon, hilos de fibra óptica delgados como un cabello y luz generada por láser transmiten pulsos de datos. Verizon estaba expandiendo su red FIOS al momento de escribir este libro, pero su disponibilidad sigue siendo un poco limitada.

✔ **Banda ancha celular:** Han comenzado a aparecer distintas tecnologías inalámbricas que acceden rápidamente a Internet cuando está afuera y paseando con una laptop Mac. Y funcionan a través de redes celulares de alta velocidad. Las empresas Verizon y Sprint incursionaron en la banda ancha inalámbrica veloz hace unos pocos años con una tecnología de nombre muy *nerd*, *EV-DO Evolution Data Optimized* (Datos evolucionados optimizados) o *Evolution-Data only* (sólo datos evolucionados), según a quién le pregunte. Estas son redes inalámbricas *3G*, o de tercera generación. Si tiene una MacBook Pro, puede aprovechar los módems EV-DO que se conectan en la ranura ExpressCard. En otros modelos portátiles o de escritorio, puede usar un módem que se conecta a través del puerto USB. La tecnología todavía es bastante costosa al momento de escribir estas líneas, con planes de datos que suelen rondar los 60 dólares por mes.

✔ **Satélite:** Un satélite puede ser su única alternativa al dial-up si vive allá en medio del campo. Obtiene la señal de Internet del mismo modo que recibe la TV por satélite, a través de un plato o antena montado en su casa. Si toma la ruta del satélite, asegúrese de que su módem pueda enviar, o *cargar,* información además de recibir, o *descargar*. Las velocidades de carga son generalmente más lentas que las velocidades de descarga, y el servicio de satélite en general es muy lento en comparación con las opciones de banda ancha. (Por supuesto, todos los tipos de módem pueden bajar y subir información). El servicio de satélite también implica un mayor costo inicial que el de cable o DSL porque tiene que pagar el plato de satélite y otros componentes.

Siempre encendido, siempre conectado

En el mundo del dial-up, usted hace su llamado, espera que se establezca la conexión, toma lo que quiere de la Red y dice *adieu*. Dios quiera que no se olvide de algo. Cada vez que vuelva a ponerse en línea, debe repetir este proceso. Significa demasiadas llamadas telefónicas y demasiado fastidio.

La banda ancha generalmente es menos traumática. La experiencia es más liberadora porque tiene una conexión constante, siempre en funcionamiento, al menos mientras la propia Mac esté encendida. No tendrá que competir con sus adolescentes para acceder al único teléfono de la casa. Las páginas se actualizan. Los correos electrónicos y mensajes instantáneos generalmente llegan en un parpadeo. Y puede compartir su conexión a Internet con otras computadoras de la casa (vea el Capítulo 19).

Déjenme Entrar

Todo este asunto de Internet tiene una pieza fundamental más: decidir cuál será la organización que le permita atravesar la puerta de entrada a la Red. Esa compañía se llama *Internet Service Provider* (Proveedor de servicio de Internet) o *ISP* para abreviar. Usted siempre tendrá que darle a este portero algún dinero por mes, aunque a veces pagar por año baja el precio de admisión. Muchos ISP, como AOL, Comcast, EarthLink y MSN son empresas grandes y muy conocidas. Pero algunas compañías pequeñas poco conocidas también pueden cubrir el rol.

Como siempre, hay excepciones. Puede que no tenga que buscar un ISP si su empleador proporciona Internet gratis. Los estudiantes suelen recibir acceso bonificado en los campus universitarios, aunque los costos generalmente están incluidos en la matrícula.

Si se apuntó a un servicio de banda ancha, es muy probable que ya haya conocido a su ISP porque es la compañía de teléfono o de cable que lo conectó. Pero si está tratando de decidirse entre una compañía y otra, aquí hay unos puntos claves para considerar:

✔ **Servicio:** La reputación de un ISP es la enchilada completa. Busque compañías que lo lleven de la mano, desde indicaciones de cómo empezar a números telefónicos de soporte técnico gratuitos. Si tienen un número de teléfono gratuito para soporte técnico, pruebe el teléfono antes de firmar. Si se tardan una vida hasta que una persona atiende su llamada, elija otro proveedor.

- ✔ **Tarifas:** Las cuotas de membresía varían, y las compañías suelen tener promociones. Compare opciones de precios si vive en una ciudad con muchas opciones de dial-up y banda ancha. Elija un plan en el que le den acceso ilimitado por una porción de horas generosa. La facturación por tiempo de conexión que se cobra por hora no es una opción inteligente para nadie, a menos que sea el usuario más disciplinado que muy pocas veces se pone en línea. Por suerte, estos planes son poco frecuentes.

- ✔ **Número local:** Esta es una consideración importante para los clientes de dial-up. Si es posible, elija un plan en el que pueda marcar para conectarse a la Red sin pagar tarifas de larga distancia. Si viaja mucho, también ayuda tener una opción de números locales en la ciudad o las ciudades que más frecuenta.

- ✔ **Correo electrónico:** Sólo por ser cliente, algunos ISP le dan una o más cuentas de correo electrónico. Más es obviamente mejor si pretende compartir la computadora con miembros de su familia. También pregunte si el ISP ofrece herramientas para reducir el spam. Tengo más para decir sobre este tema en el Capítulo 10.

- ✔ **Protección familiar:** Si tiene niños en la familia, averigüe si el ISP ofrece control parental o si toma alguna otra medida para proteger a los pequeñines en el ciberespacio. Leopard viene con un excelente control para padres integrado.

Ir de Safari

Es virtualmente imposible ignorar la World Wide Web. Prácticamente todas las personas que conozca están metidas en la Web de un modo u otro. En un día típico, escuchara cómo "el pequeño Johnny armó esta increíble página Web en el colegio". Cómo su mejor amigo investigó los síntomas en la Web antes de ir al doctor. Y cómo puede ahorrar un montón de dinero reservando sus vacaciones en línea. Las direcciones Web están por todas partes, en carteles, tarjetas comerciales y tapas de libros como éste.

Estoy navegando

Los tecnólogos tienen una habilidad increíble para hacer que las cosas simples se vuelvan difíciles. Pueden pedirle que haga una llamada telefónica a través de Internet. Pero si, en vez de eso, le pidieran hacer una llamada por *VoIP*, o *Voice over Internet Protocol* (Protocolo de Voz a través de Internet), es para simular que son muy inteligentes. Así que resulta sorprendentemente refrescante descubrir que para navegar o surfear por la World Wide Web necesitará una pieza de software que se llama, estem, *Navegador web*. Bueno, digamos que podrían haberle dicho surfista Web.

Como tuvo la buena idea de comprar una Mac, ha sido bendecido con uno de los mejores navegadores del mercado. Tiene el nombre apropiado de *Safari*, porque gran parte de lo que hace en el ciberespacio es una expedición al mundo salvaje. Vea la Figura 9-1:

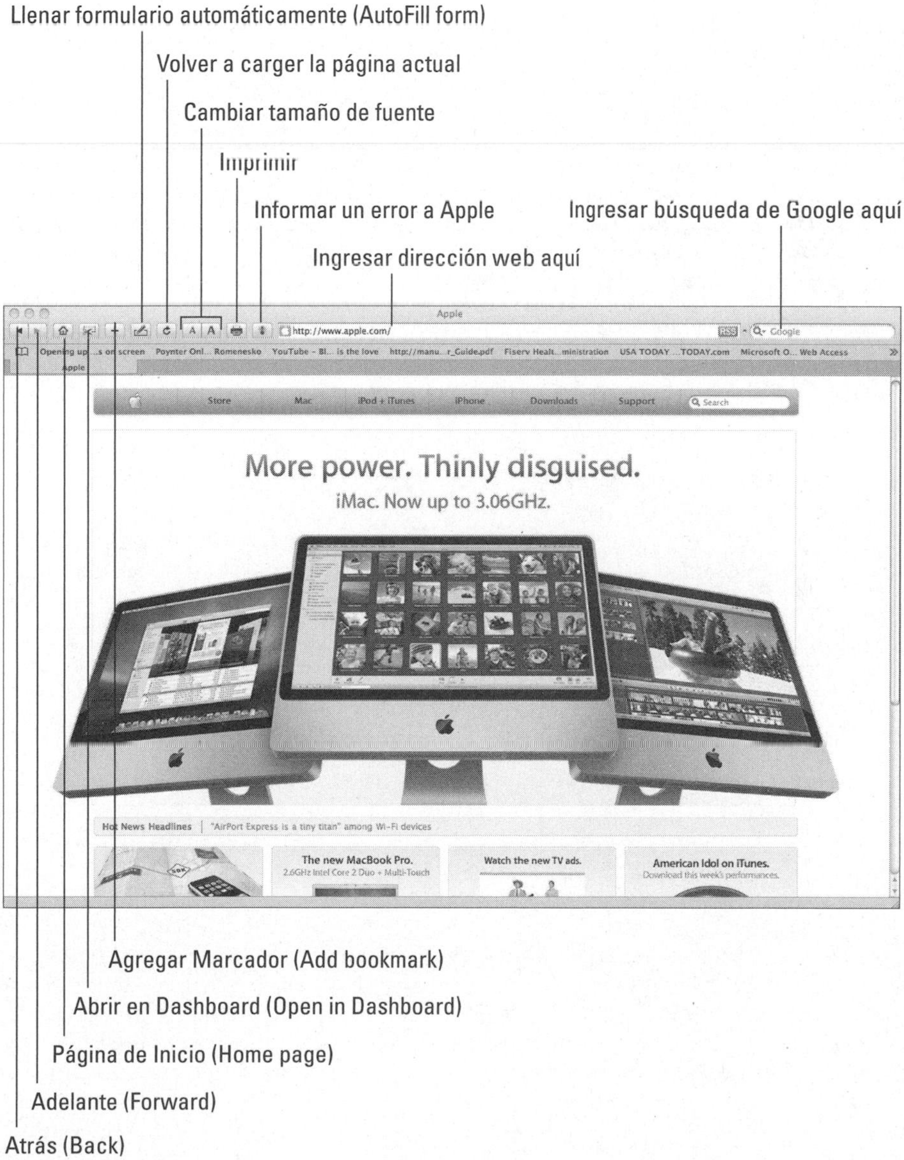
Llenar formulario automáticamente (AutoFill form)
Volver a carger la página actual
Cambiar tamaño de fuente
Imprimir
Informar un error a Apple
Ingresar búsqueda de Google aquí
Ingresar dirección web aquí
Apple
http://www.apple.com/
Store
Mac
iPod + iTunes
iPhone
Downloads
Support
More power. Thinly disguised.
iMac. Now up to 3.06GHz.
Hot News Headlines
The new MacBook Pro.
Watch the new TV ads.
American Idol on iTunes.
Agregar Marcador (Add bookmark)
Abrir en Dashboard (Open in Dashboard)
Página de Inicio (Home page)
Adelante (Forward)
Atrás (Back)

Figura 9-1: El navegador Web Safari.

Aprender a domar al Safari significa familiarizarse con el concepto de una dirección Web, o lo que los tecnólogos ya mencionados llaman una *URL* (*Uniform Resource Locator*, o Localizador Uniforme de Recursos). Se lo dije, estos tipos no pueden contenerse.

Simplemente porque así son las cosas, las direcciones Web generalmente comienzan con www. Y terminan con un sufijo, generalmente *.com* (se lee "punto com"), *.edu, .gov, .net,* o *.org*. Lo que escriba en el medio suele ser un excelente indicador de en qué lugar de la Web terminará. Así que escribir www.usatoday.com lo llevará al periódico más importante de los EE.UU. Escribir www.espn.com lo lleva a un popular destino de deportes. Y así sucesivamente. Usted ingresa la dirección URL en un *campo de dirección* en la parte superior de la ventana del navegador (marcado en la Figura 9-1). A medida que una página Web se carga, una barra azul se llena en el campo de dirección para avisarle que la página está llegando.

Las instituciones financieras y otras compañías suelen comenzar sus direcciones Web con *https://* en vez de *http://*. Esto indica que el sitio es más seguro.

Enlaces con un clic

Navegar por la Web sería enormemente tedioso si debiera escribir una dirección cada vez que quiere ir de un sitio a otro. Afortunadamente, las brillantes mentes que inventaron Safari y otros navegadores están de acuerdo.

En *toolbar* (Barra de herramientas) de Safari generalmente encontrará una serie de botones o íconos a la izquierda del cuadro de dirección en donde ingresó la URL. Los botones que ve y el orden en el que aparecen varían, según como personalice el navegador (consulte la Figura 9-1 para ver algunos de estos botones). Para hacer que la barra de herramientas desaparezca completamente, seleccione View⇨Hide Toolbar (Ver⇨Ocultar barra de herramientas). Para que vuelva a aparecer, seleccione View⇨Show Toolbar (Ver⇨Mostrar Barra de herramientas).

Los botones que apuntan a la izquierda y a la derecha funcionan como los botones de desplazamiento hacia atrás y adelante, respectivamente. Hacer clic en la flecha a la izquierda lo transporta hasta la última página que estuvo viendo antes de la página que está mostrándose actualmente. Haga clic en el botón de la derecha, o adelante, para avanzar hacia una página que ya haya visto pero de la cual volvió.

CONSEJO

Haga clic en el ícono de la barra de herramientas que se ve como una casa para ir a su base de inicio o *home page* (página de inicio). Ese es el sitio que le da la bienvenida cada vez que arranca el navegador por primera vez. No es coincidencia que Apple haya elegido una de sus propias páginas Web como el punto de partida predeterminado de Safari. De ese modo, puede promocionar la compañía y tratar de venderle cosas. Como se imaginará, las páginas de inicio son valiosas piezas de bienes raíces de pantalla para los publicistas. A todos, desde AOL a Google o Yahoo!, les gustaría que eligieran su *portal* como página de inicio. Por suerte, cambiar la página de inicio de Safari es sencillo. Seleccione Preferences (Preferencias) desde el menú de Safari, haga clic en la pestaña General y luego escriba la dirección Web de su página de preferencia en el campo con el nombre Home page (Página de inicio), como se muestra en la Figura 9-2.

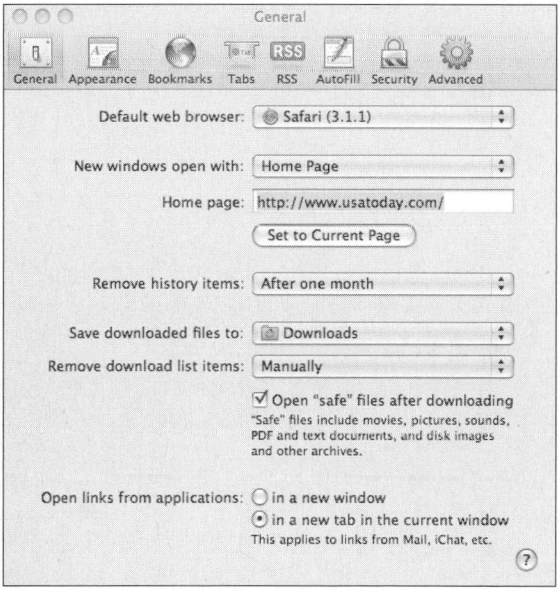

Figura 9-2:
Puede cambiar la página de inicio en Safari Preferences.

Notará que parte del texto en muchas páginas Web está subrayado en azul (o algún otro color). Eso significa que es un *link* (enlace). Cuando coloca el mouse sobre un enlace, el ícono del puntero cambia de una flecha a un dedo que señala. Cuando hace clic en un enlace, este lo lleva a otra página sin que tenga que escribir ninguna otra instrucción.

Algunos enlaces son genuinamente útiles. Si está leyendo sobre el partido de los New England Patriots, puede que quiera hacer clic en un enlace que lo lleve a, digamos, las estadísticas del mariscal de campo Tom Brady. Pero tenga cuidado con los otros enlaces que son simplemente anuncios atractivos.

Usar los Marcadores

Es probable que se entusiasme con una buena cantidad de páginas Web jugosas que se vuelven tan irresistibles que querrá seguir volviendo por más. No le preguntaremos, así que no tiene que contarnos. Por supuesto, es absolutamente tonto tener que recordar y escribir la dirección Web de destino cada vez que quiera volver. En vez de esto, cree un *bookmark* o *marcador*. La forma más sencilla de agregar un marcador es hacer clic en el botón + de la barra de herramientas. Como alternativa, seleccione el elemento Add Bookmark (Agregar Marcador) en el menú Bookmarks de Safari o presione el atajo de teclado ⌘+D. Aparecerá un cuadro de diálogo (vea la Figura 9-3) que le pide que escriba un nombre para el marcador que tiene en mente y elija un lugar para guardarlo y tenerlo a mano como referencia más adelante. Al hacer clic en el ícono Show All Bookmarks (Mostrar todos los Marcadores) usted puede administrar todos los marcadores.

Barra de Marcadores (Bookmarks bar)

Menu de Marcadores (Bookmarks menu)

Figura 9-3:
Dónde reg-
istrar sus
marcadores.

Puede agrupar los marcadores en carpetas de menú llamadas Collections (Colecciones), que se muestran en la Figura 9-4. Si decide registrar como marcador la página principal de Internet Movie Database, por ejemplo, puede decidir guardarla en una carpeta de colecciones llamada Entretenimiento. En el momento que quiera volver a visitar el sitio, abra la carpeta Entretenimiento y haga clic en el marcador.

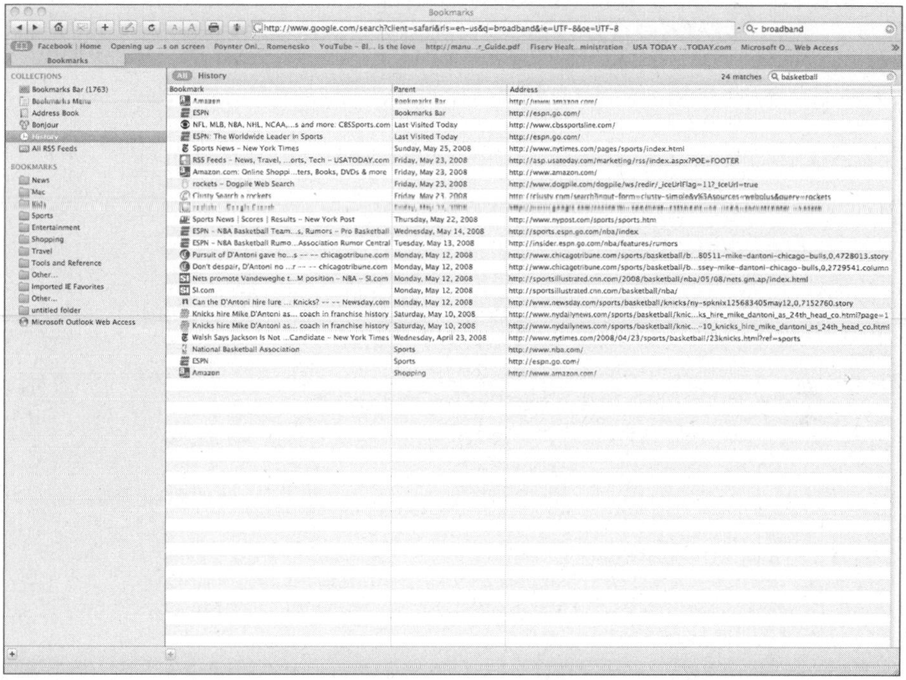

Figura 9-4:
Dónde administrar los marcadores.

A pesar de su talento organizativo, su lista de marcadores y colecciones puede quedar como, bueno, un poco saturada y por lo tanto mucho menos funcional. Puedo garantizarle que se cansará de por lo menos algunos de los sitios que ahora están amontonándose en su armario de marcadores. Para eliminar un marcador, seleccione su nombre, haga clic en el menú Edit (Editar) en el extremo superior de la pantalla y luego seleccione Cut (Cortar). Si cambia de opinión, seleccione Edit➪Undo Delete Bookmark (Edición➪Deshacer eliminar marcador).

Si todo esto parece demasiado trabajo, resalte un marcador no deseado y presione el botón Delete (Eliminar) de su teclado.

Va a querer volver a algunos sitios tan seguido que merecen tratamiento VIP. Reserve un lugar para ellos en la marquesina de marcadores de Safari, también conocida como la *bookmarks bar* (barra de marcadores) ubicada debajo de la barra de herramientas del navegador. Seleccione Bookmarks Bar (Barra de Marcadores) cuando se abra el cuadro de diálogo que le pregunta dónde quiere ubicar el marcador que acaba de crear.

Emplear las herramientas de la profesión en su Safari

Safari es capaz de otros trucos geniales. Describo algunos de ellos en esta sección.

Bloqueador de ventanas emergentes

Tolerar anuncios de la Web es el precio que pagamos por toda la riqueza de recursos Web a disposición. El problema es que algunos anuncios producen acidez. Los más ofensivos son los *pop-ups* (ventanas emergentes), aquellas pequeñas ventanas monstruosas con hipo que lo hacen despertar en el medio de la franja de Las Vegas. Los pop-ups tienen la audacia de interponerse entre usted y la página Web que está tratando de leer. Si activa el bloqueador de ventanas emergentes, puede protegerse de estos contaminantes. Haga clic en Block Pop-Up Windows (Bloquear ventanas emergentes) en el menú de Safari o utilice el atajo de teclado ⌘+Shift+K. Si aparece una casilla de verificación, ha completado con éxito su misión. De vez en cuando aparece alguna ventana emergente que vale la pena ver. Para desactivar el bloqueador de ventanas emergentes simplemente repita este ejercicio.

Find (Buscar)

Ahora supongamos que quiere encontrar todas las veces que se menciona un término o frase en particular dentro de la página Web que está viendo. Seleccione el menú Edit⇨Find (Edición⇨Buscar) o haga clic en ⌘+F. Escriba la palabra que desea buscar y Safari resaltará todas las veces que aparezca el texto. Apple no deja nada librado al azar; el resto de la página queda atenuada para que pueda distinguir más fácilmente las palabras resaltadas. También se muestra el número de coincidencias, además de flechas que le permiten ir a la siguiente o la anterior instancia de la palabra.

SnapBack

A veces se deja llevar mientras navega, ya sea que busque en Google o simplemente recorra la Web. En otras palabras, se mueve de página a página a página a página. Antes de darse cuenta, estará en la Web de Nunca Jamás. Por supuesto que puede seguir haciendo clic en el botón atrás hasta volver a su punto de partida. Pero al hacer clic en el botón naranja de SnapBack que aparece en el extremo derecho del campo de dirección y el cuadro de búsqueda de Google, puede volver al primer casillero sin ese exceso de clics.

Para convertir su página actual en un punto de anclaje de SnapBack, seleccione History⇨Mark Page for SnapBack (Historial⇨Marcar página para SnapBack) o presione opción+⌘+K.

Llenar formularios

Safari puede recordar su nombre, dirección, contraseñas y demás información. De modo que cuando empiece a escribir unos pocos caracteres en un formulario Web o en otro campo, el navegador terminará de ingresar el texto por usted, siempre que encuentre una coincidencia en su base de datos. Desde el menú Safari, seleccione Preferences➪AutoFill (Preferencias➪Autocompletar), y elija los elementos que desea que utilice Safari (como información de su tarjeta de la Libreta de Direcciones). Si hay varias opciones que coincidan con las primeras letras que escribe en un formulario, aparecerá un menú. Presione las teclas de desplazamiento para seleccionar el elemento que tiene en mente y presione Enter.

Navegación por pestañas

Supongamos que quiere echar un vistazo a varias páginas Web en una misma ventana del navegador, en vez de tener que abrir varias ventanas separadas por cada página "abierta". Bienvenido al fino arte de la *navegación por pestañas*. Visite la sección Preferences (Preferencias) del menú de Safari y luego haga clic en Tabs (Pestañas). Aparecerá la ventana que se muestra en la Figura 9-5. Coloque las casillas de verificación junto a la configuración que desee: ⌘-click Opens a Link in a New Tab (Clic con ⌘ abre un enlace en una nueva pestaña), Select Tabs and Windows as They Are Created (Seleccionar pestañas y ventanas según se creen), Confirm When Closing Multiple Pages (Confirmar al cerrar varias páginas a la vez). Luego cierre la ventana Preferences.

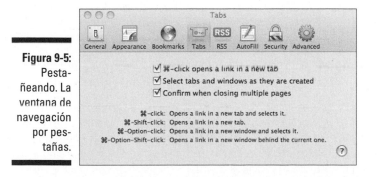

Figura 9-5:
Pestañeando. La ventana de navegación por pestañas.

Ahora cada vez que haga ⌘-click, se abrirá un enlace en una nueva pestaña en vez de una ventana. Para alternar de una página Web abierta a otra, simplemente haga clic en su pestaña. Las pestañas aparecen inmediatamente debajo de la barra de marcadores.

Para abrir una nueva ventana dividida en pestañas, seleccione File⇨New Tab (Archivo⇨Nueva pestaña) o presione ⌘+T.

Para reorganizar la forma en la que aparecen las pestañas, simplemente arrástrelas en cualquier orden.

Sacar provecho de su historial

Supongamos que se olvidó de marcar un sitio como marcador y hoy que han pasado días decide volver. Solo que no puede recordar cómo se llamaba ese condenado lugar o ruta convulsionada que lo trajo ahí. Conviértase en un especialista en historia. Safari registra cada página Web que haya abierto y mantiene el registro por una semana, aproximadamente. Así que puede consultar el menú History (Historial) para ver una lista de todos los sitios que visitó un día en particular durante la semana. Seleccione History⇨Show All History (Historial⇨Mostrar todo el historial) o Bookmarks⇨Show All Bookmarks (Marcadores⇨Mostrar todos los marcadores) y luego haga clic en History (Historial) bajo Collections (Colecciones) para ver un historial de registros más completo. Incluso puede buscar un sitio que haya visitado escribiendo una palabra clave en el campo de búsqueda de Bookmarks. En la Figura 9-4, busqué todos los sitios que visité donde se mencionara *basketball*.

Si este rastro de sus pasos por Internet le pone los pelos de punta, siempre puede hacer clic en Clear History (Borrar historial) para hacer borrón y cuenta nueva. O seleccione la pestaña General de las preferencias de Safari e indique si desea eliminar todos los rastros del historial después de un día, una semana, dos semanas, un mes o un año — o hacer el trabajo manualmente.

Navegación privada

Bueno, tal vez tenga algo que esconder. Quizás esté navegando en un cibercafé. O posiblemente esté paranoico. Como sea. Active una función confidencial de Safari llamada *private browsing* (navegación privada) eligiendo esta opción desde el menú de Safari. Ahora Safari no agregará las páginas Web que haya visitado al menú de Historial (aún así puede utilizar los botones Atrás y Adelante para volver a los sitios que visitó). Cuando se activa el modo de navegación privada, se apaga AutoFill, las búsquedas no se agregan al menú desplegable del cuadro de búsqueda de Google y las preferencias de *cookies* de la Web también se tiran por la borda.

Web clipping (Recortes Web)

Allá por el Capítulo 6 le presenté los widgets del Dashboard, aquellas pequeñas y útiles aplicaciones para buscar números de teléfono o conseguir estadísticas deportivas. Más adelante, en el Capítulo 21, doy una lista de mis diez widgets preferidos.

Así que, ¿por qué estamos hablando de widgets aquí? Porque Safari le permite crear los suyos propios, recortando una sección de una página Web preferida. La belleza de esto es que ha dado a luz un widget viviente que se actualiza cada vez que se actualiza la página Web subyacente. (Necesitará Leopard para sacar provecho de este truco.)

En Safari, navegue hasta la página Web que desea transformar en un widget del Dashboard y luego haga clic en el botón Open in Dashboard (Abrir en Dashboard), como se muestra en la Figura 9-1.

La pantalla se atenúa, salvo por un rectángulo blanco de tamaño ajustable que aparece, como se muestra en la Figura 9-6. El rectángulo automáticamente encierra varias porciones de la página como una selección natural que posiblemente quiera recortar. Puede volver a posicionar este rectángulo de modo que se resalte otra sección. Y si Apple todavía no resalta las porciones que tiene en mente, haga clic dentro del rectángulo para activar los controles que aparecen en los bordes. Arrástrelos con su mouse hasta que el rectángulo quede expandido sobre la sección completa que desea recortar para su widget.

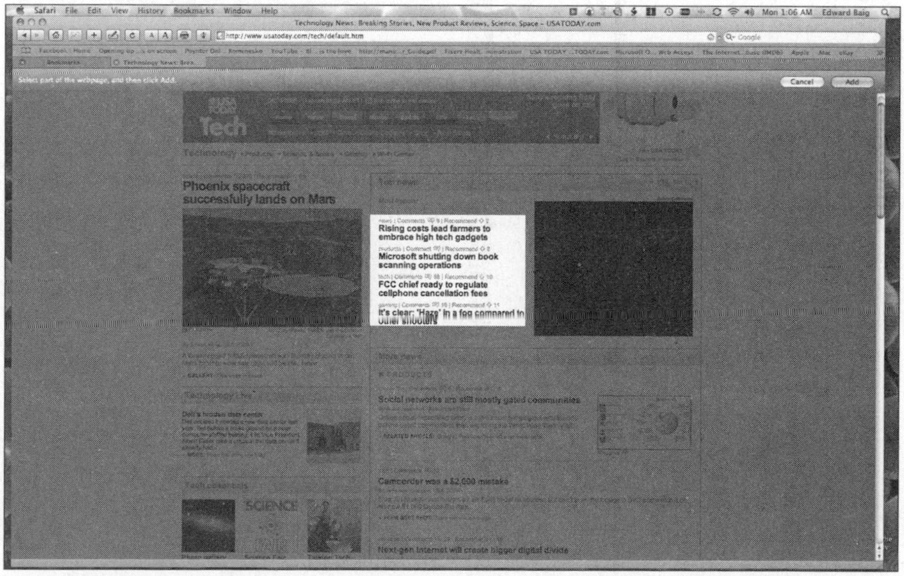

Figura 9-6: Arrastre el rectángulo sobre la porción de página Web que desea recortar en un widget.

Cuando esté satisfecho, haga clic en Add (Agregar). El Dashboard mostrará su widget recién creada. Puede aplicar cambios cosméticos al widget haciendo clic en el pequeño botón *i* en su esquina inferior derecha. Al hacerlo, el widget gira y verá una pantalla como la de la figura 9-7. Su primera misión (si decide aceptarla) será elegir un nuevo borde para su widget haciendo clic en una de las pequeñas imágenes que representan un borde temático.

Figura 9-7:
Personalice su widget haciendo clic en la *i*.

Haga clic en Edit (Edición). Ahora puede cambiar el tamaño del widget o arrastrar su contenido a un nuevo lugar.

A veces un widget reproduce sonidos. Si desea que se reproduzca un sonido solamente cuando haya activado el Dashboard, seleccione la casilla Only Play Audio in Dashboard (solo ejecutar sonido en el Dashboard).

Convertir la imagen de una Web en la imagen de su escritorio

¿Alguna vez se encontró con una imagen sorprendente en la Web que quiso que fuera suya? Hágalo. Haga clic derecho sobre la imagen en cuestión y seleccione Use Image as Desktop Picture (Usar imagen como fondo de escritorio) en el menú que aparece.

Si elige una imagen de baja resolución, se verá muy mal al ampliarse como fondo de escritorio.

Informar de un error a Apple

Hey, incluso Apple mete la pata de vez en cuando, como se describe en el Capítulo 20. Pero si se topa con algún problema al navegar por Safari, haga clic en el botón de la barra de herramientas Report a Bug to Apple (Informar de un error a Apple) (marcado en la Figura 9-1). En el cuadro que aparece, describa su tipo de problema y dificultad, como crash (bloqueo), can't log in (no puedo iniciar sesión), can't load page (no puedo cargar la página) y demás. Incluso puede mandar una captura de pantalla de la página que le está dando problemas.

Usar un Navegador Alternativo

Safari es genial, pero no es su única opción. Eventualmente se encontrará con un sitio Web que no se lleva bien con el navegador de Apple. Esto se debe, probablemente, a que el sitio está programado para trabajar únicamente con el gran jefe de los navegadores, el Internet Explorer de Microsoft. Ey, nadie dijo jamás que la vida era justa (vea el apartado "Tolerar a Internet Explorer).

Hay muchos otros navegadores buenos. Yo me inclino por el veloz Firefox de Mozilla, que entre otras muchas exquisiteces conserva y recupera sus pestañas y ventanas si el navegador se apaga inesperadamente. También puede probar iCab y Opera en sus respectivos sitios Web. Google Chrome, otro navegador para tener en cuenta, no estaba disponible para Mac al momento de escribir este libro. Eso puede cambiar.

La Verdad sobre los Motores de Búsqueda

En el Capítulo 6 nos concentramos en las maravillas de buscar en su Mac usando Spotlight. Pero, ¿qué hay de buscar todas esas frutas deliciosas que se ofrecen en Internet mientras se evita todo lo podrido? Un motor de búsqueda de Internet es el mejor lugar para comenzar. Estas herramientas útiles buscan páginas Web para conseguir vínculos basados en instancias de los términos de búsqueda que ingresa. La mayoría de la gente comienza con Google.

Tolerar a Internet Explorer

Durante años, Microsoft adoptó un enfoque del estilo *laissez-faire* cuando se trataba de mejorar su famoso navegador Web. Generalmente dejaba la navegación por pestañas y otras innovaciones a los demás. Tal es la autocomplacencia que se instala cuando uno se embolsa una participación monopólica en el mercado. Aún así, el venerable navegador resulta útil por momentos, especialmente si Safari tiene dificultades para comunicarse con una página Web en particular que está tratando de ver (lo que, francamente, cada vez es un problema menos frecuente). Si alguien le da una Mac lo suficientemente vieja, encontrará Internet Explorer en la carpeta Applications (Aplicaciones). Pero IE no solamente no aparece en sistemas más nuevos, Microsoft ni siquiera quiere que utilice su navegador en una Mac. (La excepción es si ejecuta Windows en su Mac, lo cual trataré en el Capítulo 19). A mediados de 2003, se dijo en las oficinas de Microsoft en Redmond, Washington, que la compañía estaba frenando todo el desarrollo de IE para Mac. Luego, unos años después, Microsoft dijo que ya no podía ofrecer soporte técnico para la versión de Mac de IE e indicó que tampoco ofrecería actualizaciones de seguridad o rendimiento. El mensaje fue prácticamente ensordecedor: Resérvese un Safari.

Googlea esto

Cualquiera que sea alguien — y eso podría incluirlo a usted — usa Google. Google se ha vuelto tan popular que por lo general se trata como verbo, como cuando se dice "estoy googleando algo". También es la razón por la cual los fundadores de Google se volvieron más ricos que Creso.

¿No tiene la más remota idea de quién fue Creso? Simplemente Googlee el nombre y pronto descubrirá cómo este monarca de Lidia logró amasar una fortuna sin lanzar una oferta de acciones.

El método caracol de googlear algo es visitar `www.google.com`. Escriba su consulta, **Croesus** (el nombre en inglés) en este ejemplo, y haga clic en el botón Google Search (Buscar con Google). Sin embargo, Safari ofrece una alternativa más rápida. Simplemente ingrese su consulta en el cuadro de texto de Google dentro de la barra de dirección de Safari, como se muestra en la Figura 9-8.

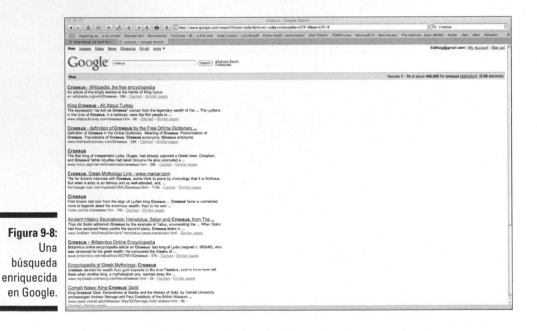

Figura 9-8: Una búsqueda enriquecida en Google.

Cualquiera sea el método, Google entregará rápidamente una lista de hallazgos, o resultados, que contienen enlaces a páginas Web. Esto sería todo, salvo que probablemente tenga que ayudar a que Google delimite las cosas un poco. El ejemplo de Creso ofrece aproximadamente 445.000 resultados más de los que tenía previstos.

Ingrese una búsqueda más amplia como *rockets* (cohetes) y Google le responderá con algo así como 34 millones de resultados. No sé usted, pero yo tengo tiempo para estudiar la mitad de esos. Es más, así de inteligente como es Google, no tiene manera de saber si usted se refiere a la máquina voladora que se aventura en el espacio exterior, la franquicia de basketball que juega en Houston o incluso la cadena de hamburgueserías Johnny Rockets.

La solución obvia: Cuanto más descriptivo sea, mejor. Dos o tres términos de búsqueda casi siempre funcionan mejor que uno.

Puede ayudar a Google de muchas maneras. Encerrar su término de búsqueda en comillas limita los resultados porque el navegador cree que está buscando esa frase exacta. Esto funciona de maravillas con títulos de canciones o libros.

Por el contrario, puede excluir temas poniendo un signo menos junto a la palabra. Por ejemplo, si ingresa `rockets -Houston`, no debería recibir referencias al equipo de basketball. Si desea encontrar páginas que incluyan cualquiera de las dos consultas, utilice un `OR` entre las palabras. `Rockets OR Jets`, por ejemplo, le muestra los resultados para las dos franquicias deportivas. Pero como una prueba adicional de lo tramposo que es el negocio de las búsquedas, debería ser más explícito si los rockets y jets que tiene en mente necesitan astronautas o pilotos.

Aquí hay un ejemplo de otros googleos ingeniosos:

- **Resolver cuentas:** Ingrese un problema matemático como *63/7,8 =* y Google le dará la respuesta (8,07692308).

- **Ver el pronóstico del clima:** Al agregar *weather* o *clima* junto al nombre de una ciudad o código postal, puede echar un vistazo a la temperatura actual, el viento, la humedad y obtener un pronóstico de los días siguientes.

- **Hacer una búsqueda telefónica inversa:** Escriba un código de área y un número de teléfono y Google le revelará de quién es el número (si figura en la guía telefónica).

- **Convertir monedas:** ¿Quiere determinar a cuántos euros equivalen unos dólares? Escriba por ejemplo, *250 us dollars in euros* o *250 dólares estadounidenses en euros*.

MSN y Yahoo!

Google es el motor de búsqueda preferido de su humilde autor, pero hay otras alternativas disponibles. Yahoo! y MSN (de Microsoft) son probablemente los rivales más conocidos, y ambos hacen un trabajo decente. De hecho, Yahoo! es un poco el abuelito del negocio de las búsquedas. Es más, cuando visita el sitio de Yahoo! o MSN, en `www.yahoo.com` o `www.msn.com` respectivamente, lo llevarán a sus portales Web, en los que puede hacer mucho más que buscar. Los *Portales* son plataformas de lanzamiento para un sinfín de utilidades, que incluyen enlaces a sitios de noticias y entretenimiento, cotizaciones del mercado de valores, juegos y correo electrónico.

Los Davids de los Buscadores Goliats

Puede que quiera hacer una búsqueda en Google sobre motores de búsqueda, ya que aparecen tantos buscadores especializados todo el tiempo. (Supongo que los creadores de esos sitios quieren acceder a los mismos clubes campestres que los muchachos de Google). Las compañías de búsqueda pueden concentrarse en forma exclusiva en noticias, salud, videos, viajes, asuntos locales, política o compras. Y algunos, como Dogpile (`www.dogpile.com`), apenas acumulan o compilan resultados de otros buscadores líderes en uno.

Puede adelantarse al Capítulo 11 para explorar más de lo que puede hacer en Internet con Safari (y otros navegadores). Pero antes, ¿por qué no me acompaña a visitar el correo electrónico en su Mac?

Capítulo 10

Postales del Correo Electrónico

*E*l correo electrónico es una bendición y una maldición a la vez.

Por qué no puede vivir sin correo electrónico: Generalmente, los mensajes llegan a la persona a la que están dirigidos en unos pocos segundos, en comparación con unos pocos días para el *correo caracol*. (Ese es el término peyorativo que los expertos en computadoras le dan al servicio postal tradicional). Tampoco pierde el tiempo lamiendo sobres.

Por qué el correo electrónico lo vuelve loco: No tardará mucho tiempo en quedar sepultado bajo una avalancha de mensajes, muchos de ellos correo basura, o *spam*.

No es que haya un sistema de correo perfecto. Puede imaginarse los comentarios sarcásticos que se escuchaban en la época del Pony Express: *Qué bueno recibir mi devolución de impuestos y mi Catálogo de Tierras Lejanas, pero hay que ver el olor que tenía ese caballo. . .*

Si es un novato del correo electrónico, descubrirá la información básica en este capítulo. Pero incluso aquellos que han estado enviando misivas de correo electrónico por años puede que encuentren una o dos perlas de práctica sabiduría.

Comprender el Correo Electrónico

En términos generales, el *e-mail* o correo electrónico es el intercambio de mensajes a través de una red de comunicaciones que, casi siempre, es Internet. Pero también puede ser una red de trabajo dentro de una organización.

Para utilizar el correo electrónico, necesita una cuenta de correo electrónico. Generalmente, las ofrecen empleadores, escuelas o Proveedores de Servicios de Internet (ISP) como AOL, EarthLink o MSN. También necesita software de correo electrónico para enviar, recibir y organizar estos mensajes. Afortunadamente, Apple incluye este tipo de aplicación con OS X, y allí no cabe duda de lo que hace el programa. Se llama, apropiadamente, Mail (Correo).

Para acceder a Mail, haga un solo clic en el ícono que se ve como una estampilla del dock. Si por alguna razón el ícono no está allí, seleccione Mail dentro de la carpeta Applications (Aplicaciones).

Por cierto, no deje que la estampilla que representa a Mail lo engañe. El correo electrónico no necesita franqueo. En cualquier caso, muchas cuentas de correo electrónico son gratis. Bueno, como todas las cosas en la vida, el correo electrónico no es realmente gratuito. Usted debe pagar por él.

- ✔ Como parte de su tarifa de ISP
- ✔ Como parte de su matrícula universitaria
- ✔ Al tener que leer irritante publicidad en línea
- ✔ Por el fastidio implícito que generan los correos electrónicos de su jefe

El Intercambio de Correo Electrónico Mundial

Antes de explicarle cómo configurar cuentas de correo electrónico para trabajar con el programa Mail de Mac, tenga en cuenta que puede seguir enviando y leyendo correos en aplicaciones como Microsoft Entourage (considérelo Outlook para el público de Mac). Es más, si estuvo enviando y recibiendo correo electrónico en otras computadoras, a través de cuentas en la Web como Gmail de Google, MSN Hotmail de Microsoft o correo Yahoo!, puede seguir haciéndolo en Mac. AOL, la compañía que popularizó la frase "You've Got Mail" (Tienes un e-mail), también funciona.

Tener una o más cuentas de correo electrónico basadas en la Web es bueno. Ofrecen la tremenda ventaja de poder acceder al correo electrónico desde cualquier navegador de Internet (En un equipo Mac, PC o Linux). Además, las cuentas más populares de correo electrónico en la Web son gratuitas y vienen con muchísimo espacio de almacenamiento.

Configurar una Nueva Cuenta de Correo Electrónico

Enviar y leer un correo electrónico a través del programa Mail de Mac es pan comido; una vez que prepara las cosas. Incluso la configuración de Mail se ha vuelto más sencilla con Leopard. He preparado una lista de varios pasos en esta sección, pero si está configurando una cuenta de servicios popular como AOL, Comcast, Gmail, Verizon, o Yahoo!, entre otras, no necesitará ir más allá del segundo paso:

1. **Abra Mail haciendo clic en el ícono Mail (se ve como una estampilla) en el dock o haciendo doble clic en Mail en la carpeta Applications.**

   A los que ingresan por primera vez, el programa los recibe con la ventana Welcome to Mail (Bienvenido a Mail), que se muestra en la Figura 10-1. Si es miembro del servicio MobileMe de Apple (Capítulo 12), Mail automáticamente configura una cuenta para usted con información del panel MobileMe de System Preferences (Preferencias del sistema). Si no es así, haga lo siguiente.

Welcome to Mail

Welcome to Mail

You'll be guided through the necessary steps to set up your mail account.

To get started, fill out the following information:

Full Name: `ed baig`

Email Address:

Password:

☐ Automatically set up account

(?)   (Cancel)   (Go Back) (Continue)

Figura 10-1: La configuración de una nueva cuenta de Mail comienza aquí.

2. **Si no es miembro de MobileMe y desea configurar una cuenta de correo electrónico convencional de forma automática:**

   • Si tiene una de las cuentas de correo electrónico populares (como AOL, Comcast, Gmail, Verizon, o Yahoo!), simplemente ingrese su nombre completo (si no aparece solo), dirección de correo electrónico y contraseña. Cuando Apple ve la dirección de correo electrónico de uno de los proveedores mencionados anteriormente, aparece una casilla de verificación que dice Automatically Set Up Account (Configurar cuenta automáticamente). Ya está seleccionada, así que puede desactivarla si desea completar la tarea manualmente y saltar al paso 3. Si deja la casilla seleccionada, Apple realiza la configuración por usted luego de hacer clic en Create (Crear).

   • Si ingresa una dirección de correo electrónico que Apple no reconoce, la casilla de verificación Automatically Set Up Account (Configurar cuenta automáticamente) *no* aparecerá. Ingrese su contraseña, haga clic en Continue (Continuar) y luego vaya al Paso 3.

3. **Complete la información general solicitada en la siguiente pantalla.**

   Debe completar los campos Account Type (Tipo de cuenta), que puede ser POP, IMAP, o Exchange, desde el menú, Description (Descripción), User Name (Nombre de usuario), Password (Contraseña) y el campo Incoming Mail Server (Servidor de correo entrante). Ese último es de donde se recuperan sus mensajes; ingresará algo del estilo **pop. yourprovider.com**.

4. **Haga clic en Continue (Continuar).**

5. **Ahora debe agregar información sobre su servidor de salida, que recibe el nombre de SMTP.**

   No lo voy a dejar en la ignorancia: SMTP es la sigla de Simple Mail Transfer Protocol (Protocolo simple de transferencia de correo). POP, dicho sea de paso, es la abreviatura de Post Office Protocol (Protocolo de Oficina Postal) e IMAP significa Internet Message Access Protocol (Protocolo de acceso a mensajes de Internet).

6. **Haga clic en Continue (Continuar) para abrir Account Summary (Resumen de la cuenta). Si está satisfecho, haga clic en Create (Crear) para completar el proceso de configuración de Mail.**

En algunos puntos de los pasos anteriores, el programa Mail prueba la información que le da para asegurarse de que la configuración es correcta. Si se encuentra con un estorbo en el camino, haga clic en el botón con el signo de pregunta en el cuadro de diálogo de Mail para obtener ayuda. Si configura cuentas de correo adicional, debe repetir estos pasos. Comience por seleccionar File➪Add Account (Archivo➪Agregar cuenta) en Mail.

Si los IMAP y SMTP y demás no están precisamente al alcance de su mano (¿y por qué deberían estarlo?), llame a su ISP o recorra el sitio Web de la compañía para obtener ayuda. Pero, como ya dije, no necesita preocuparse por esos asuntos con la mayoría de las cuentas estándar de correo electrónico.

Antes de Hacer Clic en Send (Enviar)

Le prometo que ya dejó atrás la parte difícil (¿y era realmente tan difícil?). Y si ya es un genio del correo electrónico, puede saltear las siguientes secciones. Si todavía está conmigo, descubrirá cómo enviar un correo electrónico, prestando un mínimo de atención al protocolo. Las direcciones de correo electrónico siempre tienen el símbolo @ en alguna parte. Se ven más o menos así: paula@americanidol.com, deputyfife@ mayberrysheriff.gov, o costanza@nyyankees.com.

Con el programa Mail abierto, seleccione File⇨New Message (Archivo⇨ Nuevo mensaje), use la alternativa de teclado ⌘+N, o haga clic en New (Nuevo) en la barra de herramientas de Mail. (Nuevamente, si Mail no está abierto, haga clic en el ícono de la estampilla del dock). Aparecerá una ventana como la que se muestra en la Figura 10-2.

Dirigir su misiva

Con la ventana New Message (Nuevo mensaje) abierta en pantalla, ya está listo para comenzar el proceso de comunicarse a través del correo electrónico con otro ser humano.

En el campo *To* (Para), *cuidadosamente* escriba la dirección de correo electrónico del destinatario. Si escribe una sola letra, número o símbolo incorrectamente, su mensaje no se podrá enviar (debería recibir una notificación de rebote) o, lo que es peor, se despachará a la persona equivocada.

Mientras empieza a escribir una dirección de correo electrónico, la Mac intenta ser útil. Completa el nombre y la dirección de la persona que cree que está tratando de contactar (tomado de su Address Book). No se preocupe si se muestra un nombre equivocado primero. Siga escribiendo hasta que Apple adivine correctamente o haya ingresado manualmente la dirección completa.

Si está enviando un correo electrónico a más de un receptor, separe las direcciones con una coma.

Haga clic aquí para enviar el mensaje

Haga clic aquí para adjuntar un archivo

El destinatario principal de su mensaje

Haga clic para guardar un mensaje que no está listo para enviar

Estas personas reciben copia

Estas personas reciben copia pero no pueden
ver a los otros que reciben copia

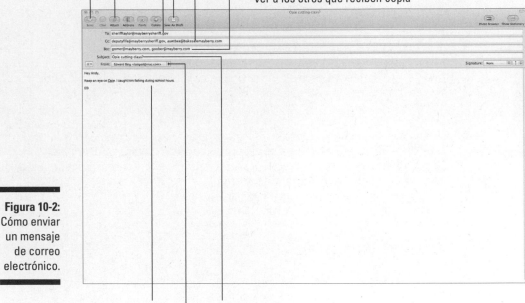

Figura 10-2:
Cómo enviar
un mensaje
de correo
electrónico.

El cuerpo del mensaje | Asunto del mensaje

La cuenta desde la que envía el correo

Si desea enviar correo electrónico a personas que no sean las principales destinatarias de su carta, escriba sus direcciones (nuevamente separadas por comas, si son más de una) en la casilla *Cc:,* o *carbon copy* (copia carbónica).

Hay una forma incluso más sencilla de agregar una dirección de correo electrónico, siempre que su destinatario ya figure en su Libreta de direcciones. En la ventana New Message (Nuevo mensaje), haga clic en el botón Address (Dirección). A continuación, haga doble clic en el nombre de la persona de su Address Book a la que desea enviar el correo, y el programa Mail se encarga del resto. Los nombres reales de los contactos de la Libreta de direcciones aparecen en el campo To (o CC). No verá su dirección de correo electrónico real. Por ejemplo, verá el nombre Tony Soprano en vez de boss@sopranos.com. No se preocupe; debajo del capó, Apple está haciendo todos los arreglos necesarios para enviar su mensaje al legítimo destinatario.

Puede que usted quiera mantener la lista de destinatarios confidencial. (Los agentes del FBI no tienen por qué saber adónde va el correo de Tony). Hay unas pocas maneras de lograr esto:

✔ Puede enviar correo electrónico a un Grupo de su Libreta de direcciones (Capítulo 3) con solo escribir el nombre del grupo en el campo To. Luego, Mail automáticamente remite el correo a la dirección de correo electrónico de cada miembro. Para mantener esas direcciones en privado, seleccione Mail⇨Preferences (Correo⇨Preferencias) y seleccione Composing (Redacción). Compruebe que la casilla When Sending to a Group, Show All Member Addresses (Cuando se envíe a un grupo, mostrar todas las direcciones de los miembros) *no* esté marcada.

✔ Para mantener privadas las direcciones de los destinatarios que no sean miembros del mismo grupo, haga clic en la flecha que activa el menú desplegable a la izquierda del campo Account (Cuenta) en la ventana New Message (Nuevo mensaje) Seleccione el campo Bcc Address (Dirección cco). Bcc significa *blind carbon copy* (copia carbónica oculta). Todas las personas incluidas en la lista reciben el mensaje, pero no tienen ni una pista de a quién más se lo envió.

Escribir mensajes

Tenga unas pocas cosas en cuenta antes de machacar un mensaje en el teclado. Aunque es opcional, es de buena educación postal escribir un título, o Subject (asunto) para su mensaje. (Vea el recuadro "Etiqueta en el correo electrónico"). De hecho, algunas personas van directo al punto y sueltan todo lo que tienen que decir en la línea del asunto (por ejemplo, *el almuerzo es al mediodía*).

Para escribir su mensaje, simplemente comience a escribir en el área grande provisto debajo de las líneas Address (dirección), Subject (asunto) y From ("de" cualquier cuenta de correo electrónico). Puede pegar pasajes (o imágenes) cortados o copiados de otro programa.

Las herramientas de formato estándar que figuran en su procesador de texto están a mano. Puede hacer que las palabras estén en **negrita** o *cursiva* y agregar un poco de condimento a las letras con fuentes decorativas. Haga clic en el botón Fonts (Fuentes) para mostrar diferentes tipografías. Haga clic en el botón Colors (Colores) para alterar los tintes de sus caracteres individuales. En la Figura 10-3 se muestran las ventanas de fuente y la rueda de color.

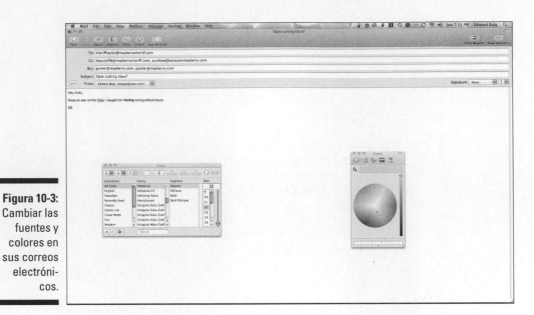

Figura 10-3:
Cambiar las
fuentes y
colores en
sus correos
electróni-
cos.

Elegir la papelería

Qué bonito que haya decorado su mensaje saliente con fuentes decorativas y distintos colores. Pero se puede decorar un correo electrónico y se puede *decorar* un correo electrónico. Y el público de Leopard puede aplicar el tónico visual correcto a los mensajes salientes.

Apple agregó más de treinta elegantes plantillas de papelería como parte de Leopard, que cubren las ocasiones más comunes y están organizadas por categoría. Estas incluyen fiestas de cumpleaños, anuncios de nacimientos y notas de agradecimiento. Haga clic en el botón Show Stationery (Mostrar papelería) en la esquina superior derecha de la ventana de redacción (consulte la Figura 10-2) para ver las posibilidades. Al hacer clic obtendrá una vista previa de cómo se verá su mensaje.

Aunque muchas plantillas de papelería incluyen imágenes atractivas, Apple no espera que las utilice en sus correos. Estas son zonas de aterrizaje pre-armadas para que agregue sus propias imágenes. Haga clic en el botón Photo Browser (Navegador de fotos) en la esquina superior derecha de la ventana New Message (Nuevo mensaje) y arrastre una imagen desde iPhoto, Aperture, o alguna otra ubicación al sitio reservado para la imagen de la plantilla. Al hacer doble clic en esta nueva fotografía podrá acercar y alejar la imagen, para adaptarla a su nueva ubicación en la plantilla.

Por supuesto, tampoco tiene por qué aceptar la forma en la que Apple redacta ninguna de estas plantillas. Si le desea un feliz cumpleaños a Janie en vez de a Jessica, simplemente haga un solo clic en el área con texto y reemplace el nombre. Sus palabras siguen fieles al diseño.

¿Encontró un diseño de papelería que le gusta mucho? Arrástrelo al área de Favoritos para crear una colección personalizada.

Como las plantillas de Mail cumplen con las normas de *HTML* (el lenguaje de la Web), la gente que recibe su correo electrónico podrá ver el diseño que usted quiera. Sin importar si están delante de una PC o una Mac. Mail también les permite usar sus propios diseños personalizados como plantillas.

Guardar borradores

Ya casi está. Pero, ¿qué pasa si está esperando insertar una cifra de venta actualizada a un mensaje? ¿O si decide que no sería mala idea relajarse un poco antes de enviar su renuncia (a través del mundo frío y cruel del correo electrónico, además)? Haga clic en el botón Save as Draft (Guardar como borrador) y haga lo que considere necesario para calmarse. Cuando esté listo para seguir trabajando con el mensaje, exigiendo un aumento en vez de renunciar, seleccione Mailbox⇨Go To (Buzón⇨Ir a) y haga clic en Drafts (Borradores). O presione ⌘+3.

Adjuntar archivos

Puede adjuntar una carga a su correo electrónico. Los *archivos adjuntos* generalmente son documentos del procesador de texto, pero pueden ser cualquier tipo de archivo: Imágenes, música, hojas de cálculo, videos y más.

Para enviar un archivo con su correo electrónico, haga clic en el botón Attach (Adjuntar). En la ventana que aparece, seleccione el archivo que tiene en mente de la carpeta apropiada en su disco duro.

Dada la predominancia en el mercado de ese *otro* sistema operativo, es casi seguro que está enviando adjuntos a un usuario de Windows. Windows es quisquilloso con los archivos que puede leer. Windows quiere ver la *extensión de archivo*, por ejemplo .doc (ver Capítulo 7). Como Apple quiere amigarse con el resto del público usuario de computadoras, todo lo que debe hacer es seleccionar la casilla que dice Send Windows Friendly Attachments (Enviar archivos compatibles con Windows) antes de enviar un adjunto a un amigo con PC.

Los usuarios de Windows pueden recibir dos adjuntos cuando envía correo desde una Mac. (Y usted *casi habría* jurado que envió un solo archivo.) Uno es `ElNombreDelArchivoEnviado` y el otro es `.__ ElNombreDelArchivoEnviado`. Sus destinatarios pueden ignorar el último con tranquilidad.

Debe avisar a los destinatarios con antelación cuando planea enviarles archivos grandes, en especial imágenes y videos de alta resolución. Y, por supuesto, siempre mencione el adjunto en el mensaje que envía. ¿Por qué?

✔ Muchos virus de Windows se distribuyen a través de adjuntos de correo electrónico. Aunque usted sabe que los archivos son inofensivos, sus amigos con Windows pueden ponerse nerviosos con justa razón al abrir un archivo sin una explicación clara de lo que está enviando.

✔ Enviar adjuntos demasiado grandes puede retrasar o incluso atascar el buzón de su destinatario. Puede tomarle una vida descargar estos archivos. Es más, el ISP puede imponerle restricciones sobre la cantidad de almacenamiento de correo electrónico que los usuarios pueden tener en sus bandejas de entrada o el tamaño de un archivo que puede transportarse. La compañía en la que trabaja puede aplicar sus propios límites. De hecho, algunos empleadores evitan que el personal envíe mensajes (o responda a los suyos) hasta que hayan liberado espacio de sus bandejas de entrada.

Para esquivar las restricciones de tamaño de un ISP, Mail le da la opción de cambiar el tamaño de las imágenes. Haga clic en el pequeño menú desplegable que está en la esquina inferior derecha de la ventana New Message (Nuevo mensaje), que aparece junto a la imagen que está enviando. El menú se muestra en la Figura 10-4. Por supuesto, si sus archivos más grandes residen en una página Web accesible, su mejor opción será enviar un enlace a quienes desea permitir descargar esos archivos.

Revisar la ortografía

Hay cierta informalidad en el correo electrónico. En vez de escribir una oración que diga "¿Cómo está usted?" tal vez escriba "Q onda?" Pero no siempre.

La ortografía importa (o debería importar) cuando se escribe a empleadores potenciales o, en su defecto, la persona actualmente responsable de pagar su salario. Sé que no quiere que lo regañen si envía un correo electrónico con faltas de ortografía a su profesor de español de séptimo grado.

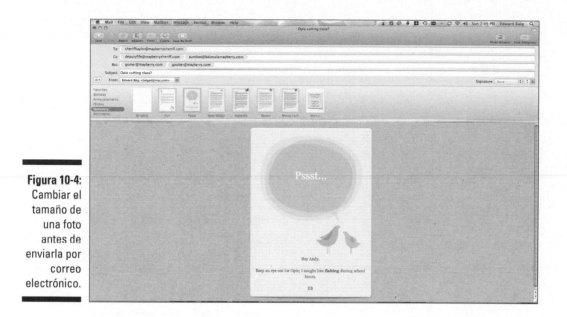

Figura 10-4:
Cambiar el tamaño de una foto antes de enviarla por correo electrónico.

Afortunadamente, Apple ofrece ayuda para aquellos de nosotros con discapacidades ortográficas. Un corrector de ortografía es una función básica, no deposite toda su fe en él. Puede que haya escrito correctamente una palabra que no es la apropiada según el contexto ("bota" en vez de "vota".)

Para acceder al corrector ortográfico del correo electrónico, seleccione Mail⇨Preferences (Correo⇨Preferencias) y luego Composing (Redacción). En el menú emergente Check Spelling (Revisar ortografía), seleccione As I Type (mientras escribo), When I Click Send (Cuando hago clic en Enviar) o Never (Nunca).

Suponiendo que haya ignorado esa última opción, el programa Mail subrayará en rojo lo que cree que son palabras mal escritas, como hacen TextEdit y otros procesadores de texto. Haga clic derecho en la palabra sospechosa y haga clic en la palabra escrita correctamente de la lista de reemplazos sugeridos.

Si su corrector ortográfico sigue tropezando con una palabra que, de hecho, está escrita correctamente (por ejemplo, el nombre de su compañía), puede agregarla al diccionario del corrector ortográfico. Presione Control + Clic en la palabra y seleccione Learn Spelling (Aprender ortografía) en la lista emergente. Su Mac no debería volver a cometer el mismo error jamás.

La etiqueta en el correo electrónico

Si Emily Post viviera hoy, seguramente nos daría una lista de prácticas aceptables para enviar correo electrónico. En su ausencia, permítame instruirlo un poco sobre el decoro en el correo electrónico. Ya mencioné un par de convenciones adecuadas: Es útil agregar una línea de título o asunto a su correo electrónico y advertir a la gente si va a enviar adjuntos grandes. En algunas instancias, también querrá utilizar el campo Bcc para proteger el anonimato de las otras personas que reciben sus mensajes.

Aquí hay otras convenciones. NO GRITE ESCRIBIENDO TODO EN MAYÚSCULAS. Escribir en letras minúsculas es mucho más civilizado. Y evitará que alguien LE RESPONDA A GRITOS y lo insulte deliberadamente (lo que se conoce habitualmente como *flaming*).

No reenvíe cadenas de correo electrónico. No traerán vastas riquezas a usted ni a sus camaradas. Tampoco buena suerte. Por el contrario, se ha comprobado que los correos en cadena impulsan a la gente a clavar agujas en muñecos vudú que representan a la persona que reenvió el correo en cadena.

Si responde a un e-mail, incluya el *hilo* o *thread* original haciendo clic en *reply* (responder) en vez de escribir un nuevo mensaje desde cero. Si el hilo original no se muestra automáticamente (como en el caso del correo de AOL), pruebe con este truco. Resalte los párrafos pertinentes (o todos) de un mensaje entrante al que quiere responder. Cuando hace clic en Reply (Responder), el texto original estará allí. Adapte su respuesta para ubicarla arriba o debajo del mensaje original.

Mantenga los *emoticones,* tales como :) (cara sonriente) y abreviaturas de texto, como LOL (Laughing Out Loud, reír a carcajadas) e IMHO (In My Humble Opinion, en mi humilde opinión) al mínimo. Podrá usar estas opciones con más frecuencia cuando envíe mensajes instantáneos, como explico en el siguiente capítulo.

En general, mantenga sus mensajes cortos y concisos. Alguna gente recibe cientos de correos electrónicos por día. Si desea que su mensaje esté entre esos que se leen, no escriba un correo electrónico que sea el equivalente en texto a una intervención parlamentaria con ánimo obstruccionista.

Tome precauciones para comprobar que el mensaje va al lugar correcto. No hay nada peor que enviar por error un mensaje que dice "Jack es un imbécil" a Jack. En cualquier caso, medite largo y tendido antes de enviar el memorándum "Jack es un imbécil" a Jill. Los correos electrónicos tienen vida propia. Estos pueden reenviarse intencional o accidentalmente a otros. Tal vez Jill esté del lado de Jack. (Fueron vistos juntos, ¿sabe?) A lo mejor ella piensa que *usted* es un/a imbécil.

Siguiendo este razonamiento, recuerde que el correo electrónico no tiene los indicadores expresivos o visuales de otras formas de comunicación. Quizás usted decía en broma todo eso de que Jack es un imbécil. ¿Pero Jack sabrá que usted está solamente tomándole el pelo? Para asegurarse de que lo sepa, esta es una instancia en la que es perfectamente aceptable usar un smiley, o carita sonriente.

En general, pregúntese cómo se sentiría si recibiera el mismo mensaje. Y no dé por sentado que su mensaje se mantendrá en privado. Piense antes de enviar en un correo electrónico cualquier cosa que no estaría dispuesto a decir en público.

Ignore estas sugerencias bajo su propio riesgo. En algún lugar, Emily Post está observando.

Póngale la firma

Puede personalizar Mail con una *firma* que decore el final de cada mensaje saliente. Junto con su nombre, una firma puede incluir su dirección de correo tradicional, número de teléfono, nombre de cuenta de iChat y un eslogan breve.

Para agregar su John Hancock al correo electrónico, seleccione Mail➪ Preferences (Correo➪Preferencias). Haga clic en la pestaña Signatures (Firmas) y luego clic en el botón Add (+) para agregar. Puede aceptar o modificar la firma predeterminada que sugiere Apple y seleccionar si desea que coincida con la fuente ya utilizada en el mensaje. Puede asignar distintas firmas a diferentes cuentas de correo electrónico.

Administrar el Flujo de Correo Entrante

La otra cara de enviar correo electrónico es filtrar el desorden de mensajes que puede ir en su dirección. Puede pasar horas tratando de revisar un buzón, según su línea de trabajo.

El pequeño globo rojo del ícono de Mail en el dock indica el número de mensajes no leídos que piden su atención.

Nuevos correos electrónicos llegan habitualmente a través de Internet. Puede hacer clic en el botón Get Mail (Obtener correo) en la barra de herramientas de Mail para agilizar el proceso, como se muestra en nuestro pequeño Tour del programa Mail en la Figura 10-5. Pequeños círculos de estado junto a cada una de sus cuentas de correo electrónico giran hasta que el número de mensajes de esa cuenta aparece.

Si hace clic en el botón Get Mail y no ocurre nada, asegúrese de que su cuenta no esté desconectada (el nombre de cuenta aparece atenuado). Para remediar esta situación, seleccione Mailbox (Bandeja de entrada) y luego elija Go Online (Ponerse en línea).

Si eso tampoco logra paliar el problema, seleccione Window➪Connection Doctor (Ventana➪Doctor de conexión). Esta función comprueba que esté conectado a Internet y examina cada cuenta de correo electrónico para asegurarse de que esté configurada correctamente.

Haga un solo clic en el mensaje entrante para leerlo en el panel inferior de la ventana de Mail. O haga doble clic en el mensaje para leerlo en su propia ventana.

Arrastre para ajustar al tamaño de la ventana

Los mensajes no leídos tienen un punto azul

Haga clic en el encabezado de la columna para organizar según distintos criterios

Numero de mensajes sin leer en la cuenta

Arrastre el divisor para ajustar el ancho de la columna

Arrastre el boton deslizable para desplazarse por los mensajes de su bandeja de entrada

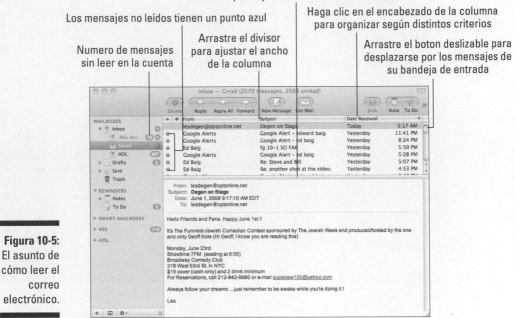

Figura 10-5: El asunto de cómo leer el correo electrónico.

Elegir qué leer

No soy ningún censor. Nunca le diría qué debe o no debe leer — ya sea que esté en línea o no. Así que sepa que solamente estoy pensando en su bienestar cuando le insisto en que mantenga una dosis saludable de escepticismo al abordar su bandeja de entrada.

A medida que recorre dicha bandeja de entrada, probablemente vea que recibe correos de compañías, clubs en línea o sitios Web en los que puede haber expresado su interés en algún que otro momento. Puede que se haya suscripto a *newsletters* o gacetillas por correo electrónico que varían desde ornitología a ortodoncia. La mayor parte del correo que recibe de estas organizaciones, aparentemente está bien para usted.

Voy a dar por sentado que va a leer todos los correos electrónicos de sus colegas, amigos y familiares. Bueno, tal vez con el tiempo llegará a ignorar mensajes del tío Harry y la tía Martha, especialmente si insisten en enviarle esas listas de chistes tontos. Si su madre ahora está usando el correo electrónico para molestar porque todavía no se ha casado, tiene permiso para ignorar esos mensajes también.

Eso cubre el correo electrónico de prácticamente todos los demás, y deja lo que probablemente cae en alguno de estos tres grupos: Estas categorías coinciden con la definición de la mayoría de correo basura, o *spam*:

- ✔ **Están tratando de venderle algo.** Puede ser Viagra o Xanax. Puede ser una (supuesta) hipoteca barata. Puede ser participación en un emprendimiento de pequeña capitalización. Puede ser un Rolex. Probablemente significa problemas.

- ✔ **Están tratando de estafarlo.** Tiene que preguntarse, ¿por qué yo? De todas las personas merecedoras del planeta, ¿cómo es que una firma bancaria internacional lo elige a usted para cobrar una pequeña fortuna que dejó un millonario excéntrico? ¿O los fondos secretos escondidos por un diplomático derrocado del tercer mundo? Esto probablemente también lo meta en un problema. (En el Capítulo 13, hablo de un tipo de estafa especial conocido como *phishing*).

- ✔ **Le están enviando pornografía.** Está allí afuera. A gran escala.

Abrir correo electrónico de extraños

¿Qué es lo que sus padres le enseñaron sobre no hablar con extraños? Generalmente, también es un muy buen consejo cuando se trata del correo electrónico. Como adelanté en la sección anterior, el ciberespacio tiene un montón de inadaptados, pervertidos y (ya sabía que tendría que usar esta frase en alguna parte del libro) manzanas podridas. No están en nada bueno. Como no quiero poner en entredicho a cada persona desconocida que le envía un correo electrónico, guíese por su instinto. El sentido común es válido.

Puede aprender mucho con sólo leer el asunto. Si se refiere a alguien que conoce o a lo que usted hace, no veo el daño en abrir el mensaje.

Si el saludo es genérico — *Querido cliente de Wells Fargo; Libérese de su deuda ahora* — yo tomaría más precauciones. Lo mismo si no tiene asunto o si tiene errores de ortografía graves.

Si un remitente resulta ser un candidato de negocios decente o su nuevo mejor amigo, siempre puede agregarlo a su Libreta de contactos seleccionando una de las siguientes alternativas.

- ✔ Seleccione Message⇨Add Sender to Address Book (Mensaje⇨Agregar remitente a Libreta de direcciones).

- ✔ Haga clic derecho en el nombre de un remitente en el campo From del mensaje y seleccione Add to Address Book (Agregar a Libreta de direcciones). (Si tiene un mouse con un solo botón, la alternativa es Ctrl-clic).

Aparecen otros atajos útiles cuando hace clic derecho en el nombre de un remitente. Puede copiar la dirección del destinatario, responder a la persona, enviarle un nuevo mensaje, crear un *Smart Mailbox* (Buzón de correo inteligente, que veremos más adelante) o hacer una búsqueda instantánea de la persona en Spotlight.

Tirando la basura

Si los remitentes resultan ser malas noticias, puede dañar su reputación. Por lo menos en su propia computadora. Tire su correo a la pila de basura. Es fácil: Solamente haga clic en Junk (Basura) en la barra de herramientas del mensaje.

Marcar mensajes resulta ser su forma de entrenar al programa Mail sobre lo que considera spam. Mail marca mensajes potencialmente objetables resaltándolos con un tinte marrón. Haga clic en Not Junk (No es basura) dentro del mensaje si la etiqueta basura no es apropiada.

Puede decirle a Apple cómo manejar la basura. Seleccione Mail⇨Preferences (Correo⇨Preferencias) y luego haga clic en la pestaña Junk Mail (Correo basura). Aparecerá la pantalla que se muestra en la Figura 10-6.

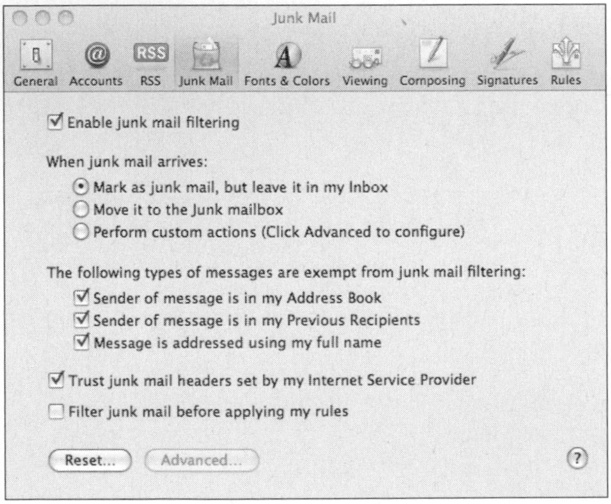

Figura 10-6:
El basurero.

En forma predeterminada, el programa Mail deja el correo basura en su bandeja de entrada para que usted sea el que decida su destino. Si desea que Leopard separe el correo sospechoso de su propio buzón, haga clic en la opción Move it to the Junk Mailbox (Moverlo al buzón de correo basura).

Habitualmente, Mail hace una excepción con determinados mensajes y no los filtra como spam. Esto incluye correo de remitentes que están en su Libreta de direcciones, además de remitentes que ya han recibido mensajes suyos. Los mensajes que usan su nombre completo también están exentos. En la sección Junk Mail (Correo basura) de Mail Preferences (Preferencias de correo), elimine la marca de verificación que está junto a cualquier preferencia de correo que desee cambiar.

La mayoría de los ISP respetables intentan combatir el spam por su cuenta. Si está satisfecho con el trabajo que hacen, deje marcada la casilla Trust Junk Mail Headers Set by My Internet Service Provider (Confiar en los encabezados de correo basura configurados por mi proveedor de servicios de Internet). El programa Mail de Apple tomará ventaja de los mejores esfuerzos de su ISP.

Consejos para evitar el spam

También puede hacer su parte para eliminar el spam. Los *spammers* (la gente que envía spam) pueden obtener su dirección de correo electrónico a través de varios métodos.

- ✔ Emplean robots de software automatizados para adivinar casi todas las combinaciones posibles para una dirección.

- ✔ Observan lo que usted hace. ¿Llenó formularios de participación a concursos? Claro que hay un ganador: el spammer.

- ✔ ¿Visita salas de chat y grupos de noticias de Internet? Bingo.

- ✔ ¿Escribe mensajes en un foro público? Lo agarré otra vez.

Por supuesto que puede dejar de participar en esas actividades en línea, pero entonces Internet no sería ni la mitad de divertida. Tengo una mejor idea. Prepare una cuenta de correo electrónico distinta para usar en ese tipo de escenarios expuestos. (Los ISP como AOL le dejan configurar miles de cuentas o nombres de pantalla). Seguirá recibiendo el spam allí. Simplemente no se moleste en usar esas cuentas para enviar o recibir correo electrónico. En vez de esto, trate a su otra cuenta o cuentas como aquellas cuentas sagradas que comparte con sus familiares, amigos y colegas.

Poniendo las reglas

Aunque Apple es potente para filtrar el spam, puede establecer sus propios filtros, o *reglas* para combatir la basura. También puede establecer reglas para reorganizar automáticamente los mensajes a mano que sean perfectamente aceptables. Cuando un mensaje entrante reúne ciertas condiciones, como el asunto o quién envió el correo, el programa Mail automáticamente lo reenvía, resalta o archiva, según corresponda. Por ejemplo, puede que quiera redirigir todos los mensajes que recibió de su asesor en inversiones en un buzón llamado "consejos de inversión".

Para establecer una regla, siga estos pasos:

1. **Seleccione Mail⇨Preferences (Correo⇨Preferencias) y luego haga clic en la pestaña Rules (Reglas).**

2. **Seleccione Add Rules (Agregar reglas) para abrir el panel que se muestra en la Figura 10-7.**

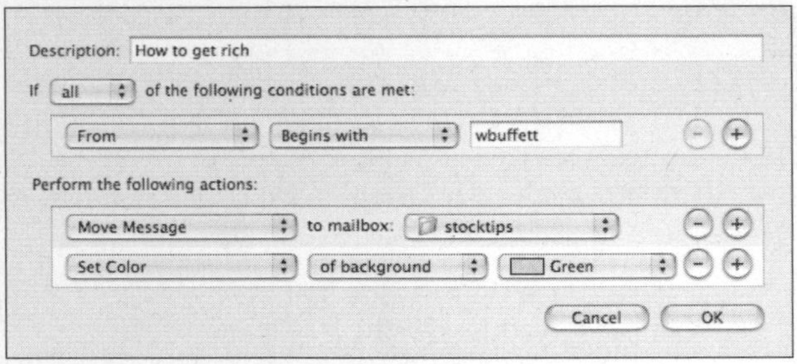

Figura 10-7:
Debe establecer reglas.

3. **Seleccione los parámetros que identifican cuáles mensajes se ven afectados por la regla.**

   Para redirigir el correo electrónico de su gurú financiero, por ejemplo, seleccione From (De) en el primer cuadro, Begins With (Empieza con) en el segundo cuadro y el nombre en el tercero. Haga clic en + para agregar parámetros y – para eliminarlos.

4. **Ahora elija los parámetros para lo que le ocurrirá a estos mensajes.**

   Por ejemplo, resaltar los mensajes en verde y moverlos al buzón "consejos de inversión".

5. **Cuando haya terminado de ingresar los parámetros, haga clic en OK.**

Buzones Inteligentes

En el Capítulo 6 descubrió las dinámicas Carpetas Inteligentes. Bienvenido a la variación para correo electrónico, *Buzones Inteligentes*. Así como una Carpeta Inteligente está constantemente en busca de nuevos elementos que coincidan con criterios de búsqueda específicos, los Buzones Inteligentes hacen lo mismo. Están estrechamente integrados con la búsqueda en Spotlight.

Puede crear Buzones Inteligentes como una forma de organizar todos los correos que corresponden a un proyecto específico o una persona en particular. Por ejemplo, puede que quiera crear un Buzón Inteligente que contenga toda la correspondencia con su jefe para la quincena más reciente. El correo anterior a dos semanas se reemplaza con los intercambios más recientes.

Por cierto, los mensajes que ve en un Buzón Inteligente son virtuales; siguen residiendo en su ubicación original. En ese sentido, son como los alias que se describen en el Capítulo 7.

Para crear un Buzón Inteligente:

1. **Seleccione Mailbox➪New Smart Mailbox (Buzón➪Nuevo buzón inteligente).**

    Aparecerá la pantalla que se muestra en la Figura 10-8.

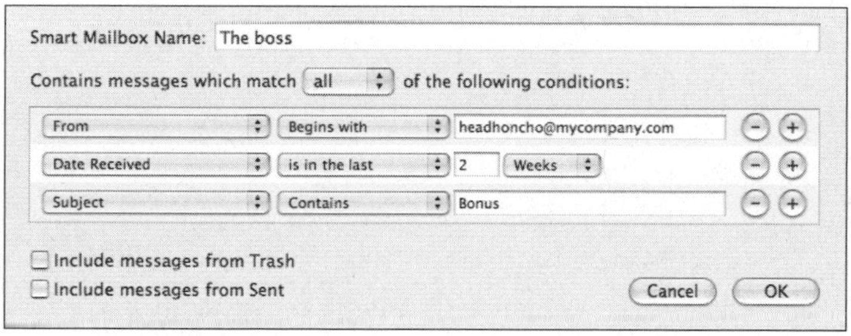

Figura 10-8:
El buzón más inteligente de todos.

Smart Mailbox Name:	The boss	

Contains messages which match `all ⬍` of the following conditions:

`From ⬍`	`Begins with ⬍`	headhoncho@mycompany.com	⊖ ⊕
`Date Received ⬍`	`is in the last ⬍`	2 `Weeks ⬍`	⊖ ⊕
`Subject ⬍`	`Contains ⬍`	Bonus	⊖ ⊕

☐ Include messages from Trash
☐ Include messages from Sent   (Cancel) (OK)

2. **Use los menús desplegables y los campos de texto para describir los parámetros del buzón.**

    El proceso es similar al que sigue cuando crea una regla. Para agregar criterios, haga clic en el botón +. Para eliminar una condición, seleccione el botón –.

3. **Cuando haya terminado, haga clic en OK.**

Puede crear un duplicado de un Buzón Inteligente en Leopard manteniendo presionada la tecla Ctrl mientras hace clic en el Buzón Inteligente. Luego, seleccione Duplicate (Duplicar). ¿Por qué hacer esto? Una posibilidad: Quiere crear un nuevo Buzón Inteligente que use un criterio apenas diferente del que tiene el buzón que está duplicando.

Buscar en el correo electrónico

Con la ayuda de Spotlight, el sistema de búsqueda rápido y exhaustivo de Mac, puede encontrar mensajes de correo electrónico específicos, o el contenido de esos mensajes, en un santiamén.

- ✔ Para buscar un mensaje abierto, seleccione Edit⇨Find (Edición⇨Buscar) y escriba el texto que está buscando.

- ✔ También puede ingresar un término en el cuadro de búsqueda de la sección superior derecha de la ventana del programa Mail. Use los encabezados All Mailboxes (Todos los Buzones), Inbox (Bandeja de entrada), Entire Message (Mensaje completo), From (De), To (Para), o Subject (Asunto) para determinar cómo mostrar los resultados.

Puede buscar los mensajes sin abrir Mail. Spotlight, en mi humilde opinión, es la forma más rápida y más eficiente de encontrar mensajes perdidos.

Abrir adjuntos

Usted ya sabe cómo enviar adjuntos. Pero ahora la marea se ha vuelto en su contra y alguien le envía uno (o más). Los adjuntos pueden aparecer con un ícono en el cuerpo del mensaje o como un clip de papel en el área de encabezado del mensaje.

Tiene algunas opciones:

- ✔ Arrastre el ícono al escritorio o a una ventana de Finder.

- ✔ Haga doble clic en el ícono y el adjunto debería abrirse en el programa designado para administrarlo (por ejemplo, Word para un archivo de Word o Preview para una imagen).

- ✔ Haga clic en Save para guardar el archivo a un destino en particular de su computadora.

- ✔ Haga clic en Quick Look (Vista rápida) para espiar el adjunto sin abrirlo.

Normalmente aconsejo no abrir adjuntos que no se estén esperando, incluso si conocen al remitente. Los usuarios de Mac pueden estar mucho más relajados con esto que sus primos con Windows. Aunque el mundo gira y los tiempos cambian, las posibilidades de que el archivo adjunto dañe su Mac, incluso si trae algún tipo de virus de Windows, son mínimas.

Si desea eliminar un adjunto de un mensaje entrante, seleccione Message⇨Remove Attachments (Mensaje⇨Eliminar adjuntos). Como recordatorio, el cuerpo del mensaje incluirá una línea que le indica que el adjunto en cuestión se ha "eliminado manualmente".

Aprovechar al Máximo Su Correo

Antes de dejar este capítulo, quisiera presentarle otras formas de sacar el máximo provecho a su correo electrónico:

- **Ver una presentación de fotos:** Los adjuntos con imágenes reciben tratamiento especial. Al hacer clic en Quick Look (Vista rápida), puede ver las imágenes adjuntas en una hermosa presentación a pantalla completa. Desde los controles en pantalla, puede volver a la imagen anterior, hacer una pausa, avanzar a la siguiente diapositiva y ver un índice de todas las imágenes. También puede hacer clic para agregar imágenes a su biblioteca de iPhoto (ver Capítulo 15). Cuando haya terminado con la presentación de diapositivas, presione la tecla Escape en el teclado para volver al correo electrónico original.

- **Páselo:** A veces recibe cosas que son tan destornilladoramente graciosas (o el otro extremo, trágicas y amargas) que quiere compartirlas con todos los que conoce. Para reenviar un mensaje, haga clic en el botón Forward (reenviar) dentro del correo electrónico e ingrese la dirección del destinatario en la ventana New Message (Nuevo mensaje) que aparece. El mensaje anterior completo se enviará intacto, salvo por un par de agregados sutiles: Se agrega el prefijo *Fwd:* (Re:) en la línea del asunto y la frase "Begin forwarded message" (Comienzo del mensaje reenviado) por encima del cuerpo del mensaje. Puede agregar un comentario introductorio del estilo "Esto me hizo reír a carcajadas".

- **Marcar mensajes:** Para llamar la atención a mensajes que desea revisar más tarde, coloque una pequeña bandera junto a él. Seleccione Message⊏⟩Mark⊏⟩As Flagged (Mensaje⊏⟩Marcar⊏⟩Con bandera), o presione Shift+⌘+L.

- **Sincronizar el correo electrónico:** Si tiene una cuenta de MobileMe (Capítulo 12), puede sincronizar todas sus reglas, firmas y demás configuraciones en todas sus computadoras con OS X.

- **Archivar buzones:** El correo que es demasiado importante para perder merece un tratamiento de copia de seguridad especial. Para eso sirven los buzones de archivo. Primero seleccione el buzón o los buzones que desea archivar. A continuación, seleccione Mailbox⊏⟩Archive Mailbox (Buzón⊏⟩Archivar buzón) desde el menú en el extremo superior de la pantalla, o haga clic en el pequeño botón parecido a un engranaje en el extremo inferior de la ventana de Mail y seleccione Archive Mailbox (Archivar buzón) desde el menú emergente que aparece. Luego, elija la carpeta en la que quiere guardar este tesoro digital. Mail conserva los archivos en lo que llama un paquete *.mbox*. Para recuperar correos archivados, seleccione File⊏⟩Import Mailboxes⊏⟩Mail for Mac OS X (Archivo⊏⟩Importar buzones⊏⟩Correo para Mac OS X) e identifique el archivo .mbox en cuestión.

✔ **Suscripciones RSS:** Puede recibir contenidos RSS y publicaciones de blogs directamente en su bandeja de entrada y recibir una notificación cuando algo está recién salido de la prensa (por lo menos en sentido figurado). Seleccione File➪ Add RSS Feeds (Archivo➪Agregar canales RSS). (Más sobre RSS en el siguiente capítulo).

✔ **Use controles para padres:** Puede restringir con quién puede escribirse por correo electrónico júnior, limitándolo a usar solamente las direcciones que usted aprobó explícitamente. Seleccione ➪System Preferences (➪Preferencias del sistema), seleccione Accounts (Cuentas) y luego haga clic en Mail & iChat. Recibirá una notificación cuando su hijo reciba (o intente enviar) mensajes a las direcciones que no están en su lista de direcciones autorizadas.

✔ **Detectores de datos:** Un amigo le envía una invitación para una cena en un restaurante nuevo. Un agente de viajes envía el itinerario para su próximo viaje de negocios. Por lo general, los mensajes llegan con fragmentos de información que nos encantaría poder aprovechar. La versión de Mail de Leopard lo hace sencillísimo con los data detectors (detectores de datos), que pueden reconocer citas, direcciones, números de teléfono y similares. Así que cuando mueve su cursor dentro del cuerpo de un mensaje junto a un dato que el programa puede detectar, una pequeña flecha indica que aparecerá un menú emergente, como se muestra en la Figura 10-9. Haga clic en la flecha junto a la salida de un vuelo, por ejemplo, y podrá agregar el evento a iCal. Haga clic junto a una dirección, y Mail le permite crear un nuevo contacto, agregar a un contacto existente o mostrar un Google Map.

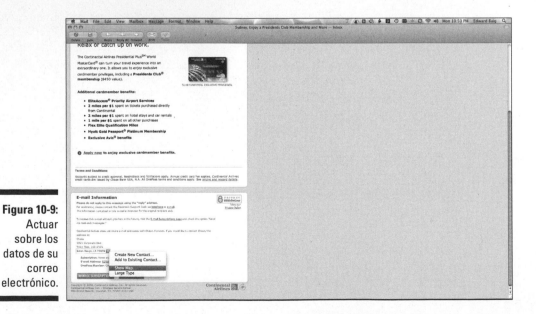

Figura 10-9:
Actuar
sobre los
datos de su
correo
electrónico.

✔ **Deshacerse del correo:** Puede deshacerse del correo de varias maneras. Resalte un mensaje y presione Delete (Suprimir) en el teclado. Arrastre el mensaje a la carpeta Trash (Papelera). O haga clic en el botón Delete (Suprimir) de la barra de herramientas. Los mensajes no se destierran en forma permanente hasta que seleccione Mailbox⇨Erase Deleted Messages (Buzón⇨Eliminar mensajes borrados). Apple puede extinguir automáticamente el correo para siempre después de un día, una semana o un mes; o al salir del programa Mail. Para configurar esto, vaya a Mail Preferences (Preferencias de correo), haga clic en Accounts (Cuentas), elija una cuenta y seleccione Mailbox Behaviors (Comportamientos del buzón).

Tome Nota (y Haga las Tareas Pendientes)

¿Se envía recordatorios por correo electrónicos a sí mismo? Yo solía hacerlo, por lo menos hasta que Leopard agregó las prácticas funciones Notes (Notas) y To Do (tareas pendientes) dentro de Mail. Tómese un momento para leer sobre ellas ahora, así no tendrá que recordarse que debe hacerlo más tarde.

Toma de notas, primer módulo

Si usted es como yo, sus grandes ideas se le escapan. Ese descubrimiento "tarám" resucitó de sus cenizas solo para desaparecer igual de rápido. Así que lo mejor es que escriba una nota en el momento en que esta idea todavía está flotando. Por suerte, crear notas dentro de Mail no requiere mucho esfuerzo o pensar demasiado. Simplemente haga clic en el botón Note (Nota) dentro de la ventana de visualización de Mail o elija File⇨New Note (Archivo⇨Nueva nota).

Luego, simplemente garabatee (ejem, escriba con el teclado) sus divagaciones en el anotador amarillo que se muestra en la Figura 10-10. Al hacer clic en el botón correspondiente, puede cambiar los colores y la fuente de su nota, adjuntarla o enviarla por correo electrónico. Ni siquiera necesita crear un título para su nota — Apple convenientemente usa la primera línea de su nota como asunto.

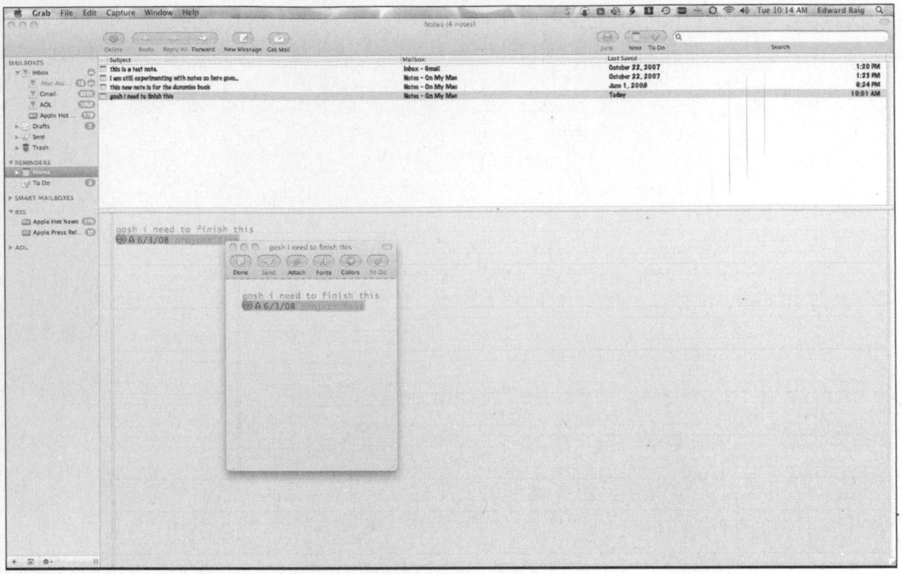

Figura 10-10:
Vale la pena
anotar esto.

Las notas se almacenan en carpetas y (si así lo prefiere) Buzones Inteligentes y son fácilmente accesibles a través de la barra lateral de Mail. Y como todas las otras cosas en su Mac, puede buscarlas usando Spotlight.

Cuestas y pendientes

Crear una tarea pendiente es lo mismo que crear una nota, salvo que hace clic en el botón To Do (Tareas Pendientes). De hecho, puede transformar una nota (o una parte de un mensaje de correo electrónico) en una tarea pendiente haciendo clic en el botón To Do después de resaltar el texto que desea registrar. Como con las notas, las tareas pendientes se almacenan en Mail.

Tiene varias opciones al momento de crear una tarea pendiente: puede establecer una fecha límite o una alarma, o asignar prioridades como low (baja), medium (media) o high (alta). Y puede agregar elementos a iCal. Tales opciones se revelan cuando hace clic en la flecha que está a la izquierda del elemento pendiente o cuando hace clic derecho o (o Ctrl-clic) en un elemento de la lista de tareas pendientes, como se muestra en la Figura 10-11.

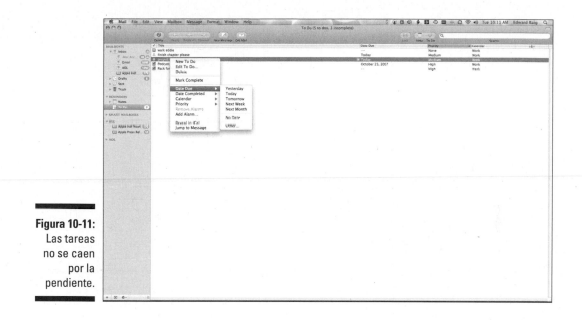

Figura 10-11:
Las tareas
no se caen
por la
pendiente.

Coloque una marca de verificación en la casilla pequeña ubicada junto a una tarea pendiente cuando complete una tarea en su lista. Como por ejemplo, si me permite, sudar tinta con este capítulo.

Capítulo 11

Atrapado en la Red

· ·

· ·

*L*a gente navega la Web habitualmente buscando tipos de información específicos. Titulares de noticias, cotizaciones en la bolsa, ofertas de paquetes turísticos, el clima, ayuda para la tarea escolar, resultados deportivos y soporte técnico. Pero sobre todo, Internet trata de conocer y conectar gente entre sí. Esta gente puede venir de la mano de un trabajo o ser su próximo jefe. O gente que comparta su entusiasmo por los Chicago Cubs, el sushi y las Macintosh. La persuasión ocupa uno de los roles principales en el ciberespacio, también — se subirá a su caballo virtual e intentará convencer a otros para que adopten su punto de vista.

Y, sí, encontrar compañía, romance y (en el mejor de los casos) relaciones duraderas es parte de la ciber-experiencia también...

Los críticos suelen burlarse, "Esa gente debería conseguirse una vida." Gracias por preocuparse, señores críticos, pero muchos *Netizens* (ciudadanos de Internet) tienen una vida plena en línea y fuera de la red. Y en la Red, están agrupados en *comunidades* vibrantes que reúnen personas con los mismos intereses y pasiones.

Exploraremos varias de estas avenidas en este capítulo.

Salas de Chat

Muchas reuniones se celebran en la Red en *salas de chat,* que son áreas donde puede conversar en tiempo real sobre verdaderamente cualquier tema: acolchados, cricket, dietas de moda, paternidad, biotecnología, avistamientos extraterrestres, y más, y más. La conversación se lleva a cabo usando la punta de sus dedos. De veras, más le vale no escribir con errores de ortografía, y prepárese para poder tipear a toda velocidad y sin esfuerzo, porque los intercambios de textos en las salas de chat son rápidos y furiosos. Puede haber decenas de personas en una sala. Le deseo mucha suerte para determinar quién está hablando con quién.

A medida que la conectividad de alta velocidad se va convirtiendo en algo habitual, los chats con audio y video (que usan pequeñas cámaras llamadas *webcams*) obtienen mayor difusión, también.

El Chat también es uno de los elementos básicos para el entorno de juegos en línea, ya sea póker o backgammon. Sumergido en un mundo de fantasía virtual en tres dimensiones, su persona puede estar representada por un *avatar* animado. En Mac tiene disponible un juego de estas características llamado *Second Life* (Segunda Vida — www.secondlife.com). Tenga cuidado con los contenidos de este entorno, que pueden a veces no ser aptos para todo público.

Algunas salas de chat están monitoreadas por personas que se aseguran de que el discurso sea civilizado y cortés. En algunas raras ocasiones, estos monitores pueden determinar quién puede hablar, y quién no, e incluso puede que echen a patadas a algún desubicado.

Para muchos, la primera exposición a salas de chat fue dentro de los confines virtuales de América Online. AOL estableció un conjunto de pautas comunitarias, la mayoría de las cuales tenían que ver con prohibir las expresiones de odio así como amenazas o el comportamiento abusivo. Estas mismas pautas siguen en vigencia, por supuesto, pero AOL no está más protegido detrás de una muralla basada en la suscripción. Las categorías de temas en las salas de chat son muy variadas. Los principales rivales de AOL, Yahoo! y MSN, tienen sus propias áreas de chat. Todos estos chats son descendientes de algo llamado IRC, o Internet Relay Chat (Charla por Relevos en Internet).

Aconsejo a quienes visitan por primera vez un grupo de chat decir hola a todo el mundo y luego sentarse en la última fila. Observen. Perciban el ambiente. Traten de darse una idea si los participantes tienen una edad similar a la suya (o al menos un nivel de madurez parecido). Determinen si están tratando temas que les importan — y hablan el mismo idioma. Los participantes de estas reuniones vienen de todas partes del planeta (y a veces parecen del espacio exterior).

¿Y usted creía que aprender latín era difícil?

Es crucial que pueda expresarse con fluidez en la jerga de las salas de chat y mensajería instantánea si desea encajar o aunque sea comprender qué es lo que pasa. Sin embargo, recuerde resistir la tentación de usar demasiados íconos gestuales en sus correos electrónicos e incluso en su correspondencia real.

Íconos Gestuales Frecuentes

:) = sonrisa

;) = guiño

:D = risa

:(= ceño fruncido

:'(= llorar

>:-} = un diablo

0:-) = un ángel

{} = abrazo

:* = beso

:P = lengua afuera

Acrónimos Frecuentes

BTW = By The Way (Por Cierto)

ROTF = Rolling On The Floor (Rodar en el Piso Riéndose)

LOL = Laugh Out Loud (Reír a Carcajadas)

IMHO = In My Humble Opinion (En Mi Humilde Opinión)

BRB = Be Right Back (Enseguida vuelvo)

TTFN = Ta-Ta For Now (Adiós Por Ahora)

GMTA = Great Minds Think Alike (Grandes Mentes Piensan Igual)

F2F = Face to Face (Cara a Cara)

FOAF = Friend Of a Friend (Amigo de un Amigo)

WB= Welcome Back (Bienvenido otra vez)

No se sorprenda si algunas de las líneas que escriben los miembros de la comunidad del chat le parecen jeroglíficos. Advertirá usos extraños de puntuación y abreviaturas. Échele un vistazo al apartado "¿Y usted creía que aprender latín era difícil? " donde encontrará un curso rápido sobre la lingüística del *emoticon (ícono gestual)*.

Comunicación Uno-a-Uno: Mensajes Instantáneos

En una sala de chat puede estar hablando (en realidad transmitiendo) con docenas de personas a la vez. Pero ¿qué pasaría si encuentra un lazo que lo une a ese misterioso extraño cuyas bromas lo divierten? ¿Y si quiere susurrar dulces naderías virtuales al oído de esa persona y nadie más? Tal nivel de intimidad requiere una conversación privada. Requiere un *instant message (mensaje instantáneo),* o *IM.*

Los mensajes instantáneos no necesitan que su origen sea una sala de chat, y para la mayoría de la gente no es el caso. Los participantes de la charla dependen de software *cliente* para mensajes instantáneos que pueden bajarse gratis desde AOL, Yahoo!, Microsoft, Skype, y otros.

Así como AOL se quedó con la parte del león en los créditos por difundir el uso del correo electrónico, lo mismo sucede con los mensajes instantáneos entre las masas de los Estados Unidos. AOL es dueño del popular programa *AOL Instant Messenger (Mensajería Instantánea de AOL),* o *AIM,* así como de otro programa de IM global extremadamente popular, *ICQ.* Puede obtenerlos en forma gratuita en `www.aim.com` y `www.icq.com`, respectivamente. De hecho, como veremos en breve, no es necesario que baje el AIM, ya que el programa iChat de Apple le permite inmiscuirse en la comunidad AIM.

Los mensajes instantáneos se han convertido en uno de los pilares del comercio así como en los círculos sociales. Funciona como complemento del correo electrónico y en cierta forma es más atractivo. Veamos por qué: Como en las salas de chat, la conversación a través de mensajes instantáneos ocurre en tiempo real, sin las demoras asociadas a los correos electrónicos. Además, los IM permiten el tipo de espontaneidad que no es posible a través del correo electrónico o incluso a través de las anticuadas llamadas telefónicas. Usando el concepto de *presencia,* puede saber no sólo quienes de los que quiere chatear están en línea en este momento sino también si desean hacerlo. Los indicadores de estado al lado de los nombres en la *buddy list (lista de amigos o contactos)* le dan una pista sobre su disponibilidad.

Los mensajes instantáneos tienen al menos una desventaja principal comparados con el correo electrónico y el viejo teléfono: la falta de *interoperabilidad* entre los principales proveedores de IM. El teléfono también tiene la ventaja de transmitir el tono de la conversación sin que usted tenga que recordar incluir el ícono gestual apropiado. Por razones de competencia, el líder del mercado AOL guarda celosamente su lista de contactos, de forma que un miembro de AIM no pueda enviar mensajes instantáneos directos a usuarios de Yahoo! o MSN, al menos sin usar algún truco técnico. Imagínese lo que sucedería si un cliente de telefonía celular de Verizon, por ejemplo, no pudiese llamar a su amigo suscripto en AT&T, y viceversa. Pero la paz está llegando a todos lados, por lo que para el momento en que lea esto, es probable que este problema ya esté resuelto.

Así como el chat común evolucionó bastante más allá del canal de comunicación solo-texto, lo mismo sucedió con los mensajes instantáneos. Los programas IM de hoy en día le permiten establecer conversaciones de voz y hacer llamadas telefónicas gratis de computadora a computadora a través de Internet. Más aún, si tiene una webcam — y los usuarios de la mayoría de las Mac nuevas están bendecidos con las cámaras integradas iSight — puede mantener también conversaciones cara a cara. Y esto nos lleva al sistema de mensajes instantáneos en permanente evolución de Apple, el iChat AV.

iChat AV

Decir que iChat AV es un programa de mensajes instantáneos es quedarse bastante cortos, igual que decir que Michael Jordan sabe cómo hacer tiros libres. La parte *AV* del nombre viene de *audio visual* o *audio video,* dependiendo a quién le pregunte. Y a menudo a iChat AV se le dice simplemente iChat.

Por supuesto, iChat es un programa de mensajes instantáneos competente para manejar chat tradicional en modo texto. Pero considere otros trucos que puede hacer el iChat:

- ✔ Puede intercambiar archivos mientras habla con alguien.
- ✔ Puede mantener audio conferencias *gratis* hasta con otras nueve personas.
- ✔ Puede armar una video-conferencia desde el escritorio de su Mac con hasta otras tres personas.
- ✔ Puede aplicar (en Leopard) divertidos fondos y efectos de video del Photo Booth.
- ✔ Puede colaborar con presentaciones durante video conferencias e incluso intercambiar vistas y tomar el control alternativamente de cada escritorio de los participantes de la conferencia.

Va a necesitar al menos alguno de los elementos que detallo a continuación para poder usar el iChat:

- ✔ **Una cuenta AIM o nombre de pantalla AOL y contraseña:** Como ya dijimos, iChat está vinculado al popular sistema de mensajes instantáneos de AOL.
- ✔ **Un ID de Jabber:** Puede usar un ID de Jabber para intercambiar mensajes con las cohortes que compartan el mismo servidor Jabber. Jabber es un sistema de chat estándar y abierto empleado por muchas organizaciones. A través de Jabber, puede intercambiar mensajes instantáneos con un miembro de Google Talk. Aunque iChat todavía no es compatible directamente con los nombres de pantalla de los sistemas de mensajes instantáneos de MSN o Yahoo!, puede usar un atajo tecnológico a través del Jabber. Sin importar cuál use, puede iniciar sesión en todas sus cuentas de chat al mismo tiempo.

✔ **Una cuenta .mac o me.com:** Puede usar un ID de me.com que obtiene siendo miembro MobileMe para iChat. O puede continuar usando un ID de mac.com que pudo haber conseguido con el servicio que precedió a MobileMe conocido como .Mac. Me explayaré sobre MobileMe en el Capítulo 12.

✔ **Una red local o un aula que utilice la tecnología de Apple llamada Bonjour, que antes se conocía como Rendezvous:** Usando esta tecnología incorporada, iChat le permite ver quién dentro de la red local está disponible para chatear. Bonjour, sin embargo, se utiliza para armar redes de configuración automática a través del OS X.

Si quiere aprovechar el video, necesitará una conexión a Internet de banda ancha de alta velocidad, más una cámara compatible. La cámara iSight de Apple (estándar en los últimos modelos) funciona bien, pero cualquier cámara basada en FireWire puede servir también.

Amigo mío

iChat no sirve para nada sin un componente esencial: al menos una persona con quien chatear. Si inició la sesión con una cuenta de AIM, su lista de contactos ya estará poblada de nombres.

Para agregar gente nueva a la lista, haga clic en el botón + debajo de la ventana Buddy List (Lista de Contactos) y elija Add Buddy (Agregar Contacto), o presione Shift+⌘+A. En la ventana que aparece, ingrese el nombre de la cuenta AIM, MobileMe o Mac.com de su contacto y además su nombre y apellido reales en los campos respectivos. O puede elegir un contacto del Address Book (Libreta de Direcciones) haciendo clic en la flecha que apunta hacia abajo en la esquina inferior derecha de la ventana. El nombre del contacto aparece instantáneamente en su lista de contactos de iChat.

En la misma ventana, podrá también reunir sus contactos en grupos (compañeros de trabajo, equipo de fútbol, etc.) O puede elegir View⇨Use Groups (Vista⇨Usar Grupos) y hacer clic en + para agregar o editar un grupo.

La lista de contactos tiene unos cuantos indicadores visuales de estado. Su amigo pudo haber incluido una foto de su cara, probablemente tomada con el Photo Booth. O algunos contactos pueden expresarse usando pequeñas imágenes llamadas *buddy icons (íconos de contacto).* Puede incluso animar estos íconos en Leopard. Un símbolo de teléfono le indica que puede conectarse a través de la voz, y un ícono de una cámara filmadora indica que se puede conectar usando video, como se ve en la Figura 11-1. Haga clic sobre esos íconos para iniciar esos tipos de chat.

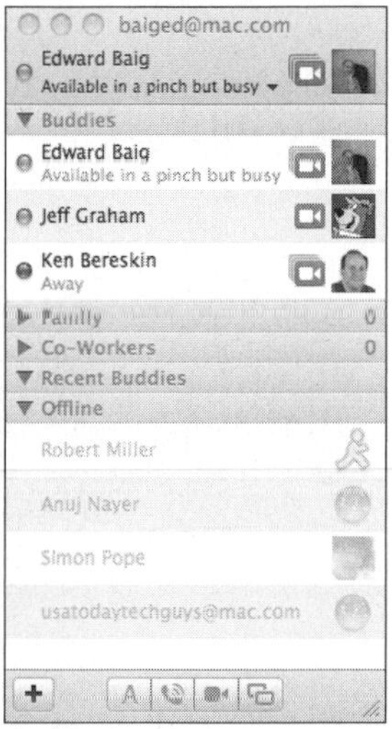

Figura 11-1:
Indicadores
visuales
para saber
cómo con-
tactar a sus
amigos.

La mayoría de las veces podrá saber si sus amigos están en línea en ese momento y si están con ganas de charlar un rato. Veamos cómo:

✔ Un círculo verde a la derecha del nombre de la persona significa que está disponible y (probablemente) dispuesto a hablar.

✔ Un círculo rojo significa que la persona está en línea pero ocupada. Hay que considerarla Away (Ausente).

✔ Un círculo amarillo significa que la persona en su lista está inactiva y no ha usado la maquina por un tiempo (la ventana le dice por cuánto tiempo ha permanecido en este estado). Su amigo no se tomó el trabajo de cambiar su estado de Available (Disponible) a Away (Ausente).

✔ Si el nombre se ve atenuado, entonces su amigo esta fuera de línea.

Compartir una melodía

Puede mostrar a sus compinches del IM qué música está escuchando en iTunes. Desde el menú desplegable iChat que indica su estado, elija Current iTunes Track (Pista Actual en iTunes). Esta opción cumple varios propósitos, es lo más que puedo decir. Por empezar, sus amigos descubrirán que tan en la onda está (asumiendo que no lo sepan aún). Es más, se convertirá en un *influyente:* Si sus amigos hacen clic en su selección musical y pueden escuchar un adelanto de la canción en iTunes Store (Tienda iTunes — Capítulo 14). Si sus amigos compran diez o más canciones de las que usted estaba escuchando en un período de dos semanas, Apple le enviará una computadora. Está bien, esto último es invento mío. Pero sepa esto: Steve Jobs va a quererlo mucho.

Puede fijar su propio estado para que todo el mundo lo vea. Y no se limita a Available (Disponible) o Away (Ausente). Haga clic en su propio nombre y elija Custom (A Medida) dentro del menú desplegable. Puede elegir su propio mensaje para que aparezca al lado del círculo verde o rojo. Escriba el mensaje que guste, como por ejemplo, *puedo hablar un poquito pero estoy ocupado* o *volví de almorzar.*

Por cierto, si estuvo ausente de su computadora por un rato, la Mac le dará la bienvenida gentilmente cuando vuelva y le preguntará si desea cambiar su estado de conexión en iChat de Away (Ausente) a Available (Disponible) otra vez.

Chatear

Para iniciar un mensaje instantáneo haga doble clic sobre un nombre en la lista de contactos que se despliega siempre que abra iChat. Ingrese algo en el cuadro de abajo. *Hola desconocido* será suficiente por el momento.

Como alternativa, puede elegir File⇨New Chat (Archivo – Nuevo Chat) e ingresar el nombre de la persona con quien quiere chatear. Puede hacer esto incluso si el individuo no está en su lista de contactos o Libreta de Direcciones.

Lo que haya ingresado aparece instantáneamente en un globo de tira cómica en la parte superior de la ventana. (Puede ver los chats como cuadros rectangulares también.) Si la persona responde, lo que él o ella diga aparece en su propio globo de tira cómica. Y así sucesivamente.

Puede ingresar sus propios smileys (íconos gestuales) o revisar la colección de Apple eligiendo Edit⇨Insert Smiley (Editar⇨Insertar Smiley). (Sospecho que estuve usando el smiley que representa "Pie en la boca" más veces de lo que creí.) Si necesita usar símbolos monetarios y otros caracteres especiales, elija Edit⇨Special Characters (Editar⇨Caracteres Especiales).

La Figura 11-2 muestra a su servidor manteniendo una conversación tonta con su servidor. (Honestamente, no es mi costumbre hablar conmigo mismo. Fue un pequeño ejercicio concebido estrictamente para su beneficio.)

Digamos ahora que está en medio de un importante intercambio de IM con su abogado o contador. O intercambia las recetas de atún a la cacerola con su mejor amigo. Es probable que quiera registrar su conversación para poder referirse a ella más tarde. Para crear una transcripción de su sesión, abra iChat Preferences (Preferencias de iChat) haciendo clic en el menú del mismo y luego haciendo clic en Preferences (Preferencias). Haga clic sobre el ícono

Messages (Mensajes) y luego seleccione la opción Automatically Save Chat Transcripts (Guardar Automáticamente las Transcripciones de Chat) como se ve en la Figura 11-3. iChats es la carpeta predeterminada, pero puede hacer clic en el menú emergente para guardar la transcripción en otra carpeta.

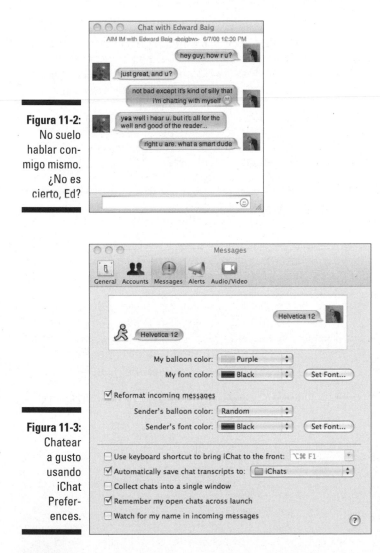

Figura 11-2:
No suelo hablar conmigo mismo. ¿No es cierto, Ed?

Figura 11-3:
Chatear a gusto usando iChat Preferences.

CONSEJO

Para eliminar completamente el registro, elija Edit (Editar) en la barra de menú en la parte superior de la pantalla y seleccione Clear Transcript (Borrar Transcripción).

Tome nota de otra cosa que puede hacer dentro de iChat Preferences. Por empezar, puede cambiar el color del globo de diálogo y la fuente. Y puede activar la característica *chats por pestaña* seleccionando la casilla de verificación Collect Chats into a Single Window (Agrupar Chats en una Única Ventana). Ahora puede chatear con múltiples amigos al mismo tiempo cómodamente en una sola ventana.

Puede usar iChat también para enviar archivos a su amigo en IM (o recibir un archivo como contrapartida). No solo es práctico, sino que a diferencia de los correos electrónicos, no hay restricción en el tamaño de los archivos que está compartiendo. (Sin embargo, sólo puede enviar un archivo por vez). Elija el nombre en su lista de contactos y luego elija Buddies⇨Send File (Contactos⇨ Enviar Archivo). Elija el archivo que quiere enviar. Como alternativa, puede arrastrar el archivo sobre el nombre del contacto o en el área de la ventana donde está desarrollándose el chat. De las dos formas, su amigo tiene la posibilidad de aceptar o rechazar el archivo entrante.

Mientras estamos tocando el doloroso tema del rechazo, si uno de nuestros amigos (o cualquier otra persona) inicia un IM y usted no está de humor para charlar con esa persona, haga clic en la opción Decline dentro de la ventana que aparece.

Si la persona lo saca de sus casillas, haga clic en Block (Bloquear) para evitar que esta persona vuelva a mandarle IMs alguna vez. (Sepa que sus supuestos amigos pueden hacer lo mismo con usted).

Puede determinar en forma proactiva quién puede ver si está en línea y enviarle mensajes. Dentro de iChat Preferences (Preferencias de iChat), haga clic en el ícono Accounts (Cuentas) y luego clic en la pestaña Security (Seguridad). Elija un Privacy Level (Nivel de Privacidad) que le resulte confortable. Las opciones son

- ✔ Permitir a todos.
- ✔ Permitir sólo a las personas en mi lista de contactos.
- ✔ Permitir a algunos elegidos. Si elije esta opción, deberá ingresar las direcciones AIM o .Mac (o me.com) de cada persona autorizada.
- ✔ Bloquear a todos.
- ✔ Bloquear a algunos elegidos. Nuevamente deberá ingresar sus direcciones.

Dentro de las preferencias de iChat, puede encriptar o mezclar chats de texto, audio o video con suscriptores amigos de MobileMe que hayan también elegido esta opción. Cuando esté usando este modo seguro, verá un ícono de candado en la parte superior derecha de la ventana de iChat.

Ver para creer; y oír también

Como dije anteriormente, los mensajes instantáneos o chats en modo texto son de alguna manera cosa del pasado (aunque todavía son útiles los malditos). La forma de comunicarse en el siglo veintiuno es a través de la video llamada telefónica. (Obviemos que una versión primitiva de esta tecnología se exhibió en la Feria Mundial de Nueva York en 1964.)

Asumiendo que su cámara y micrófono están configurados como le gusta, haga clic en el ícono de video cámara en la lista de contactos o, si sólo desea una sesión usando sólo audio, haga clic en el ícono del teléfono. Como siempre, su compañero de IM tiene la opción de aceptar o declinar la invitación. Si él o ella aceptan, podrán observarse mutuamente a pantalla completa. (Su imagen aparecerá en una ventana más pequeña.)

Este asunto está muy bueno. En una conferencia multisala, los participantes aparecen en una sala de conferencias virtual en tres dimensiones con efectos de video auténticos que hacen que los reflejos de la gente se vean en la mesa de conferencia.

Y haciendo clic en el botón Effects (Efectos), puede reemplazar el fondo normal de iChat con fondos magníficos, o bizarros, desde Photo Booth, como se destacó en el Capítulo 5 y como se ve en la Figura 11-4. Necesita Leopard y una Mac con procesador Core2Duo o superior para poder aplicar una de estas escenas, pero los amigos que tengan una versión más antigua de iChat o AIM podrán ver los fondos aunque no hayan hecho la actualización del sistema operativo a su última versión.

La calidad es bastante buena, aunque la foto puede mostrar alguna distorsión, dependiendo de su conexión de cable o DSL.

 El formato de video que utiliza iChat (y QuickTime) adhiere al estándar de video conocido como H.264, o Advanced Video Codec (AVC — Codificación/Decodificación de Video Avanzada). Esto significa que puede despachar videos de alta calidad generando archivos más pequeños, ahorrando en ancho de banda y espacio en disco.

Si usted tiene una webcam y su amigo de IM no, de todos modos él (o ella) obtiene el beneficio de ver su cara sonriente, al menos. Y si se da que tienen micrófono, podrá escucharlos.

Figura 11-4:
Ella está en
las nubes,
y él en las
cascadas
en un video
chat a
través de
iChat AV.

Cortesía de Apple

Puede grabar sus video chats y luego compartirlos a través de su iPod. Elija Video⇨Record Chat (Video⇨Grabar Chat). No se preocupe: No se puede grabar un chat sin su permiso. Para detener la grabación en curso, presione Stop (Detener) o cierre la ventana del chat.

Teatro iChat

Puede compartir fotos desde iPhoto, presentaciones desde Keynote, e incluso películas QuickTime activando una utilidad de Leopard llamada iChat Theater (Teatro iChat), como se muestra en la Figura 11-5. Puede aprovechar esta funcionalidad de varias maneras, suponiendo que tiene una conexión a internet de banda ancha que pueda soportarla (384 Kbps o más):

✔ Para compartir fotos desde iPhoto, elija File⇨Share iPhoto with iChat Theater (Archivo⇨Compartir iPhoto con iChat Theater) y seleccione las fotos que quiera mostrar. Puede mostrar incluso un álbum en forma de presentación secuencial, suponiendo que tenga iPhoto '08 instalado.

✔ Para compartir archivos que no sean fotos dentro de iPhoto, elija File⇨Share a File with iChat Theater (Archivo⇨Compartir un Archivo con iChat Theater), y luego seleccione los archivos que quiera compartir. Si ya tiene iniciado un video chat, basta con que arrastre el ítem sobre la ventana de video. Se le preguntará si desea compartir el archivo a través de iChat Theater o enviarlo como una transferencia de archivo.

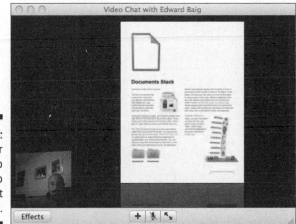

Figura 11-5:
Presentar
un archivo
dentro
de iChat
Theater.

Si no está seguro si uno de sus archivos puede presentarse con iChat Theater, resalte el ítem en el Finder y luego elija File⇨Quick Look (Archivo⇨Vista Rápida). Si obtiene una vista previa del mismo, también la obtendrá la persona a quien quiera mostrárselo a través de iChat Theater.

Compartir pantalla

Esta muy bien poder realizar una presentación a larga distancia vía iChat. Pero suponga que usted y su amigo quieren trabajar duro en un sitio Web o algún otro proyecto, pero están lejos. Si ambos tienen Macs con Leopard, podrán trabajar en la pantalla de uno u otro indistintamente — basta con hacer clic en uno o en otro para intercambiar pantallas. Esta acrobacia funciona con cualquier cuenta con las que iChat se lleva bien: MobileMe, AIM, Jabber, o Google Talk.

Desde el menú Buddies (Contactos), puede elegir tanto Share My Screen (Compartir Mi Pantalla) como Ask to Share (Pedir Que Comparta). Quédese tranquilo que puede declinar amablemente la invitación si es a quién se la hacen. Pero apliquemos pensamiento positivo aquí, amigos, y asumamos que le dio luz verde. Cada uno podrá correr a lo loco sobre el escritorio compartido, incluso copiando archivos arrastrándolos de un escritorio al otro. iChat mantiene un audio chat activo de forma tal que puedan decirse qué tienen en mente respecto a lo que están haciendo.

¿Lo que su compañero de chat dice no le convence? Presione Ctrl+Escape para mandar al diablo instantáneamente la sesión de escritorio compartido.

Si otra persona está compartiendo la pantalla, notará una versión miniatura de su propio escritorio en una ventana, como se ve en la Figura 11-6.

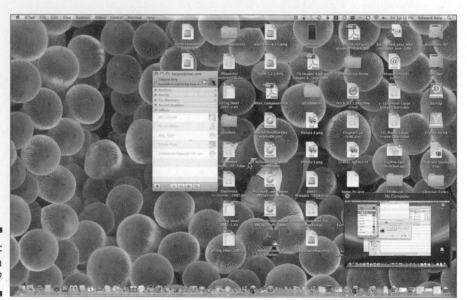

Figura 11-6:
¿Tu pantalla
es la mía?

Como podrá imaginar, todo este asunto de compartir escritorio puede ser algo demasiado cercano a casa, especialmente, si no confía plenamente en la persona que está dejando meterse en su computadora. Sea especialmente cauteloso si alguien que no está en su lista de contactos aparece con un pedido para compartir su escritorio. También deberá tener cuidado con darle permiso a alguien que esté en la lista Bonjour. No siempre son quienes dicen ser.

Tener Voz en Línea

A usted pueden verlo y oírlo en muchos lugares dentro de Internet. En esta sección exploraremos algunos de estos lugares.

Grupos de Noticias

El término *newsgroups* (grupo de noticias) lo hace imaginar a un grupo de periodistas retirándose al bebedero más cercano luego de una entrega. (Estuve ahí, ya me pasó.) O un pelotón de amigos sentados en círculo mirando, por ejemplo, a Bob Schieffer. Los Grupos de Noticias se definen de una manera diferente en el capítulo que tan gentilmente está leyendo en este momento.

Los Grupos de Noticias son denominados de varias formas: electronic (or online) bulletin boards (paneles de anuncios electrónicos — o en línea —), discussion groups (grupos de discusión), forums (foros), y Usenet (un nombre con aires técnicos que se usa desde los finales de la década del setenta en la Universidad Duke). Google adquirió los archivos de Usenet en 2001; a través de Google Groups (Grupos Google), podrá leer más de mil millones de discusiones en Usenet que datan desde 1981.

En pocas palabras, la gente puede publicar y responder mensajes sobre cualquier tema o persona: fumar en pipa, dietas bajas en carbohidratos, películas de monstruos, tenores de nivel mundial, nanotecnología, incontinencia canina, fuentes alternativas de energía, encantadores de serpientes . . . Miles de estos debates están llevándose a cabo en línea en este momento.

Los grupos de noticias en general adhieren a una estructura jerárquica. En el nivel superior, verá *comp* por computadoras, *rec* por recreation (recreación), *sci* por sciences (ciencias), *soc* por socializar, *talk* (debate) por política, *news* por Usenet, *misc* por misceláneas, *alt* por alternativo, y así sucesivamente. A medida que se mueve hacia abajo en la cadena alimentaria se vuelve más específico. Podría empezar por *alt,* luego sumergirse hacia *alt.animals (alt. animales),* luego *alt.animals.cats (alt.animales.gatos),* y luego *alt.animales gatos.siameses.*

Va a necesitar un programa de grupos de noticias para poder leer estos comentarios. Si compró Microsoft Office para Mac, incluye un lector de noticias en el programa de correo electrónico Entourage. También puede bajar programas shareware gratuitos o de bajo costo llamados newsreaders (lectores de noticias) para Mac. Usan nombres tales como Hogwash, MacSoup, MT-NewsWatcher, NewsHunter, y Unison. Tenga presente que es necesario que su ISP (Proveedor de Internet) admita el acceso a grupos de noticias.

¿Qué diablos es RSS?

Los blogs y otros tipos de noticias se distribuyen a través de la tecnología conocida como RSS, abreviatura de *Really Simple Syndication (Distribución Realmente Sencilla).* Puede ver las novedades RSS en el navegador Safari (a veces se las llama novedades *XML*) y en Mail, eligiendo a cualquiera de los dos como lector RSS por defecto. Cuando se suscribe a una fuente RSS, recibirá un resumen esquelético (y los títulos) de los artículos listados, como por ejemplo las novedades de Apple que se muestran aquí. Puede hacer clic en el enlace Read More (Leer más) para obtener el artículo completo. Si Safari encuentra una fuente, *RSS* aparece en la barra de direcciones.

Si quiere ser notificado cuando se publique algo nuevo, vaya a las preferencias de Safari (que se encuentran en el menú de Safari), haga clic en RSS, y seleccione con qué frecuencia va a verificar las actualizaciones RSS (cada 30 minutos, cada hora, una vez por día, o nunca). Para captar todas las actualizaciones de RSS (de múltiples sitios) de una vez — una forma

interesante de personalizar su propio periódico, en efecto — coloque todas sus fuentes en una sola carpeta de marcadores. Luego haga clic en el nombre de la carpeta y elija View All RSS Articles (Ver Todos los Artículos RSS). La barra de marcadores que viene por defecto con Safari incluye una gran cantidad de fuentes RSS.

Puede incluso convertir sus actualizaciones RSS en un protector de pantalla muy atractivo con titulares de noticias voladores que se le vienen encima como los créditos de los éxitos de taquilla de Hollywood. Elija ⌘⇨System Preferences (Preferencias de Sistema), clic en Desktop & Screen Saver (Escritorio y Protector de Pantalla), y nuevamente clic en la pestaña Screen Saver. A continuación haga clic en RSS Visualizer (Visualizador RSS) de la lista de protectores de pantalla. Ahora clic en el botón Options (Opciones) y seleccione una fuente RSS específica. Si quiere leer la historia completa de una noticia en particular, se le indicará que presione la tecla 1 para leer una novedad, 2 para leer otra, y así sucesivamente.

Blogs

Los *Blogs,* o weblogs, se han convertido en un fenómeno de Internet. El motor de búsqueda de blogging Technorati tiene registrados más de 112 millones de blogs y la cifra sigue creciendo. Miles de nuevos blogs aparecen cada día.

Aunque todavía está relativamente en su infancia, ya le han sacado provecho a la *blogósfera* los políticos, instituciones educativas, especialistas en marketing, publicistas, y los medios tradicionales de comunicación. Y como ya habrá imaginado, puede encontrar también blogs dedicados a la Mac, como por ejemplo www.cultofmac.com, www.tuaw.com (el Weblog no Oficial de Apple), y www.theappleblog.com.

Algunos bloggers pueden soñar con convertirse en estrellas del periodismo de la noche a la mañana, pero son pocos los que logran semejante rango. Y mucha gente en los medios principales de comunicación está inquieta por el hecho de que los bloggers carecen de escrutinio editorial y tampoco respetan los estándares del periodismo. Pero la mayoría de los blogs no son más que diarios personales dirigidos a un círculo cerrado de amigos y familia. Los bloggers comparten sus pensamientos, proveen enlaces a otros sitios, e invitan a que otros opinen sobre su material.

Los destinos para crear y hospedar un blog incluyen a Blogger.com, el servicio gratuito de Google, WordPress, también gratis, y TypePad de SixApart (a partir de $5 por mes). Puede suscribirse o leer otros blogs usando una tecnología conocida como *RSS*. Vea el apartado "¿Qué diablos es RSS?" para más información. Puede usar el programa iWeb de Mac para publicar un blog a través del servicio MobileMe ($99 al año si lo contrata directamente en Apple, pero puede conseguirlo a $70 a través de Amazon).

Redes Sociales

¿Usted a quién conoce? ¿Y sus amigos a quiénes conocen? ¿Y los amigos de sus amigos, a quiénes conocen? Oh, ¿y cómo me puedo beneficiar con el asunto de los seis (o menos) grados de separación?

En esto consiste, en realidad, este tema de las redes sociales. Al sacar provecho de sus contactos directos e indirectos, podrá encontrar un lugar donde vivir, cerrar el negocio del siglo, o abrochar un contrato de grabación. Eso es lo que uno tiene esperanzas de lograr. Lamento ser la clase de personas que ven el vaso medio vacío, pero estos resultados no están garantizados.

Aún así, los sitios que conforman redes sociales pueden ayudarlo a armar una red y a ser sociable. Pueden combinar blogs, mensajes instantáneos, compartir fotos y videos, juegos, música, y mucho más. Facebook, MySpace, y YouTube — si consideramos compartir videos como una red social — se han convertido en fenómenos culturales y son lo más representativo de la estirpe. Pero hay muchos otros ejemplos populares, aunque no encajen en la definición clásica de redes sociales, incluyendo Craig's List (comunidades globales con avisos clasificados gratis), LinkedIn (red orientada a los negocios), y Flickr (sitio para compartir imágenes de Yahoo!).

El Mercado Virtual de las Citas

Como ya sospechará a esta altura, Cupido pasa mucho tiempo en Internet. Puede incluso toparse con él en alguno de los susodichos sitios de redes sociales. Pero si está decidido a conseguir su pareja en el ciberespacio cueste lo que cueste, quizás el enfoque directo sea el más adecuado para usted. Los sitios de citas a menudo le permiten examinar avisos personales y completar perfiles en línea en forma gratuita. Con algunas variantes en las suscripciones y costos, estos sitios suelen comenzar a cobrar en el preciso instante en que usted se pone en contacto con la mujer (u hombre) de su vida.

Quédese tranquilo, hay un sitio para citas que encaja perfectamente con su estilo de vida. Los casamenteros en línea se concentran sobre algunas comunidades en particular, creencias políticas, preferencias sexuales, religiones, hobbies, e incluso por el amor a las criaturas de cuatro patas (échele un vistazo a `datemypet.com`). Los ejemplos más destacados incluyen a eHarmony.com, Match.com, AmericanSingles, True, y Yahoo! Personals.

Quisiera hacer un par de salvedades importantes: No me hago responsable bajo ningún concepto de quién encuentre usted en línea en estos o cualquier otro sitio Web (a menos que funcione, entonces me puede invitar a su boda). Y no puedo predecir qué tipo de chispas van a saltar si un usuario de Windows hace pareja con un partidario de Mac.

Comprar Cosas en Línea

Abuelito, ¿cómo era cuando la gente iba de compras a una tienda?

Dudo que escuchemos una conversación así por mucho tiempo. Pero cada vez más y más personas está comprando productos en línea, y estos productos no son solamente libros, música o software. La gente recurre a la Red para comprar ítems de precio elevado: columpios para que los niños jueguen en el patio trasero, televisores de alta definición, incluso automóviles. El comercio electrónico, o *e-commerce,* está vivito y coleando, con Amazon.com y el famoso sitio de subastas eBay.com al tope de la parva virtual de este tipo de sitios.

Comprar a través de Internet tiene muchas ventajas. Por ejemplo:

✔ Se evita las multitudes y el tráfico.

✔ Ahorra el costo de la gasolina o los costos del transporte público.

✔ Evita a los vendedores agresivos.

✔ Puede comparar fácilmente productos y precios a través de numerosos sitios Web, incrementando la posibilidad de lograr cerrar un excelente negocio. Visite sitios de comparación de compras tales como `www.mysimon.com`, `www.pricegrabber.com`, y `www.shopzilla.com`.

✔ Puede elegir dentro de un gran inventario de productos (con esto no quiero decir que no se vayan a quedar sin stock de un producto en particular).

✔ Puede obtener recomendaciones de parte de sus ciberpares.

La compra en línea tiene unos pocos aspectos negativos también:

✔ No puede "patear las cubiertas" o dicho de otro modo, inspeccionar los ítems que tiene bajo consideración.

✔ No va a obtener atención personalizada de un vendedor confiable.

✔ Puede llegar a llenarse de spam (publicidad).

✔ Sin los resguardos adecuados, puede poner en riesgo su privacidad.

✔ La gratificación instantánea que genera una compra pasa a ser una contradicción en términos, a menos que se trate de ítems que se puedan descargar como el software o música.

✔ No puede mirar en forma insinuante a las atractivas desconocidas con las que podría cruzarse mientras recorre los pasillos.

Una caja de herramientas para investigadores

Imagine que puede tomar la Enciclopedia Británica o ol *World Book Encyclopedia* y alterarlas o actualizarlas a voluntad. Ahora tiene una idea aproximada de qué se trata Wikipedia, que encontramos en `www.wikipedia.org`. Se lo anuncia como la enciclopedia gratuita que *todo el mundo puede editar.* Por lo menos, las entradas llegan a tiempo. La perspectiva de colaboración global puede proveer análisis que suelen brillar por su ausencia en otros materiales de referencia.

Sé lo que está pensando. Me están ocultando algo. ¿Y qué pasa si soy travieso? ¿Y si soy tendencioso? ¿Y si llego a ser un sabelotodo mal informado? ¿No podría simplemente cambiar el texto para que diga que el Sur ganó la Guerra Civil o que Dewey le ganó las elecciones a Truman? Así es, puede pasar y

pasa, porque la esencia fundamental de un *wiki* es permitir a cualquiera con una conexión a Internet meterse con cualquier referencia. En la mayoría de los casos, el vandalismo flagrante y los agregados dudosos se corrigen con el esfuerzo colectivo de los escritores y editores honestos alrededor del mundo.

Pero las entradas wiki de fuente abierta son orgánicas y nunca terminan, y se introducen errores, abierta o sutilmente, deliberadamente o de otra manera. Un aspecto de una discusión puede presentarse en forma más elocuente que otro. Casi siempre hay lugar para la interpretación y el debate. Entonces, Wikipedia es un recurso en línea extraordinariamente útil, siempre que tenga en cuenta sus limitaciones y no trate todo lo que encuentre en ella como si fuera la palabra revelada.

Gestionar viajes

Solía suceder que la gente compraba pasajes de avión y contrataba hospedaje a través de Internet estrictamente por conveniencia. Después de todo, comprar en línea es mucho mejor que languidecer retenido al teléfono mientras espera que lo atienda un representante de atención al cliente de una aerolínea. Y puede elegir asientos e imprimir las tarjetas de embarque en la comodidad de su propio teclado. (Bueno, si las cosas se complican con las conexiones o si vuela con mascotas, seguramente querrá hablar con un empleado de la aerolínea o de la agencia de viajes.) Hoy en día, las aerolíneas quieren que vaya por la Web y aproveche las ventajas de los e-tickets (pasajes electrónicos). De hecho, en la actualidad le sale más caro si pide un pasaje tradicional en papel.

Si bien puede encontrar buenos precios en otros lugares, los tres principales sitios de viaje — www.expedia.com, www.orbitz.com, y www. travelocity.com — merecen una visita. También busque el sitio propio de la aerolínea y anótese en una lista de correo electrónico en donde la aerolínea notifica a los suscriptores las últimas ofertas. Otro lugar que no debe dejar de visitar es www.tripadvisor.com para leer los comentarios sobre destinos turísticos escritos por gente común, como usted o como yo.

Capítulo 12

Unirse a MobileMe, el Club Que Lo Tendrá como Miembro

*N*oventa y nueve dólares al año. Este es el precio por persona para unirse al servicio MobileMe de Apple. Si se suscribe a un MobileMe Family Pack (Plan Familiar) con una cuenta principal y hasta cuatro miembros adicionales el precio sube a $149.

El conjunto de chucherías para Internet que recibe por esta suma principesca incluye herramientas para mantener sincronizadas a varias Macs (y también PCs con Windows y varios dispositivos móviles), más almacenamiento en línea y correo electrónico. Muchos servicios de MobileMe están ingeniosamente interconectados dentro de OS X e iLife. Y MobileMe también incluye sensacionales aplicaciones Web en me.com, entre las que se destacan ad-free Mail (Correo libre de publicidad), Contacts (Contactos), y Calendars (Calendarios), así como iDisk y Gallery (Galería).

Si en realidad quiere saberlo, MobileMe supo llamarse .Mac, el que a su vez supo ser iTools. Y además era gratis. La televisión también supo ser gratis, por supuesto, pero poca gente se queja de tener que pagar por TV por cable o satelital cuando se obtienen muchísimas más opciones en la programación. Lo mismo se aplica a MobileMe. Los muchachos de Apple han ido agregando muchas características nuevas los últimos años, tantas que lo hacen querer gastar alguna moneda extra.

Lo que nos lleva a la gran pregunta: ¿Vale MobileMe lo que cuesta el precio de admisión? Aquí es donde me encantaría pasar a un intervalo, enviar un par de comerciales al aire, dejándolo con el suspenso por unos minutos. Lo hacen todo el tiempo en TV. Bueno, está bien, no estamos en TV.

Con el riesgo de escabullirme, la respuesta es, depende. Apple le permite usar versiones limitadas de ciertas características de Mobile Me sin compromiso por sesenta días; haga la prueba. Si no le resulta útil o práctico, bueno, como dicen en básquetbol, si nadie salió lastimado, no hay falta.

Cuando enciende por primera vez su Mac tiene la oportunidad de registrarse con una cuenta MobileMe (paga o de prueba). No se preocupe si ya ha pasado hace rato ese punto: vaya a System Preferences (Preferencias de Sistema) y haga clic en el ícono MobileMe (que se puede encontrar debajo de Internet & Network — Internet y Redes). O visite la página `www.apple.com/mobileme`. Verá la ventana que se muestra en la Figura 12-1.

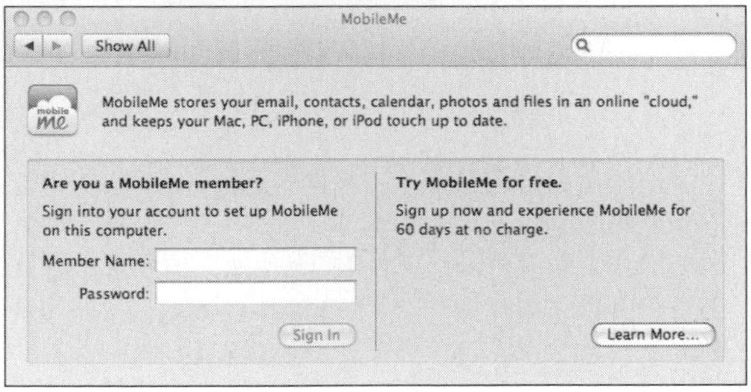

Figure 12-1: Con MobileMe, puede probar antes de comprar.

¿Por qué Pertenecer?

Apple está volviendo cada vez más atractiva la membresía a MobileMe a través de Leopard. En general, el servicio se vuelve muchísimo más interesante para aquellos de ustedes, creativos, que buscan compartir sus ideas — fotos, películas, blogs, y más — en el ciberespacio, y para los viajantes a los que les gustaría acceder a su computadora que tienen en casa. Otra ventaja: muchos de ustedes pueden aprovechar la capacidad de almacenamiento en línea extra que viene con la membresía, 20GB por persona al momento de escribir esto.

Mientras tanto, para cierta clase de usuarios — esos que tienen un iPhone o iPod Touch así como varias computadoras Macs o Windows o ambas — los así llamados push e-mail, push calendar y push contacts (sistema en que el envío de información sucede entre los equipos directamente, sin que intervenga un servidor central) les dan un motivo más que interesante para registrarse.

El núcleo de MobileMe es la *cloud computing (nube informática o computación usando Internet)*. Su información se almacena en un enorme servidor de Internet en el cielo. A medida que modifica su libreta de direcciones en un dispositivo o computadora, por ejemplo, estos cambios se distribuyen en forma más o menos instantánea entre todos sus otros equipos.

Apple tuvo dificultades inicialmente con la sincronización durante la transición de .Mac a MobileMe en el verano de 2008, obligando a la empresa a brindar una disculpa a sus clientes. Como parte de esta, hum, MobileMeaculpa, Apple extendió las suscripciones gratis por un par de meses. Incluso al momento de publicarse este libro, Apple no estaba totalmente convencido de haber eliminado todas las manías de MobileMe.

Aquí presento una vista a vuelo de pájaro de ciertas características claves de MobileMe, algunas de las cuales volveré a tratar con profundidad en éste u otro capítulo:

- ✔ **MobileMe Gallery (Galería MobileMe):** Un exhibidor en línea deslumbrante para imágenes y películas de iPhoto e iMovie, respectivamente. Puede publicar álbumes directamente a la Gallery desde el programa de edición fotográfica Aperture 2 de Apple.

- ✔ **Web publishing (Publicación Web):** Un lugar donde hospedar su sitio Web o blog creado a través de iWeb. Se le otorgará una dirección Web como la siguiente: web.me.com/*nombredeusuario*

- ✔ **Back to My Mac (De Vuelta a Mi Mac):** Úselo para acceder y controlar remotamente su Mac basada en Leopard desde otra Mac que esté ejecutando Leopard.

- ✔ **iDisk:** Un servicio de almacenamiento en línea centralizado que puede usar para intercambiar archivos con otros. Puede acceder a iDisk a través del Finder (Buscador).

- ✔ **Backup (Copia de seguridad):** Un método para programar copias de seguridad automáticas para su Mac. Es más útil si no está usando Time Machine en Leopard, o quiere acceder a las copias actualizadas de sus directorios específicos desde otras computadoras.

- ✔ **Mail (Correo Electrónico):** Una cuenta IMAP de correo electrónico sin publicidad con protección antispam y antivirus incluida.

✔ **Push e-mail, push contacts, push calendar:** Como se mencionó anteriormente, las actualizaciones de su correo electrónico, contactos y calendario son distribuidas ("empujadas") a todos sus dispositivos y computadoras. Y MobileMe funciona con aplicaciones nativas de OS X tales como Mail (Correo Electrónico), Address Book (Libreta de Direcciones), e iCal (Calendario).

✔ **iCal calendar publishing (Publicación de calendario iCal):** A través de MobileMe, puede publicar un calendario de iCal. Otros usuarios de Mac pueden suscribirse a su calendario y visualizarlo con iCal en sus computadoras. Recibirán una actualización a medida que usted vaya introduciendo cambios. También puede sincronizar los ítems de la lista de tareas pendientes entre iCal y MobileMe Calendar en me.com.

✔ **More syncing (Más sincronización):** Los usuarios de OS X también pueden sincronizar sus marcadores, las preferencias de los widgets (programitas) de Dashboard, ítems del dock, y System Preferences (Preferencias del Sistema) a través de varias Macs de su propiedad.

Configurar MobileMe en Su Mac

Asumo que es la primera vez que usted va a configurar su Mac con una cuenta MobileMe. Si ya configuró un iPhone o iPod Touch para que trabaje con MobileMe en su Mac, está adelantado en el juego. Para el resto de ustedes, procedan al Paso 1:

1. **En System Preferences (Preferencias del Sistema), seleccione MobileMe.**

   No es necesario entrar en pánico si ve .Mac en vez de MobileMe en System Preferences. Simplemente haga clic en .Mac y siga las instrucciones que aparecerán en la pantalla. Al final llegará al lugar correcto.

2. **Haga Clic en la pestaña Sync (Sincronizar) y luego clic en Synchronize with MobileMe (Sincronizar con MobileMe — que puede aparecer como Sync with MobileMe).**

3. **Elija un Sync Interval (Intervalo de Sincronización) en la ventana emergente que aparece.**

   Apple recomienda que use la opción Automatically (automáticamente), pero puede sincronizar cada hora, día, semana, o manualmente.

4. **Haga clic en los cuadros para seleccionar los ítems que desea sincronizar, tales como Contacts (Contactos), Calendars (Calendarios), y Bookmarks (Marcadores).**

Entre otras opciones adicionales (como se puede ver en la Figura 12-2) están los Widgets del Dashboard, ítems de Dock, contraseñas almacenadas en Keychains, Cuentas de Mail, Reglas de Mail, Smart Mailboxes (Buzones Inteligentes), y Preferences (Preferencias).

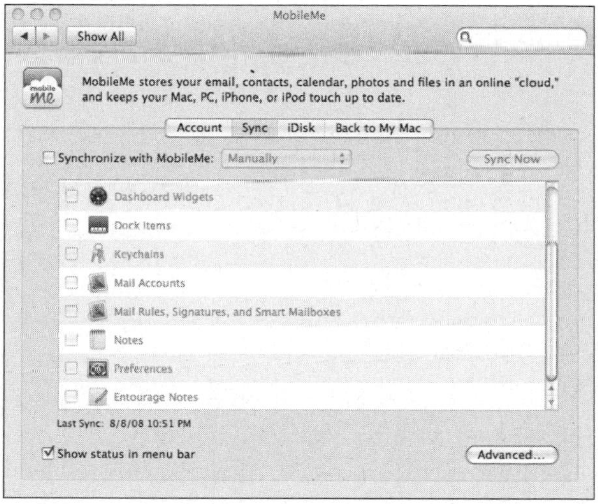

Figura 12-2: Seleccionar ítems para mantener en Sync (Sincronizado).

Si todo va de acuerdo al plan, sus Contactos y Calendarios aparecerán en me.com. No es mala idea iniciar la sesión para asegurarse de que sea así.

Deberá estar utilizando la última versión de Tiger o Leopard en su computadora para tener acceso a MobileMe desde una Mac.

Sincronizar en MobileMe es diferente a usar iSync, la aplicación de sincronización propia de OS X que ayuda a administrar información de contactos y calendarios en los dispositivos conectados tales como teléfonos celulares utilizando el protocolo inalámbrico Bluetooth, un organizador Palm, o un iPod. Use iSync para sincronizar archivos si tiene una versión de OS X anterior a la 10.4.

iDisk Hace Copias de Seguridad en el Cielo

¿Quién no querría tener un almacenamiento personal en el cielo? Los datos copiados en su iDisk estarán a salvo y preservados si alguien deja caer una bola de boliche sobre su computadora. Ésta no será la única referencia en este libro sobre la importancia de hacer copias de seguridad de sus tesoros digitales.

Es más, mientras tenga una conexión en línea, podrá acceder a los archivos dentro de su casillero iDisk donde sea que se encuentre usted, incluso desde un equipo Windows o Linux. Y también podrá colaborar o intercambiar documentos con otros o acceder archivos en forma remota, especialmente aquellos que son demasiado grandes para ser enviados por correo electrónico.

Mencioné anteriormente que su membresía viene con 20GB (gigabytes) de espacio de almacenamiento. Lo que no dije antes es que puede repartirlo entre iDisk y su cuenta de correo electrónico de MobileMe. Puede aumentar la capacidad de almacenamiento a 40GB o 60GB pagando un adicional de $49 o $99 por año, respectivamente. Los precios de la ampliación se prorratean en forma diaria; su fecha de vencimiento no cambia.

Los suscriptores de MobileMe pueden acceder a iDisk a través del Finder eligiendo Go⇨iDisk⇨My iDisk (Ir⇨iDisk⇨Mi iDisk o presionando Shift+⌘+I). Se le pedirá que ingrese el nombre de socio y contraseña.

Bajo el menú Go (Ir), puede conectarse con otros usuarios iDisk o Public folder (Carpeta Pública) eligiendo Other User's iDisk (iDisk de Otro Usuario) o bien Other User's Public Folder (Carpeta Pública de Otro Usuario).

Puede mantener una copia de su iDisk en su escritorio para acceder dentro de su Mac, aún cuando no esté conectado a Internet. Cualquier cambio que haga en su copia de iDisk se sincroniza con el iDisk en las nubes cuando se conecte al ciberespacio. Haga clic en la pestaña iDisk en las preferencias de MobileMe y luego haga clic en Start to turn on iDisk Sync (Comience a activar la Sincronización iDisk).

Un iDisk está compuesto en realidad por diez carpetas para almacenar sus objetos de valor digitales. Almacenar archivos dentro de estas carpetas es tan sencillo como arrastrar cosas dentro de ellas, al igual que cualquier carpeta de Mac. La mayoría de las carpetas incluyendo Documents (Documentos), Movies (Películas), Music (Música), y Pictures (Imágenes), se explican por sí mismas.

Vale la pena resaltar al menos una de las carpetas: la carpeta Public (Pública). Y como el nombre sugiere, puede compartir los contenidos de esta carpeta con cualquiera en el ciberespacio que sepa su nombre MobileMe y (si ha creado una) la contraseña. La carpeta es muy útil obviamente para sus compañeros de trabajo y otra gente con quien colabore con regularidad.

Si alguna vez decide no renovar su membresía MobileMe, no se olvide de arrastrar cualquier copia de seguridad u otro dato al disco duro de su Mac antes de que expire la cuenta.

Otros Métodos de Respaldo

Es vital que haga copias de seguridad de sus recuerdos digitales (fotos, videos, documentos financieros, etc). Espero haberlo impresionado lo suficiente a esta altura. (Si no es así, ¿qué hace falta que pase?) Fin del sermón.

iDisk es un instrumento tremendo para hacer copias de seguridad de bits y bytes, pero no provee suficiente capacidad de almacenamiento si usted posee, digamos, una colección multimedia de tamaño respetable. Así que el arsenal de elementos para mantener copias de seguridad hoy en día incluye los CDs y DVDs (re)grabables, discos duros externos y redes.

En el Capítulo 13 analizo Time Machine, el más vistoso y posiblemente más ventajoso adicional entre los últimos incorporados por Leopard. Si no se tomó el trabajo de conseguir un disco duro extra para aprovechar a Time Machine o no tiene Leopard, considere utilizar Apple Backup, incluido con la membresía de MobileMe. Puede bajar el software Backup (versión 3.1.2 al momento en que se escribe esto) eligiendo el ícono de Backup en la página Web de MobileMe. Los archivos que copie desde el disco duro de su Mac aparecerán en la carpeta Backup en iDisk.

MobileMe Mail

Me encantaría poder decirle que hay algo extra especial respecto a tener una cuenta de correo electrónico MobileMe. Pero es como cualquier otra cuenta de e-mail basada en la Web. Está bien, tiene una interfaz más limpia comparada con la mayoría de las otras cuentas de correo en línea, veloz manejo de direcciones (a través de Contacts – Contactos), y la simplicidad de arrastrar y soltar. Puede hacer clic en el ícono de quick reply (respuesta rápida) para despachar en seguida la respuesta a un mensaje en su bandeja de entrada, sin abandonarla. Y además queda lindo tener como sufijo a me. com (N. del T.: yo.com), como en web.me.com/*membername*. Puede crear varias carpetas de correo electrónico y visualizar los mensajes en una única vista. Y por supuesto, puede revisar el correo de MobileMe desde cualquier navegador. El programa también se integra con la aplicación Mail propia de

Mac. Pude observar que la cantidad de almacenamiento que posea está directamente relacionada con la cantidad de almacenamiento que use en iDisk.

De Vuelta a Mí Mac

Supongamos que está usando una laptop Mac en la habitación de su hotel para preparar una presentación y le gustaría recuperar una imagen del disco duro de su computadora en casa. Como miembro de MobileMe, puede sacarle provecho a Back to My Mac (De vuelta a Mi Mac), una característica que le permite conectarse remotamente a su computadora basada en Leopard desde otra Mac con Leopard.

Elija MobileMe bajo System Preferences (Preferencias del Sistema) y haga clic en la pestaña Back to My Mac. Haga Clic en el botón Start (Iniciar) como se ve en la Figura 12-3. Repita este procedimiento con todas las máquinas a las que quiera acceder; todas deberán compartir la misma cuenta MobileMe. Además si posee un router, es probable que tenga que abrir puertos en su firewall para que funcione Back to My Mac en toda su gloria computacional remota.

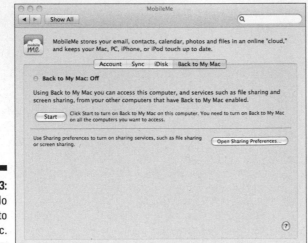

Figura 12-3:
Activando
Back to
My Mac.

Luego localice el archivo que quiere levantar de su computadora en su hogar, haga clic en ese equipo (bajo Shared — Compartido) en el Finder (Buscador), y recorra el disco duro en busca del archivo que necesita. Arrastre el archivo hacia el escritorio de la computadora que está accediendo en forma remota.

También puede compartir y controlar la pantalla que se encuentra en su hogar en forma remota haciendo clic en Share Screen (Compartir Pantalla) en el Finder, como es el caso de la Figura 12-4. (Antes de salir de viaje, recuerde seleccionar la opción Screen Sharing [Compartición de Pantalla], que se encuentra cuando hace clic en Open Sharing Preferences [Abrir Preferencias de Compartición] bajo las preferencias de MobileMe.) Seguramente esto es mucho mejor que andar cargando con la computadora de escritorio en sus viajes.

Figura 12-4:
Nunca está demasiado lejos de su computadora hogareña.

Compartir Sus Obras Maestras Digitales

Ya me he referido antes a MobileMe Web Gallery (Galería Web de MobileMe), que le permite compartir imágenes y películas. Por ejemplo, puede publicar fotos desde iPhoto '08 y con su bendición permitir a los visitantes descargarlas. Dentro de iPhoto querrá asignar nombres de usuario y contraseñas para determinar quién tiene acceso a qué álbum de MobileMe Gallery. (MobileMe se sincroniza con su biblioteca de iPhoto cuando se pone en línea.)

De manera análoga puede aplicar contraseñas para determinar quién puede ver y bajar sus videos iMovie dentro de Gallery. Seguiremos con iPhoto e iMovie en los Capítulos 15 y 16, respectivamente.

Mientras tanto, el software iWeb que se presentó junto con iLife '06 y se refinó con iWeb '08 le permite construir páginas Web sorprendentes y crear diarios en línea, o blogs, al colocar su propio contenido sobre espacios reservados para textos e imágenes que se encuentran en las plantillas predi-señadas de Apple. Y la última versión de iWeb le permite incluso agregar publicidad de Google AdSense y Google Maps.

MobileMe asigna la dirección URL web.me.com/*nombredemiembro* para su sitio iWeb. Si ya tiene un dominio propio dentro de iWeb, elija Set Up Personal Domain (Configurar Dominio Personal) en el menú de archivos iWeb y selecciónelo de ahí.

Si ha creado un sitio iWeb bajo .Mac, el sitio estará disponible tanto en su dirección URL actual así como en la nueva dirección URL me.com. De manera similar, su Web Gallery estará disponible en su URL existente así como en me.com.

Cuando se sienta satisfecho con su nueva creación, puede endilgársela a un público expectante, publicándola a través de su cuenta MobileMe. Haga clic en el ícono iWeb en el dock o abra el programa desde la carpeta Applications (Aplicaciones). Luego, en iWeb, elija File⇨Publish to MobileMe (Archivo⇨ Publicar en MobileMe) para que la página sea visible a los demás. O elija Publish All to MobileMe (Publicar Todo en MobileMe) para publicar todas las páginas de su sitio iWeb.

Como miembro de MobileMe, también puede agregar un visor de presentaciones de fotos a sus páginas Web y permitir a los visitantes que comenten sobre su trabajo o busquen a través de blogs y podcasts.

Considere agregar una contraseña para bloquear el acceso a extraños a visualizar su sitio web. ¿Realmente quiere compartir sus pensamientos con *todo el mundo?* En el organizador de sitios de iWeb's, seleccione el sitio (o una página específica), haga clic en Inspector, y seleccione la opción Make My Published Site Private (Hacer Privado Mi Sitio Publicado). Luego ingrese un nombre de usuario y contraseña que deberán usar los visitantes para poder acceder a su sitio.

Ah, y recuerde no usar su contraseña de MobileMe para este propósito.

Capítulo 13

Montar una Estrategia de Defensa

. . . .

En Este Capítulo

▶ Entender qué es la seguridad en Internet

▶ Espiar el software espía

▶ Ir de pesca *(phishing)*

▶ Encender el cortafuegos

▶ Abrir FileVault (Bóveda de archivos)

▶ Registrar contraseñas

▶ Cerrar una sesión en forma segura

▶ Ingresar a la máquina del tiempo

. . . .

O S X ha permanecido inmune a los enjambres de virus que han asolado las computadoras con Windows en todos estos años. Los usuarios de Mac han tenido que recurrir a un especialista en seguridad casi tan seguido como uno llama al técnico de la lavadora.

Pero los tiempos cambian. Ni hablar, ¡ahora las lavadoras no duran tantos años! Así que cuando se trata de computadoras hoy en día, no se puede dar todo por sentado — aunque tengamos una Mac.

La Verdad acerca de la Seguridad en Internet

Hay quienes dicen que OS X no es tan a prueba de balas como se creía. Allá por mayo de 2006, la empresa de investigación de amenazas a la seguridad McAffee Avert Labs publicó un informe en el que sostenía que la Mac es simplemente tan vulnerable a los ataques de software malintencionado *(malware)* como cualquier otro sistema operativo. Si bien el volumen de amenazas es bajo, no existe una capa invisible que proteja a los productos de Apple.

Además, la empresa de seguridad esperaba que los piratas malintencionados comenzaran a incluir cada vez más el sistema operativo de las Macs en sus ataques, dada la (en ese momento) reciente transición de Apple a los chips de Intel y especialmente debido a que los productos de Apple estaban ganando más popularidad.

La conclusión indirecta fue que los chicos malos no se habían tomado demasiado tiempo atacando a Apple porque Mac contaba con una minúscula participación en el mercado. Aunque ese argumento pudo haber sido válido en parte, Mac se ha vuelto más popular y las máquinas han sido diseñadas teniendo en cuenta la protección que usted necesita. Así que su sistema operativo es tan seguro como puede serlo, aún más con Leopard. Pero como las Macs ahora sí emulan (si se quiere) a las máquinas con Windows, le recomiendo que tome las precauciones adecuadas.

¿Entonces qué hacemos con el informe de McAfee? ¿Los que tienen una Mac no deben encender nunca sus computadoras? Yo creo que no es así. Pero los partidarios de Mac tampoco debieran dormirse sobre los laureles, aunque no han habido noticias sobre graves violaciones a la seguridad en los años transcurridos desde que se publicó ese informe. Para empezar, debería instalar las actualizaciones de seguridad que aparecen en su Mac cuando hace clic en System Preferences (Preferencias del sistema) bajo Software Updates (Actualizaciones de software). Además, debería cargar en su computadora sólo software proveniente de empresas y sitios Web de su confianza.

Otro punto crucial: La seguridad sensata comienza por usted. Esto significa que debe hacer copias de seguridad de todas sus joyas digitales importantes, un proceso que ahora resulta mucho más simple con la llegada de una función de Leopard que fascinaría a H.G. Wells.

Pero antes de ahondar en la versión de la Máquina del Tiempo de OS X, examinemos una verdadera amenaza que tiene mucho en común con *La guerra de los mundos* de Wells.

Espías en la niebla

Los virus son programas amenazadores creados con el único propósito de hacer estragos en una computadora o red. Se propagan cuando descarga software sospechoso, visita sitios Web inseguros o distribuye discos infectados

Los virus de las computadoras pueden adoptar muchas formas. Los usuarios de Windows están muy familiarizados con el software espía (*spyware*), un tipo de código que aparece subrepticiamente en su computadora para rastrear su comportamiento e informar de esto secretamente a terceros.

El software espía generalmente difiere de los virus tradicionales de computadora que pueden intentar desactivar su computadora (o algunos de sus programas). Los creadores de software espía no pretenden desacti-varlo precisamente. Más bien, silenciosamente intentan monitorear su comportamiento de modo que puedan sacar provecho a costa suya.

La forma menos nociva de estos ataques son las publicidades emergentes por las cuales las empresas esperan que usted eventualmente realice una compra. Este tipo de software espía se denomina *adware* (publicidad no deseada).

En su forma más peligrosa, el software espía puede hacer llegar su información personal a manos de gente no muy honesta. En esas circun-stancias, podría ser víctima de una estafa total. De hecho, los programas de software espía más malintencionados, conocidos como *keyloggers* (registradores de teclas) o *snoopware* (software fisgón), pueden captar cada tecla que pulse, ya sea que esté cortejando a alguien en una sala de chat pública o escribiendo una contraseña.

La buena noticia es que, hasta el momento en que escribo estas palabras, no se han recibido informes importantes de software espía relacionado con OS X.

Pero siempre hay una primera vez.

Ir de pesca (phishing)

Estimado Cliente de Citibank:

Como parte de nuestras medidas de seguridad, realizamos tareas de análisis en el sistema de Citibank con regularidad. Nos hemos puesto en comunicación con usted recientemente, después de advertir un problema en su cuenta. Le solicitamos información por los siguientes motivos:

Tenemos razones para creer que su cuenta ha sido intervenida por terceros. Como la protección de la seguridad de su cuenta es nuestra preocupación principal, hemos limitado el acceso a las funciones confidenciales de su cuenta de Citibank. Entendemos que esto puede resultar un inconveniente para usted pero le solicitamos que comprenda que esta limitación temporaria es para su protección.

Este es el tercer y último recordatorio para que inicie una sesión en Citibank lo antes posible.

Una vez que haya iniciado la sesión, le informaremos de los pasos que debe seguir para recuperar el acceso a su cuenta. Agradecemos su comprensión por nuestro esfuerzo para garantizar la seguridad de su cuenta.

Atentamente,

Departamento de Revisión de Cuentas de Citibank

El texto del correo electrónico anterior suena bastante legítimo. Pero lo único verdadero que tiene es que se trata de un extracto real tomado de un fraude común por Internet conocido como ataque de *phishing* (pesca de datos).

Los ladrones de identidad, camuflados como Citibank, PayPal u otras empresas financieras o de Internet, intentan engañarlo para que ingrese a sitios falsos con el fin de verificar información personal o de una cuenta. Le piden su dirección postal, contraseñas, números de seguridad social, números de tarjetas de crédito, información de cuentas bancarias, etc.

Para otorgarle autenticidad a estas solicitudes, estos falsos mensajes por correo electrónico generalmente se adornan con los verdaderos logotipos y direcciones de las empresas, además de un nombre de empresa falso como remitente (por ejemplo, De: support@ebay.com).

La "pesca" de información puede realizarse mediante boletines informativos falsificados de la empresa. También puede recibir solicitudes falsas para que vuelva a confirmar datos personales.

Entonces, ¿cómo saber cuándo lo están engañando? Las pistas obvias incluidas en algunos mensajes por correo electrónico pueden ser faltas de ortografía, errores gramaticales o una mala redacción, con palabras u oraciones repetidas.

Ninguna empresa de nivel le va a pedir que vuelva a confirmar datos que se han perdido. Además, las empresas de reputación generalmente se dirigirán a usted por su verdadero nombre y apellido y su cargo, en lugar de Estimado miembro o Estimado cliente de PayPal.

Si tiene dudas sobre si un mensaje recibido es confiable, abra una nueva ventana en su navegador y escriba el verdadero nombre de la empresa (por ejemplo, `www.ebay.com` o `www.paypal.com`). Su instinto acerca del correo falso probablemente lo lleve a dar en el blanco.

Lo esencial: *Nunca* haga clic en los vínculos incluidos en correos electrónicos sospechosos. Cuando pase el cursor por un vínculo como `www.paypal.com`, en verdad lo llevará a otro sitio.

Firewalls

Lo más probable es que, si se conecta a Internet a través de un router de red (ver Capítulo 18), esté protegido por un escudo conocido como *firewall* (cortafuegos). Pero Leopard también tiene un programa cortafuegos y usted puede utilizarlo para bloquear el tráfico Web que no desee recibir.

A continuación se explica cómo:

1. **Seleccione ⌘⇨System Preferences (Preferencias del sistema).**
2. **En la sección Personal, haga clic en Security (Seguridad).**
3. **Haga clic en la pestaña Firewall.**

   Como se muestra en la Figura 13-1, puede determinar si desea permitir el ingreso de todas las conexiones entrantes, limitarlas a los servicios esenciales o bloquear programas específicos.

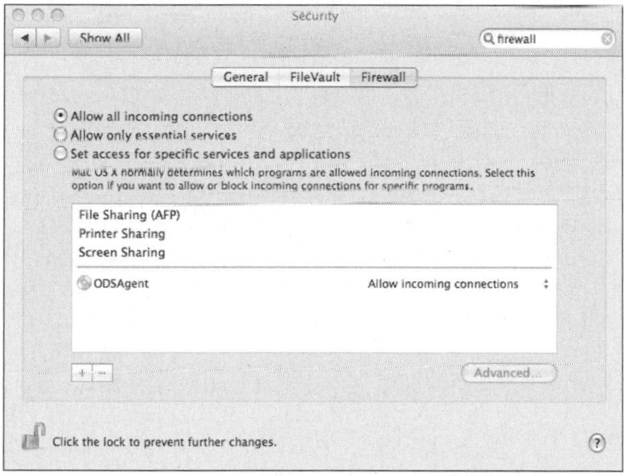

Figura 13-1:
Hacer las
conexiones
— o no.

Si hace clic en el botón Advanced (Avanzadas), podrá registrar información acerca de intentos no autorizados y destinos bloqueados por el firewall de Mac.

También puede usar la computadora en modo Stealth (Furtivo), seleccionando esta opción en la sección Advanced, para que todo tráfico no solicitado no reciba reconocimiento ni respuesta de la Mac. Los hackers malintencionados ni siquiera sabrán que existe una máquina que se puede atacar.

Además puede ayudar a proteger su máquina seleccionando diversas opciones en Sharing (Compartir), que está en la sección Internet & Network de System Preferences. En el Capítulo 18 me refiero a Sharing.

FileVault

Si su computadora almacena información realmente super secreta (los registros financieros de su empresa, digamos, no la receta secreta del pastel de la tía Minnie), puede codificar, o *encriptar,* los datos en su carpeta Home (Inicio), y sólo en ella, mediante una función de OS X llamada *FileVault* (Bóveda de archivos). Así sabrá que sus secretos estarán protegidos en caso de que los ladrones echen sus mugrientas garras sobre su máquina.

FileVault aplica automáticamente el nivel de encriptación que usa el Tío Sam. Es lo que los *nerds* llaman AES-128 (en alusión al Estándar de Cifrado Avanzado — Advanced Encryption Standard — con claves de 128 bits). Y les diré una cosa: es *realmente* seguro. Apple sostiene que una máquina tardaría aproximadamente 149 billones de años para descifrar el código. Aún si Apple deja de existir dentro de mil millones de años, me parece que su sistema está bastante seguro.

La ventana de FileVault que se muestra en la Figura 13-2 aparece cuando selecciona Security (Seguridad) en System Preferences (Preferencias del sistema). Como administrador, puede configurar una *contraseña maestra* de red de seguridad para su sistema, la cual necesitará para abrir FileVault. Esta contraseña existente en toda la computadora puede utilizarse para sacar de apuros a usuarios autorizados en su sistema que se hayan olvidado sus contraseñas. Además, puede resultar un salvavidas si usted administra una pequeña empresa mediante su Mac y tiene que prescindir de un empleado caprichoso. Podrá recuperar todos los datos que quedaron en la cuenta de esa persona.

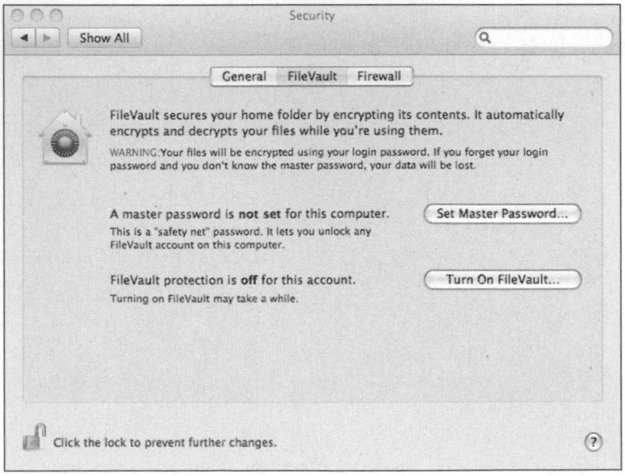

Figura 13-2:
Mantener la seguridad de su computadora en System Preferences.

Hágale caso a la advertencia de Apple. Si olvida su contraseña para iniciar sesión y su contraseña maestra, entonces sus datos encriptados, han quedado muertos y enterrados en su cripta.

Si FileVault está activada y no inició sesión en la máquina, otras personas con las que habitualmente comparte carpetas en la computadora no podrán tener acceso a dichas carpetas.

Cabe mencionar que FileVault puede lograr una coincidencia extremadamente exacta al buscar en directorios de inicio con, por ejemplo, grandes bibliotecas de iPhoto o iTunes — puede llevar mucho tiempo descifrar archivos cuando inicia sesión y codifica los archivos nuevamente al salir. Por lo tanto, si bien FileVault es una maravillosa herramienta para los asuntos confidenciales, tenga cuidado con las potenciales consecuencias crueles que puede ocasionar a quienes tienen poco por ocultar. Una forma fácil de resolver esto es configurar una cuenta específica con su material confidencial y meterla en FileVault.

Administración de Contraseñas: La Clave en Su Cadena de Claves

¿Se ha detenido a pensar cuántas contraseñas hay en su vida informática? Probablemente tenga tantas que use las mismas una y otra vez, aunque los expertos en seguridad piensan que ésa no es una buena costumbre.

Perdón por el juego de palabras, pero Apple tiene la clave para administrar sus contraseñas, números de cuenta y demás información confidencial: una función conocida como *keychain* (cadena de claves). *Keychain* puede almacenar contraseñas para programas, cuentas de correo electrónico, sitios Web y más.

Puede crear cadenas de claves para diferentes propósitos (una para hacer compras en línea, por ejemplo) al abrir Keychain Access (Acceso a Keychain) en la carpeta Utilities (Utilidades) ubicada en Applications (Aplicaciones). En un principio, la contraseña de su cadena de claves es la misma que su contraseña para iniciar sesión, y para muchos usuarios seguirá siendo así. Para agregar contraseñas, seleccione File⇨New Password Item (Archivo⇨ Nuevo elemento de contraseña) o haga clic en + en el borde inferior de la ventana Keychain Access. Escriba el nombre de cuenta, el elemento de la cadena de claves y la contraseña. Apple le dirá si eligió una contraseña debilucha o una a prueba de balas.

Abrir y Cerrar Sesión

Si trabaja en una oficina o en algún entorno donde cualquiera puede espiar su monitor para ver qué está haciendo, cierre la sesión de su cuenta cuando haya terminado de hacer lo que estaba haciendo.

Pero si prefiere no tomarse la molestia de cerrar la sesión o piensa que no se acordará de hacerlo, vaya al panel Security de System Preferences, haga clic en General y seleccione la opción Require Password to Wake This Computer from Sleep or Screen Saver (Solicitar contraseña para reactivar la computadora cuando está en estado de suspensión o con el protector de pantalla) y la opción Log Out after *x* Minutes of Inactivity (Cerrar sesión después de *x* minutos de inactividad).

Tal vez también prefiera elegir la opción Disable Automatic Login and Use Secure Virtual Memory (Desactivar Inicio de sesión automático y usar memoria virtual segura). Esta última configuración le asegura que los datos almacenados en la memoria virtual estarán cifrados. Deberá reiniciar la computadora para ver los cambios activados. Inclusive puede desactivar un receptor infrarrojo a control remoto.

Si es realmente desconfiado, seleccione la opción del panel Require Password to Unlock Each System Preferences (Solicitar contraseña para desbloquear cada preferencia del sistema).

Ingresar a la Máquina del Tiempo

La función que causó el mayor entusiasmo cuando Apple anunció el lanzamiento de Leopard fue Time Machine (Máquina del tiempo)— y con toda razón. Por fin había una forma fácil de hacer una copia de seguridad de todo en el sistema. Era posible volar hacia atrás en el tiempo para recuperar un archivo que se había perdido, dañado o modificado. Casi ciencia ficción.

Para sacar provecho de Time Machine, es necesario contar con una unidad de disco adicional lo suficientemente grande como para almacenar todo lo que tenga en la computadora. A partir de ahí, Time Machine hace casi todo lo demás. Mantiene copias de seguridad automáticamente una vez por hora durante las últimas veinticuatro horas y hace copias de seguridad diarias durante el último mes. Más allá de eso, Time Machine funciona semanalmente, al menos hasta que la unidad para copias de seguridad esté llena hasta el techo. (Ésta es una muy buena razón por la que debería dedicar una unidad vacía para las copias de seguridad de Time Machine.)

Configurar Time Machine

Conecte el nuevo disco duro adicional y su Mac le preguntará si desea usarlo para hacer una copia de seguridad en Time Machine, tal como se muestra en la Figura 13-3. No se arrepentirá si dice que sí, y en realidad eso es todo lo que tiene que hacer, a menos que quiera personalizar qué archivos copiar.

Apple vende un compañero inalámbrico para Time Machine llamado Time Capsule (Cápsula del tiempo). Este dispositivo para copias de seguridad combina una estación base Wi-Fi (Capítulo 18) y un disco duro adicional. Viene en versiones de 500GB ($299) y 1TB ($499).

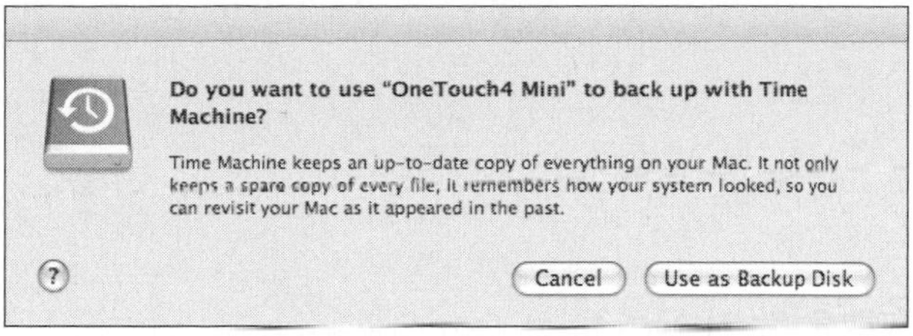

Figura 13-3:
¿Está listo
para via-
jar en el
tiempo?

Do you want to use "OneTouch4 Mini" to back up with Time Machine?

Time Machine keeps an up-to-date copy of everything on your Mac. It not only keeps a spare copy of every file, it remembers how your system looked, so you can revisit your Mac as it appeared in the past.

[?] (Cancel) (Use as Backup Disk)

La Mac comienza diligentemente a copiar todo lo que hay en la computadora, incluyendo los archivos del sistema. Es probable que la primera tarea de copia lleve un buen rato, especialmente si su Mac está repleta de archivos. (Le recomiendo dejar que la computadora haga esto mientras usted duerme.) Las siguientes copias de seguridad serán mucho más rápidas ya que para ese entonces la Mac copia sólo lo que ha cambiado, por ejemplo, un manuscrito editado.

Los resultados valen la pena porque puede viajar hacia atrás en el tiempo para ver cómo era un archivo o carpeta en la fecha en que se copió, para lo cual usará Quick Look (Vista rápida) si quiere echar un vistazo. Supongamos que está buscando la tanda de fotos que estaba en la carpeta Last Import (Última importación) en iPhoto (Capítulo 15). Cuando viaja hacia atrás en el tiempo con Time Machine, verá cómo cambia la carpeta Last Import en las distintas fechas. En otras palabras, lo extraordinario acerca de Time Machine es que captura múltiples copias de sus pertenencias digitales.

Si bien Time Machine está inicialmente configurada para realizar copias de seguridad automáticas una vez por hora, usted puede programar que se realice una copia al instante. Coloque el mouse sobre el ícono Time Machine en el dock. En el menú emergente, seleccione Back Up Now (Hacer copia de seguridad ahora).

Sospecho que la mayoría querrá hacer una copia de seguridad de todos los contenidos de su computadora: Es tan simple y, si se tiene la capacidad de almacenamiento, ¿por qué no? Pero si su unidad de disco duro adicional está colmada o tiene cosas que quiere mantener en privado, puede elegir que se omitan ciertos elementos en la copia de seguridad. Abra las preferencias de Time Machine (ver Figura 13-4) y haga clic en Options (Opciones). Luego haga clic en + para agregar los archivos que desea excluir o arrastre los elementos a su lista de excluidos de la copia de seguridad.

También puede apagar Time Machine en las preferencias de Time Machine: deslice el botón off-on (apagado-encendido) que se encuentra a la izquierda. Francamente, no se me ocurre una razón válida para apagar el botón, pero es una opción de todas maneras.

Figura 13-4:
Yo dejaría
Time
Machine
en la
posición On
(Encendido).

Viajar hacia atrás en el tiempo

Viajar en el tiempo sí que está bueno. Le apuesto a que buscará archivos de algún momento pasado sólo porque Apple convierte esta travesía histórica en una experiencia visualmente embriagadora. Haga clic en el ícono Time Machine en el dock y su escritorio actual desaparecerá de vista. Usted y cualquier ventana de búsqueda que haya estado abierta al momento en que hizo clic en el ícono están ahora flotando en el espacio, tal como se muestra en la Figura 13-5. Así que si sabe que el elemento en particular que está buscando se encuentra en una determinada carpeta, abra esa ventana antes de embarcarse en su viaje. O bien escriba el nombre en el cuadro de búsqueda en la ventana Finder (Buscador).

Ahora puede aventurarse por el universo para descubrir el archivo perdido o modificado. Supongamos que hace varias semanas borró un documento fundamental sin querer y ahora espera poder recuperarlo. Use la línea de tiempo que se encuentra en el borde derecho de la pantalla o las flechas de navegación que están sobre el borde inferior derecho para ir hacia atrás hasta el momento del hecho. Cuando haga clic, la ventana volará hacia adelante o hacia atrás por uno o dos segundos hasta que aterrice en el día que eligió.

Si su misión de búsqueda y rescate no descubre el archivo perdido inmediatamente, pruebe escribir su nombre otra vez en el cuadro de búsqueda del Finder. Está buscando el archivo en esa fecha en particular. Cuando encuentre el archivo caprichoso, resáltelo y haga clic en Restore (Restaurar). Se transportará de vuelta al presente, para lo cual Time Machine convenientemente depositará el archivo en su ubicación original. Haga clic en Cancel (Cancelar) para volver al presente.

Ingrese un término de búsqueda para explorar archivos de la fecha en cuestión

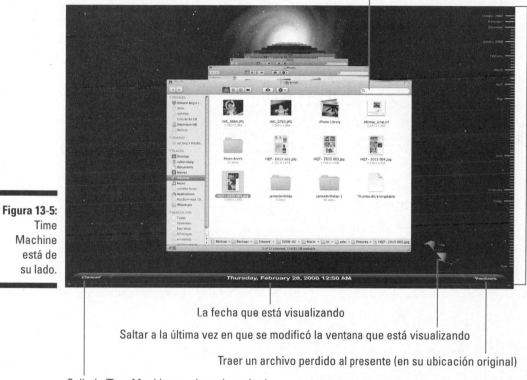

Figura 13-5:
Time
Machine
está de
su lado.

La fecha que está visualizando

Saltar a la última vez en que se modificó la ventana que está visualizando

Traer un archivo perdido al presente (en su ubicación original)

Salir de Time Machine y volver al escritorio

Arrastre el cursor por la línea de tiempo para elegir una fecha; clic y la ventana volará hasta llevarlo ahí

Si el disco duro principal de su Mac cuelga los guantes, puede hacer que Time Machine restaure por completo su computadora. Simplemente inserte el DVD de instalación o restauración de Leopard que vino con su Mac y seleccione Restore from Time Machine (Restaurar desde Time Machine). Tendrá la opción de elegir la fecha desde la cual quiere restaurar su sistema.

También puede usar Time Machine para transferir configuraciones, aplicaciones y archivos importantes a otra Mac. Abra Migration Assistant (Asistente para migración) que encontrará en la carpeta Utilities dentro de Applications, y seleccione From a Time Machine Backup (Desde una copia de seguridad de Time Machine) cuando se le pregunte cómo quiere transferir su información.

Un par de consejos sobre la seguridad: Puede estar seguro de que un determinado archivo no tiene una copia de seguridad si lo resalta en Time Machine, hace clic en el ícono Action (Acción) en la ventana Finder y a continuación selecciona Delete All Backups (Borrar todas las copias de seguridad) del *archivo en cuestión*. En caso de que haya optado por encriptar archivos en FileVault (como se explica anteriormente en este capítulo), permanecerán cifrados como parte de su copia de seguridad en Time Machine. Así que aún en Time Machine necesitará una contraseña para obtener la receta del pastel de la tía Minnie. ¿Qué podría ser aún más seguro que eso?

Parte IV

Conseguir una Vida iLife

The 5th Wave

Por Rich Tennant

"Podría contarte más cosas sobre mí, pero creo que la lista de reproducción en mi iPod habla más que meras palabras."

En esta parte . . .

Venga a saludar a la Fila de Asesinos del software multimedia: iPhoto, iMovie, iDVD, GarageBand y iWeb, conocidos en forma conjunta como iLife. También pasaremos bastante tiempo con iTunes. Adictos a la música, fotógrafos aficionados, auteurs, videógrafos, aspirantes a estrella de rock, podcasters y bloggers, están todos invitados. Lo mismo que usted y su familia. Bonificación especial: un atisbo del notablemente exitoso iPod de Apple. iLife '08 viene incluido en todas las Macs nuevas y su actualización para sistemas más antiguos cuesta $79.

Capítulo 14

Viviendo en una Nación de iTunes

*L*os demógrafos pueden haberlo pasado por alto. Pero estamos en medio de una explosión poblacional importante. Adonde quiera que mire, proliferan vastas colonias de pequeños auriculares blancos. Se ven en los subterráneos y en la calle. En aviones, autobuses, campus corporativos y universitarios.

Esos auriculares blancos característicos, por supuesto, están conectados a iPods, o su pariente Apple cercano, el iPhone. Y existe una gran posibilidad de que esté leyendo un libro sobre Macintosh por culpa de ellos. Aunque los iPods están concebidos para trabajar con el software iTunes en máquinas con Windows y también en OS X, su primer capricho por la Mac bien pudo haberse originado en una tienda Apple cuando se acercó con el pretexto de mirar al niño bonito entre todos los reproductores de música portátiles.

También puede que estuviera pensando que si Apple bateó semejante jonrón con el iPod, quizás Steve Jobs y su equipo también sabrían algo sobre hacer computadoras condenadamente impresionantes. (Naturalmente, tendría razón).

Así que aunque éste es principalmente un libro sobre computadoras (y le prometo que volveremos a aventurarnos en la Mac en poco tiempo), por favor disculpe si hago un mínimo desvío por el territorio del iPod. No voy a ahondar en todo lo que puede hacer el iPod, salvo mencionar rápidamente aquí que además de música y (en algunos modelos) video e imágenes, los iPods pueden sincronizar información de calendario y contactos, y hasta almacenar archivos de texto. Y el iPhone puede hacer mucho más que eso.

Espero que siga leyendo este capítulo incluso si no tiene un iPod. Aún así puede sacar provecho de iTunes.

Elegir un iPod

Rociado por todo este libro verá el descargo de responsabilidad *al momento de escribir esto* porque Apple se caracteriza por sorprender. Después de todo, Apple una vez reemplazó lo que había sido el modelo de iPod mejor vendido a la fecha, los iPod Minis, porque se le ocurrió algo incluso más extraordinario, el Lilliputian Nano (Nano liliputiense). Luego rediseñaron el Nano algunas veces más. Así que todo es posible. En el momento en que escribo esto, básicamente hay cuatro clases de iPod, cada cual a la venta con distintas capacidades de almacenamiento.

iPod Classic

El iPod Classic de 249 dólares es el modelo para aquellos de ustedes con enormes bibliotecas de medios. Con 120GB, puede almacenar hasta 30.000 canciones o hasta 150 horas de video. (Apple discontinuó la venta de un modelo más grande y más gordo, 160GB). Apenas del tamaño de un mazo de naipes y todavía más cercano en su diseño al iPod blanco clásico original, estos modelos más nuevos vienen en plateado o negro. Estos dispositivos son famosos por su *scroll wheel* (rueda de desplazamiento) sensible al tacto, que utiliza para controlar las operaciones del aparato (menús, saltear pistas, reproducir/pausar y más). Y como con otros modelos, puede ver su música (y otro contenido) usando Cover Flow, la interfaz inteligente que simula que está hojeando portadas de discos.

Nano

Puedo señalar el peso del Nano (1,3 onzas, ó 36,85 gramos) y sus dimensiones (apenas 3,6 por 1,5 por 0,24 pulgadas, ó 9,14 por 3,81 por 0,61 cm), pero no podrá apreciar a pleno lo tentadoramente pequeño que es hasta que coloque un Nano (ver figura 14-1) junto a un iPod adulto. Por supuesto, rendirse ante el tamaño significa sacrificar capacidad para canciones. El Nano de mayor capacidad, de 16GB puede guardar aproximadamente 4.000 canciones.

Aún así, si está buscando un iPod tan pequeño que ni siquiera esté seguro de que todavía está en su bolsillo, Nano es la mejor elección. Como su primo de tamaño completo, el Nano presenta una versión de la rueda de desplazamiento. También puede mostrar imágenes y videos. El Nano, cuyo precio comienza por los 149 dólares, viene en nueve colores. Presenta la inge-niosa tecnología *accelerometer* (acelerómetro), que también se encuentra en el iPhone y el iPod touch (del que hablaremos pronto) y le permite cambiar a Cover Flow con solo girar el dispositivo a un lado. Y si sacude levemente el Nano, este automáticamente pasa a modo Shuffle (Aleatorio) y avanza a la siguiente canción. Son cosas geniales.

Figura 14-1:
Los Nanos
más
pequeños.

Cortesía de Apple

iPod Shuffle

Con precios que empiezan en apenas $49, el iPod Shuffle de media onza
(14,18 gramos) es lo máximo en compra impulsiva. La versión de 60 dólares y
2GB puede albergar hasta 500 canciones (ver Figura 14-2). Su nombre deriva
de la función shuffle (aleatorio) que se encuentra en los iPods más grandes,
reproductores de discos compactos y otros aparatos musicales. Las
canciones del dispositivo se pueden reproducir en orden aleatorio (o
secuencialmente por defecto). Es más, como el Shuffle viene sin pantalla, la
única manera de darse cuenta qué está reproduciéndose, suponiendo que no
lo sepa con sólo escuchar, es conectar el Shuffle a su Mac (o equipo con
Windows) a través de un conector USB en el puerto provisto. También viene
en varios colores.

Figura 14-2:
Todavía más
pequeño,
el Shuffle.

Cortesía de Apple

iPod Touch (iPhone lite)

El iPod touch aún más y más delgado se suele describir como un iPhone sin
la parte del teléfono. Y el gran dispositivo controlado por una pantalla

multitouch (pantalla táctil múltiple) — usará sus dedos para golpetear en un teclado virtual — es fantástico no solamente para escuchar música (hasta siete mil canciones en el modelo más avanzado) y mostrar fotografías, sino también para ver películas y programas de TV en pantalla widescreen (panorámica). Tiene una pantalla generosa de 3,5 pulgadas (8,89 cm). El Touch, que se muestra en la Figura 14-3 puede hacer otros trucos impresionantes, también tomados del iPhone. Tiene una versión móvil completa como Dios manda del navegador Safari. Puede ver mapas y obtener direcciones. Puede recibir y leer correo electrónico. Puede rotarlo a un lado y la pantalla completa pasa de posición vertical a horizontal.

Con conexión Wi-Fi integrada, puede navegar y comprar música en forma inalámbrica. El Touch se vende a partir de los 229 dólares (de 8GB) y salta a 299 dólares (16GB) y 399 dólares (32GB); puede descargar juegos y muchísimas aplicaciones de terceros a través de App Store de Apple, otra vez igual que el iPhone.

Figura 14-3:
El iPod Touch es como un iPhone sin el teléfono.

Cortesía de Apple

Hablando del iPhone, éste también funciona como un iPod (y, dicho sea de paso, uno condenadamente bueno). Pero con muchas más ventajas, tantas más que hasta se han escrito libros sobre él. Y eso nos lleva a la publicidad gratuita y descarada de *iPhone For Dummies,* co-escrito por su servidor y Bob LeVitus.

iTunes: La Gran Rocola de Mac

Como dispositivos individuales, los iPods son muestras maravillosas de diseños ejemplares e ingeniería exquisita. Pero aunque el nombre iPod representa el poder estelar, debe compartir (y a fuerza de verdad, probablemente ceder) el reconocimiento al maestro de ceremonias detrás del conjunto musical de Apple, el software *iTunes*.

Si el iPod es Lennon, el programa de rocola multimedia de Apple es McCartney. ¿O es el Mick de Keith? ¿El Rodgers de Hammerstein? Ya entiende lo que quiero decir; el pequeño reproductor y el software de Apple hacen música increíble juntos. Lo mejor de todo es que iTunes es uno de esos programas melodiosos que los amantes de la música (y todos los demás) obtienen solamente por tener una Mac.

Aquí hay una pequeña lista de lo que iTunes le permite hacer, con comentarios adicionales que vendrán más adelante en el capítulo.

- Escuchar CDs.
- *Ripear*, o codificar, las canciones de un CD en archivos de música que están comprimidos (ver el apartado "Compresión compasiva") y almacenados en su biblioteca digital.
- Agregar música a la biblioteca desde Internet.
- Crear, o *quemar*, sus propios CDs o DVDs con la ayuda de una grabadora de CDs o DVDs como la misma Super Drive de Apple, que se incluye en la mayoría de las Macs.
- Escuchar radios de Internet haciendo clic en el ícono Radio de la lista fuente para mostrar una lista de *streams* por categoría, como Rock Alternativo/Moderno, Blues y Electrónica.
- Ver videos.
- Organizar su música por nombre, artista, duración, álbum, género, calificación, conteo de reproducción y más.
- Separar su música en listas de reproducción personalizadas.
- Transmitir o compartir la música de su biblioteca a través de una red — con ciertas limitaciones.

✔ Crear ringtones (tonos de llamada) para su iPhone.

✔ Transferir música a un iPod, un iPhone y reproductores de MP3 que no sean Apple.

Para abrir iTunes, haga clic en el ícono del dock que parece una nota musical que descansa sobre un CD.

Exploremos algunos de los controles de iTunes a los que hace referencia la Figura 14-4 (según las selecciones que haga en las opciones de visualización de iTunes, lo que ve puede variar).

Haga clic aquí para ir a iTunes Store

Haga clic aquí para ir a radio de Internet

Pista anterior/atrás(Previous track/back) Haga clic para cambiar una lectura digital

Lista fuente(Source list) Vista de lista/Vista de Grilla/Vista de flujo de portadas
(List view/Grid view/Cover Flow view)

Reproducir/pausa
(Play/pause)

Pista siguiente/adelante Lista de pistas (Track list)
(Next track/forward)

Reproduccion actual (Now playing)

Volumen (Volume) Estado de pista (Track status)

Barra lateral Genius
(Genius sidebar)

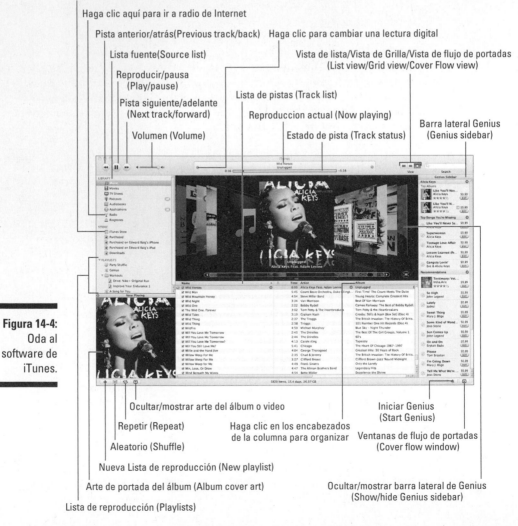

Figura 14-4:
Oda al software de iTunes.

Ocultar/mostrar arte del álbum o video

Repetir (Repeat) Iniciar Genius
(Start Genius)

Aleatorio (Shuffle) Haga clic en los encabezados
de la columna para organizar Ventanas de flujo de portadas
(Cover flow window)

Nueva Lista de reproducción (New playlist)

Arte de portada del álbum (Album cover art) Ocultar/mostrar barra lateral de Genius
(Show/hide Genius sidebar)

Lista de reproducción (Playlists)

✔ **Back/Forward (Atrás/Adelante):** Las flechas dobles que apuntan a la izquierda y a la derecha son sus botones de atrás y adelante, respectivamente. Coloque el cursor sobre esos botones y mantenga presionado el mouse para retroceder o avanzar rápido una canción. Si en vez de eso hace un solo clic en estas flechas, avanzará o retrocederá a la canción siguiente o anterior.

✔ **Play/Pause (Reproducir/Pausa):** Haga clic en la flecha única que apunta a la derecha para reproducir una canción. Cuando se reproduce una canción, el botón cambia a dos barras verticales. Haga clic nuevamente para poner la música en pausa. Alternativamente, puede presionar la barra espaciadora para reproducir o hacer una pausa.

✔ **Volume (Volumen):** Al arrastrar este control deslizable se aumenta o disminuye el volumen, según las configuraciones del volumen en su sistema.

✔ **Cover Flow (Flujo de portadas):** Como ya vio en este libro, puede sacar provecho de la vista de Cover Flow en cualquier ventana de Finder. Pero Cover Flow debutó como parte de iTunes, ¿y en qué otro lado podría tener más sentido? Para buscar música, puede hurgar entre las portadas de los álbumes como lo hizo alguna vez con LPs físicos. Pero, si lo prefiere, puede ver los contenidos de su arsenal de iTunes con List view (Vista de lista) o Grid view (Vista de grilla).

✔ **Grid view (Vista de grilla):** La nueva y atractiva interfaz de vista de grilla en iTunes también utiliza las tapas de álbumes, pero el enfoque es un poco distinto. Básicamente, una colección de su música (o películas, programas de TV, podcasts o audiolibros) se reúne en un grupo representativo de, digamos, un artista o género en particular. Sobre el grupo hay arte de portadas. Cuando apoya el mouse sobre el grupo, el arte cambia rápidamente a otras portadas de álbumes (u otro arte gráfico) del grupo. Cuando la selección que tiene en mente aparece, puede reproducirla con un solo clic. Esta acción de roce es parecida a la forma en que recorre los Eventos de iPhoto '08 (ver el próximo capítulo) o videos en iMovie (Capítulo 16). La Figura 14-5 muestra la vista de grilla en mi biblioteca iTunes desde la perspectiva de género.

✔ **Shuffle (Aleatorio):** Cuando el símbolo de este pequeño botón está resaltado (se vuelve azul), las pistas se reproducen en orden aleatorio. Prepárese para cualquier cosa. No hay forma de saber cuándo Eminem vendrá después de The Wiggles.

✔ **Repeat (Repetir):** Haga clic una vez para repetir todas las canciones de la biblioteca o lista de reproducción que está escuchando actualmente. Haga clic dos veces para que el número 1 aparezca en el botón. De este modo, sólo se repetirá la pista actual.

✔ **Equalizer (Ecualizador):** Si alguna vez pellizcó los controles de agudos y graves de un equipo de música, apreciará el ecualizador. Le permite ajustar las frecuencias de sonido para que coincidan con el género de una canción, los parlantes de su sistema o el ambiente de la sala en que está escuchando. Seleccione Window➪Equalizer (Ventana➪Ecualizador) para ver la ventana del ecualizador. Puede ajustar el ecualizador manualmente arrastrando los controles deslizables o eligiendo entre más de 20 valores predefinidos, como Bass reducer (reductor de graves), Flat (Bajar el tono), Hip-Hop o Lounge. Para ver esos valores, haga clic en el menú desplegable de la ventana.

✔ **Visual Effects (Efectos visuales):** Si estuvo consciente durante los años sesenta, le gustarán estas animaciones de luces psicodélicas y efectos 3D que bailan al compás de lo que sea que se esté reproduciendo. Y si es el vástago de un Baby Boomer, llegará a esta sorprendente revelación: Tal vez mamá y papá tenían bastante onda en sus buenos tiempos… Puede intensificar su serenata visual con solo presionar ⌘+T o seleccionando View➪Show Visualizer (Ver➪Mostrar visualizador). También puede seleccionar los tipos de efectos de visualización que coloca en el menú View (Ver). Y hay gran cantidad de complementos de visualización en el sitio Web de Apple y otras fuentes del ciberespacio. Para ver un efecto a pantalla completa cuando el visualizador está activo, presione ⌘+F; presione Esc o haga clic en el botón del mouse para volver a la realidad.

Figura 14-5: Mouse sobre las portadas de álbumes en miniatura en vista de grilla.

Administrar Su Música

Entonces, ¿cómo se abre camino la música hasta iTunes? ¿Y qué es lo que ocurre con las canciones una vez que las? Pensé que nunca lo preguntaría.

Ripear CDs de audio

Ocurre algo sorprendente momentos después de que inserta la gran mayoría de CDs de música en su Mac. Típicamente, iTunes se abre y los contenidos del disco — títulos de canciones, nombre del artista, duración, nombre del álbum y género — se reconocen automáticamente y se copian a iTunes. En realidad, el software busca esta información licenciada en una enorme base de datos administrada por una compañía que se llama Gracenote.

Aquí hay otra proeza destacable. La próxima vez, no tendrá que seguir insertando dicho CD en la computadora para escuchar su música. Eso es porque puede ripear, o copiar, los contenidos al disco rígido de la Mac, y luego archivar el disco en otro lado.

Una ventana emergente le pregunta si quiere copiar el álbum. Diga que sí y todas las canciones con una casilla marcada junto a su nombre se copiarán; recuerde hacer clic de nuevo para desactivar las canciones en las que no está interesado, antes de proceder. En algunos casos, copiará un CD haciendo clic en el botón Import CD (Importar CD) en la esquina inferior derecha de la ventana.

Mientras iTunes sigue con sus asuntos, un círculo naranja pequeño gira junto a la canción que se está ripeando; el círculo se vuelve verde y recibe una marca de verificación después de copiarse. También puede monitorear el progreso de sus importaciones espiando la ventana superior que aparece en la Figura 14-6. Ésta muestra cuánto tiempo falta hasta que una pista en particular se capture y la velocidad a la que el CD se está ripeando.

Figura 14-6:
Ripear
un CD.

Por cierto, puede escuchar el CD (o hacer otro trabajo) mientras se está ripeando un disco. Después de que iTunes haya completado su misión, quite el CD haciendo clic en Eject (Expulsar), el ícono que aparece en el extremo inferior derecho de la pantalla. Las canciones copiadas se almacenan en la biblioteca de iTunes.

Si no está conectado a Internet y no pudo obtener los nombres de las canciones cuando estaba copiando un archivo, no necesita volver a insertar el CD en la computadora la próxima vez que entre a la Red. Seleccione las canciones, abra el menú Advanced (Avanzado) y seleccione Get CD Track Names (Obtener nombres de pistas del CD).

Importar otras cancioncillas

Las canciones previamente descargadas de Internet pueden importarse a iTunes arrastrándolas a su biblioteca de iTunes. Aquí se supone que usted obtuvo esos archivos de música legalmente. Si no lo hizo, ponerlos dentro de iTunes hará estallar su computadora. (En realidad no es el caso, pero lo insto a seguir las reglas de todos modos. El sustento de muchas personas depende de eso).

Para importar archivos de audio de otras aplicaciones o su escritorio, seleccione File⇨Add to Library (Archivo⇨Agregar a biblioteca) y luego seleccione el archivo. O arrastre la música de la biblioteca a una lista de reproducción (ver siguiente sección) o al ícono del dock de iTunes.

Crear listas de reproducción

Usted escucha música bajo diversas circunstancias, como entretenimiento en una cena con amigos, para calmar a un bebé que llora, preparar un clima romántico, o ahogarse en sus penas después de una separación dolorosa. En la última situación, no querrá escuchar a Barbra Streisand cantando "Happy Days Are Here Again" (Han vuelto los días felices), incluso si la canción es, en otro momento, una visita obligada en su biblioteca de música. Con una lista de reproducción, puede organizar el material a partir de un tema o estado de ánimo específico.

La forma más sencilla de crear una nueva lista de reproducción es hacer clic en el botón + de la esquina inferior izquierda de la ventana de iTunes. También puede seleccionar File⇨New Playlist (Archivo⇨Nueva lista de reproducción) o presionar el tándem de teclas ⌘+N.

Aparecerá una nueva lista de reproducción con el nombre poco elegante *Untitled playlist (Lista de reproducción sin título)* en la lista fuente. Sobrescriba eso con el nombre de la lista de reproducción que tiene en mente (Jazz melódico, mezcla para bailar, canciones trilladas, o lo que sea). Luego, simplemente arrastre las canciones de la biblioteca a la carpeta que representa la nueva lista de reproducción.

Si está agregando muchas canciones a la lista de reproducción, mantenga presionado el botón ⌘ o Shift para seleccionar un montón de pistas. Puede arrastrar todo el lote en picada. O seleccionar un montón de canciones y elegir File➪New Playlist (Archivo➪Nueva lista de reproducción) desde Selection (Selección). Para eliminar una canción de la lista de reproducción, resáltela y presione Delete (Eliminar). No se preocupe, la pista original sigue en su biblioteca. Las canciones en las listas de reproducción nunca abandonan la biblioteca en realidad; la lista de reproducción simplemente funciona como un índice para esos archivos. Por esta misma razón, una canción en particular puede mostrarse en todas las listas de reproducción que quiera sin consumir espacio adicional en su unidad de disco.

Cuando las listas de reproducción se vuelven inteligentes

Armar una lista de reproducción puede ser divertido. Pero también puede significar una cantidad considerable de tiempo y esfuerzo. Al usar las *smart playlists* (listas de reproducción inteligentes), puede hacer que iTunes haga el trabajo pesado por usted, en base a condiciones específicas que establece de antemano: qué tan rápida es una canción (en base a los BPM, *beats per minute* o pulsos por minuto), el tipo de música, la calificación de una canción y demás opciones. También puede limitar la lista de reproducción a una longitud específica.

Seleccione File➪New Smart Playlist (Archivo➪Nueva lista de reproducción inteligente). En el cuadro de diálogo que aparece, haga clic en Add (+) para elegir en menús emergentes los parámetros en los que basa la lista de reproducción inteligente. Haga clic en el botón — para eliminar una condición.

Eche un vistazo a la Smart Playlist de la Figura 14-7. Tiene a iTunes buscando todas las canciones con *Love* (amor) en el título que no haya escuchado en los últimos dos meses o que no haya escuchado más de catorce veces. La canción tiene que haberse codificado con un bit rate (velocidad en bits por segundo) de entre 128 y 160 Kbps (vea el apartado "Compresión compasiva"). La longitud total de la lista de reproducción no puede exceder las dos horas. Si desea que iTunes altere la lista de reproducción inteligente a medida que se agregan o eliminan canciones, seleccione la opción Live Updating (Actualización en vivo).

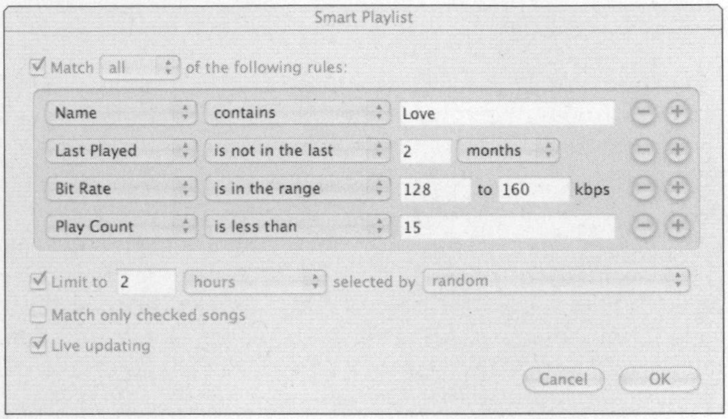

Figura 14-7: Encontrar el amor en una lista de reproducción inteligente.

Cuando las listas de reproducción se vuelven más inteligentes todavía

Con el lanzamiento de iTunes 8, Apple desató una nueva y poderosa función llamada Genius playlists (listas de reproducción genio). En resumen, promete crear una lista de reproducción instantánea de canciones de su biblioteca que combinen bien con una canción específica que esté escuchando en el momento. Haga clic en el botón Genius (consulte la figura 14-4) cuando escucha esa pista para generar la lista de reproducción. La Figura 14-8 muestra una lista de reproducción Genius creada desde la "seed song" (canción germinal) *A Song for You* de Donny Hathaway. Puede guardar una lista de reproducción Genius y renovarla instantáneamente si no le gustan los resultados. Y puede limitar la colección a veinticinco, cincuenta, setenta y cinco o cien canciones.

Al momento de escribir este libro, se podían generar listas de reproducción únicamente con canciones suyas que también estuvieran en venta en iTunes Store, eliminando las listas de reproducción basadas en los Beatles, entre otros. Esto puede cambiar para cuando usted lea el libro. Y Genius era mucho menos inteligente para generar listas de reproducción de música clásica. Eso también puede cambiar.

Tendrá que suscribirse (en el menú de Store), porque para ayudar a crear las listas de reproducción, Apple comparte datos de su biblioteca de iTunes en forma anónima con muchos otros usuarios. También puede generar listas de reproducción Genius "al vuelo" con el nuevo iPod Nano y Touch.

Figura 14-8:
La lista
Genius es
genialidad
pura.

Además, preste atención a la barra lateral de Genius en la Figura 14-8. Apple le recomendará canciones que todavía no tiene del artista con el que generó la lista de reproducción Genius junto con otras sugerencias de compra.

Cargar canciones en el iPod

Transferir sus canciones, listas de reproducción y — como también verá — videos, audiolibros y podcasts a un iPod (o cualquier otro dispositivo portátil) es tan simple como conectar el dispositivo en su Mac a través del puerto USB o FireWire, según el modelo. Cada vez que se conecta, el iPod automáticamente refleja cualquier cambio que aplique a sus canciones y listas de reproducción en iTunes. Esto es así, a menos que seleccione Manually Manage Music and Videos (Administrar manualmente música y videos) en la pestaña Summary (Resumen) de la ventana de iTunes cuando el dispositivo está conectado.

Un iPod conectado se muestra en la lista de fuentes de iTunes debajo del encabezado Devices (Dispositivos). Haga clic en el pequeño ícono Eject (Expulsar) junto al nombre de su iPod en la lista fuente antes de extraer el dispositivo desde un cable USB o FireWire.

Grabar CDs de audio

Saber cómo crear una lista de reproducción es un precursor muy útil para grabar o crear su propio CD que pueda reproducirse en virtualmente cualquier reproductor de discos compactos estándar.

Compresión compasiva

iTunes puede cantar al compás de una gran variedad de formatos de archivo de audio. La mayoría de las pistas digitales importadas a la base de datos de iTunes se comprimen, o encogen, para que la música no acapare una cantidad excesiva de espacio en su unidad de disco. Pero generalmente hay una relación entre tamaño de archivo y calidad de sonido. Como puede imaginarse, los archivos más grandes ofrecen la mejor fidelidad de sonido — al menos en teoría.

El esquema de compresión más conocido es el *MP3*, un método en el que los archivos se aprietan a un tamaño razonable y el sonido sigue siendo perfectamente aceptable salvo para los audiófilos más serios. Apple prefiere un método de compresión alternativo. En las Macs con Quicktime 6.2 o superior, Apple utiliza un esquema de codificación predeterminado que se conoce como MPEG-4 AAC (Advanced Audio Coding, o codificación de audio avanzada), un formato de compresión que Apple sostiene que es equivalente o incluso superior a los MP3 codificados con la misma tasa de bits o un poco más elevada. (Si tiene una versión anterior de QuickTime, la opción predeterminada es MP3).

Las canciones que compra en iTunes Store también están en el formato ACC. Según Apple, la función High Quality ACC produce archivos que ocupan menos de 1MB por cada minuto de música. Pero iTunes también reconoce otros formatos de archivos, entre ellos: Apple Lossless, AIFF y WAV. Estos últimos dos sabores no están comprimidos, así que la música es de calidad excepcional, pero los archivos devoran el espacio del disco. Apple Lossless es un formato para audiófilos que iguala a AIFF y WAV en calidad de sonido, pero ocupa la mitad de espacio. Si tiene inclinación por experimentar con los formatos de archivo, visite iTunes Preferences (Preferencias), haga clic en la pestaña Advanced (Avanzado) y elija su preferencia en la sección Importing (Importación). Puede configurar el codificador para que importe con el formato ACC, AIFF, Apple Lossless, MP3 o WAV, y también seleccionar la tasa de bits estéreo. En términos de expertos tecnológicos, 128 Kbps es la opción predeterminada.

Para grabar (o, "quemar") un CD:

1. **Haga clic en el botón Burn Disc (Grabar disco) en la esquina inferior derecha de la ventana de iTunes.**

   Se muestra la ventana Burn Settings (Opciones de grabación).

2. **En la opción Disc Format (Formato de disco), seleccione Audio CD (CD de audio).**

3. **Seleccione el espacio entre canciones (De 0 a 5 segundos, 2 segundos es la opción predeterminada).**

4. **Si desea que todas las canciones del CD se reproduzcan con el mismo volumen, seleccione Sound Check (Verificación de sonido). Si lo desea, seleccione Include CD Text (Incluir texto del CD).**

5. **Con las preliminares resueltas, seleccione la lista de reproducción con las canciones que desea quemar y asegúrese de que todas las canciones que quiere tengan marcas de verificación junto a sus nombres.**

   Preste atención a la duración de estas pistas, los CDs comunes tienen espacio para aproximadamente setenta y cuatro u ochenta minutos de música, o aproximadamente veinte canciones.

6. **Cuando esté listo, haga clic en el botón Burn (Grabar) en la esquina inferior derecha de la ventana Burn Settings (Opciones de grabación).**

7. **Cuando se lo indique, inserte un disco en blanco.**

   Use un disco CD-R si desea reproducir el CD en casi cualquier reproductor. Aunque no se puede borrar la información de este disco una vez que la grabó, funciona en muchos más reproductores que los tipos de discos CD-RW regrabables, que puede borrarse y regrabarse.

8. **Haga clic en Burn Disc (Grabar disco) nuevamente.**

   Su grabadora de CD se pone en marcha. El procedimiento completo puede tardar varios minutos.

En este ejemplo, grabamos un CD de audio. Apple también la da la opción de grabar un CD de MP3. La ventaja de esto es que puede almacenar mucha más música (más de doce horas, o 150 canciones) que en un disco CD-R. El problema: Hay menos reproductores de CD que admiten este tipo de disco. También puede grabar un CD de datos o un DVD, pero nuevamente es probable que algunos reproductores no admitan esos discos.

Sintonizar una radio en Internet

Escuchar sus propios CDs y pistas digitales es fantástico. Seguramente se ha puesto a pensar mucho sobre cómo amasar su colección. Pero, a veces, nada le gana a los hallazgos fortuitos de la radio: No saber qué viene después, escuchar una perla que no había escuchado en décadas, escuchar una nueva joya por primera vez.

No tiene que dejar su Mac para disfrutar de este tipo de experiencia. De hecho, cuando hace clic en Radio en la lista de fuentes, tendrá acceso a muchas más estaciones de radio de las que encontrará en AM, FM o incluso radio satelital por suscripción. Estas son estaciones *streaming Internet radio* (radio de transmisión por Internet) y puede elegir entre cientos de ellas. Apple las categoriza por género, como se muestra en la Figura 14-9. Haga clic en el triángulo que está junto a un nombre de categoría para ver todas las opciones de estaciones de ese género. Haga doble clic para sintonizar una estación en particular. Comenzará a transmitir en un par de segundos, por suerte sin la estática de la radio tradicional.

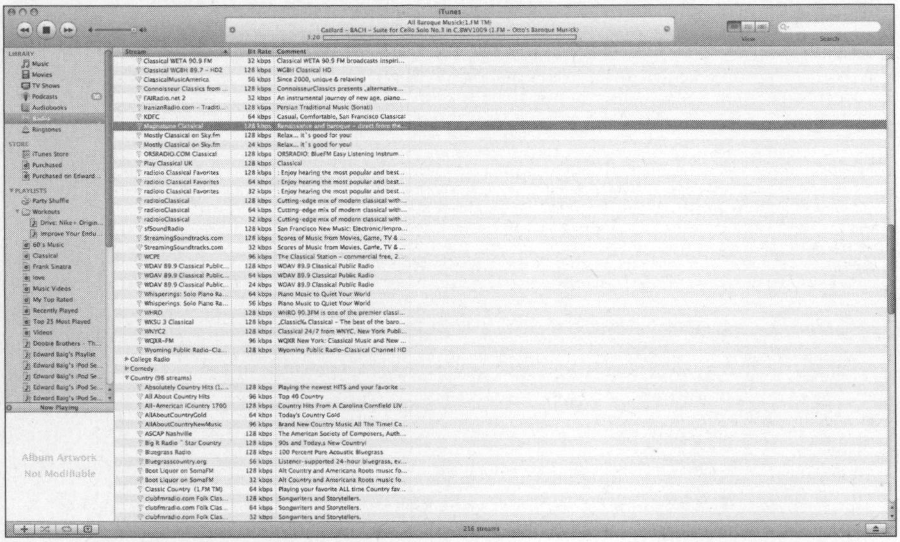

Figura 14-9:
No encontrará tantas opciones en AM o FM.

Preste atención al *bit rate* (tasa de bits). Cuanto mayor sea el número, mejor sonará la estación, pero aquí está a merced de su conexión a Internet. Los usuarios de Dial-up posiblemente prefieran quedarse con las estaciones de radio que se transmiten a menos de 48Kbps.

Puede incluir estaciones de radio de Internet en una lista de reproducción. Por supuesto, debe estar conectado a Internet para escucharlas. Para grabar transmisiones de radio de Internet necesita una aplicación de terceros como RadioLover de Bitcartel Software. Descargue una versión de prueba desde www.bitcartel.com/download.html.

Encontrar Música (y Más) en Línea

iTunes sirve como puerta de entrada a un delicioso emporio para los amantes de la música. iTunes Store es dónde cazar canciones es un placer para todos, salvo los usuarios con poco oído musical. ¿No me cree? ¿De qué otro modo puede explicar que hubo más de cinco mil millones de descargas desde que Apple abrió el lugar? Para ingresar a la tienda, haga clic en iTunes Store en la lista fuente.

Lamentablemente, no encontrará todas las canciones que desea porque algunos artistas o las discográficas que controlan los catálogos del artista permanecen en forma insensata sin presencia digital. Todavía tienen que poner sus discos a la venta en el ciberespacio. Si me pregunta, eso huele a avaricia. Pero, mejor que no me hagan hablar de esto.

Ahora que ya vociferé al respecto, vamos a darle un giro positivo a comprar música en línea, comparado con hacerlo en el mundo físico. Para empezar, la tienda de discos de su barrio no tendrá las ocho millones y medio (y más) pistas que se encuentran en iTunes Store. Y, tristemente, muchas de esas tiendas físicas están desapareciendo, en gran parte por la popularidad de las ciber-compras. Es más, cada canción de iTunes está siempre "en stock".

Comprar música en línea le da otros privilegios. En especial, puede tener la oportunidad de seleccionar una por una sus pistas preferidas de un álbum, sin tener que comprar la compilación entera. Sin embargo, tenga en cuenta que algunas discográficas exigen que se compren algunas pistas sólo como parte de un álbum completo.

Es más, puede probar todas las pistas unos treinta segundos, sin obligación de compra. La mayoría de las canciones que elija comprar cuestan 99 centavos de dólar cada una. Luego está el tema de la gratificación instantánea. Puede comenzar a escuchar la música que compra en iTunes pocos segundos después de hacer la compra, como verá más adelante en este capítulo.

Buscar recomendaciones de música en línea

En la tienda de música del mundo real, puede encontrar un empleado adolescente dispuesto a recomendarle un álbum o un artista. (Aunque, ¿por qué será que tiene la leve sospecha de que este chico no habla el mismo idioma que usted y menos aún disfruta del mismo repertorio?). Si tiene muchísima suerte, encontrará a un graduado de la Escuela de Música Julliard que trabaja provisoriamente entre conciertos. Pero la mayoría de las veces estará mirando los estantes por su cuenta, lo cual no es algo malo. Me encanta pasar el rato en tiendas de discos.

Pero reconozcámoslo, todos necesitamos un pequeño consejo de vez en cuando. Encontrará mucho de esto en iTunes Music Store de Apple, también de personas como usted que adoran la música.

La página principal de la tienda de música es como la vidriera de una tienda de discos física. Verá portadas de álbumes coloridos, promociones para artistas específicos y más.

Las páginas de la tienda están llenas de lanzamientos nuevos y recientes, favoritos de los empleados, y una lista de los principales temas, álbumes y tonos de llamada (para su iPhone). Puede ver algunos exclusivos y otras recomendaciones — presentadas en el género principal que selecciona haciendo clic en el menú desplegable ubicado dentro de Store (sobre el lateral izquierdo de la pantalla).

La Figura 14-10 muestra la página principal de la tienda cuando selecciona Children's Music (música para niños) como género.

Figura 14-10:
Búsqueda
de selec-
ciones
para niños
en iTunes
Store.

Ahora supongamos que hizo clic en el cartel de Barenaked Ladies Snack Time.
Será transportado a una página como la que se muestra en la Figura 14-11. En la
mitad inferior de la pantalla está la lista de temas de la compilación. Haga clic en
cualquier tema para escuchar muestras de treinta segundos. Ahora mire por
encima de la lista de canciones. Encontrará críticas y calificaciones de clientes.

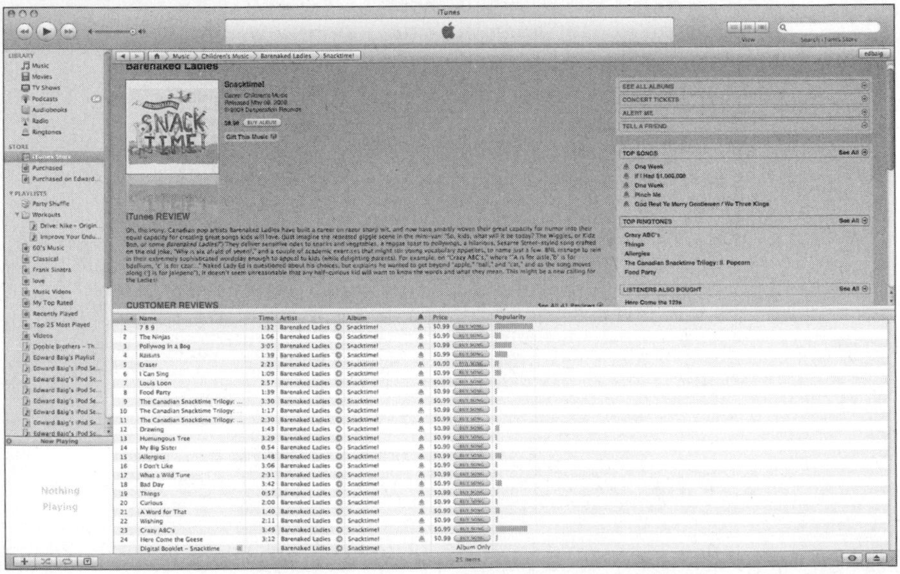

Figura 14-11:
Dándose un
atracón de
canciones.

Siéntase libre de contribuir con sus propios comentarios. En iTunes, todos pueden ser críticos.

iMixes

En la última sección, comenté que puede escribir sus propias críticas. De hecho, puede hacer mucho más que ser un crítico. Puede compilar una lista de canciones para usuarios con gustos similares. A través de Music Store, encontrará las listas de reproducción de *iMixes* mejor calificadas que crearon fanáticos de la música comunes y corrientes como usted.

Para contribuir con su propia mezcla iMix y que todo el mundo la vea en iTunes Music Store, siga los siguientes pasos.

1. **En la lista fuente, haga clic en la pequeña flecha a la derecha de la lista de reproducción seleccionada.**

   Si no aparece ninguna flecha, seleccione la opción Show Links to Music Store (Mostrar enlaces a la tienda de música), que está en la pestaña General de iTunes Preferences (Preferencias de iTunes).

2. **Haga clic en Create iMix (Crear iMix).**

3. **Ingrese un título y una descripción y luego haga clic en publish (publicar).**

   Debe utilizar un título como *Canciones tontas de amor de Ed* y una descripción como *Muy buena música sentimental para compartir con una botella de vino y un/a amigo/a especial.* Apple no le dejará usar malas palabras.

4. **Haga clic en Tell a Friend (Contarle a un amigo) para difundir la noticia.**

Aunque su lista de reproducción puede incluir pistas que haya ripeado de un CD, solamente las canciones vendidas en iTunes Store aparecerán en su iMix. Apple deja la iMix disponible por un año desde su fecha de publicación.

Puede calificar las iMixes de otras personas en una escala de una a cinco estrellas. Del mismo modo, ellos pueden calificar su compilación. Si la suficiente cantidad de gente lo favorece, su iMix también puede figurar en las páginas de álbumes de los artistas presentados. Eso le da tanta credibilidad como cualquier juez de *American Idol*.

La búsqueda de música genial continúa

Ya mencioné la nueva barra lateral Genius como una forma de encontrar música increíble. Verifique la lista siguiente para ver otros métodos, teniendo en cuenta que la aventura puede ser profundamente adictiva.

✔ **Search (Búsqueda):** Un muy buen punto de partida en su exploración es buscar artistas o títulos de canciones ingresando el nombre en la casilla Search iTunes Store cerca de la esquina superior derecha de la pantalla. Puede agregar más peso a su búsqueda haciendo clic en Power Search (Búsqueda poderosa) dentro de la lista de Quick Links (enlaces rápidos), como se muestra en la Figura 14-10. Esto le permite buscar utilizando varios parámetros simultáneamente (canción, artista, álbum, género y compositor).

✔ **Browse (Hojear):** Si no comienza con un artista específico en mente, haga clic en Browse desde la lista de Quick Links (Enlaces rápidos). Verá una ventana como la que se muestra en la Figura 14-12. Seleccione si busca un audiolibro, película, música, video musical, podcast o un programa de TV en la columna a su extrema izquierda, y luego seleccione un género en la siguiente columna a la derecha, un subgénero en la siguiente columna, y así sucesivamente hasta que haya delimitado lo que quiere obtener.

✔ **Top Songs (Canciones principales):** Si encuentra una página de un álbum pero no conoce la música del artista, consulte la lista de Top Songs y haga clic para escuchar su muestra de treinta segundos. También puede ver una muestra de Top Ringtones (Tonos de llamada principales), si está disponible.

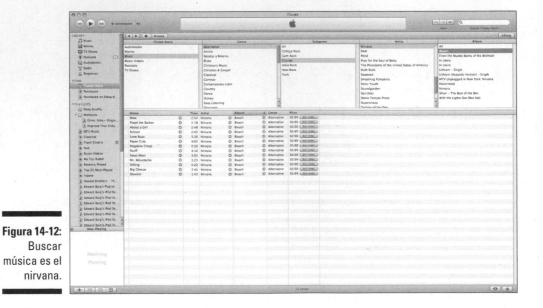

Figura 14-12:
Buscar música es el nirvana.

✔ **Listeners also bought (los oyentes también compraron):** Si queda impactado con lo que escucha de un artista en particular, tal vez también sienta atracción por otra música comprada por fanáticos de dicho artista.

✔ **Hobnob with the stars (codearse con las estrellas):** Bueno, tal vez no sea codearse con los artistas. Pero un grupo ecléctico de ricos y famosos — Liv Tyler, Madonna, Mike Myers, William Shatner, Kim Cattrall, Bill Maher, Billy Bob Thornton, Carole King, B.B. King, Nicole Kidman, Russell Crowe, Jennifer Garner, Taye Diggs, Jackie Chan, Smokey Robinson, RuPaul, Andrew Lloyd Webber, Kanye West, Sting, Al Franken, Lance Armstrong, el Reverendo Al Green y muchos más — han reunido listas de sus trabajos preferidos. Los artistas generalmente brindan descripciones breves de por qué eligen determinadas canciones. Lamentablemente, comprar canciones de estas listas de reproducción de famosos no es ganarse un pasaje automático a la fama.

Cuando esté listo para comprar

Ahora que tiene todas las recomendaciones, está listo para gastar dinero. Sin embargo, primero tendrá que configurar una cuenta con Apple (suponiendo que no lo haya hecho todavía) o usar una cuenta de AOL existente. Así se hace:

1. **En la Source List (Lista fuente), haga clic en iTunes Store.**

2. **En la ventana de inicio de sesión, haga clic en Create New Account (Crear cuenta nueva).**

3. **Complete los datos solicitados sobre la tarjeta de crédito y otra información.**

4. **El resto es fácil. Encuentre una canción que quiera comprar y haga clic en Buy Song (Comprar canción).**

   Para asegurarse de que realmente lo quiere hacer, Apple le muestra la advertencia que aparece en la Figura 14-13.

5. **Haga clic en Buy (Comprar) para completar la transacción.**

   En cuestión de segundos (generalmente) la canción se descarga a la lista de reproducción llamada, apropiadamente, Purchased (Compradas). Pero como sugiere el apartado "Policía de derechos digitales", la pista comprada generalmente tiene ciertas restricciones.

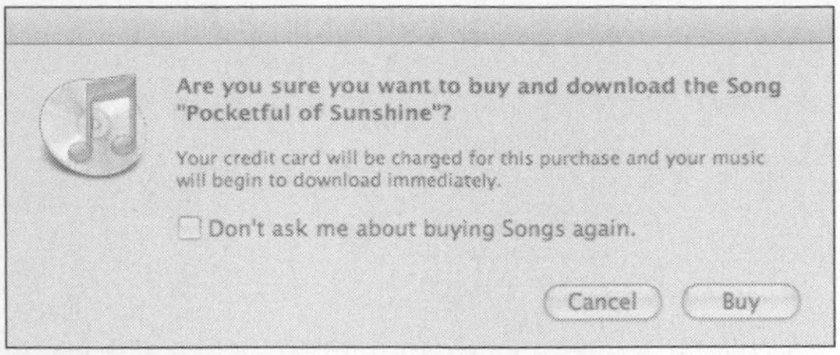

Figura 14-13:
Estamos
contentos
de aceptar
su dinero,
pero...

> Are you sure you want to buy and download the Song "Pocketful of Sunshine"?
>
> Your credit card will be charged for this purchase and your music will begin to download immediately.
>
> ☐ Don't ask me about buying Songs again.
>
> (Cancel)   (Buy)

CONSEJO

Una vez por semana puede descargar por lo menos un single gratuito cuidadosamente seleccionado por Apple y generalmente más. Los temas gratuitos suelen ser de artistas que nunca escuchó, aunque la música es bastante buena. La experiencia de descarga es idéntica a comprar cualquier pista, salvo que está haciendo clic en Get Song (Obtener canción) en vez de Buy Song (Comprar canción).

Policía de derechos digitales

Cuando compra un disco compacto común, puede hacer con él prácticamente lo que quiera. Poner el disco en todos los reproductores de CD a los que tenga acceso. Copiar las canciones (a través de iTunes) a su Mac. Lanzar la cosa como un Frisbee, en lo que respecta a los demás.

Entonces, ¿qué es exactamente lo que obtiene cuando compra una canción electrónicamente desde iTunes? Los derechos para escuchar esta canción en solamente cinco computadoras "autorizadas". Si intenta compartir la música en una sexta máquina, se le dirá que debe desautorizar una de las anteriores cinco. Para hacerlo, asegúrese de que la computadora está conectada a Internet. Luego, en el menú Store de iTunes, haga clic en Deauthorize Computer (Desautorizar computadora). El límite de cinco máquinas se aplica tanto a equipos Mac como Windows. También puede desautorizar a todas las cinco máquinas al mismo tiempo con la opción Deauthorize All (Desautorizar todas) en la página Account Information (Información de la cuenta). La opción aparecerá únicamente si ha autorizado a las cinco computadoras.

Conclusión rápida: Si se está deshaciendo de un equipo viejo, recuerde desautorizarlo.

Muchas de las canciones compradas a través de iTunes Store vienen equipadas con restricciones DRM (Digital Rights Management o Administración de Derechos Digitales), generalmente impuestas por las discográficas. Tales canciones pueden reproducirse únicamente en cinco máquinas y están sujetas a otras restricciones. En 2007, Apple comenzó a ofrecer una selección de canciones libres de DRM con el nombre de iTune Plus. Las canciones costaban inicialmente 1,29 dólares, aunque Apple eventualmente eliminó el sobreprecio de 30 centavos. Es más, las canciones de iTunes Plus están codificadas con una mejor calidad. (Usted puede convertir canciones que ya haya comprado de iTunes Plus por una tarifa nominal). Como todavía hay peleas con las discográficas, Apple no pudo hacer que todas estén libres de DRM. Pero los rivales sí lo han hecho, incluido Amazon, que típicamente vende pistas por 89 y 99 centavos cada una.

La generosidad de Apple tiene un costo escondido. La compañía está tomando el enfoque de las papas fritas Lays, "no puedes comer sólo una". Lo que esperan es que se quede dando vueltas por la tienda de música un buen rato y se desprenda de su dinero ganado con el sudor de su frente en algún momento. Caramba, menos de un dólar por pista no suena mucho para esas canciones que *necesita* tener. Pero hágale caso a alguien con experiencia, esas canciones de 99 centavos suman rápidamente. Para averiguar cuánto está gastando, haga clic en Account (Cuenta) en la lista de Quick Links (Enlaces rápidos), ingrese su contraseña y haga clic en Purchase History (Historial de compras) para ver sus últimas transacciones.

Si ha seleccionado una por una las canciones que compró de álbumes selectos, la voluntad de Apple le deja comprar el resto de los títulos del álbum a un precio reducido. Hay un límite de seis meses para toma ventaja de la función Complete My Album (Completar mi álbum), desde el momento que descargó la primera canción de un álbum elegible.

 Si hace clic en Manage My Alerts (Administrar mis alertas) en la página Account Information (Información de la cuenta), Apple le enviará un correo electrónico informándole cuándo los artistas de los que compró música en el pasado han agregado nueva música a la tienda. Para hacerlo, seleccione la opción Send Me an Email Alert for All Individuals in My Purchase History (Enviarme un correo electrónico para todos los individuos de mi historial de compras). Es apenas otro modo de hacer que se desprenda de su dinero.

Mesadas y regalos

Si compró demasiados suéteres feos o corbatas en todos estos años como regalo de cumpleaños de último momento, iTunes puede ser su salvación. Haga clic en Buy iTunes Gifts (Comprar regalos de iTunes) en la sección Quick Links (Enlaces rápidos) para comprar algo realmente valioso. Los iTunes Gift Certificates (Certificados de regalo de iTunes) se pueden emitir en cantidades de 10 a 200 dólares. Puede enviar el certificado por correo electrónico, imprimirlo o enviarlo por correo en los Estados Unidos. Incluso puede regalar una canción, programa de TV o película en particular, o crear una lista de reproducción personalizada para la persona afortunada. Todo este asunto tarda uno o dos minutos.

Si hace clic en Allowances (Mesadas) en vez de Buy iTunes Gifts, puede establecer un gasto fijo mensual (con las mismas cantidades de 10 a 200 dólares) que se habilita automáticamente el primer día de cada mes. Si todo sale bien, Junior aprenderá un par de cosas sobre responsabilidad fiscal. El crédito sin utilizar se guarda hasta que su hijo haga otra compra. Por supuesto, si su hijo o hija abusa de sus privilegios, puede cancelar su mesada de iTunes en cualquier momento yendo a la página Account Information (Información de la cuenta).

Puede arrastrar canciones a una lista de reproducción y darlas como regalo, incluso si no es dueño de estas canciones. Puede escuchar las muestras de treinta segundos; sus destinatarios reciben el tratamiento completo. Haga clic en la flecha junto a la lista de reproducción y clic en Give Playlist (Dar lista de reproducción).

También puede regalar un álbum entero dentro de la tienda de música de iTunes si selecciona Gift This Music (Regalar esta música) en la página del álbum. Para canjear un certificado que haya recibido, haga clic en Redeem (Canjear) en la sección Quick Links (enlaces rápidos) e ingrese el código de canje de su tarjeta de regalos o certificado.

Compartir música con otras computadoras

Si su Mac es parte de una red de computadoras local (ver Capítulo 18), puede compartir la música de su biblioteca con otras máquinas utilizando la versión 4.5 o superior de iTunes. Vaya a iTunes Preferences (Preferencias de iTunes), haga clic en Sharing (Compartir) y seleccione la opción Share My Music. Puede compartir toda la biblioteca o listas de reproducción seleccionadas. Para mayor seguridad, puede solicitar a los usuarios de otras computadoras que ingresen una contraseña. iTunes debe permanecer abierto para que otras computadoras accedan a su música. Se aplican límites, como se indica en el apartado "Policía de derechos digitales".

iTunes: Más que Sólo Música

Era inevitable que iTunes Music Store se convirtiera en iTunes Store a secas porque, como ahora ya sabe, puede comprar mucho más que música, y compartirla en un iPod.

Escuchar audiolibros

De Ernest Hemingway a James Patterson, puede buscar el equivalente a libros grabados en iTunes. Puede escuchar muestras de noventa segundos, tres veces más que las selecciones musicales. Por supuesto, los audiolibros llegan a durar horas, comparados con los tres o cuatro minutos de una canción promedio. Los precios también varían. Un audio de veintitrés minutos de los comentarios de Stephen Colbert en la cena de corresponsales de la Casa Blanca cuesta $1.95; una versión en audio de ocho horas y media de *Adiós a las armas* de "Papá" Hemingway se consigue a $25.95.

Capturar podcasts

Los Podcasts son otra forma de radio en Internet, pero muy distinta de la radio que describí anteriormente en este capítulo. Para empezar, muchos podcasts van más allá de la radio y tienen videos, incluido el podcast de video Talking Tech (Hablando de tecnología) que presento junto con uno de mis colegas de *USA TODAY*. Es más, en vez de escuchar transmisiones en vivo desde la Red, los podcasts son archivos descargables que puede escuchar en cualquier momento que desee.

Como verá después de elegir el género Podcasts dentro de iTunes, los podcasts cubren una amplia gama de temas (negocios, política, deportes, TV y películas, tecnología y más) y los ofrecen presentadores con experiencia, medios de comunicación masivos (National Public Broadcasting, *Newsweek, USA TODAY, Wall Street Journal*), además de gente común y corriente.

Los podcasts se descargan gratuitamente y, por lo general, no tienen comerciales. Puede conseguir episodios individuales haciendo clic en Get Episode (Obtener episodio) o suscribirse a los podcasts para que lleguen en forma regular. Como con los audiolibros, puede hacer clic para escuchar (o ver) una muestra de noventa segundos.

Puede encontrar los podcasts que descargó haciendo clic en Podcasts en la lista de fuentes. También puede decirle a iTunes con qué frecuencia quiere revisar si hay nuevos episodios mediante las opciones hourly (por hora), daily (diariamente) weekly (semanalmente), manually (manualmente). Además, puede elegir cuánto tiempo conservar los episodios que descargó con all unplayed (todos los que no haya reproducido), most recent (más recientes), last two (últimos dos), last five (últimos cinco) y más.

Poniéndose al día con *Lost* y *Family Guy*

Breve relato. Nunca había visto la popular serie *Lost* antes de bajar el episodio piloto en iTunes (y luego un iPod). Me enganché inmediatamente. De pronto comprendí el poder de iTunes/iPod video.

Lost estaba entre los primeros pocos programas de TV que Apple puso a disposición del público en iTunes. El número de programas creció rápidamente como los hongos para incorporar todo desde *The Daily Show with Jon Stewart* a *The Sopranos*. También están disponibles videos musicales y cortos de cine.

Los videos y programas de TV dentro de iTunes cuestan de $1.99 a $2.99 cada uno. Los programas en alta definición tienen un valor más alto y, como

con las pistas de audio, puede ver una muestra de treinta segundos y además suscribirse a una temporada para una serie específica.

Puede arrastrar archivos de película o video que crea usted mismo u obtiene de otras fuentes dentro de iTunes.

Antes de que pueda transferir algunos de los videos a un iPod, es posible que necesite convertirlos a un formato que el iPod reconozca. Seleccione el video y elija la opción Advanced⇨Convert Selection for iPod (Avanzado⇨Convertir selección para iPod).

Comprar y alquilar películas

Apple empezó no solamente a vender películas a través de iTunes, sino también a alquilarlas. Las películas más nuevas generalmente cuestan $14.99 ó $3.99 alquilarlas, más un dólar para alta definición (HD). Las películas alquiladas vienen (¿otra vez?) con restricciones. Tiene treinta días para comenzar a ver, pero solamente veinticuatro horas para terminar una vez que haya iniciado la reproducción.

A través de iTunes, puede ver el avance y leer resúmenes del argumento, créditos y reseñas de clientes.

Puede ver una película en su computadora, por supuesto, aunque una laptop Mac puede ser un fabuloso reemplazo para un reproductor de DVD portátil o la horrible película que la aerolínea elige mostrarle. Pero cuando se queda quieto, probablemente quiera verla en la TV panorámica de su Home Theater. Apple vende una caja a partir de $229 que se llama Apple TV y se conecta a una TV y comunica en forma inalámbrica su biblioteca de iTunes para ver películas, fotos, videos y reproducir música a través de la televisión.

Juegos para iPod

¿Quiere jugar Sudoku o Pac-Man en su iPod? Apple vende estos y otros juegos para iPod en iTunes por $4.99 cada uno. Al momento de escribir esto, los juegos eran compatibles con la tercera generación de iPod Nano, iPod Classic y otros modelos (pero no el Touch o iPhone — vea la sección siguiente). Y aunque los juegos se transfieren al iPod cuando lo conecta al iTunes de su Mac, no puede en realidad jugar a los juegos en su computadora. Qué lástima.

App Store (Tienda de aplicaciones)

Si tiene un iPhone o iPod Touch, puede acceder a una gran cantidad de programas ingeniosos para estos dispositivos que incluyen juegos, noticias, productividad, redes sociales y mucho más. Más de tres mil aplicaciones estaban disponibles en el momento en que se envió este libro a imprenta, con más del 90 por ciento con precios inferiores a 10 dólares y más de seiscientas gratuitas. Si bien puede acceder a App Store en forma inalámbrica desde un iPhone o Touch, también puede acceder directamente a través de iTunes.

iTunes U

¿A que pensó que todo era diversión y juegos? Ey, aprender también es divertido. Puede tomar un curso sobre el Imperio Romano con un profesor de UC Berkeley. O aprender sobre Química ecológica en Yale. iTunes ofrece más de cincuenta mil archivos educacionales en audio y video de las principales universidades, museos y otras organizaciones globales. La matrícula es gratuita y, lo que es mejor aún, no hay exámenes sorpresa.

Capítulo 15

Primer Plano de iPhoto

. . . .

. . . .

La *tecnología disruptiva* es un concepto que ha estado flotando por casi una década. En una definición simplista, describe cómo una tecnología alguna vez dominante acaba haciéndose a un lado y eventualmente es desplazada por algo nuevo. El término fue acuñado por el Profesor de Harvard Business School, Clayton M. Christensen. Y esos educadores prestigiosos son bastante inteligentes.

La tecnología disruptiva es lo que parece estar ocurriendo en el mundo de la fotografía, en el que las cámaras digitales superaron radicalmente al tradicional rollo de película en el negocio de tomar fotografías. Las cámaras más baratas y con más capacidades se están volviendo tan dominantes que se incorporan en la mayoría de los teléfonos celulares de consumo masivo.

Para los consumidores, las cámaras digitales tienen muchísimas ventajas comparadas con sus contrapartes fílmicas. Más notablemente, pueden previsualizar las tomas antes de capturar una fotografía. (Intente eso con la Instamatic de papá). Es más, si no está conforme con los resultados — por el amor de Dios, ese niño está mirando a un costado y el otro tiene los ojos cerrados — puede eliminarla en el momento sin ningún problema y sin tener que pagar para que revelen la foto recuperando instantáneamente el espacio de esa imagen en su rollo digital.

Con iPhoto, Apple incorpora su propia inteligencia especial a la fotografía digital. El programa es en parte caja de zapatos digital, en parte laboratorio de revelado, en parte artista de retoques y más. Con este maravilloso miembro de la suite de programas iLife, puede importar, organizar, ver, editar y finalmente compartir sus obras maestras con un público que lo adore (o, como mínimo, con sus familiares y amigos).

Poner Imágenes en la Computadora

Tomar fotos con la mayoría de las cámaras digitales es fácil. Tomar *buenas* fotos digitales es una cuestión completamente distinta y va más allá del — alerta de juego de palabras — foco de este libro.

Después de presionar el botón del obturador de su cámara digital, las imágenes terminan en tarjetas de memoria pequeñas (y removibles). A medida que el precio de estas tarjetas de memoria desciende, la capacidad aumenta. Ahora puede capturar varios cientos de fotografías en tarjetas relativamente baratas y reutilizables.

En el pasado, era un desafío pasar las fotografías digitales a su computadora, en donde comienza la verdadera diversión. iPhoto simplifica drásticamente el proceso. Eche un vistazo a las Figuras 15-1 y 15-2 para familiarizarse con algunos de los elementos principales del programa. Está viendo la vista Events (Eventos) en la primera figura y la vista Photos (Fotos) en la segunda. Hay mucho ahí que analizaremos a lo largo de este capítulo.

Conectar una cámara digital

En la mayoría de los casos, usted establece una conexión directa desde la cámara digital a la Mac conectando el cable USB provisto con la cámara. Apague la cámara y luego conecte un extremo del cable a la cámara y el otro extremo a la Mac. Vuelva a encender la cámara.

Se abre iPhoto, suponiendo que haya hecho clic en Yes (Sí) cuando el programa le preguntó si desea usar iPhoto para descargar fotos cuando hay una cámara conectada. (Esta pregunta aparece la primera vez que arranca el programa). Del modo en que iPhoto se hace cargo, ni siquiera tendrá que instalar el software que vino con su cámara. Considérese afortunado (por lo menos en la mayoría de los casos).

Si todo ocurrió como debería e iPhoto entra en acción, saltee la siguiente sección. Si se presenta algún problema, puede intentar lo siguiente:

- ✔ Compruebe que su cámara esté encendida y que tiene baterías nuevas.

- ✔ Como cada cámara es distinta, consulte las instrucciones que vinieron con su modelo para asegurarse de que tiene la configuración correcta para importar las fotografías (generalmente el modo Play o Reproducción). ¿No detesta cuando ocurre eso? Usted quiere una respuesta ahora y yo le estoy diciendo que lea algún manual probablemente traducido al inglés o al español desde otro idioma. Mal traducido, debo agregar.

Lista Fuente (los álbumes aparecen aquí)

Visualizador de eventos (Events viewer)   Arrastrar para desplazarse por los eventos

Figura 15-1:
Un acercamionto a iPhoto Events.

Buscar fotos por nombre, fecha, palabra clave o calificacion

Arrasstrar para cambiar el tamaño de las miniaturas

Ingresar a pantalla completa

Botones de la barra de herramientas (Toolbar buttons)

Mostrar/ocultar información

Haga clic aquí para crear un nuevo álbum, álbum inteligente, galería web, presentación de diapositivas, libro, tarjeta o calendario.

Panel de Información (Information pane)

Visualizador (Viewer)   Guía de desplazamiento (Scroll guide)

Figura 15-2:
La vista
Photos de
iPhoto.

Arrastrar para desplazarse por una colección

Importar imágenes de la cámara

Cuando conecta una cámara e iPhoto cobra vida, el nombre de la cámara aparecerá en la lista de fuentes a la izquierda de la pantalla y sus imágenes se verán en el área de visualización principal, como se observa en la Figura 15-3.

Para transferir las imágenes, siga estos pasos:

1. **Escriba un nombre para el evento (por ejemplo, "Día del padre") y una descripción ("Después de que papá abrió los regalos") en los campos correspondientes (Event y Description, respectivamente).**

2. **Si las imágenes transcurren en varios días, seleccione la opción Autosplit Events after Importing (Separar los eventos automáticamente después de importar).**

3. **Si ya ha importado algunas de las imágenes de la cámara, seleccione la opción Hide Photos Already Imported (Ocultar fotos ya importadas) para no verlas en la ventana.**

4. **Para importar solamente algunas fotos selectas de este lote, presione la tecla ⌘ y haga clic en las imágenes que desea incluir. Haga clic en Import Selected (Importar seleccionadas).**

5. **Haga clic en Import All (Importar todas) para transferir las imágenes a la caja de zapatos digital de iPhoto.**

El proceso puede tomar varios minutos, según una gran variedad de factores, incluido el número y tamaño de las imágenes que se importan. Verá cómo las imágenes pasan raudamente (o a paso de tortuga) mientras se copian. Un contador en el extremo inferior indica cuántas fotografías todavía no se han copiado.

6. **Cuando el programa haya terminado de importar, un cuadro de diálogo le da la opción de eliminar los originales que están en la cámara o conservarlos.**

7. **Arrastre el nombre de la cámara desde la lista fuente a la papelera de iPhoto, o haga clic derecho y seleccione Dismount (Desconectar). Apague y desconecte la cámara.**

¿Ve doble? Si iPhoto detecta una foto duplicada, le preguntará si desea volver a copiarla. Haga clic en Import (Importar) para proceder o Don't Import (No importar) para saltearse esta imagen en particular. Para evitar que le hagan esta pregunta por cada imagen duplicada, seleccione la opción Apply to All Duplicates (Aplicar a todos los duplicados).

iPhoto también copiará clips de video de su cámara digital, siempre que estos sean compatibles con QuickTime. Estos videos se transfieren automáticamente de la misma manera que las imágenes fijas.

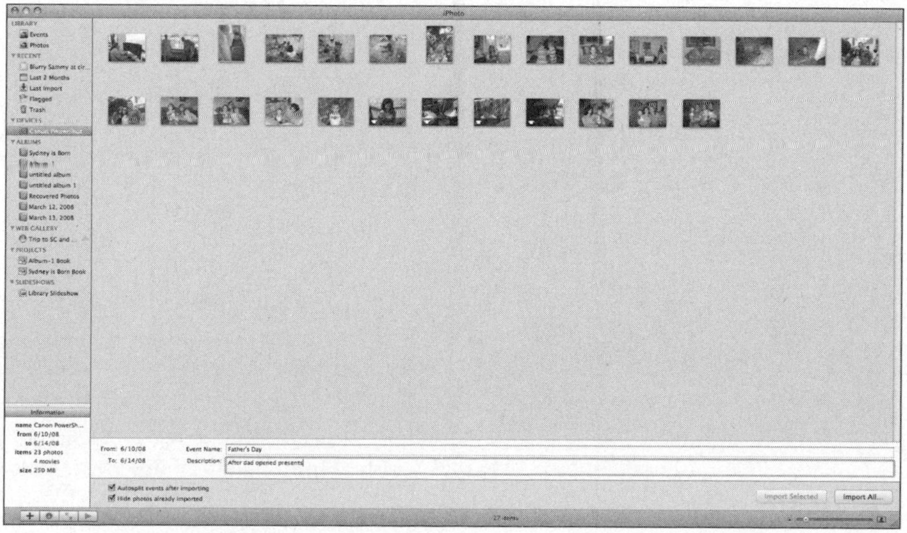

Figura 15-3: Preparándose para importar sus fotografías.

Importar imágenes de otras fuentes

No todas las imágenes de su biblioteca de iPhoto llegan por transferencia directa desde su cámara digital. Algunas llegan a la Mac por la Web, correo electrónico, CDs o DVDs, memorias flash USB o lectores de tarjetas de memoria. Otras imágenes pueden ya residir en alguna parte de su disco rígido.

Para transferir estas imágenes a iPhoto, simplemente arrástrelas al área de visualización de iPhoto o al ícono del dock de iPhoto. Puede arrastrar imágenes y álbumes de a una por vez, una carpeta o un disco entero.

Si lo prefiere, seleccione File⇨Import to Library (Archivo⇨Importar a biblioteca) y busque las imágenes que desea traer. Luego, haga clic en Import (Importar).

iPhoto es compatible con JPEG y TIFF, los formatos de archivo de imagen más populares, un formato para los apasionados por la fotografía (disponible en algunas cámaras digitales) conocido como RAW y otros formatos.

Si todavía no compró una cámara digital y sigue capturando en película de 35 mm, puede aún así jugar en el arenero de iPhoto. Pídale al revelador de películas de su vecindario que transfiera las imágenes a un CD o las publique en la Web. Teniendo en cuenta la dirección que está tomando la industria del revelado, la compañía estará encantada de hacer negocios con usted.

Encontrar y Organizar Imágenes

Desde el principio, iPhoto lo ayuda a organizar sus fotos para que pueda encontrar más fácilmente las que quiera ver más tarde. Todas las imágenes importadas ingresan a la biblioteca de iPhoto, a la que puede acceder fácilmente en una de estas dos formas: Haciendo clic en Events (Eventos) o haciendo clic en Photos (Fotos), ambas en la lista de fuentes de la sección Library (Biblioteca). Voy a empezar con la vista básica de Photos (Fotos) y luego pasaré a Events (Eventos).

La vista Photos

Su colección completa de imágenes se muestra en una grilla de *thumbnails* (*miniaturas*), o reproducciones pequeñas, en el área de visualización principal a la derecha. Si tiene dificultades para distinguir estas miniaturas, arrastre el menú deslizable de la esquina inferior derecha y vea cómo crecen las miniaturas. ¿Genial, no? Ahora arrastre el control deslizable hacia la izquierda para que se reduzcan las imágenes. Puede espiar muchas más imágenes en el área de visualización de este modo.

Haga doble clic en una foto para agrandarla. Presione la tecla Escape para volver a la vista de miniaturas.

Las miniaturas de películas aparecen con un pequeño ícono de cámara y la duración del clip. Cuando hace clic en una miniatura de película, se abre el QuickTime Player (Reproductor QuickTime).

IPhoto puede almacenar hasta 250.000 imágenes. Es un número muy grande. Por supuesto, si Apple solamente tirara todas estas fotos en un vertedero digital, tendría un problema gigante para conseguir esa toma tan preciosa de su orgulloso hijo cuando recibió el diploma de la escuela primaria. Así que, ¿cómo descubre las imágenes que quiere admirar una y otra vez?

Para empezar, están los Eventos organizados, que se analizan en la siguiente sección.

Apple crea automáticamente rollos de película virtual por usted. Por ejemplo, para ayudarlo a ubicar el lote de películas que acaba de importar, iPhoto las coloca convenientemente en una carpeta que se llama Last Import (Última importación). Si hace clic en Last Import de la lista de fuentes, estas serán las únicas fotografías que verá.

Si en vez de eso está buscando las imágenes que tomó durante, digamos, el último año, haga clic en el rollo Last 12 Months (Últimos 12 meses).

Vaya a Preferences (Preferencias) en el menú de iPhoto y haga clic en la pestaña General si desea cambiar lo que se muestra en la lista de fuentes desde Last 12 Months a un álbum que contenga fotos de los últimos 1 a 19 meses.

Planear Eventos

Todas las fotos tomadas un día en particular se concentran en un evento. Se supone que tomó un montón de fotografías durante el partido de fútbol de su hijo, una fiesta de cumpleaños o cualquier otra actividad. Por supuesto, los muchachos inteligentes de Apple reconocen que la vida no siempre se da de esa manera. Así que puede que haya asistido al partido de fútbol a la tarde y a la fiesta de cumpleaños por la noche. Entonces ahora estamos hablando de dos eventos. Y, como ve, puede fácilmente dividir los eventos en dos. O, para el caso, unir eventos que se extienden por más de un día (un encuentro de fin de semana, por ejemplo).

Hojear eventos

Es fabuloso que todas las imágenes asociadas con un solo evento estén organizadas en un grupo. Pero si sufre un poco de gatillo fácil para sacar fotos, un evento individual puede estar asociado a docenas, sino cientos de fotos. Una excelente función de hojear lo ayuda a encontrar las imágenes que desea entre la pila de Eventos.

Todas las fotos agrupadas en un Evento están representadas por una única foto que se coloca encima de una miniatura interactiva. Los eventos tienen etiquetas con los nombres que les haya asignado o su fecha. Arrastre el mouse sobre la miniatura y vea con qué rapidez puede hojear a través de todas las imágenes subyacentes. No hace falta hacer clic. Deje de mover el mouse cuando aterrice sobre la imagen que está buscando.

Para cambiar la miniatura que se ubica arriba de la pila de Eventos, hojee hasta la imagen que desee utilizar y presione la barra espaciadora. Cuando aleje el mouse, esa misma imagen aparecerá arriba.

Para ver todas las imágenes que conforman un Evento, haga doble clic en la miniatura. Haga clic en el botón All Events (Todos lo eventos) para volver a la vista anterior.

Como con la vista Photos, puede arrastrar el control deslizable en la esquina inferior derecha de la ventana de iPhoto en cualquier dirección para ver cómo crecen o se encogen las miniaturas de Events.

Dividir y fusionar eventos

Haga doble clic en el evento que desea dividir y luego resalte la imagen que inicia el nuevo evento. Haga clic en el botón Split (Dividir) que se muestra en la parte inferior de la pantalla (o seleccione Events⇨Split Event). La Figura 15-4 muestra la pantalla que aparece. Haga doble clic en Untitled Event (Evento sin título) y escriba un nombre.

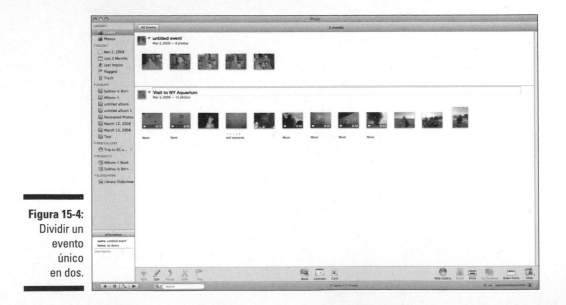

Figura 15-4:
Dividir un evento único en dos.

Para fusionar eventos, arrastre una miniatura sobre la otra y haga clic en Merge (fusionar) cuando aparezca la ventana que se muestra en la Figura 15-5. Elija un nombre para su evento sin título.

Do you want to merge these Events?
All photos in the Event you are dragging will be moved into the Event "untitled event."
Don't Ask Again
Cancel
Merge

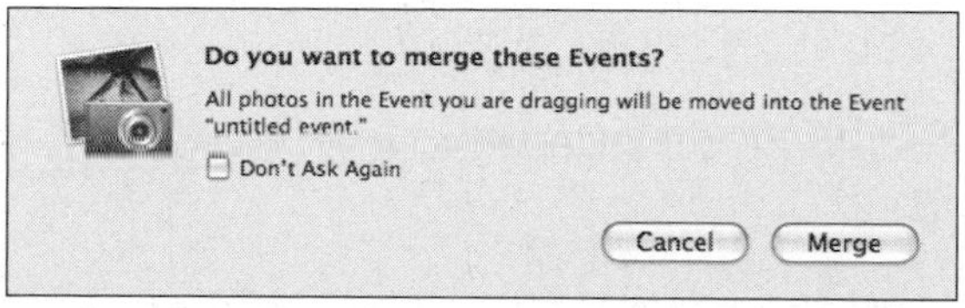

Figura 15-5: Una fusión en caliente.

Encontrar imágenes por fecha

Ahora suponga que quiere que se vean solamente las fotografías que tomó en torno a un acontecimiento, tal vez cuando nació su pequeño ángel. Haga clic en la lupa de la casilla de búsqueda para abrir un pequeño calendario. Si aparece una fecha en negrita, iPhoto guarda imágenes que se tomaron ese día. Señale la fecha para ver cuántas imágenes hay, como muestra la figura 15-6. Haga clic en el día para ver esas fotos. Al hacer clic en la pequeña flecha se alterna entre una pantalla de los días del mes y los meses del año. Los meses con imágenes están en negrita.

Videos of Sydney's Ballet Recital
Sydney's Ballet Recital Rehearsal
untitled event
May 2008

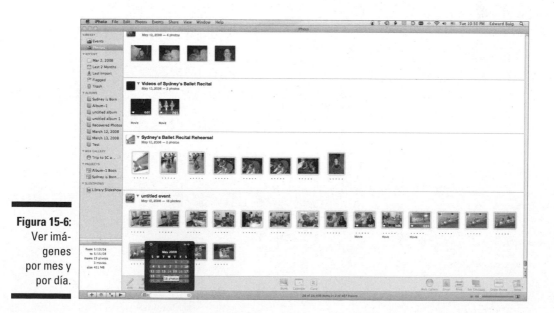

Figura 15-6: Ver imágenes por mes y por día.

iPhoto captura mucho más que fotos cuando los archivos de imagen se transfieren. A través de los *metadatos* capturados, el programa sabe la marca y modelo de la cámara utilizada para tomar la fotografía; la fecha y hora en la que se tomó e importó la fotografía, el tamaño en *píxeles*, o elementos de la imagen; la configuración de apertura de la cámara; si se utilizó flash; y más. Estos datos se toman en cuenta en las búsquedas de Spotlight. Consulte el Capítulo 6 para obtener más información sobre Spotlight.

Asignar palabras claves

Las *palabras clave* son la clave para encontrar imágenes en el futuro. Éstas son etiquetas, o "tags", que se aplican a un conjunto de fotos. Apple ofrece algunas palabras clave de buenas a primeras: Favorite (Favorito), Family (Familia), Kids (Niños), Vacation (Vacaciones) y Birthday (Cumpleaños).

Por supuesto, puede escribir sus propias palabras. Coloque el mouse sobre una imagen y aparecerán las palabras *add keywords* (Agregar palabras clave). Haga un solo clic y escriba una palabra clave en la casilla que aparece.

En forma alternativa, puede seleccionar Window⇨Show Keywords (Ventana⇨Mostrar palabras clave) y luego hacer clic en las palabras claves de la ventana que se muestra en la Figura 15-7 que desea asignar a una foto o grupo de fotos que haya seleccionado. También puede seleccionar una casilla de verificación para marcar todas las fotos que desea recopilar para un proyecto. Otra forma más de crear palabras clave es seleccionar Edit⇨Keywords (Edición⇨Palabras clave) y hacer clic en el botón + (Add).

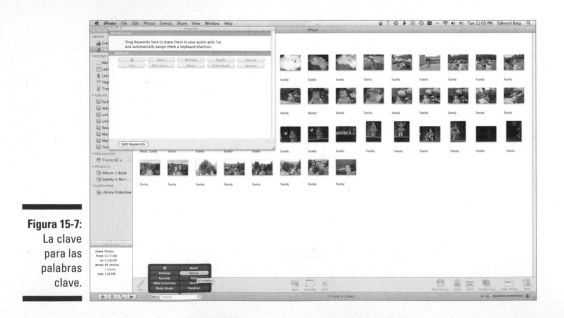

Figura 15-7:
La clave para las palabras clave.

Puede cambiar el nombre de una palabra clave en cualquier momento. Solamente recuerde que al hacerlo se realiza el cambio en cada foto que tenga la palabra clave previamente asignada.

Ahora que todas las palabras clave están en su lugar, ¿cómo demonios las pone en acción? Haga clic en el campo de búsqueda en el extremo inferior del área de visualización y seleccione Keyboard (Teclado) desde la lista emergente de criterios de búsqueda. Las otras opciones son All (Todos), Date (Fecha) y Rating (Calificación). Seleccione la palabra clave que se aplique a su búsqueda.

Usar palabras clave es una forma útil de encontrar solamente las imágenes de Photo Booth (Cabina de fotos) de su biblioteca — o cualquier video que haya filmado.

Ahora suponga que quiere ver imágenes que coincidan con una palabra clave o con otra (Familia o Vacaciones, por ejemplo). Esta vez, haga clic en las palabras clave en cuestión mientras sostiene la tecla Shift. Nuevamente, el visualizador le mostrará únicamente la colección de imágenes correcta.

Si desea esconder las imágenes con determinadas palabras clave — no le pregunto, así que no me lo diga — presione Option (Opción) en el teclado mientras hace clic en la palabra o las palabras clave que desea esconder. Las imágenes representadas por esas palabras claves *no* se muestran.

Asignar puntajes

También puede asignar puntajes a las imágenes en una escala de cero a cinco estrellas. Puede hacerlo de varias maneras con imágenes selectas:

- Seleccione Photos⇨My Rating (Fotos⇨Mi calificación) y haga clic en el número de estrellas que tiene en mente.
- Abra el panel Information (Información) haciendo clic en el pequeño botón con una *i* encerrada en un círculo cerca de la esquina inferior izquierda de la pantalla, y luego haga clic en el botón representativo junto a Rating (Calificación).
- Mueva el mouse sobre una imagen y haga clic en los puntos por encima de ella, donde dice add keywords (agregar palabras clave).
- Mientras mantiene presionada la tecla ⌘, presione las teclas 1, 2, 3, 4 ó 5 (que representan el número de estrellas) en el teclado.

Colocar su trabajo en álbumes

En la época de la película fotográfica, las personas realmente organizadas se tomaban el trabajo de colocar metódicamente las impresiones en antiguos álbumes fotográficos. Admiro a la gente así porque carezco de ese gen organizador en particular.

Afortunadamente, el equivalente de iPhoto a colocar fotografías en álbumes es mucho más sencillo. El proceso es similar a crear listas de reproducción en iTunes (consulte el Capítulo 14). Así que puede colocar todas las imágenes de su viaje de esquí en un álbum, las fotografías de la reunión de secundaria en otro y así sucesivamente. Así es cómo se hace:

1. **Seleccione File⇨New Album (Archivo⇨Nuevo álbum) o haga clic en el botón + en la esquina inferior izquierda de la pantalla de iPhoto.**

2. **Compruebe que la pestaña de álbum esté seleccionada y escriba un nombre para su álbum (Luna de miel en Hawai, presentación de danza, lo que sea).**

3. **Haga clic en Create (Crear).**

El nombre de su nuevo álbum se muestra en la lista fuente. Ahora tiene que poblar ese álbum con imágenes, de la siguiente manera:

✔ Arrastre eventos completos o fotos individuales al nombre del álbum o al ícono de la lista fuente.

✔ Para seleccionar un conjunto de fotos para arrastrar, mantenga presionada la tecla ⌘ mientras hace clic en las imágenes que desea incluir.

✔ Para seleccionar fotos adyacentes, mantenga presionada la tecla Shift y use las flechas de desplazamiento.

✔ Para seleccionar todas las fotos que están entre dos fotos, mantenga presionado Shift y haga clic en la primera imagen, luego mantenga presionado Shift y haga clic en la última imagen.

A medida que arrastra un conjunto de fotos en masa hasta el álbum, un pequeño círculo rojo le indica cuántas imágenes está moviendo.

Si desea seleccionar las fotos *antes* de crear un álbum, elija las fotos y luego seleccione File⇨New Album from Selection (Archivo⇨Nuevo Álbum desde selección).

Aunque las fotos se agrupan en álbumes, en realidad permanecen en la biblioteca de iPhoto. Las imágenes dentro de los álbumes son apenas indicadores de los archivos originales. Así que puede colocar la misma imagen en múltiples álbumes. También puede eliminar imágenes de un álbum sin el riesgo de que las imágenes se desvanezcan de la biblioteca de iPhoto.

Después de crear un montón de álbumes, puede agruparlos en una carpeta. Seleccione File⇨New Folder (Archivo⇨Nueva carpeta). Dé un nombre a la carpeta (por ejemplo Vacaciones) y arrastre todos los álbumes relevantes hasta la carpeta. Cuando seleccione la carpeta recién creada, verá todas las imágenes almacenadas en todos los álbumes que contiene esa carpeta.

Crear un álbum de fotos inteligente

Del mismo modo que puede crear listas de reproducción inteligentes en iTunes, puede engendrar *smart albums* (álbumes inteligentes) en iPhoto basados en criterios específicos, como palabras claves, fotos que ha calificado con un puntaje alto, fotos tomadas con una cámara en particular o velocidad del obturador. Para crear un álbum inteligente:

1. **Seleccione File⇨New Smart Album (Archivo⇨Nuevo álbum inteligente) o haga clic con la tecla Option en el botón + debajo de la lista fuente.**

2. **Escriba un nombre, del mismo modo que lo haría con un álbum común.**

3. **Seleccione las condiciones que deben cumplirse para que las imágenes se incluyan en el Álbum Inteligente.**

   Haga clic en el botón + para agregar criterios de coincidencia o el botón – para eliminar criterios. A medida que se agregan nuevas imágenes a su biblioteca, aquellas que coincidan con estas condiciones se suman automáticamente al álbum inteligente.

En la figura 15-8, preparé un álbum inteligente que busca únicamente las imágenes con puntaje más alto tomadas sin flash en la playa a fines del 2007.

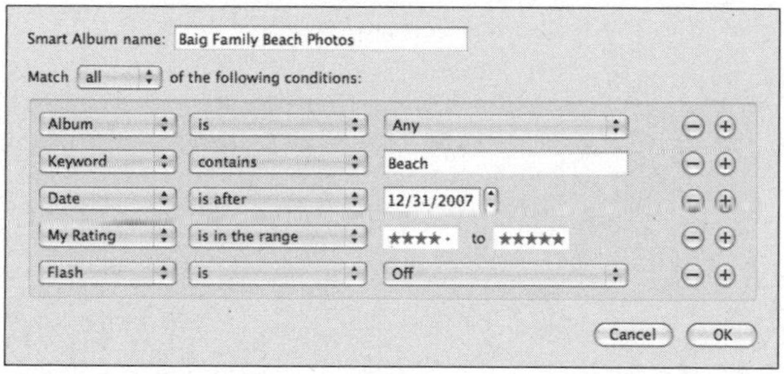

Figura 15-8:
Un álbum muy inteligente.

Ver imágenes

En el área de visualización principal de Photos se muestran las fotos en el orden en que se importaron. Si desea cambiar el orden, seleccione View⇨Sort Photos (Ver⇨Organizar fotos) y luego seleccione una opción, como By Keyword (por palabra clave) o By Rating (por calificación). Tiene las mismas opciones que para organizar eventos.

Algo que esconder

Quiero creer que cada foto que tomó tiene calidad como para un museo. La verdad es que tomó una buena cantidad de fotos malas que pueden descartarse sin pena. Pero están esas "intermedias" — fotografías que no quiere mostrar pero tampoco está dispuesto a deshacerse de ellas. Está a punto de encontrar el equivalente de iPhoto a meter algo en el ropero o debajo de la cama. Simplemente seleccione las fotos sospechosas y haga clic en Hide (Ocultar) en la barra de herramientas. Para volver a ver la imagen, seleccione View⇨Hidden Photos⇨Unhide (Ver⇨Fotos escondidas⇨Mostrar).

Retocar Sus Fotos

Aquí hay un secretito tramposo. Las modelos preciosas que ilustran las portadas de las revistas no se ven realmente así. (Bueno, tal vez algunas, pero sígame el juego). Los héroes olvidados son los artistas de retoque, que eliminan una imperfección de una imagen por aquí y una mancha por allá. Todos deberíamos tener la suerte de mostrar nuestros rostros bajo su mejor luz. Y afortunadamente tenemos iPhoto en la Mac.

iPhoto no es, de ningún modo, una superestrella de la edición fotográfica al estilo de Adobe Photoshop o el propio Aperture de Apple. Pero para el fotógrafo corriente, iPhoto viene con muchas herramientas de edición útiles para eliminar los ojos rojos o aplicar efectos especiales.

Ya llegaremos a estos en un momento. Pero antes vamos a examinar una forma majestuosa de ver sus imágenes en iPhoto que lo ayudará a aprovechar hasta el último píxel.

El tratamiento de pantalla completa

La opción de visualización de pantalla completa de iPhoto le permite disfrutar al máximo los monitores grandes y hermosos de hoy. Es más, Apple le permite editar en este modo.

Para ingresar al modo de edición de pantalla completa, seleccione una foto del área de visualización general y haga clic en el botón de pantalla completa (se muestra en la Figura 15-1). Cuando coloca su mouse en la parte *superior* de la pantalla, una tira de miniaturas llamada *photo browser* (navegador de fotografías, que se muestra en la Figura 15-9) salta a la vista o se esconde. Deslice su mouse hasta el extremo inferior de la pantalla para hacer que las distintas herramientas de edición aparezcan a la vista.

Navegador de fotos (Photo browser)

Figura 15-9:
La majes-
tuosidad
de editar
a pantalla
completa

Herramientas de edición (Editing tools)

Puede comparar entre dos y ocho fotos en la vista de pantalla completa manteniendo presionado ⌘ mientras hace clic en las miniaturas del navegador de fotos. Si en vez de esto hace clic en el botón Compare, la foto que elija se compara con una a su derecha inmediata.

Si prefiere usar la vista de pantalla completa todo el tiempo, vaya a iPhoto Preferences (Preferencias de iPhoto) y haga clic en la pestaña General. Debajo del menú desplegable Edit Photo (Editar foto), seleccione Using Full Screen (Usar pantalla completa).

Para salir del modo de pantalla completa, presione la tecla Escape del teclado.

Si desea editar fotos desde la vista convencional, haga doble clic en una miniatura del área de visualización para que aparezcan las mismas herramientas de edición que ve en la vista de pantalla completa debajo de la imagen seleccionada. Si no aparecen, resalte una imagen y haga clic en Edit (Edición) en la barra del menú. Echemos un vistazo a algunas.

Rotar una imagen

A veces la foto que aparece en la biblioteca de fotos tiene la orientación incorrecta por la forma en que rotó la cámara cuando estaba tomando el original. Para corregir la orientación en iPhoto, seleccione la imagen y haga clic en Rotate (Rotar) en la barra de herramientas de edición, en el extremo inferior de la pantalla. La imagen rota en sentido antihorario unos 90 grados. Siga haciendo clic hasta que la imagen esté orientada correctamente. Presione la tecla Option mientras hace clic para que la imagen gire en el sentido contrario.

Recortar una imagen

Cropping (Recortar) significa quitar toda la periferia de una imagen, así puede acercarse personalmente al tema en cuestión mientras elimina los restos de ese bobo en segundo plano que está sacando la lengua. Para recortar una imagen:

1. **Haga clic en Crop (Recortar) en la barra de herramientas de edición.**

2. **Seleccione el área de recorte.**

   Para limitar el área de recorte a un tamaño específico, active la opción Constrain check box (Limitar cuadro de selección), si es que no está activada y haga su selección. Entre las opciones están 4 × 6 para una postal, 20 × 30 para un póster, ó 4 × 3 si tiene planes de utilizar la imagen para un libro de su mesita de café, lo que analizo más adelante en este capítulo. iPhoto coloca un borde alrededor del área de recorte potencial.

3. **Arrastrar con el mouse el área de recorte a la posición correcta.**

4. **Haga clic en Apply (Aplicar) y luego en Done (Listo) para guardar sus cambios.**

Al ayudarlo a recortar una imagen, Apple aplica un principio de composición conocido como la "regla de los tercios". El área de recorte que arrastra se divide en nueve partes iguales, véalo en la Figura 15-10.

Si no está contento con la nueva imagen recortada, seleccione Edit⇨Undo (Edición⇨Deshacer) o presione ⌘+Z Y en cualquier momento puede seleccionar Photos⇨Revert to Original (Fotos⇨Volver al original) y fingir que no pasó nada.

Si desea recortar una imagen *y además* mantener la original, seleccione Photos⇨Duplicate (Fotos⇨Duplicar). Dé un nombre a la foto clonada y utilícela para hacer su recorte.

Figura 15-10:
Santo
recorte.

Reparar manchas

¿Qué hacer cuando una foto que de otra manera estaría inmaculada queda arruinada por una mancha en su suéter? ¿O la repentina aparición en su cara de *la espinilla que devoró Cincinatti*?

Haga clic en Retouch (Retocar) en la barra de herramientas de edición para activar el removedor de manchas o software de aerógrafo de alta tecnología de iPhoto. Arrastre el control deslizable para seleccionar un tamaño de pincel. Luego, sostenga el botón del mouse mientras pincela una peca, mancha o grano. iPhoto pinta sobre estos puntos usando colores de alrededor. Utilice pinceladas cortas para evitar que se borronee la fotografía y la imagen aparezca todavía más monstruosa. También puede hacer clic en una pequeña mancha que quiera eliminar. Haga clic en Retouch (Retocar) nuevamente cuando haya terminado.

Retocar imágenes grandes es más fácil que imágenes pequeñas, lo que convierte al modo de pantalla completa más valioso cuando se edita así. Igualmente (lamento ser yo el que se lo diga), deshacerse de los defectos menores no logrará que firme un contrato de modelaje.

Enderezar

¿La foto que tomó parece torcida? O tal vez no puede aceptar el hecho de que la torre inclinada de Pisa está realmente *inclinada*. Al hacer clic en

Straighten (Enderezar) aparecerá un control deslizable que le permite rotar una imagen 10 grados o menos en cualquier dirección.

Mejorar y ajustar

La herramienta de reparación rápida Enhance automáticamente ilumina una imagen descolorida o demasiado oscura, o ajusta una que esté muy brillante corrigiendo el tono y la saturación de la imagen. Haga clic en el botón Enhance (Mejorar) una vez; iPhoto hará el resto. La imagen no siempre queda mejorada, pero igual tendrá infinidad de oportunidades para deshacer.

Mientras iPhoto hace todo el trabajo por usted dentro de Enhance, Adjust (Ajustar) delega la responsabilidad en *usted*. Al hacer clic en Adjust se activa una paleta como la que se muestra en la Figura 15-11. Mueva manualmente los controles deslizables para ajustar la exposición, contraste, luz y sombra, saturación de color y otros elementos. Si se pierde por completo después de jugar con estas opciones, haga clic en Reset (Reiniciar) para volver a comenzar de cero.

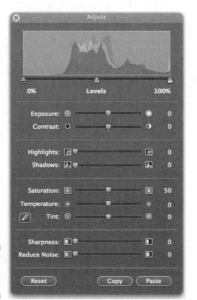

Figura 15-11: Ajustándose.

Reducción de ojos rojos

La fotografía con flash generalmente da como resultado *ojos rojos*, en los que parece que su sujeto está en una audición para el papel principal de *El bebé de Rosemary: ya crecido.* Por suerte iPhoto, como las gotas para ojos, le quita lo rojo. La operación es diabólicamente sencilla. Haga clic en el botón Red-Eye (Ojos rojos) y coloque el puntero en cruz en el centro de cada ojo rojo. O utilice el control deslizable de tamaño para hacer un acercamiento sobre cada pupila enrojecida y haga clic. Haga clic en el botón Red-Eye nuevamente para completar el exorcismo.

Efectos especiales

Al hacer clic en el botón Effects (Efectos) aparece un panel estilo ta-te-tí con ocho efectos especiales de un solo clic (un noveno botón, en el centro, devuelve la foto a su estado original). Black & White (blanco y negro), Sepia, y Antique (Antiguo, un efecto de envejecimiento) afectan la imagen real. También lo hacen Fade Color (palidecer color), que reduce la intensidad de color de una foto, y Boost Color, que tiene el efecto contrario. Puede hacer clic varias veces con el mouse para imponer los efectos aún más. Haga clic en Matte (mate), Vignette (viñeta), y Edge Blur (Desdibujar borde) para alterar los bordes de la imagen.

Admirar y Compartir Imágenes

Hasta ahora, estuve hablando de cómo organizar y alterar imágenes. Ya es suficiente. Es hora de sentarse y admirar su trabajo. Y exhibir sus habilidades de Ansel Adams a todos los demás.

Crear presentaciones de diapositivas

Si es de una determinada generación, todavía recordará que tenía que sentarse quieto mientras sus padres sacaban el proyector de diapositivas a carrusel Kodak. "Aquí estamos frente al Gran Cañón. "Aquí estamos frente al Gran Cañón — *desde un ángulo un poco distinto*".

La presentación de diapositivas en el siglo veintiuno, a través de Mac, es mucho más dinámica. Sus fotografías pueden tener una banda de sonido de su biblioteca iTunes. Puede hacer un acercamiento o un alejamiento lento de las fotos con el Efecto Ken Burns, llamado así en honor al renombrado documentalista.

Para crear una presentación de diapositivas, siga estos pasos:

1. **Seleccione el álbum o grupos de fotos que desea incluir en su presentación.**

2. **Haga clic en el botón Add (+) de la barra de herramientas y luego clic en la pestaña Slideshow (presentación de diapositivas).**

3. **Escriba un nombre (si el campo no se completó con el nombre de un álbum) para la presentación de diapositivas y compruebe que la opción Use Selected Items in New Slideshow (Usar elementos seleccionados en la nueva presentación de diapositivas) esté activada.**

4. **Haga clic en Create (Crear) y arrastre imágenes en el orden que quiere reproducirlas en el navegador de fotos ubicado en el extremo superior del área de visualización.**

   El nombre de su presentación de diapositivas ahora está en la lista fuente debajo del encabezado Slideshows.

5. **Haga clic en Music (Música) para seleccionar una banda de sonido de iTunes, GarageBand (Capítulo 17), o música de muestra incluida en iPhoto.**

6. **Haga clic en Settings (Configuración) y haga su selección.**

   Puede seleccionar el tiempo de exhibición de cada diapositiva (tres segundos es la opción predeterminada) y una transición entre diapositivas, como Dissolve (Disolver), Page Flip (Rotar página), Twirl (Remolino) y más. Quite la casilla de verificación si no desea utilizar la opción Automatic Ken Burns Effect (Efecto Ken Burns Automático). Agregue marcas de verificación si desea ampliar las imágenes para que llenen la pantalla y mostrar títulos, calificaciones y controles de diapositivas. También puede elegir si desea repetir la música durante la presentación o si desea ajustar el tiempo de exhibición de las diapositivas para que se muestren todo el tiempo que dure la música.

7. **Cuando esté satisfecho con la configuración, haga clic en OK.**

8. **Si desea afinar la configuración para diapositivas individuales, haga clic en Adjust (Ajustar).**

9. **Para previsualizar los cambios visuales en las diapositivas dentro de una ventana más pequeña sin sonido, haga clic en Preview (Vista previa).**

10. **Haga clic en Play (Reproducir) para seguir con la presentación.**

Puede rotar y calificar imágenes "al vuelo" durante la presentación, o hacer una pausa en la presentación moviendo su cursor en la pantalla.

También puede grabar su presentación en un DVD, compartirlo en línea o exportarlo a una película QuickTime. Hablaremos más sobre quemar DVDs en el Capítulo 16.

Enviar imágenes por correo electrónico

Para enviar imágenes por correo electrónico, resalte una imagen de su biblioteca o álbum y seleccione Share⇨Email (Compartir⇨Correo electrónico). O mantenga presionada la tecla ⌘ para enviar un grupo de fotos. Un cuadro de diálogo le solicitará que elija un tamaño para la foto entre small (pequeño), medium (mediano), large (grande) o actual size (tamaño real).

Los archivos más pequeños son más rápidos para enviar y descargar; los archivos más grandes tienen una calidad superior, pero pueden no aprobar las limitaciones de tamaño de su ISP.

Antes de hacer clic en Compose (Crear), elija si desea incluir los títulos y comentarios con su foto al seleccionar (o no) estas opciones.

Haga clic en Compose (Crear). El programa Mail de Leopard se abre con una imagen ya adjunta (suponiendo que Mail es su aplicación de correo electrónico predeterminada). Ingrese la dirección del destinatario, escriba un asunto y agregue cualquier prosa adicional antes de hacer que la imagen siga su propio camino.

Visite iPhoto Preferences (Preferencias de iPhoto) si desea enviar un correo electrónico a través de otro programa de correo como AOL, Eudora o Microsoft Entourage.

También puede enviar imágenes por correo electrónico como adjuntos a través de programas de correo basados en la Web, como Gmail, Hotmail y Yahoo! Mail.

Encuadernar

No hay muchas garantías en la vida. Pero una de ellas es que esos cuadernos de fotos de la familia para la mesita de café son regalos estupendos. Apple hace que sea muy sencillo diseñar estos libros impresos profesionalmente de 8$^{1}/_{2}$ por 11 pulgadas. Y cuando los abuelos vean lo que *usted* produjo, no se sorprenda si le preguntan por qué no está trabajando para la industria editorial.

Desde iPhoto, puede elegir el tamaño y diseño de estos cuadernos y el lote de fotos que incluyen. Las imágenes se envían a través de Internet a una planta de impresión que compila y envía el libro por usted.

Al momento de escribir este libro, los cuadernos de fotografías de tapa dura de Apple tienen un precio inicial de $30 (para 10 páginas). Las versiones rústicas en tamaño mediano y grande comienzan en 10 y 20 dólares respectivamente. Los libros de menor tamaño de 2,6 por 3,5 pulgadas (que se venden de a tres) cuestan 12 dólares.

Tarjetas y calendarios

Seleccione el botón Order Prints (Encargar impresiones) para — no es una trampa — encargar impresiones directamente a Kodak. Puede elegir varios tamaños, por supuesto. Necesita una cuenta de Apple con la opción Enable

1-Click Purchasing (Permitir compra con un clic). (Tendrá que completar el proceso de creación de cuenta la primera vez que haga un encargo.)

Puede diseñar tarjetas de felicitación personalizadas y calendarios (hasta 24 meses) seleccionado un tema (algunos con texto), una fecha de inicio y si desea agregar fiestas nacionales (de más de 35 países). También puede importar sus calendarios de iCal además de cumpleaños desde su Libreta de direcciones. Un calendario de 12 meses de 8 por 10 pulgadas cuesta aproximadamente 20 dólares.

Impresiones temáticas

Apple incorporó bordes elegantes, máscaras y fondos para decorar las fotos que imprime en su impresora hogareña. Haga clic en Print (Imprimir), luego en Customize (Personalizar) y seleccione entre los botones de Themes (Temas), Borders (Bordes) y Layouts (Diseños) en una barra de herramientas que aparece debajo de la imagen.

Galería MobileMe

¿Qué haría si acabara de nacer su primer hijo y desea compartir imágenes del adorable infante con *todos*? No es práctico invitar a todos a su casa a ver los álbumes (a menos que quieran turnarse para cambiar los pañales). Y enviar las imágenes por correo electrónico a toda su familia tampoco es práctico con su falta de sueño.

Como parte de su suscripción a MobileMe (antes conocido como .Mac), puede publicar sus imágenes en la nueva MobileMe Gallery. Muchos sitios en línea le permiten subir imágenes para compartir con otros. Pocos lo hacen con el sentido de estilo de Apple.

Así funciona esta pequeña magia tan particular:

1. **Seleccione el álbum, evento o serie de imágenes que desea compartir.**

2. **Haga clic en el botón Add (+) y seleccione MobileMe, o seleccione Share➪MobileMe (Compartir➪MobileMe).**

3. **En el cuadro de diálogo que aparece, escriba un nombre para el álbum, evento o las imágenes (si no se muestran) y decida quién puede verlo.**

   Las opciones son just you (sólo usted), everybody (todos los que tengan la dirección Web) y solamente aquellos a los que les dé la contraseña.

4. **Seleccione sus otras opciones de publicación.**

   Puede elegir si desea permitir a los visitantes descargar el álbum completo o una parte, o cargar sus propias imágenes en su álbum. Puede crear una dirección de correo electrónico para que envíen imágenes para su álbum desde un teléfono celular.

5. **(Opcional) Haga clic en Show Advanced (Mostrar opciones avanzadas).**

   Las opciones aquí le permiten ocultar el álbum por completo en su página de Gallery (Galería). También puede elegir si desea optimizar la calidad de descarga para publicar fotos en menos de lo que canta un gallo o mantener la resolución actual de las fotos.

6. **Haga clic en Publish (Publicar).**

   Su álbum se muestra en la lista fuente de la sección Web Gallery (Galería Web).

7. **Haga clic en el botón Tell a Friend (Contarle a un amigo) en la barra de herramientas de Gallery para correr la voz a través del correo electrónico.**

Puede cancelar a sus amigos si hace clic en la pestaña MobileMe que está en las preferencias de iPhoto y selecciona Stop Publishing (Dejar de publicar). Esta acción elimina las fotos de su galería pero no de iPhoto. Mientras está en la sección preferencias, también puede ver qué otros álbumes ha publicado.

La edición anterior de iPhoto presentó el concepto de photocasting, un sistema de publicación de fotos parecido a los podcasts. Puede seguir publicando cualquier álbum de photocast y, si así lo desea, puede moverlos a la Galería. Solamente recuerde actualizar a los suscriptores a esos álbumes con una nueva URL.

Compartir fotos en su red

Puede transferir fotografías a otras computadoras conectadas a su red local. En iPhoto Preferences (Preferencias de iPhoto), haga clic en Sharing (Compartir) y luego seleccione la opción Share my Photos (Compartir mis fotos). Agregue una contraseña, si lo desea. En las preferencias, las otras computadoras deben seleccionar la opción Look for Shared Photos (Buscar fotos compartidas). Aunque estos otros equipos pueden mostrar sus imágenes, no pueden agregar imágenes de la máquina original a sus bibliotecas o álbumes. Todas las computadoras que comparten deben tener la versión 10.2.6 ó superior de OS X e iPhoto 4 ó superior.

iPhoto Conoce a iWeb

Como ya lo sabe, las aplicaciones de iLife están concebidas para trabajar en conjunto. iPhoto y el creador inteligente de páginas Web y blogs de Apple son amigos.

iWeb trabaja en torno a *templates* (plantillas) prediseñadas y marcos para, entre otras cosas — ¡adivinó! — imágenes. Puede exportar fotos de iPhoto a iWeb y luego arrastrar esas imágenes sobre los marcos, para reemplazar imágenes que hayan estado calentando el lugar. Simplemente siga estos pasos:

1. **Seleccione las fotos, películas, álbumes o eventos que desea exportar.**

2. **Seleccione Share⇨Send to iWeb (Compartir⇨Enviar a iWeb) y haga clic en Photo Page (página de fotos) o Blog.**

   Se abre iWeb (si es que no estaba abierto de antemano). También puede hacer clic en el botón iWeb en la barra de herramientas de iPhoto.

   Apple recomienda enviar tres imágenes como máximo a un blog. Puede agregar hasta noventa y nueve imágenes a un sitio Web.

3. **Dentro de iWeb, seleccione la plantilla a la que desea agregar imágenes y arrástrelas hasta el marco.**

4. **Si elige un blog, iWeb crea una nueva entrada de blog para cada imagen; escriba texto para explicar de qué se trata la imagen.**

Eventualmente puede publicar absolutamente todo a través de MobileMe — siempre que sea miembro.

Conservar Su Caja de Zapatos Digital

Ya le advertí que voy a aprovechar cualquier oportunidad que tenga para asegurarme de que haga una copia de seguridad de sus archivos importantes. ¿Y qué puede ser más valioso que sus fotografías de recuerdos?

iPhoto hace que sea sencillo grabar CDs y DVDs. Como siempre, seleccione las fotos que desea copiar (foto individual, álbumes, eventos o su biblioteca completa). Seleccione Share⇨Burn (Compartir⇨Grabar) e inserte un disco en su grabadora de CD o DVD. Según el tamaño de su colección y si tiene una grabadora de CD o DVD, puede archivar su colección completa en un solo disco.

Si graba imágenes que están dentro de iPhoto, éstas se pueden ver con facilidad únicamente en iPhoto. Para crear un disco que se pueda ver también en un equipo con Windows instalado o en cualquier otra parte, seleccione File⇨Export (Archivo ⇨Exportar) y luego elija un formato de archivo como JPG. A continuación, seleccione una ubicación dentro de Finder. Salga de iPhoto y abra Finder. Compruebe que tiene un CD o DVD en su grabadora y arrastre la carpeta con las fotos que exportó al ícono del disco. Después de que se hayan copiado los archivos, seleccione File⇨Burn Disk (Archivo⇨Grabar disco) y luego haga clic en Burn (Grabar).

Ya sea que grabe CDs o DVDs, me agradecerá si alguna vez necesita recuperar fotos de esos discos. Perder una vida de recuerdos es el tipo de trastorno que todo el mundo intenta evitar.

Capítulo 16

Filmar una Prueba de Cámara iMovie

Hurra por Hollywood. Hurra por iLife. La suite de medios digitales de Apple, que específicamente a través de iMovie, provee edición de video y otras herramientas de software necesarias para satisfacer sus ambiciones de *auteur*. Luego cuando ya tenga la película enlatada, podrá grabar un DVD con la ayuda de iDVD.

"Quisiera agradecer a toda la gente que hizo posible este premio. El maravilloso elenco y equipo técnico, mi adorable familia, mi representante. Y especialmente agradezco a Steve Jobs . . ."

Por supuesto, aunque sus aspiraciones cinematográficas sean de una naturaleza más modesta — producir una selección impecable de los momentos destacados durante los encuentros deportivos de Johnny o Gillian, más que cualquier cosa con auténtica posibilidad de éxito de taquilla — iMovie e iDVD serán entusiastas compañeros del director y productor que hay en usted.

Los cineastas aprecian el dramatismo, algo que Apple supo brindar cuando renovó a iMovie en iLife '08. No todos los críticos aplaudieron. Al intentar simplificar la edición de video para los novatos, Apple quitó algunas de las herramientas de edición más útiles y poderosas que se encontraban en la versión previa de iMovie HD, incluyendo las pistas de línea de tiempo para audio y video que suelen ser vitales para los videógrafos más veteranos.

Si ya estaba usando iMovie HD, la instalación de iMovie '08 deja el programa intacto en su disco duro. Y si compra una nueva Mac con iLife '08, puede descargar iMovie HD sin costo alguno.

En este libro pasé la mayor parte del tiempo enfocado en la versión nueva, porque sospecho que la mayoría de ustedes trabajará con ella. De todos modos, es bueno saber que hay un plan alternativo. Échele un vistazo al nuevo campo de juego de iMovie que se muestra en la Figura 16-1. Podrá percibir rápidamente cómo ver, organizar y editar video.

Bueno, pongamos manos a la obra. ¡Luz! ¡Cámara! ¡Acción!

Filmar su Ganador del Oscar

Se dice que una vez el legendario cineasta Alfred Hitchcock se preguntó, "¿Qué es el drama sino la vida misma con las partes aburridas recortadas?" Así que antes de sentarse frente a la Mac, va a tener que salir a capturar parte de esa vida en video. Eliminar las partes aburridas y convertir su filmación en crudo en cine hogareño respetable viene después.

El proyecto en el que está trabajando

Biblioteca del Proyecto (Project library)   Donde se reproducen sus videos

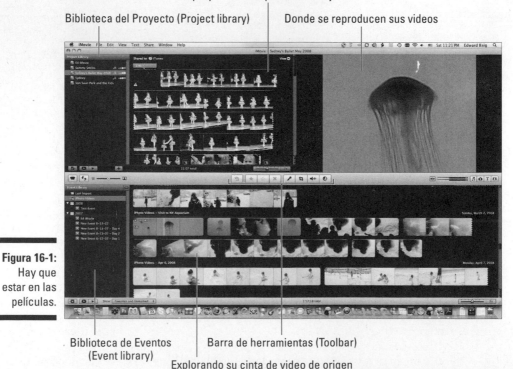

Figura 16-1:
Hay que estar en las películas.

Biblioteca de Eventos
(Event library)   Barra de herramientas (Toolbar)

Explorando su cinta de video de origen

Videocámaras de cinta, disco duro y DVD

No todas las videocámaras digitales se llevan bien con iMovie. Las videocámaras *MiniDV* se las arreglan bien con Apple. Estos modelos compactos, de fabricantes líderes como Sony, JVC, Panasonic, Canon y Samsung, se venden a partir de menos que $200, aunque algunos pocos modelos alcanzan precios de hasta cuatro cifras; los casetes MiniDV donde graba cuestan apenas $2 y ese valor sigue bajando.

Sony es el único fabricante de las videocámaras *Digital8*, cuyos principales beneficios son precios económicos y la capacidad de admitir cintas analógicas de 8mm y Hi-8. Considere comprar esta cámara únicamente si tiene una biblioteca considerable de material analógico. Puede elegir alguno de los (pocos) modelos de Digital8. Estas cámaras son más voluminosas que sus compadres MiniDV.

Si su intención es editar con iMovie, evite sin más trámite otra clase de videocámara de Sony, *Micro MV*. Las cámaras y cintas son atractivamente pequeñas, pero son caras e incompatibles con iMovie. ¿Adónde dirigirse entonces? Aparte de las cintas MiniDV, la última versión de iMovie funciona con los modelos sin cinta, cada vez más populares, que graban directamente en discos duros o memorias flash. Algunas videocámaras miniDVD funcionan también, pero no siempre incluyen conectividad USB o FireWire, y los discos no se pueden usar en las Macs con unidades de carga por ranura. En aterrorizantes términos tecno-fílmicos, el último iMovie admite videos importados en formato de alta definición AVCHD (suponiendo que tenga una Mac basada en Intel), MPEG-4 y HDV, así como los formatos de definición estándar MPEG-2 y DV, y soporta videos en formato widescreen (pantalla panorámica) 16:9 y el estándar 4:3.

¡Ay!, no puedo convertirlo en el próximo Hitchcock, Orson Welles o Steven Spielberg. Maldición, si pudiera hacer eso, estaría sorbiendo unos martinis en Cannes en este preciso instante (o como mínimo sería el autor de *Hacer Cine Para Dummies.*) Pero conozco lo suficiente como para mandarlo hacia la tierra de Oz con el equipamiento adecuado. Y ese equipamiento consiste básicamente en una videocámara digital.

Usar una videocámara digital

Se le acredita a Sony haber producido la primera videocámara, la Betamovie de 1983, que usaba casetes Betamax. Al pasar las décadas, las videocámaras fueron manejando una variedad de formatos: cintas VHS, VHS-C, 8 milímetros, Hi-8. Estas videocámaras *analógicas* cumplieron sobradamente su propósito por años. Pero como ya sucedió en casi todos los rincones de la tecnología, las videocámaras también se volvieron digitales. ¿Y por qué no? Un video filmado con una videocámara digital no se deteriora al copiarse. El sonido también se preserva inmaculado.

iMovie admite película de video en formato digital únicamente. La buena noticia para los consumidores es que los precios de la mayoría de las videocámaras digitales han bajado dramáticamente los últimos años. El tipo más usual de videocámara digital suele utilizar las cintas *MiniDV* tamaño cajita de cerillas de sesenta minutos. Pero la cinta está perdiendo terreno frente a los modelos sin cinta, como ya vimos en el apartado "Videocámaras de cinta, disco duro y DVD".

Le recomiendo buscar en línea las opciones de videocámaras disponibles. Apple estará muy feliz de venderle los modelos que están publicados en la tienda dentro de su página Web, en `www.apple.com`. Puede encontrar excelentes precios y una amplia selección generalmente en `www.bandhphoto.com`. También recomiendo una visita a `www.camcorderinfo.com` y su sitio hermano para principiantes en `www.easycamcorders.com`. Estos excelentes sitios incluyen revisiones, calificaciones y manuales.

Cuando compre una videocámara, asegúrese de obtener también el cable USB o FireWire apropiado para conectarla a la Mac (pueden variar.) Simplemente para confundirlo, FireWire también recibe el nombre de iLink o IEEE 1394.

De Aquí a la Eternidad: Videocámara a iMovie

Ya sea en alta definición o no, ha estado filmando escena tras escena deslumbrante (¿qué podría ser más espectacular que los primeros pasos de júnior?). Pero, ¿recuerda la creencia de Hitchcock respecto a descartar esas partes aburridas? iMovie puede ayudarlo precisamente con eso. Aunque antes, deberá volcar todo lo que ha capturado en su computadora. Hay varias maneras de lograr esto, según el tipo de videocámara, cámara digital o incluso cámara de teléfono celular que esté usando. Puede importar películas que ya existan en su disco duro, incluyendo el material que haya creado usando iMovie HD. Y quédese tranquilo que importar video dentro de iMovie no borra ninguna escena que se encuentre en su cámara.

Usar una videocámara basada en cinta

Las videocámaras que emplean cintas de formato MiniDV, DV o HDV se conectan a la Mac a través de FireWire:

1. **Conecte un extremo del cable FireWire a su videocámara y el otro en algún puerto FireWire disponible en su Mac.**

2. **Cambie el modo de la videocámara a VTR, abreviatura de video tape recorder (grabadora de cinta de video).**

   Las videocámaras varían; algunos dispositivos llaman a este modo Play o VCR.

3. **Si todo sigue de acuerdo al plan, aparecerá una ventana Import (Importar) como la que se muestra en la Figura 16-2. Si no se abre, elija File⇨Import from Camera (Archivo⇨Importar desde Cámara).**

4. **Si está ingresando video en alta definición (HD), en el cuadro de diálogo 1080i Import Setting (Configuración de Importación 1080i) seleccione el tamaño en que importará el video.**

   En la mayoría de los casos, elegirá Large (Grande). Sin embargo, cuando se requiere calidad profesional o si planea usar el programa Final Cut Pro o Final Cut Express de Apple, use Full (Total). Tenga en cuenta que con la opción Full estará devorando más espacio de disco.

Figura 16-2:
La ventana
Import
(Importar).

5. **Si no está importando video HD, haga clic en OK.**

6. **Mueva con el mouse el interruptor en pantalla ubicado a la izquierda de la ventana Import hacia la posición Automatic (Automático), y luego haga clic en Import.**

7. **Desde la ventana de diálogo que se abre, elija la unidad donde quiere almacenar la filmación, y haga clic para crear (y finalmente nombrar) un Event (Evento) nuevo o agregar a uno existente. Haga clic en OK.**

   Investigaremos los Eventos con más detalle posteriormente en este capítulo.

8. **Haga clic en Import (Importar) para rebobinar la cinta hasta el principio, importar todo la filmación, y luego rebobinar la cinta nuevamente al finalizar.**

No hace falta quedarse mirando el proceso, pero puede hacerlo si quiere. Sepa que sólo escuchará el sonido a través de su videocámara.

En el Paso 4 le dije que colocara el interruptor en Automatic (Automático). Pero si quiere importar solamente una porción de la cinta en su videocámara, deberá elegir Manual. Luego utilice los controles de reproducción que tiene la ventana Import para navegar hasta la sección del video donde quiera comenzar la importación, en lugar de desde el inicio.

Usar una videocámara con DVD, disco duro o memoria flash

Las videocámaras de DVD, disco duro y memoria flash usan típicamente USB más que FireWire. La mayor diferencia si se las compara con sus primas de cinta es que le permiten importar video clips sin importar donde residan en la videocámara; no es necesario seguir una estructura lineal.

Cuando conecta una videocámara de este tipo, se abre la ventana Import (Importar), con la diferencia que esta vez se muestran todos los videos almacenados en el dispositivo. Haga clic en Import All (Importar Todo) si desea traer a bordo el lote entero. Para importar clips en forma selectiva, configure el interruptor de la ventana Import en Manual. Luego quite la marca de selección a los clips que quiera omitir. Haga clic en Import Checked (Importar Selección) cuando haya terminado.

Si selecciona una serie de clips, pero en realidad quiere importar unos pocos de los más preciados, elija Uncheck All (Quitar la Selección a Todos) y luego seleccione los clips que le interesan.

La paciencia es una virtud en el negocio de las películas, así que tenga en cuenta que puede llevarle algún tiempo a iMovie capturar todo el video y generar las imágenes en miniatura de cada clip. Una barra de progreso mide cuánto tiempo le llevará a la Mac terminar con la tarea.

Es probable que cuando conecte una videocámara DVD a la Mac se despierte el DVD Player (Reproductor de DVD). No pegue un grito. Simplemente ciérrelo.

Importar videos desde otros destinos

Puede que tenga material en video ya cargado en el disco duro y que desea utilizar para su éxito de taquilla. Por ahí está un proyecto que creó previamente usando iMovie HD o video de una cámara fotográfica digital o de un celular con cámara que resida en iPhoto. O quizás quiera incorporar un video de un CD o DVD.

Para importar proyectos de iMovie HD u otros videos a su disco duro (u otros discos), clija File⇨Import Movies or File⇨Import iMovie HD Project (Archivo⇨ Importar Película o Archivo⇨Importar Proyecto iMovie HD). De una u otra manera, busque la ubicación del video desde la ventana Import. Como antes, elija dónde almacenar la grabación en el menú emergente. Y nuevamente decida si quiere crear un evento nuevo o agregar lo importado a uno existente.

Se puede acceder directamente desde iMovie a los videos que haya descargado dentro de iPhoto Library (Biblioteca iPhoto). Basta con hacer clic en los Videos de iPhoto dentro de la lista de iMovie Event Library (Biblioteca de Eventos iMovie) y elegir qué evento va a usar. La única advertencia es que el video debe estar en un formato compatible con iMovie.

La primera vez que abra iMovie puede ver el mensaje que se muestra en la Figura 16-3. Haga clic en Now (Ahora) para generar las vistas en miniatura de los videos de su biblioteca iPhoto o en Later (Más Tarde) para posponer esta tarea que consume bastante tiempo.

Figura 16-3: Puede hacerlo ahora o más tarde.

Grabar directo a iMovie usando una cámara iSight (o bien otra)

Como no sorprenderá absolutamente a nadie, iMovie funciona perfectamente con los videos capturados por las cámaras iSight de Apple, ya sean las autónomas que Apple discontinuó hace unos años, o bien las que vienen incorporadas en algunas Macs.

iSight no estaba disponible en alta definición al momento de escribir esto, aunque para una amplia gama de escenarios la cámara funciona muy bien.

Para grabar directamente, conecte su cámara Web, videocámara, o iSight (si no viene incorporada) y haga clic en el botón Import (Importar). Si hay más de una cámara conectada, elija la que pondrá en acción en el menú emergente Camera (Cámara). Haga clic en Capture (Capturar) para comenzar a grabar su película, y luego siga con la rutina — a esta altura familiar — de decidir dónde guardar lo filmado y determinar cómo organizarlo dentro de Event Library (Biblioteca de Eventos).

Probablemente éste sea un buen momento para agradecer el haber derrochado dinero al comprar un disco duro más grande (o adicional) para su Mac. El video consume alrededor de 13 gigabytes por cada hora de película (y ni siquiera estoy hablando de alta definición). Una vez que finalice la película y la haya grabado en un DVD para compartirla con su familia y amigos, descarte el metraje innecesario para disponer de bastante espacio para continuar con la secuela o archívelo en una cinta por si lo necesita en el futuro.

Dominar la Post-Producción

Su filmación en crudo ya está en su lugar — en una biblioteca unificada de video iMovie. En esta sección, descubrirá cómo es este asunto de hacer películas: ordenar escenas y agregar música, fotos, títulos, transiciones y más. Prepárese para expresar su creatividad. La diversión realmente empieza al montar una película.

Poner los Eventos en escena

Como ya hemos visto, el video que ha importado dentro de iMovie se organiza en eventos. Espero que le haya dado nombres lo suficientemente descriptivos a estos eventos: El Recital de Ballet de Mi Hijita, El Atracón de Acción de Gracias, lo que sea. Si no ingresó un descriptor, iMovie va a generar uno para usted, algo como New Event 8-13-08 (Nuevo Evento 8-13-08). Vamos, muchachos, podemos escribir algo mejor que esto.

La iMovie Library (Biblioteca iMovie) agrupa todos los eventos por año. También puede agruparlos por disco duro (asumiendo que tenga más de uno, desde ya) haciendo clic en el pequeño botón con el ícono de disco duro en la porción superior derecha de Event Library.

Aquí tenemos algunas de las opciones disponibles para poner su propio sello en los eventos:

- **Merge them (Fusionarlos):** Puede tomar videos de diversas fuentes y colocarlos en un solo evento. Fusione los eventos eligiendo File➪Merge Events (Archivo➪Fusionar Eventos).

- **Split them (Separarlos):** Para separar un evento en dos, haga clic en el clip que tenga en mente y luego elija File➪Split Event Before Selected Clip (Archivo➪Separar Evento Antes del Clip Seleccionado).

- **Drag them (Arrastrarlos):** Para mover un clip de un Evento a otro arrástrelo hasta el título del nuevo evento en Event Library (Biblioteca de Eventos). Si mantiene presionada la tecla Option mientras arrastra el clip, obtendrá una copia del mismo en vez de moverlo.

Exprimir la función de Skimming

Skimming (Revisión rápida de imágenes) es una de las innovaciones más logradas y útiles del nuevo iMovie. Jugando con el mouse sobre la dinámica cinta de película que representa su video, puede levantar partes del mismo en un parpadeo — más rápidamente que en tiempo real de todas formas. Las imágenes se mueven tanto en la cinta cinematográfica como en el visor más grande de iMovie. Presione las flechas sobre el teclado si quiere avanzar o retroceder cuadro por cuadro. Escuchará también el sonido a medida que vaya recorriendo su video; el audio avanza o retrocede, siguiendo la dirección de su revisión.

Puede apagar el sonido mientras recorre su video haciendo clic en el botón de silencio del skimming en la barra de herramientas (marcado en la Figura 16-5, más adelante en este capítulo). Haga clic en el botón otra vez para escuchar el sonido nuevamente. Puede quitar la selección en Audio Skimming también desde el menú View (Ver).

Apagar el sonido en Audio Skimming no afecta la reproducción del mismo cuando se visualiza el video en tiempo real.

Juguetear con la reproducción

Puede reproducir su video desde cualquier punto inicial de diversas maneras:

✔ Coloque el puntero donde quiere comenzar a visualizar el video y presione la barra espaciadora.

✔ Haga doble clic en el punto desde donde quiera que empiece la reproducción.

✔ Seleccione una parte del clip y elija View⇨Play (Ver⇨Reproducir).

Para detener la película, presione la barra espaciadora o haga clic en cualquier parte de la ventana de iMovie.

Si quiere visualizar eventos de principio a fin, seleccione cualquier parte del clip y elija View⇨Play from Beginning (Ver⇨Reproducir desde el Principio) o presione la tecla \ en el teclado.

Para admirar su video a pantalla completa, elija la parte del video que quiera visualizar y presione el botón Play Full Screen (Reproducir a Pantalla Completa) que se encuentra justo debajo de Event Library. Como se muestra en la Figura 16-4, el botón está al lado del botón Play from Beginning (Reproducir desde el Principio). Presione Escape para salir del modo pantalla completa.

Figura 16-4: Controles para repro-ducir video.

Clic para reproducir a pantalla completa

Clic para reproducir desde el principio

Mostrar/ocultar la lista de Eventos

Trabajar con video

Como ya habrá notado, los fragmentos o clips de video que componen un evento completo se ven como una cinta de película. Un evento típico tiene varios clips.

La longitud de un clip depende de cuándo haya usted (o quien grabó el video) encendido y apagado la cámara. Los clips de video se representan como una serie de imágenes en miniatura, de cada cuadro dentro del clip. La cantidad de cuadros que conforman un segundo de video varía, dependiendo del formato de video que haya elegido al filmar. Puede elegir *frame ranges (rangos de cuadros)* para determinar con qué video está trabajando; el rango queda indicado con un borde amarillo. Si hace clic en un clip como *source video (video de origen)*, iMovie seleccionará cuatro segundos de video desde ese punto. Puede cambiar este valor predeterminado en las preferencias de iMovie.

Puede expandir o reducir las cintas de película arrastrando el control desli-zable de las imágenes en miniatura a la derecha o a la izquierda. Y puede también arrastrar el selector amarillo del borde para cambiar el rango de cuadros.

Marcar video

Sin importar lo talentoso que sea como videógrafo, se hará evidente a medida que vaya revisando el material, que algunas tomas se destacan del resto, mientras que otras son, siendo generosos, apenas buenas para ser de un aficionado. Puede marcar las joyas de video como favoritas y desechar las tomas inservibles. Veamos cómo.

Elija el rango de cuadros del fragmento de video que ama y haga clic en el botón Mark as Favorite (Marcar como Favorito) en la barra de herramientas. Es la estrella negra que se muestra en la Figura 16-5. Aparece una barra verde sobre la parte superior del rango de cuadros. Si se arrepiente, haga clic en el botón Unmark (Quitar la Marca).

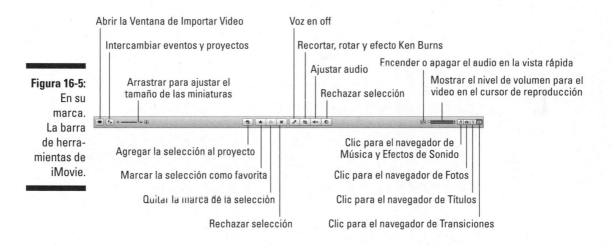

Figura 16-5:
En su marca.
La barra de herramientas de iMovie.

Si quiere descartar un rango de cuadros, haga clic en la X negra en la barra de herramientas. Esta vez aparece una barra roja por encima del rango de cuadros seleccionados. Nuevamente, puede presionar el botón Unmark (Quitar marca) si se arrepiente. Los videos no son descartados totalmente hasta que los mueva a Trash (Papelera) — y la vacíe.

Dentro del pequeño cuadro emergente a la derecha de los botones de Play (Reproducir), puede ordenar o filtrar los videos que se muestran en la biblioteca. Puede mostrar Favorites Only (Sólo Favoritos), Favorites and Unmarked (Favoritos y Sin Marcar), All Clips (Todos Los Clips), o Rejected Only (Sólo los Rechazados). Si elije Rejected Only, puede que por compasión brinde una segunda oportunidad a esos clips.

Recortar video

Incluso bajo las mejores circunstancias — una iluminación perfecta, sujetos que realmente sonríen a cámara, una cámara magnífica, un camarógrafo impresionante (ese vendría a ser usted) — su video podría necesitar mejoras. Aquí tiene algunos trucos.

De la misma forma que puede recortar una imagen fija en iPhoto (ver Capítulo 15), puede resaltar un área de una escena o hacer foco en un objeto distante. Tenga en cuenta que el recorte se aplicará al clip completo:

1. **Seleccione el clip a recortar y haga clic en los botones Crop (Recortar), Rotate (Rotar), y Ken Burns (Efecto Ken Burns).**

2. **Haga clic en el botón Crop dentro del visor.**

   Aparece un rectángulo verde de recorte.

3. **Usando los controles exteriores del rectángulo, cambie el tamaño y arrástrelo sobre el área que merece ser recortada dentro de la imagen.**

4. **Si es necesario, haga clic en una de las flechas para rotar la imagen completa en cualquier dirección.**

5. **Haga clic en el botón Preview para previsualizar el nuevo clip recortado. O haga clic en el botón Fit (Ajustar) para restaurar el cuadro completo del clip y volver a intentarlo.**

6. **Haga clic en Done (Listo) cuando se sienta satisfecho.**

Su video recortado puede verse distorsionado o pixelado si utilizó una cámara de baja resolución (o filmó en baja resolución). Presione Fit en cualquier momento para anular el recorte.

Mejorar el sonido

El sonido en un video clip apenas es un susurro; en otro tiene que bajar el volumen. Por suerte, puede ajustar el audio en su video para que el sonido se mantenga parejo entre una escena y la siguiente.

Comience haciendo clic en Audio Adjustments (Ajustes de Audio) en la barra de herramientas para mostrar diversos controles deslizables. Si quiere ajustar el volumen de un solo clip, selecciónelo y luego arrastre el control deslizable de volumen hasta el nivel apropiado. Haga clic en Done (Listo) cuando se ubique en el nivel deseado o elija otro clip y repita este pequeño ejercicio.

Siempre puede restaurar el volumen a su nivel original haciendo clic en el botón Revert to Original (Revertir al Original).

Si quiere normalizar el volumen a través de todos sus clips, elija un clip y luego haga clic en Normalize Clip Volume (Normalizar el Volumen de los Clips). iMovie se asegura de que el volumen del clip sea el más alto posible sin distorsión. Ahora elija otro clip y haga lo mismo. Ahora los dos clips están bajo el mismo rango normalizado. Siga normalizando clips de esta forma hasta que todos se ubiquen en el nivel apropiado.

Dar a luz un proyecto

El video se ve bien; el sonido está bien. Ya es tiempo de reunir todo en un proyecto. Elija File⇨New Project (Archivo⇨Nuevo Proyecto) y póngale un nombre a su éxito de taquilla en ciernes, algo revelador como El Gol Impresionante de Alex o El Tanto Decisivo de Leslie. Los videos contenidos en uno o más eventos tienden a ser los bloques funcionales de su proyecto. Simplemente seleccione el clip del video de origen y haga clic en el botón de la barra de herramientas Add to Project (Agregar al Proyecto). Como alternativa, arrastre el video hacia el área donde quiere que aparezca dentro del proyecto.

Luego elija un *aspect ratio (relación de aspecto),* jerga cinematográfica que se refiere a cómo se ve la pantalla. Sus opciones son:

- ✔ **Standard (Estándar — 4:3):** Por años, todos vimos televisión. Si elije usar esta configuración y ve su video en un televisor moderno de alta definición y pantalla panorámica, verá bandas negras en ambos laterales del video, un fenómeno conocido también como *pillar box.*

- ✔ **iPhone (3:2):** Use esta configuración si piensa visualizar la película terminada en el popular teléfono inteligente de Apple o en un reproductor iPod Touch.

- ✔ **Widescreen (Pantalla Panorámica — 16:9):** Ésta es la relación de aspecto cinematográfico HDTV. Si se da el caso que vea un video 16:9 en un televisor estándar, aparecerán bandas negras arriba y abajo del video, el fenómeno se conoce como *letterbox.*

Ahora que ha estado manoseando su video y eligió los mejores momentos para su proyecto, es hora de aplicar el tónico que convertirá su material en crudo en una maravilla multimedia.

Añadir música o efectos de sonido

¿Qué sería de *West Side Story* (Amor sin Barreras) sin Leonard Bernstein? O *A Hard Day's Night* (Anochecer de un Día Agitado) sin los Beatles? La música es una parte vital en la mayoría de las películas (incluso las no musicales). Aquí explicaremos cómo agregar música de fondo u otros efectos de sonido:

1. **Haga clic en el botón Music and Sound Effects (Música y Efectos de Sonido), sobre el lateral derecho de la barra de herramientas (o elija Window⇨Music and Sound Effects [Ventana⇨Música y Efectos de Sonido]).**

   Sobre la esquina inferior derecha, aparece el navegador de Music and Sound Effects, como se ve en la Figura 16-6.

Figura 16-6:
Agregar música y efectos de sonido.

2. **Haga clic en la fuente de su música o efectos de sonido.**

   Tiene una gran variedad de opciones: cancioncillas de su biblioteca iTunes, música que usted haya compuesto con GarageBand, y docenas de Efectos de Sonido enlatados, incluyendo una multitud abucheando, grillos, lluvia y truenos y una máquina de escribir eléctrica. Haga doble clic sobre un archivo de sonido para escuchar un adelanto.

3. **Arrastre la música o efectos de sonido hacia el fondo del proyecto.**

   Aparece un fondo verde al principio del primer clip y llega hasta donde termine el más corto de ambos, ya sea el sonido o el video donde lo agregue.

4. **Si quiere recortar el clip de música, elija Edit⇨Trim Music (Editar⇨ Recortar Música).**

5. **Arrastre el control de selección para elegir el punto donde el video comienza y termina.**

   El video se reproduce en el visor para ayudarlo a decidir. Haga clic en Play (Reproducir) para previsualizar el trabajo.

6. **Cuando haya terminado, haga clic en Done (Listo).**

Para quitar la música de fondo, seleccione la misma haciendo clic detrás de los clips de video, y presione Delete (Eliminar).

Grabar una voz en off

¿Qué sería de su épica sin el relato en off de (tendrá tanta suerte) James Earl Jones o Gene Hackman? Puede usar su propia voz de pito para narrar una película y añadir su voz a prácticamente cualquier fragmento de su video.

Haga clic en el botón Voiceover (Voz en off), que se ve como un micrófono, y luego elija su micrófono real (o dispositivo de entrada de sonido) desde la ventana que aparece. Arrastre el control deslizable de volumen para que se ajuste a la sonoridad de su voz. Puede seleccionar el cuadro Voice Enhancement (Mejoramiento de Voz) para hacer electrónicamente que su voz suene con más cuerpo. Recuerde que cualquier sonido en su video se escuchará mientras grabe su propia voz a menos que desactive ese sonido. Seleccione el cuadro Play Project Audio while Recording (Reproducir el Audio del Proyecto mientras se Graba) si quiere escuchar sonido mientras graba su narración en off.

Cuando hace clic en el cuadro del video donde desea comenzar a hablar, el programa le muestra una cuenta regresiva 3-2-1. Haga clic en cualquier parte del proyecto para detener la grabación. Verá un ícono púrpura de banda de sonido en el video donde se podrá oír su voz. ¿Tartamudeó (como le solía suceder al famoso Jones)? Haga clic en Undo Voiceover (Eliminar Voz en Off) y vuelva a intentarlo.

El piso de la sala de edición

Desde el vamos, algunas escenas son candidatas obvias a ir a parar a la basura: aquellas con primeros planos borrosos, tomas de sus zapatos (cuando se olvida de apagar la videocámara), o la actuación declamada de la abuelita.

Por suerte, puede eliminar los cuadros indeseables de los clips de su proyecto. Seleccione los clips que quiere eliminar, y elija Edit⇔Trim to Selection (Editar⇔ Eliminar hasta la Selección). Y así se fueron para siempre.

Si se arrepintió de haberlos eliminado, puede recuperarlos ajustando la duración del clip o el rango de cuadros como sigue. Seleccione el clip y elija Edit⇔Trim (Editar⇔Eliminar o clic en el ícono de Clip Duration [Duración del Clip], similar a un reloj y que aparece en el rincón inferior izquierdo del clip). El clip seleccionado aparece en el *trimmer (recortadora)*, con controles de inicio y fin que podrá arrastrar hasta cualquiera de los dos extremos. Aquí tenemos otras opciones:

- ✔ Mover los puntos de inicio y fin cuadro a cuadro: mantenga presionada la tecla Option mientras pulsa la tecla de flecha izquierda o derecha, respectivamente.

- ✔ Mover la selección completa del rango de cuadros en la dirección que indique cuadro a cuadro: Presione la tecla de flecha izquierda o derecha, respectivamente, sin pulsar la tecla Option.

- ✔ Ajustar el clip de a un cuadro por vez, sin usar el trimmer: mueva el puntero del mouse hacia el final del clip en cuestión y mantenga presionadas las teclas ⌘ y Option. Arrastre los controles anaranjados que aparecen a la izquierda o derecha para ampliar o reducir la duración del clip, respectivamente, un cuadro a la vez.

✔ Extienda o reduzca el clip un cuadro por vez, nuevamente sin usar el trimmer: mueva el puntero hacia el final del clip y manteniendo presionada la tecla Option presione las teclas de flecha izquierda o derecha respectivamente.

Haga clic en Play (Reproducir) en el trimmer para obtener un avance de cómo se verán sus esfuerzos, y clic en Done (Listo) cuando esté satisfecho con los resultados.

Si quiere echarle una ojeada a lo que editó rápidamente, haga lo siguiente: posicione el puntero del mouse en la posición donde ha hecho el arreglo y presione la tecla paréntesis izquierdo. Esto hará que se reproduzca un segundo de video antes y un segundo de video después del punto donde se aplicó el cambio. O presione la tecla paréntesis derecho para reproducir tres segundos antes y tres segundos después de ese punto.

Añadir transiciones entre los clips

Los cambios de escena pueden verse discordantes a menos que agregue un puente que facilite el cambio. En lenguaje cinematográfico, estos puentes se denominan *transiciones,* e iMovie viene con una docena para elegir. Haga clic en el botón Transitions (Transiciones) en la barra de herramientas o elija Window⇨Transitions (Ventana⇨Transiciones). A su disposición encontrará varios estilos en el panel Transitions, como muestra la Figura 16-7.

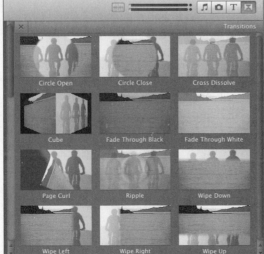

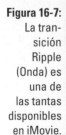

Figura 16-7: La transición Ripple (Onda) es una de las tantas disponibles en iMovie.

Puede que no conozca todos los nombres de estas transiciones, pero sin dudas habrá visto algunas como Fade through Black (Fundir a Negro) y Cross Dissolve (Disolución Cruzada) en las películas y la televisión. Puede tener una vista previa de las otras parándose con el mouse sobre las mismas.

Cuando elija la transición que quiera aplicar, arrástrela hasta ubicarla entre dos clips en su proyecto. Aparece un ícono negro de transición. Puede sustituir una transición por otra simplemente arrastrando la nueva transición hasta el ícono.

Las transiciones duran por defecto medio segundo, y no pueden durar más que la mitad de la duración del clip más breve en cualquiera de los extremos de la misma. Todas las transiciones en su video serán de la misma duración a menos que indique lo contrario eligiendo Edit➪Set Duration (Editar➪ Configurar Duración); puede cambiar la longitud de una transición seleccionada o de todas las transiciones en el proyecto.

Para elegir la misma transición a través de todo el proyecto, seleccione el proyecto, elija File➪Project Properties (Archivo➪Propiedades del Proyecto), y luego la transición que desea en el menú emergente. Seleccione el cuadro Add Automatically (Agregar Automáticamente). Quite la marca de selección a esta opción si desea editar o eliminar cualquier transición dentro de su proyecto.

Agregar títulos

Toda buena película necesita un título decente para atrapar a la audiencia — aunque el film se trate sólo de sus últimas vacaciones y la gente que lo mire sean los mismos que viajaron con usted. Ya que estamos, agregue los créditos del final. Usted es la persona que armó la maldita cosa y merece algún tipo de reconocimiento. Además, seleccionar títulos es fácil:

1. **Haga clic en el botón Titles (Títulos) en la barra de herramientas o elija Window➪Titles (Ventana➪Títulos).**

2. **Elija el estilo del título entre los que aparecen y arrástrelo al clip hasta la posición donde desea que se ubique.**

   Puede elegir Formal para un video de una boda o Scrolling Credits (Créditos con desplazamiento) para el final de la película. Preste atención a la sombra púrpura que aparece sobre el clip a medida que pasa sobre el mismo. Le permite saber si el título permanecerá por todo el clip o sólo por el primer tercio o el último tercio. Una vez que eligió un título, aparecerá un ícono azul sobre el clip.

3. **Reemplace el espacio reservado para texto en el visor con su propio texto.**

4. **Haga clic en Show Fonts (Mostrar Fuentes).**

   Puede cambiar la fuente, el color o el estilo del texto aplicando selecciones en la ventana Font (Fuente). Puede tener una vista previa de su trabajo haciendo clic en el botón Play (Reproducir) en el visor.

Puede extender o reducir el tiempo en que se mostrará el título. Mueva el puntero del mouse sobre cualquiera de los extremos del título; cuando el puntero se convierta en una cruz, arrástrelo hacia la izquierda o derecha. Puede incluso arrastrar el título a una parte diferente del clip o hacer que se monte entre dos clips. Asegúrese de que el puntero se convierta en una manito antes de arrastrar el título.

Agregar fotos a una película

Intercalar fotos dentro de su película es lucir su talento artístico a lo grande. Y puede agregar un poco de dinamismo al aplicar efectos de movimiento a esas fotos como los efectos Ken Burns (que toman el nombre del afamado documentalista del que se habló en el Capítulo 15). Para hacerlo:

1. **Elija Window⇨Photos (Ventana⇨Fotos) o haga clic en el botón Photos (Fotos), que se ve como una cámara en la barra de herramientas.**

2. **Elija la foto que desea dentro de la biblioteca iPhoto o cualquier otra fuente.**

   Puede buscar las fotos por nombre en el campo search (buscar) en la parte inferior del panel.

3. **Arrastre la foto seleccionada hasta donde quiera que aparezca en su proyecto.**

   La foto permanecerá en pantalla por cuatro segundos por defecto y se aplicarán los efectos de paneo y zoom Ken Burns. Puede cambiar esto, como se indicará en el próximo paso.

4. **Para cambiar la duración de la foto, haga clic en el botón Duration en la esquina inferior izquierda del clip con la foto e ingrese la nueva duración en segundos.**

   Podrá ver este botón de Duración cuando mueva el puntero cerca del final del clip.

5. **Puede incluso alterar la opción Ken Burns seleccionando una foto, haciendo clic en Crop, y luego clic en Ken Burns.**

Compartir su Éxito de Taquilla

¿Qué tan buena sería *El Padrino* si nadie hubiese podido verla? Lo mismo se aplica a su clásico. Vea su película por última vez tal como la haya producido hasta el momento. Véala a pantalla completa en su Mac. Si todo cierra, es tiempo de distribuirla para una audiencia — en un formato compatible con el dispositivo que usará para reproducirla.

Exploremos las opciones que nos brinda el menú Share (Compartir) de iMovie:

- ✔ **iTunes:** Seleccione esta opción si planea visualizar su proyecto terminado en un iPod, un iPhone, Apple TV o una computadora. Se le presentarán varias opciones de tamaño basadas en el formato que se ajusten mejor al dispositivo, Medium (Mediano) para iPod; y Large (Grande) para HDTV (Apple TV). Luego de elegir lo que desea, haga clic en Publish (Publicar). Tenga en cuenta que renderizar una película puede llevar tiempo, especialmente si ha elegido múltiples formatos.

  Si su película no fue filmada en alta definición, olvídese de usar el formato Large.

- ✔ **Media Browser (Navegador de Medios):** Las películas aparecerán en el tamaño que ha elegido, en los Media Browser (Navegadores de Medios) de iDVD, iWeb o GarageBand, como se puede ver en la Figura 16-8. Nuevamente, algunas opciones no estarán disponibles si no filmó en alta definición.

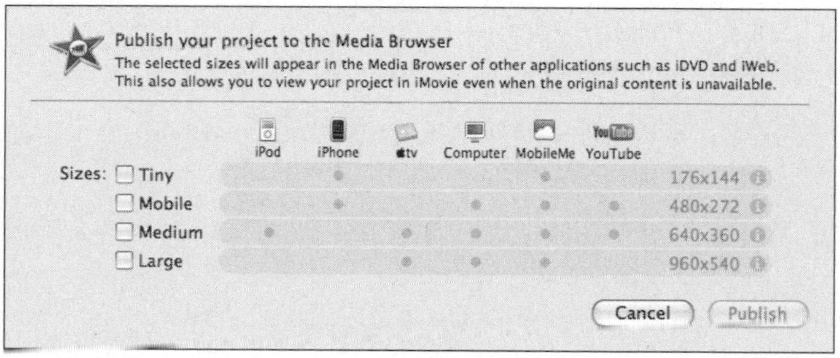

Figure 16-8:
La película aparece en el Media Browser.

> **Publish your project to the Media Browser**
> The selected sizes will appear in the Media Browser of other applications such as iDVD and iWeb. This also allows you to view your project in iMovie even when the original content is unavailable.
>
> | | iPod | iPhone | ᴬtv | Computer | MobileMe | YouTube | |
> |---|---|---|---|---|---|---|---|
> | Sizes: ☐ Tiny | | ● | | | ● | | 176x144 |
> | ☐ Mobile | | ● | | ● | | ● | 480x272 |
> | ☐ Medium | ● | | ● | ● | | ● | 640x360 |
> | ☐ Large | | | ● | ● | | | 960x540 |
>
> Cancel   Publish

- ✔ **YouTube:** El sitio salvajemente popular YouTube (propiedad de Google) se ha convertido prácticamente en la definición de lo que significa compartir video en Internet. Agregue su cuenta YouTube y la contraseña, elija la categoría para su película (Comedia, Mascotas & Animales, etc.) y agregue el título (si no se muestra ya), la descripción, y las etiquetas que le parezcan. Puede hacer que la película sea privada haciendo clic en el cuadro apropiado. Apple recomienda usar el tamaño Medium. Una vez publicado en YouTube, haga clic en Tell A Friend (Contarle a un Amigo) para difundirlo.

- ✔ **MobileMe Gallery (Galería MobileMe):** Si se suscribe al servicio MobileMe de Apple (ver Capítulo 12), puede publicar su película directamente en la Web. Elija el nombre, una descripción para su proyecto y un tamaño apropiado. Puede determinar si va a permitir que todos vean su trabajo o sólo usted. Seleccione el cuadro Allow Movie to be Downloaded (Permitir Descargar la Película) si de veras desea que puedan descargar su película.

- ✔ **Export Movie (Exportar Película):** Nuevamente tiene que elegir el tamaño antes de exportar la película hacia otra ubicación dentro del Finder (Buscador).

- ✔ **Export Using QuickTime (Exportar Usando QuickTime):** Con esta opción, puede reproducir su película en otra computadora con Quick-Time. Hay varias opciones para elegir diversos grados de compresión y otras configuraciones. Esto puede volverse extremadamente técnico, dependiendo de sus requerimientos y los requerimientos de quienes recibirán su video.

- ✔ **Export Final Cut XML (Exportar a Final Cut XML):** Use esta opción para enviar el proyecto terminado hacia este programa Apple de video edición orientado a profesionales.

Cuando Se Reúnen iMovie e iDVD

iDVD es un programa de *autoría,* es decir para diseñar un DVD. iDVD está estrechamente vinculado con iMovie (y, si vamos al caso, con iTunes e iPhoto). Puede explotar temáticas estilo Hollywood y hacer clic en el botón Media (Medios) para agregar fotos y música. Como se mencionó anteriormente, tiene que habilitar la opción Share (Compartir) en su película dentro de iMovie antes de poder hacer algo con la misma en iDVD.

Cuando esté preparado para grabar DVDs, utilice el SuperDrive de su Mac, o un grabador de DVD de otras marcas compatible. (Apple funciona con muchos tipos.) Todas las Macs más antiguas incluyen grabadoras de CD, pero no todas tienen grabadoras de DVD. Puede generar a disco y grabar posteriormente desde otra máquina.

Veamos algunos puntos básicos de iDVD.

Elegir un tema

iDVD está basado en el concepto de *temas,* diseños de menú para su DVD con distintas imágenes de fondo, estilos de botones, fuentes, música, y animaciones.

Haga clic en el botón Themes (Temas) y desplácese por la lista de la derecha para elegir el tema que satisfaga sus necesidades, como por ejemplo Vintage Vinyl (Vinilo Antiguo), que aparece en la Figura 16-9. Muchos temas de iDVD tienen menús con movimiento y sonido; por ejemplo, el disco que se puede ver en el tocadiscos está girando. Puede activar o desactivar el movimiento y el sonido haciendo clic en el botón de movimiento (es el que tiene dos flechas que no llegan a completar un círculo completo) en la barra de herramientas de iDVD.

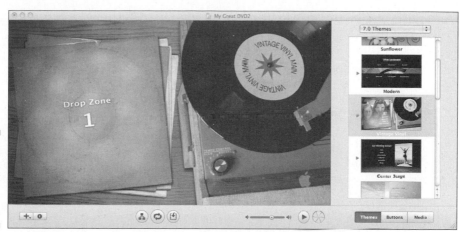

Figura 16-9:
Un tema
para su
película
iDVD.

Muchos temas vienen con el formato predeterminado widescreen (pantalla panorámica) con relación de aspecto 16:9 disponible en televisores de alta definición HDTV (y algunas TV analógicas). Estos temas también funcionan para el formato estándar (4:3). Puede además elegir temas de versiones previas de iDVD (temas pre-7.0).

Puede soltar contenido dentro de las zonas de descarga designadas. Para agregar una película a una zona de descarga, arrástrela desde el panel Media (Medios) o desde cualquier otro lugar dentro de su Mac. Si agrega una película con marcadores de capítulo, iDVD crea automáticamente un submenú para selección de escenas, con una flecha hacia la izquierda que servirá como botón Back (Volver).

Una presentación iDVD

¿Quiere crear una presentación de diapositivas en DVD? Siga estos pasos:

1. **En la ventana principal de iDVD, haga clic en el botón + y seleccione Add Slideshow (Agregar Presentación).**

2. **Haga doble clic en el botón My Slideshow (Mi Presentación) que ahora aparece en la ventana principal de iDVD.**

   Esa ventana se reemplaza por una zona de descarga pidiendo que *Drag images here (Arrastre imágenes aquí).*

3. **Desde el panel Media (Medios), arrastre un álbum de iPhoto o fotos individuales.**

4. **Desde los menús emergentes en la parte inferior de la pantalla, elija la duración para cada imagen y una transición para desplazarse con fluidez.**

5. **Haga clic en Settings (Configuraciones).**

6. **Seleccione las opciones que quiera agregar a la presentación.**

   Si quiere que las imágenes se repitan, seleccione Loop Slideshow (Presentación en Bucle o Cíclica). Si desea activar las flechas de navegación, seleccione esa opción. Puede también elegir agregar archivos de imágenes al DVD-ROM, mostrar títulos y comentarios, y mantener la configuración predeterminada que consiste en "mandar a cero" el audio cuando se reproduce una película. Esto significa básicamente que cualquier banda de sonido que haya agregado se va apagando gradualmente mientras se esté reproduciendo el audio de la película de forma tal que pueda escuchar el diálogo que se esté desarrollando.

7. **Para agregar una banda de sonido, elija Audio en el panel Media y arrastre la canción que quiere hacia el depósito de audio, que se muestra en la Figura 16-10.**

   El menú emergente Slide Duration (Duración de Imagen) cambia a Fit to Audio (Ajustar al Audio). De esta forma, las imágenes y la música empiezan y terminan al mismo tiempo. Si no está conforme, seleccione otra duración (1, 3, 5 ó 10 segundos).

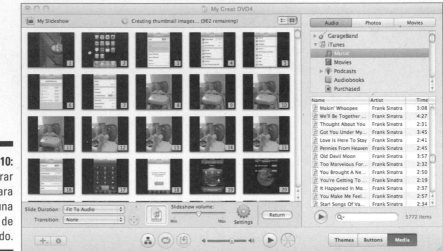

Figura 16-10: Arrastrar audio para agregar una banda de sonido.

Alterar botones

Los botones de DVD están concebidos para adaptarse a un tema en particular. Pero si sus ideas entran en conflicto con las de Apple, puede cambiar el aspecto de los botones haciendo clic en el, hum, botón Buttons (Botones). Los botones vienen en diferentes formas y tamaños y colores configurables. Los botones pueden ser de sólo texto o mostrar video. Se crea un botón con película cuando arrastra un video desde el panel Media hacia la pantalla de menú del DVD.

Editar con vista de Mapa

Haga clic en el botón Map (Mapa) en la parte inferior de la pantalla para cambiar a la vista de Map de iDVD, una especie de vista a vuelo de pájaro de su proyecto. Puede ver rápidamente como están dispuestos los menús y botones y cómo se conectan entre sí. Haga doble clic en el mapa para saltar a una escena en particular.

OneStep DVD

OneStep DVD (DVD en Un Paso) automáticamente rebobina la cinta, importa su video y lo graba en un DVD. La primera vez que abrió iDVD, tuvo la oportunidad de hacer clic en OneStep DVD. Para usarlo, conecte su videocámara digital mediante FireWire, fije la videocámara en el modo VCR, haga clic en OK (Aceptar) e inserte un disco virgen.

Hacer un Magic iDVD

Las computadoras fueron creadas para hacer muchísimas cosas por usted. Al crear un Magic iDVD, elija un tema y suelte las películas y fotos que quiera incluir en las cintas de la ventana principal de iDVD. iDVD toma el control a partir de ahí, agregando el menú principal con botones para su película, presentaciones, etc. Las zonas de Drop (Descarga) se autocompletan con su material. Puede editar el Magic iDVD antes de grabar el proyecto en un disco.

Quema Bebé Quema

Ha llegado a un momento verdaderamente excitante. Está casi listo para quemar (grabar) su DVD. Para asegurarse de que todo esté perfecto, haga clic en Preview (Vista Previa) para previsualizar su DVD. Un control remoto pequeño en pantalla funciona como cualquier control remoto tradicional de reproductor de DVD y le permite simular la experiencia post-grabación.

También recomiendo revisar la riqueza de la información en la ventana Project Info (Información del Proyecto) eligiendo Project⇨Project Info (Proyecto⇨ Información del Proyecto). Puede asegurarse de que ha elegido la razón de aspecto correcta (estándar o pantalla panorámica). Puede ver su elección de codificación (Best Performance (Mejor Performance), High Quality (Alta Calidad), Professional Quality [Calidad Profesional]). Y puede verificar la duración de su proyecto, capacidad utilizada, y más.

¿Satisfecho? Haga clic en el botón Burn (Grabar) e inserte un DVD virgen. El proceso de grabación toma su tiempo dependiendo de la velocidad de su grabador y la Mac en sí. Una barra de progreso le permite saber cómo avanza la operación antes de que el disco finalmente sea expulsado. No se quede mirando la pantalla — probablemente tenga algo mejor que hacer con su tiempo. Como escribir su discurso de aceptación del Oscar.

Capítulo 17

El Show Debe Continuar

¿**S**e cree un ícono del rock? ¿Ve su cara en la portada de las revistas *Rolling Stone* y *Entertainment Weekly*? ¿Groupies que lo acosan donde quiera que vaya? ¿Su propio bus para tours de la banda? Ya sé, la música es todo lo que importa. No importa qué lo haga vibrar, GarageBand '08 es el estudio de grabación digital de iLife para producir discos, crear podcasts y más.

Si está considerando saltearse este capítulo porque no sabe distinguir un Fa sostenido de un Si bemol, tome nota: No hace falta que sepa leer un pentagrama, tocar un instrumento o tener una pizca de talento musical para componer una tonada con GarageBand.

Seguro, tener buen oído ayuda. Y si puede crear una melodía, acariciar el marfil o improvisar con los artistas más grandes, tanto mejor. Conecte un micrófono, un teclado musical o una guitarra eléctrica a la Mac y explote GarageBand al máximo. Aunque solamente vamos a tratar muy superficialmente todo lo que GarageBand le permitirá lograr, este capítulo puede allanarle el camino a la fama.

Formar una Banda de Garage

Cuando abre por primera vez GarageBand, puede elegir Create a New Music Project (Crear un Nuevo proyecto musical), Open An Existing Project (Abrir un proyecto existente), Create New Podcast Episode (Crear Nuevo episodio de podcast) o utilizar una nueva función que se conoce como Magic GarageBand. Por ahora, nos dedicaremos a la música. Hablaré de podcasts y Magic GarageBand más adelante:

1. **Inicie GarageBand**

   El programa está ubicado en la carpeta Applications (Aplicaciones). O haga clic en el ícono del dock con forma de guitarra.

2. **Haga clic en Create New Music Project (Crear Nuevo proyecto musical).**

3. **En el cuadro de diálogo que se muestra en la Figura 17-1, ingrese un nombre para su canción y seleccione la ubicación de su archivo (GarageBand es la opción predeterminada).**

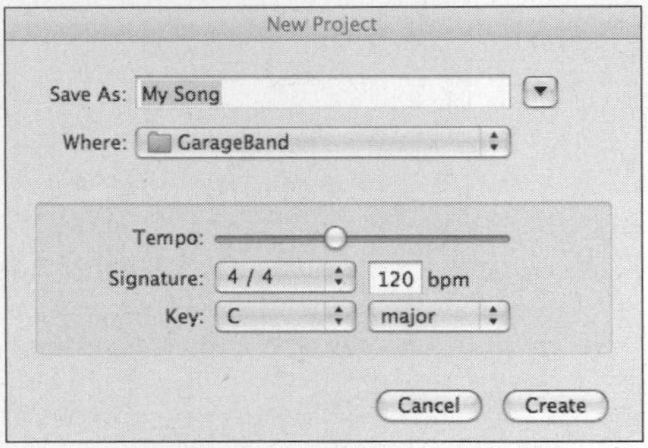

Figura 17-1:
A la una,
a las dos
y a las
tres. Crear
un nuevo
proyecto.

4. **Seleccione un *tempo* o velocidad constante arrastrando el control deslizable a cualquier valor entre 40 y 240 pulsos por minuto o *bpm*.**

5. **Seleccione una marca de tiempo y una escala, o *clave,* desde los menús emergentes.**

   No se desespere si no sabe qué significa alguna de estas designaciones musicales. Simplemente quédese con las opciones predeterminadas. Aprenderá con la práctica y puede cambiar las opciones más tarde.

6. **Haga clic en Create (Crear).**

   La ventana que se abre se parecerá a la Figura 17-2.

Manteniéndose en la(s) Pista(s)

Dominar GarageBand equivale a sentirse cómodo con las pistas (de las que hablamos en esta sección) y los loops o "bucles" (ver la siguiente sección).

Pistas (Tracks)

Ver/ocultar navegador de loops (View/hide loop browser)

Ver/ocultar editor de pista (View/hide track editor)

Mezclador (Mixer)   Teclado (Keyboard)

Línea de Tiempo (Timeline)

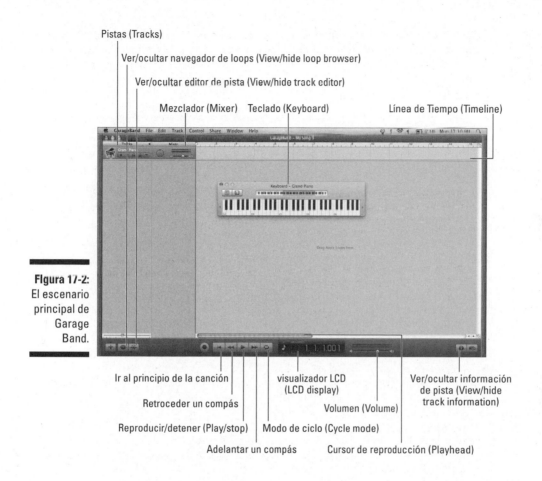

Figura 17-2:
El escenario
principal de
Garage
Band.

Ir al principio de la canción

Retroceder un compás

Reproducir/detener (Play/stop)

Adelantar un compás

visualizador LCD
(LCD display)

Volumen (Volume)

Modo de ciclo (Cycle mode)

Cursor de reproducción (Playhead)

Ver/ocultar información
de pista (View/hide
track information)

La mayoría de las composiciones musicales están conformadas por varias *tracks* (pistas) o capas de partes individuales grabadas con distintos instrumentos. Puede conectar los instrumentos a su Mac a través de alguno de los métodos mencionados en el apartado "Conectar instrumentos reales" o aprovechar más de 100 *instrumentos de software* capturados digitalmente que suenan mientras toca en un pequeño teclado en pantalla (se muestra en la Figura 17-2) haciendo clic en sus teclas con el mouse. Puede elegir una amplia variedad de instrumentos de software de todas las familias de instrumentos (percusión, viento y demás).

Cuando abre un nuevo proyecto, GarageBand le presenta el primero de estos instrumentos de software, un piano de cola. Aparece en forma predeterminada en la lista de pistas. Es el instrumento que escuchará cuando toque ese teclado en miniatura.

Desde el menú de la ventana de GarageBand, también puede activar el teclado Musical Typing (Escritura musical). Las teclas del teclado de su computadora activan notas específicas. Las teclas de la fila del medio representan las teclas blancas de un piano. Las teclas de la fila superior representan las teclas negras.

Para agregar una nueva pista:

1. **Haga clic en el botón new track (+) en la esquina inferior izquierda del programa, o seleccione Track⇨New Track (Pista⇨Nueva pista).**

2. **Seleccione Software Instrument (Instrumento de software) o Real Instrument (Instrumento real, vea el apartado "Conectar instrumentos reales").**

3. **Haga clic en Create (Crear).**

   Una nueva pista se muestra en la lista de Tracks (Pistas) acompañada en el encabezado por su ícono, nombre (Grand Piano, o "piano de cola" hasta que lo cambie), y varios controles pequeños. Entre otras funciones, estos controles le permiten silenciar la pista, bloquearla para evitar que se realicen cambios, hacer un solo y permitir o desactivar una grabación.

En el panel Track Info (Información de la pista) que se muestra en la Figura 17-3, está resaltado Software Instrument (Instrumento de software). Puede cambiar su selección de instrumentos de Grand Piano (Piano de cola) a cualquier otro instrumento disponible. Para hacer esto, seleccione una categoría de instrumento desde la columna izquierda del panel Track Info (En este caso Pianos and Keyboards, es decir pianos y teclados, como se muestra en la Figura 17-4) y un instrumento de software en la columna de la derecha (Smokey Clav).

Puede abrir el panel Track Info en cualquier momento, haciendo clic en el pequeño ícono con la *i* ubicado en la esquina inferior derecha de la pantalla. También puede seleccionar Track⇨Show Track Info (Pista⇨Mostrar información de la pista).

Si el instrumento (o loop) en el que hizo clic aparece atenuado o no está disponible, aparecerá una ventana como la que se muestra en la Figura 17-5. Tendrá la oportunidad de descargar e instalar los loops e instrumentos faltantes, siempre que tenga suficiente espacio en su disco rígido.

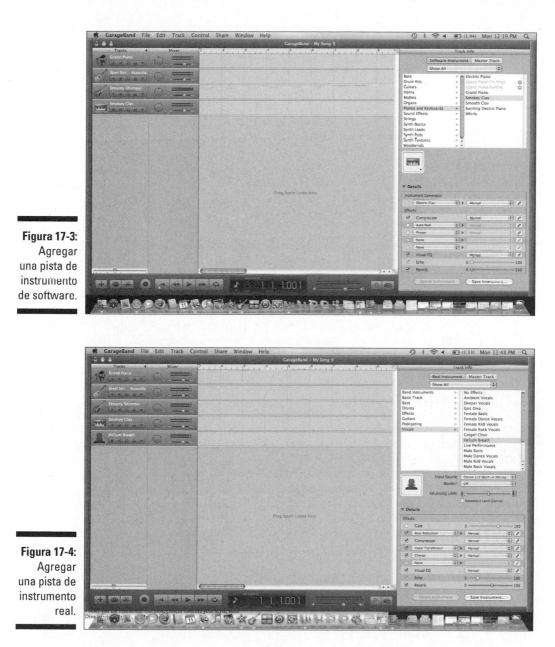

Figura 17-3:
Agregar una pista de instrumento de software.

Figura 17-4:
Agregar una pista de instrumento real.

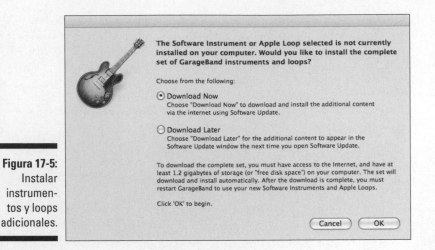

Figura 17-5: Instalar instrumentos y loops adicionales.

Si selecciona un instrumento real en el Paso 2 (remítase a la Figura 17-4), seleccione una entrada en Input (stereo para estéreo, mono para monoaural, channel 1 y channel 2 para los respectivos canales), según cómo esté conectado el instrumento a la Mac. Seleccione Monitor desde el menú desplegable para poder escuchar el instrumento mientras lo toca. Si el instrumento real que elige es su propia voz, seleccione Vocals (Voces) y el instrumento que mejor se combina con su estilo, como Epic Diva (Diva épica), Helium Breath (Voz de helio) o Megaphone (Megáfono).

La última versión de GarageBand muestra los nombres de los acordes que toca en un instrumento de software. En el menú Control, seleccione Show Chord in LCD (mostrar acorde en LCD) o haga clic en el ícono a la izquierda del LCD hasta que se muestre un diapasón.

Si no se muestra, puede acceder al Visual EQ (ecualizador visual) y otras herramientas del panel Track Info (Información de la pista) haciendo clic en la flecha Details (Detalles) que apunta a la derecha en el extremo inferior del panel. Si el ecualizador y otros efectos como Reverb (Reverberación), Echo (Eco) y demás ya están visibles y no planea cambiarlos, haga clic en la flecha de Details que apunta hacia abajo y estos desaparecerán.

Dando vueltas

No deje que el encabezado lo asuste, no estoy defendiendo el consumo de alcohol. Apenas estoy sugiriendo que podría terminar intoxicado artísticamente al experimentar con las *loops* (también conocidos como "bucles") de GarageBand, los retazos musicales grabados profesionalmente (y sin regalías) que son la propia base de su composición.

Los loops proveen golpes de batería, partes de ritmo, líneas de melodías, secciones de vientos y más. Apple incluye más de 1000 archivos de loops con GarageBand. Puede agregar mil más comprando el paquete opcional de 99 dólares Jam Packs, que incluye Remix Tools (Herramientas de remezcla), Rhythm Section (Sección de ritmos), Sympony Orchestra (Orquesta sinfónica), World Music (Música del mundo) y el agregado más reciente, Voices (Voces).

Haga clic en el botón que se ve como el famoso logotipo de ojo de la CBS para abrir el *loop browser* (navegador de loops) en el extremo inferior de la pantalla. Puede ver el navegador de loops por columnas, botones (como se muestra en la Figura 17-6) o sonidos de podcasts.

Figura 17-6:
Una vuelta
por los
bucles.

Busque los loops dentro del navegador por instrumento, como Bass (Bajo), Guitars (Guitarras), Strings (Cuerdas) y demás; por géneros como Rock/Blues, Urban y Country; por estado de ánimo como Relaxed (Relajado), Intense (Intenso), Dark (Sombrío) o combinaciones de los mismos. Los botones de loops incompatibles aparecen atenuados.

La lista de posibilidades de loops se muestra en el extremo derecho del navegador. Haga clic en uno de ellas para probar, convenientemente en la clave y tempo del proyecto. Lo que es aún más útil, puede hacer pruebas de loops mientras reproduce el resto de su proyecto para escuchar cómo se mezclan todas las pistas. Si el loop sale airoso, arrástrelo a la línea de tiempo. Las pistas y loops individuales conforman las filas de la línea temporal. Para agregar un nuevo loop, haga clic en Reset (Reiniciar) en el navegador de loops para hacer otra selección.

Los patrones musicales de los loops se repiten (¿por qué cree que también se los llama "bucles"?). También puede hacer un tirón en el borde derecho de un loop para que se extienda en la pista durante toda la canción. Los loops no tienen por qué empezar al principio de una pista; y si desea cambiar el estado de ánimo en mitad de la canción, puede agregar un segundo loop en la misma pista. Si desea que se reproduzca más de un loop en una canción (lo cual es típico), cree pistas múltiples.

La *beat ruler* (regla de pulsos) que se encuentra encima de la línea temporal sirve como guía. Muestra pulsos y *measures* (compases), el último determina cómo se miden las unidades de tiempo de la música.

Si usted se hace llamar, no sé, Bono o el Jefe, puede crear loops con sus propias interpretaciones. Seleccione un instrumento de software o real en la línea de tiempo. Seleccione Edit⇨Add to Loop Library (Edición⇨Agregar a biblioteca de loops). Luego escriba un nombre para el loop, elija una escala y género (desde los menús emergentes), decida si esto es un caso único y seleccione un Mood Descriptor (Descripción de estado de ánimo) apropiado. Haga clic en Create (Crear) cuando haya terminado.

Crear un arreglo

Agregar loops o grabar sus propias perlas musicales (con instrumentos reales o virtuales) crea una *región* en una pista. Las regiones tienen los siguientes códigos de color:

- **Púrpura:** Regiones de instrumentos reales que usted graba.

- **Azul:** Regiones de instrumentos reales creadas con loops.

- **Anaranjado:** Regiones de instrumentos reales a partir de archivos de audio importados.

- **Verde:** Loops de instrumento de software provenientes de grabaciones o loops.

Las regiones se pueden cortar, copiar y pegar, o cambiar de tamaño para que se reproduzcan por todo el tiempo que necesite. También puede mover regiones a otra pista o a otra área de la línea de tiempo.

La última versión de GarageBand incorpora la función *arrange track* (pista de arreglos) para organizar la estructura de su composición. Puede definir secciones (introducción, verso, coro, puente y más) y cambiar de tamaño, copiar y arrastrarlas en cualquier orden que tenga sentido. Cuando mueve una sección, todas las pistas asociadas para la región también se mueven. Seleccione Track⇨Show Arrange Track (Pista⇨Mostrar pista de arreglos) para empezar.

ASPECTOS TÉCNICOS

Conectar instrumentos reales

Si prefiere no usar el teclado musical en pantalla para controlar los instrumentos de software, puede conectar un teclado MIDI real mediante un cable USB (o equipo más nuevo) o un adaptador MIDI (en un equipo más viejo). MIDI es la abreviatura que usan los expertos para Musical Instrument Digital Interface (Interfaz digital de instrumentos musicales), un estándar vigente hace años. Puede conectar otros instrumentos MIDI, lo que incluye guitarras, instrumentos de viento y baterías, y grabarlos en una pista de instrumento real en GarageBand. Haga clic en el botón rojo de grabación cuando esté listo para rockear.

Mueva el cursor de reproducción apenas antes del punto en el que quiere empezar a tocar.

Si el instrumento de alta calidad que tiene en mente es su propia voz de cantante, conecte un micrófono (en vez del micrófono incorporado de la Mac) al puerto de *entrada de audio* de la computadora. Abra System Preferences (Preferencias del sistema), haga clic en Sound (Sonido), seleccione Input (Entrada) y luego Line in (Entrada de línea). Arrastre el control deslizable de volumen de entrada a un nivel apropiado. Un buen micrófono es especialmente útil cuando está grabando podcasts, como se detalla más adelante en el capítulo.

Grabación de tomas múltiples

Si es un perfeccionista, puede seguir grabando parte de una composición hasta que sienta que su interpretación es apenas perfecta. Seleccione la sección de la canción en la que quiere trabajar haciendo clic en el botón para modo de ciclo (se muestra en la Figura 17-2). Una región de ciclo amarilla aparece debajo de la regla de pulsos. Arrástrela y cambie el tamaño hasta que el lado izquierdo quede alineado con el área donde quiere comenzar a grabar y el lado derecho quede alineado con el área donde quiere que termine la región.

Presione el botón de grabación en la pista correcta. El cursor de reproducción se mueve por la región y luego empieza de nuevo una y otra vez. Haga clic en Play (reproducir) cuando quiera dejar de grabar.

Cuando haya terminado, aparecerá un número dentro de un círculo en la esquina superior izquierda de la región de ciclo, lo que indica el número de tomas activas desde la última toma que grabó. Así que si grabó cinco tomas, el número del círculo es 5. Haga clic en el reproductor para escuchar esa toma, o haga clic en el número dentro del círculo (5 en este ejemplo) y elija otra toma del menú Take (Toma) que aparece. Después de probar todas sus tomas, puede eliminar aquellas que no piensa usar.

Puede tomar la mejor performance de una toma y combinarla con otra. Para hacerlo, seleccione la región del ciclo y mueva el cursor de reproducción al punto en el que quiere hacer una transición homogénea de una toma a otra. Seleccione Edit (Edición), Split (Cortar) y luego asigne cada toma como antes.

Mézclelo, maestro

Por más ventajas que Apple ofrezca para que pueda armar pistas y agregar loops, no se convertirá en Quincy Jones de la noche a la mañana. El hecho es que, por más que haga coincidir los tempos y todo eso, hay música que simplemente no se mezcla bien. No tuve mucho éxito en combinar un piano clásico de rock con una guitarra New Nashville. Mezclar o equilibrar todas las partes para que una pista no ahogue a otra es otro desafío. Puede encontrar varios controles de mezcla e indicadores de nivel en el Mixer (Mezclador) que se muestra en la Figura 17-2.

Es posible que quiera mostrar su composición con notas estándares, símbolos de claves y demás. Seleccione una región de instrumentos de software y abra Track Editor (Editor de pista) haciendo clic en el botón de la esquina inferior izquierda de la pantalla. Haga clic en el botón de vista de notación (tiene una nota musical) en la esquina inferior derecha del área de encabezado del editor y comience a componer. La vista de notación se muestra en la Figura 17-7.

Puede imprimir hojas de partitura de aspecto profesional para su composición eligiendo File⇨Print (Archivo⇨Imprimir) en el menú de GarageBand.

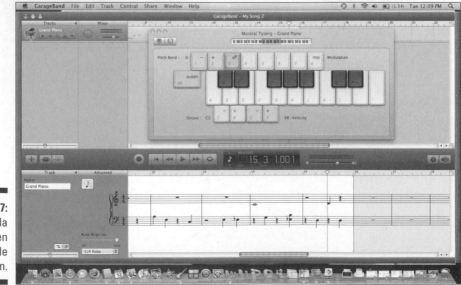

Figura 17-7: Siga la partitura en la vista de notación.

Magic GarageBand

Si puede leer las notas en la Figura 17-7, reconocerá rápidamente que no soy un verdadero músico o compositor. (Ey, fui un excelente clarinetista en la secundaria). Supongo que Apple estaba pensando en gente como yo cuando agregó la función Magic GarageBand a GarageBand. La idea es permitirle dirigir una banda virtual.

Al seleccionar Magic GarageBand desde el menú de GarageBand se ve el escenario que se muestra en la Figura 17-8. Debajo de la cortina cerrada hay nueve íconos que representan Blues, Rock, Jazz, Latin y otros estilos de música. Puede previsualizar un fragmento de canción o toda la tonada en el género de su preferencia con sólo hacer clic en Play (Reproducir) y seleccionar Snippet (Fragmento) o Entire Song (Canción completa).

Figura 17-8:
A la espera del show de Magic Garage Band.

Haga clic en el botón Audition (Audición) para ver los instrumentos que se usan en la canción. Puede cambiar uno o más haciendo clic en un instrumento para seleccionarlo — cada vez que coloca el mouse sobre un instrumento distinto, su selección quedará iluminada por un reflector, como se muestra en la figura 17-9. Seleccione un instrumento alternativo de la lista que está debajo del escenario. Cuando esté satisfecho con su banda virtual, haga clic en Create Project (Crear proyecto). Aparecerá la ventana normal de Garage Band, con las pistas y regiones que reflejan sus selecciones.

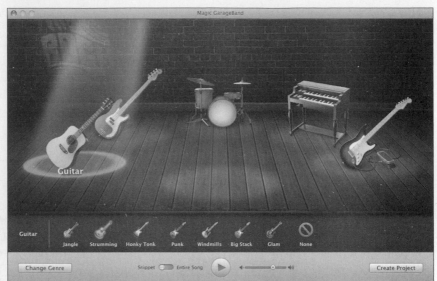

Figura 17-9:
Detrás del
telón.

Crear Podcasts

Las podcasts son su propio programa de TV o radio de Internet, con música (obtenida de iTunes o de cualquier otro lado), imágenes, efectos de sonido, video o cualquier combinación de estos. Los fanáticos pueden encontrar sus podcasts en la Red (o en iTunes) y suscribirse para recibirlos con regularidad. La creación de podcasts se presentó con GarageBand 3, así que no intente los pasos de esta sección con una versión anterior del programa.

Así se arma un podcast bien pulido.

1. **Desde la ventana de apertura de GarageBand, haga clic en New Podcast Episode (Nuevo episodio de podcast).**

2. **Escriba un nombre para su podcast.**

   La ventana principal se ve como la Figura 17-10. Es un poco distinta de la pantalla de música de GarageBand. Por encima de la lista de pistas está la opción especial Podcast Track (Pista de podcast) para arrastrar fotos u otro material gráfico de su Biblioteca de iPhoto (o de cualquier otra parte), accesible desde el navegador de medios de GarageBand. A continuación están las pistas para optimizar voces masculinas o femeninas, además de los Jingles (música publicitaria).

3. **Si todavía no lo hizo, conecte su micrófono.**

Figura 17-10:
Su estudio
de trans-
misión de
podcasts.

4. **Seleccione una pista de audio con las opciones Male (Hombre) o Female (Mujer) y haga clic en el botón rojo de grabación. Empiece a parlotear con su mejor voz radial.**

   Puede aplicar ajustes de edición más adelante.

5. **Para agregar un jingle de estilo radial a su podcast:**

   a. **Abra el navegador de loops (haciendo clic en el botón que parece un ojo).**

   b. **Seleccione Jingles.**

   c. **Seleccione un jingle que le parezca apropiado para su podcast y arrástrelo hasta la línea de tiempo.**

   Se incluyen más de cien jingles. Si está grabando comentarios sobre las noticias, por ejemplo, uno de los jingles de Broadcast News en versión Long (Largo), Medium (Mediano) o Short (Corto) puede ser lo que necesita. Simplemente haga clic para escuchar un avance.

6. **Para agregar efectos de audio adicionales:**

   a. **En el navegador de loops, seleccione Sound Effects (Efectos de sonido de todo tipo, desde un avión que aterriza hasta la alarma de un reloj despertador) o Stingers (Sonidos de respuesta graciosos, desde voz de ardilla animada a bocina de comedia).**

   b. **Como con cualquier otro loop, arrastre los efectos de sonido hasta la línea de tiempo.**

7. **Para agregar material gráfico a su podcast, arrastre imágenes desde su navegador de medios a la pista de podcast.**

Se agrega un marcador de capítulo para cada imagen en una ventana cerca del centro inferior de GarageBand.

La gente que escuche su podcast en iTunes o en iPods con capacidad para ver fotos podrá ver las imágenes. Puede agregar URLs a esas imágenes. Para agregar un título visual a su podcast, arrastre el material gráfico a la zona de descarga de los Episodios en el extremo inferior izquierdo del programa GarageBand.

Ducking

A veces necesita bajar el volumen de sus pistas de fondo para poder escuchar el diálogo. La solución se llama *ducking*, que viene de "pato" en inglés. Con ella podrá "desplumar" su pista sin problemas. (Perdón. No me pude resistir).

Seleccione Control⇨Ducking. En cada encabezado de pista, aparecerá un control con flechas. Seleccione la flecha hacia arriba para que una pista sea la pista *lead* (líder) y la flecha hacia abajo para indicar que se trata de una pista *backing* (de apoyo). Cuando la función ducking está activada, el sonido de las pistas de apoyo disminuye cada vez que se detecta sonido en una pista líder. Puede ajustar la cantidad de ducking seleccionando Track⇨Show Track Info (Pista⇨Mostrar información de pista), haciendo clic en Details (Detalles) y luego arrastrando el control deslizable de Ducking Amount (Cantidad de ducking).

Importar video

GarageBand le permite aprovechar el clip épico que haya creado en iMovie o cualquier otro archivo de video compatible con Quicktime en su computadora. Utilice Media Browser (navegador de medios) de GarageBand para importar archivos ubicados en la carpeta Movies (Películas). (Aquí es donde puede aplicar algunas de las ediciones de audio de iMovie HD que fueron descartadas en el nuevo iMovie, como se vio en el capítulo anterior).

Estos archivos aparecen como una pista de película al principio de su proyecto de GarageBand — no puede cambiar esta posición de inicio, ni tampoco tener más de un archivo de video o película en un mismo proyecto. Si un proyecto ya incluye una pista de película, tendrá la opción de reemplazarla con el nuevo material.

Su propio programa de entrevistas

Un podcast no tiene por qué tratarse solamente de usted. Puede ser el presentador de un programa de entrevistas. Con GarageBand abierto, inicie un chat de audio o video a través de iChat y haga clic en el botón de grabación. Se le preguntará si desea grabar la conferencia. Haga clic en OK. GarageBand crea una pista de instrumento para cada persona en su charla de audio o video. Si es un chat de video, GarageBand agrega una nueva región a la pista de podcast cada vez que una persona empieza a hablar y toma una imagen fija de la cámara iSight. Esa cara se muestra como imagen. Grabar conferencias de iChat requiere Mac OS X versión 10.4.4 o superior.

Como antes, puede grabar una narración, agregar audio y agregar música (a través de instrumentos reales o virtuales). También puede agregar títulos de capítulos y un marcador de URL.

No podrá abrir un iMovie en GarageBand a menos que lo prepare para compartir en iMovie. Desde iMovie, seleccione Share⇨Media Browser (Compartir⇨Navegador de medios).

Compartir Su Trabajo

Es genial que sea tan creativo. ¿Pero de qué le sirve si nadie se entera? Afortunadamente, puede compartir sus joyas de GarageBand con su público pronto a convertirse en admiradores de muchas maneras.

Compartir podcasts

Cuando esté listo para compartir su podcast, tiene unas pocas opciones, cada una se encuentra apropiadamente en el menú Share (Compartir). Haga clic en Send Podcast to iTunes (Enviar podcasts a iTunes) para hacer precisamente eso. O haga clic en Send Podcast to iWeb para hacer eso otro. En iWeb, el podcast automáticamente se convierte en una entrada de blog. Desde iWeb, puede publicar su podcast en MobileMe.

También puede enviar su podcast a iTunes Store. Su podcast estará disponible para su público expectante en forma gratuita:

1. **Haga clic en Inspector dentro de la barra de herramientas iWeb (está en el extremo inferior derecho de la pantalla) y luego haga clic en el botón RSS para abrir la ventana Blog & Podcast, que se muestra en la Figura 17-11.**

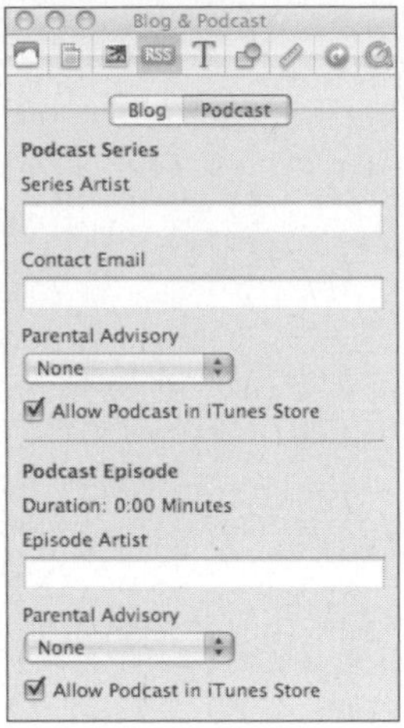

Figura 17-11:
Usar iWeb Inspector con su podcast.

2. **Agregue su nombre en Series Artist (Artista de la serie) y su dirección de correo en Contact Email (correo de contacto).**

   Su dirección de correo electrónico no figurará en iTunes.

3. **En la ventana emergente Parental Advisory (Aviso para padres), indique si su podcast tiene lenguaje limpio con Clean o lenguaje explícito con Explicit.**

4. **Seleccione la opción Allow Podcast in iTunes Store (Permitir podcast en iTunes Store).**

5. **Seleccione File⇨Submit Podcast to iTunes (Archivo⇨Enviar podcast a iTunes).**

6. **Ingrese información de copyright, una categoría para su blog como Kids & Family (Niños y familias), Science & Medicine (Ciencia y medicina) etc., el idioma y vuelva a indicar si el lenguaje es limpio o explícito.**

   Aquí hay un ejemplo en el que Apple *quiere* ser PC, pero por "políticamente correcta".

7. **Haga clic en Publish and Submit (Publicar y enviar).**

Usted es responsable de ser dueño u obtener permiso para publicar cualquier material protegido por copyright asociado a su podcast. Apple se reserva el derecho de cancelarlo.

Tiene algunas maneras de compartir podcasts de video. Puede enviar una película al programa iDVD de Apple si selecciona Share➪iDVD (Compartir➪iDVD). Puede enviar el podcast a iWeb para que se publique en Internet. O puede exportarlo como una película de QuickTime.

Compartir proyectos de música

Puede enviar una canción — o un tono de llamada de iPhone (como se describe en el apartado "Mi ring de llamada") — que haya creado en GarageBand directamente a una lista de reproducción en iTunes.

Seleccione Share➪Send Song to iTunes (Compartir➪Enviar canción a iTunes) y elija la compresión deseada (por lo general AAC Encoder) y Audio Settings (configuración de audio) con las variantes Good Quality (Buena calidad), High Quality (Alta calidad), Higher Quality (Calidad superior), o Custom (Personalizada). Luego, haga clic en Share (Compartir).

Puede enviar una sola pista (o un grupo de pistas) en vez de una canción completa a iTunes. Simplemente enmudezca las pistas que no quiere enviar antes de enviar las pistas que sí quiere.

No necesita exportar su tonada a iTunes. Puede enviarla como un archivo de audio seleccionando Share➪Export Song to Disk (Compartir➪Exportar canción a disco).

Mi ring de llamada

¿Vio esos tonos de llamada tan ingeniosos que escucha en los teléfonos celulares? Puede crear su propio tono de llamada para un iPhone en GarageBand y enviarlo a iTunes. Seleccione Share➪Send Ringtone to iTunes. (Compartir➪Enviar tono de llamada a iTunes).

Tenga en cuenta que un tono de llamada debe ser una sección repetida de una canción que dure cuarenta segundos o menos. Puede hacer que esto ocurra manualmente haciendo clic en el botón Cycle (Ciclo) o automáticamente haciendo clic en Adjust (Ajustar).

Otra opción más para su composición es quemar la canción a un CD grabable. Simplemente inserte un disco en blanco en la unidad óptica de su Mac, seleccione Share⇨Burn Song to CD (Compartir⇨Grabar canción en CD), seleccione la configuración deseada y haga clic en Burn (Grabar).

Puede grabar una sola canción en un CD de esta manera. Para grabar varias canciones, debe crearlas o agregarlas a una lista de reproducción de iTunes primero y luego grabar la lista de reproducción en un CD a través de iTunes.

Sin importar cómo lo haga, recuerde: el show debe continuar. Hay groupies esperando.

Parte V
La Sección Tecnófila Espeluznante

The 5th Wave   Por Rich Tennant

"Recuerda, quiero al sanguinario servidor de archivos rodeado de estaciones de trabajo en llamas con la palabra: 'Placa Madre' abajo, sobre un pergamino."

En esta parte . . .

Tarde o temprano iba a tener que caer en el tecno-parloteo. Por suerte, no es ni de cerca tan doloroso como podría imaginar.

Así que lea sobre las virtudes de las redes cableadas e inalámbricas. Descubra cómo convertir a su Mac en una . . . ¡cielos! PC con Windows. Sepa qué hacer cuando su Mac se comporta en forma irracional. Dentro de ciertos límites, usted también se convertirá en un señor o señora Mac Arreglatodo.

Capítulo 18

Locos por las Redes

En Este Capítulo

▶ Comprender las redes cableadas y las inalámbricas

▶ Fundamentos de compartir

▶ Refrescar conceptos sobre Bluetooth

. . . .

*E*n cierto sentido, una entrañable Mac es como un bebé. El equipo es amado, mimado, incluso malcriado. Pero la realidad para la mayoría de nosotros es que nuestra computadora elegida es simplemente una más entre muchas. Puede muy bien tener hermanas rivales, quiero decir, otras computadoras en la casa. O bien su Mac puede residir en una compañía o residencia estudiantil, donde seguramente se las tendrá que ver con otras computadoras. Si le hincó el diente a una Apple, probablemente haya hincado el diente a otras. Y también, hay buenas probabilidades de que su Mac deba compartir cuarteles con una máquina Windows. Es un mundo tan feliz que incluso su Mac puede estar sentada al lado de una computadora que corra un sistema operativo conocido como Linux.

En el entorno computacional ideal, los diversos equipos pueden compartir archivos, datos, música, impresoras, una conexión a Internet y otros recursos. De esto se trata precisamente *networking (gestión de redes),* o sea la práctica de conectar múltiples computadoras. Aunque los tópicos de redes son tan abstrusos como ninguno, Apple como de costumbre, los simplifica todo lo posible.

Gestión de Redes Bien Hecha

Hay muchas formas correctas y unas pocas incorrectas de armar redes de computadoras. En los días y época actual, puede instalar una red cableada o inalámbrica o, más probablemente, una combinación de ambas.

Dos o más máquinas interconectadas en la misma zona forman lo que los expertos suelen referirse comúnmente como *local-area network (red de área local),* o *LAN* para abreviar. Su contrapartida es *wide-area network (red de área extensa),* o WAN.

Empezaré con el sistema tradicional usando cables para armar una red. Se va a sentir mucho más feliz cuando se libere de los alambres luego.

El estilo cableado

Si las Macs que pretende poner en red van a quedarse quietas en una misma ubicación, no dude en considerar al sistema por cables como su mejor opción. Las redes por cable son más rápidas, más seguras, difícilmente sufran interferencias, en general más baratas, y posiblemente más fáciles de instalar, a menos que lidiar con un lío de cables se vuelva, bueno, un verdadero lío.

En el Capítulo 2, le presenté a Ethernet, el cable de datos cuyos conectores parecen enchufes telefónicos agrandados. Estos cables tienen denominaciones tales como CAT-5, 10BaseT, o 100BaseT.

¿Quiere más términos de experto? El conector en el extremo de un cable Ethernet se llama *RJ-45,* y no hay que confundirlo con el *RJ-11,* que es el conector que se usa con los teléfonos. RJ viene de Registered Jack (Conector Registrado), lo que probablemente sea un dato útil únicamente para cuando esté jugando a *Persecución Trivial.*

Para iniciarse con las redes cableadas, inserte uno de los extremos del cable en el puerto Ethernet incluido en todas las Macs modernas (excepto en la MacBook Air, donde el dispositivo externo para Ethernet es un accesorio opcional). El otro extremo se enchufa típicamente en un *hub (concentrador), switch (conmutador),* o *router (enrutador)* de red, el que a su vez se conecta a la caja que le provee su conexión a Internet, como ser un cable módem o DSL.

Aunque hay diferencias técnicas entre los hubs, switches, y routers (y estos últimos vienen generalmente con hubs incorporados), usaré estos términos en forma indistinta. En todos los casos, los routers contienen múltiples entradas, o *ports (puertos),* para conectar cada Mac (u otra computadora) o impresora que se incorpora como parte de su red.

Cortando el cable

Algunos beneficios de la tecnología son tan obvios que prácticamente se explican por sí mismos. La red inalámbrica es una de esas tecnologías liberadoras. Al eliminar los cables, podrá

- Dar vueltas con su laptop y aún así mantenerse conectado.
- Reducir drásticamente las marañas de cables, de forma tal que el área detrás de su escritorio no va a estar ni por asomo tan desordenada.
- Es más fácil agregarse a la red posteriormente, sin tener que preocuparse por conectar cables.
- Puede acceder a otras redes inalámbricas fuera de su casa u oficina, a través de *hotspots (puntos de acceso)* públicos o privados (que encontramos en muchas cafeterías, aeropuertos, bibliotecas, parques, y otros lugares). El acceso a estos hotspots puede ser gratis o no.

Aterrizar sin peligro en el AirPort

Todas las Macs presentadas durante los últimos años ofrecen la posibilidad de utilizar redes inalámbricas a través de la tecnología radial que Apple dio en llamar AirPort. El resto del mundillo informático denomina Wi-Fi a la tecnología base inalámbrica, como explico brevemente en el apartado "El ABC de Wi-Fi".

Si posee una Mac sin capacidad para red inalámbrica, puede instalar una tarjeta opcional AirPort Extreme por $49. Asegúrese de tener instalada una versión de OS X 10.2.7 o posterior. Tenga en cuenta también que la AirPort Extreme no es compatible con las computadoras Power Mac G5 Dual y Power Mac G5 Quad presentadas en Octubre de 2005.

Las Macs con conectividad inalámbrica incorporada se comunican a través del aire — incluso a través de paredes y por momentos a considerables distancias — con un router compatible o *base station (estación base)*.

Al momento de escribir esto, Apple vende un AirPort Extreme Base Station con Gigabit Ethernet por $179, y una AirPort Express Base Station por $99, Apple también vende dos versiones de lo que llama Time Capsule (Cápsula del Tiempo), que une una AirPort Extreme base station 802.11n con un disco duro con capacidad inalámbrica y utilizable desde Time Machine para copias de respaldo por red. (Vea el Capítulo 13 para más datos sobre Time Machine.) Una Time Capsule con un terabyte de capacidad cuesta $499; y una versión de 500GB, $299.

Apple dio de baja la primera generación de modelos AirPort —estación base y tarjetas— aunque aún puede encontrarlos en eBay. Las tarjetas pueden ser su única salvación si quiere usar redes inalámbricas en una Mac antigua.

Aunque Apple adoraría venderle una estación base AirPort, las Macs con capacidad de red inalámbrica también se pueden enganchar con routers equivalentes producidos por Belkin, D-Link, Linksys y Netgear, aunque haya configurado previamente estos dispositivos para usar una red Windows. Los equipos con Windows también pueden utilizar una estación base AirPort para el mismo cometido.

La última AirPort Extreme tiene cinco puertos, a saber:

- Un puerto Ethernet Wide Area Network (Red de Área Extendida), o WAN
- Tres puertos Ethernet Local Area Network (Red de Área Local), o LAN
- Un puerto USB

El ABC de Wi-Fi

La tecnología subyacente detrás de AirPort se llama Wi-Fi, que es un apodo más amistoso que el nombre más reservado a los expertos *802.11*. "Ocho-Cero-Dos-Punto-Once" (como se pronuncia) viene seguido por una letra, típicamente *b*, *g* o *n*. Estas letras indican la velocidad y alcance que podrá esperar de su configuración inalámbrica. Será posible, el alfabeto de expertos tiene poco sentido. De veras, unos años atrás, los productos que cumplían con el estándar inalámbrico denominado 802.11*a* salieron a la venta *después* de que salieran a la venta los que estaban basados en 802.11*b*. Y aquí es donde uno piensa, ¿no había aprendido el abecedario en el jardín de infantes?

AirPort Extreme califica para el nuevo estándar más veloz 802.11*n*. Este nuevo estándar es *backwards compatible (compatible con*

versiones anteriores), lo que significa que los productos que lo utilizan pueden trabajar con dispositivos más antiguos, aunque no estará usando todo su potencial.

Recuerde que cuando hablamos de velocidades de bajada o subida desde Internet, los factores limitantes son su proveedor de Internet o el sitio o servidor al que está tratando de conectarse, y no de la máxima velocidad de conexión que puede alcanzar su dispositivo Wi-Fi. Las velocidades mayores dentro de las redes se refieren a que tan rápido pueden transferirse los archivos de una computadora a otro dispositivo dentro de la red, lo que es importante si desea transferir, o transmitir archivos de video de tamaño considerable. Pero, no podrá navegar en la Red más rápido que la señal proveniente de su ISP.

El aparato también incorpora una tecnología llamada MIMO. Aunque suene como un apodo con el que castiga a un robot, MIMO viene de Multiple In Multiple Out (Múltiples Entradas Múltiples Salidas). Todo lo que significa es que debería obtener un excelente alcance en su hogar, oficina, o donde sea que configure su red inalámbrica. El alcance y velocidad de cualquier red inalámbrica depende de muchos factores, incluyendo la interferencia de otros dispositivos, el concreto y las paredes metálicas.

Una combinación de hasta cincuenta Macs o PCs con Windows pueden compartir simultáneamente una única estación base AirPort Extreme.

Puede configurar una red con AirPort Extreme de varias maneras. Aquí veremos el método más usual:

1. **Conecte el cable Ethernet enganchado a su cable módem o DSL al puerto WAN de la estación base.**

   Como puede ver, no se eliminan *todos* los cables en un entorno inalámbrico. No hay interruptor de encendido; las luces de estado son su única pista inmediata para darse cuenta si se encendió el AirPort.

2. **Conecte cualquier otro dispositivo Ethernet adicional en los puertos LAN.**

3. **Si quiere conectar a la red una impresora USB, conéctela al puerto USB del AirPort. También puede conectar un disco duro USB para almacenar o compartir archivos o como almacenamiento temporal.**

4. **Conecte el AirPort Extreme al tomacorriente.**

   AirPort Extreme no tiene interruptor de encendido. Cobra vida cuando lo enchufa a la corriente; la única forma de apagarlo es desenchufándolo.

5. **Para comenzar a usar la red inalámbrica, ejecute el software asistente de configuración AirPort Utility, que encontramos en la carpeta Utilities (Utilidades) dentro de la carpeta Applications (Aplicaciones).**

   Este paso involucra responder una serie de preguntas sobre cómo se llamará su red, contraseñas, etc. Puede que tenga que introducir configuraciones específicas de su proveedor de Internet, como direcciones IP estáticas o ID de cliente DHCP. A través del software AirPort Utility, podrá ingresar manualmente diversas configuraciones avanzadas de seguridad y de otro tipo.

◀ ◀)) ◀ Puede determinar la fuerza de la señal de su conexión inalámbrica examinando el ícono de líneas irradiadas en la barra de menú que se muestra aquí.

A bordo del AirPort Express

Se parece a una fuente de alimentación de las que podrían venir con las primeras laptop Apple, incluyendo su enchufe incorporado (vea la Figura 18-1). Pero el dispositivo rectangular AirPort Express de casi siete onzas de peso es un artilugio bien versátil. Este hub portátil viene con tan sólo tres puertos en su panza: Ethernet, USB y un minijack analógico/óptico de audio.

Figura 18-1:
La estación base portátil, AirPort Express.

Cortesía de Apple

Si planea usar un AirPort Express como router, enchufe el dispositivo al tomacorriente de CA y conecte un cable Ethernet a su cable módem o DSL. Usará el mismo software AirPort que el que usa la estación base Extreme.

No hay botón de encendido/apagado; las luces de estado le dan una pista de cómo van las cosas. Una luz verde fija le indica que está conectado sin problemas. Luz ámbar parpadeando significa que el dispositivo tiene problemas para establecer la conexión y que pueda tener que usar otros recursos, incluyendo (como último recurso) tomar el extremo de un clip enderezado y sostener el botón de reset (reinicio) por diez segundos.

A continuación lo que puede hacer el AirPort Express más novedoso:

- ✔ Como dijimos, conecte su cable módem o DSL y úselo como un router inalámbrico 802.11*n*, igual que como haría con su hermano mayor.
- ✔ Úselo como *bridge (puente)* inalámbrico para extender el alcance de una red AirPort existente hasta, digamos, su ático o patio trasero.

Este proceso, conocido como crear un *WDS* (*Wireless Distribution System — Sistema de Distribución Inalámbrico*), tiene una desventaja potencial: puede mermar la performance de su red existente. Abra el software AirPort Setup Assistant (Asistente de Configuración AirPort) y siga las instrucciones en pantalla.

✔ Conecte una impresora al puerto USB del AirPort Express para compartirla con cualquier computadora en la red.

✔ Conecte un cable de una caja de banda ancha en una habitación de hotel, circule por la habitación y navegue en forma inalámbrica.

AirTunes

Existe otra función inteligente disponible e involucra el conector minijack de audio antes mencionado. Si conecta la AirPort Express a su sistema de audio hogareño o altavoces con amplificador, puede bombear la música desde su biblioteca iTunes en la Mac (o equipo con Windows) hasta el sistema estéreo. Puede usar tanto un cable adaptador mini estéreo a RCA o un cable de fibra óptica mini digital tipo TOSLINK, si su estéreo admite este tipo de conector.

De ambas formas, iTunes detecta la conexión remota. A través de un pequeño menú emergente, puede hacer clic en Computer (Computadora) para escuchar la música a través de su Mac (o cualquier tipo de altavoces que tenga conectados) o puede escucharlo a través de Express usando cualquier tipo de altavoces o equipo de audio al que se encuentre conectado. Apple denomina *AirTunes* a esta sinfonía inalámbrica.

Apple le venderá un kit de cables opcionales (marca Monster) por $39. Por alrededor de $60, Apple también le venderá un control remoto Keyspan Express. En ausencia de este control remoto, deberá correr hasta su Mac con iTunes para elegir qué canciones se reproducirán a través del estéreo. El "receiver" (receptor) del control remoto Keyspan se conecta al puerto USB en el dispositivo AirPort Express.

Mejor aún, si tiene un iPhone o un iPod Touch, descargue la aplicación gratuita Remote de Apple disponible en App Store. Controla AirTunes (y también AppleTV e iTunes).

Probar su red

Con todo su equipamiento en su lugar, es tiempo de asegurarse que todo esté funcionando como es debido. Por suerte, probar su red es tan sencillo como abrir el Safari y ver si puede navegar.

Si tiene algún inconveniente, haga clic en el ícono de fuerza de señal en la barra de menú y asegúrese de que la red AirPort u otro router se encuentre dentro del área de alcance.

Si sigue con problemas, abra System Preferences (Preferencias de Sistema) bajo el menú y elija Network (Red). Haga clic en el botón Assist Me (Ayúdame), y luego clic en Diagnostics (Diagnósticos) en el cuadro de diálogo que aparece. Puede verificar el estado de AirPort y Network Settings (Configuraciones de Red), su proveedor de Internet, etc.

Si vive en un edificio de apartamentos o está en un nivel elevado respecto a sus vecinos, los routers que ellos posean pueden aparecer en la lista de su Mac. En algunas circunstancias, la señal puede ser lo suficientemente fuerte como para que pueda colgarse de sus redes, aunque con esto no quiero decir que yo sea partidario de que lo haga. Dejemos que esto sea una lección para ellos sobre cómo implementar correctamente sus configuraciones de seguridad (requiriendo una contraseña robusta) y usted debería hacer lo mismo al configurar su red Wi-Fi.

Compartamos

Los padres responsables les enseñan a sus hijos cómo compartir sus juguetes. Cuando los pequeños crecen y su juguete preferido es una Macintosh, con algo de suerte todavía seguirán con el mismo espíritu para compartir.

De todas formas, con su equipamiento de red en su lugar, haga lo siguiente:

1. **Elija ⟶System Preferences (Preferencias del Sistema).**

2. **En la sección Internet & Network (Internet y Red), haga clic en Sharing (Compartir).**

   Se abre el panel que se muestra en la Figura 18-2. En este punto puede querer cambiar el nombre de su computadora. Si la llama *iMac de Edward Baig,* como yo hago, suena como si dijera "esta es mi computadora, olvídense de jugar con ella." Si le pone el nombre *iMac del Sótano* le permitirá distinguirla de la computadora, digamos, *MacBook Pro del Dormitorio.*

3. **Elija las diversas preferencias de compartir con las que se sienta a gusto.**

   Si elije File Sharing (Compartir Archivos), los usuarios de otras máquinas podrán acceder a cualquiera de las carpetas Public (Públicas) en su Mac. Si se arrepiente respecto a compartir — puede sentirse intranquilo al compartir archivos públicos con cualquier persona en la Red — quite la selección de esta opción.

Otros usuarios de Mac pueden acceder a su equipo eligiendo Go⇨Network (Ir⇨Red) en el Finder (Buscador).

Si es un suscriptor de MobileMe que planea aprovechar la característica Back to My Mac (vea el Capítulo 12), asegúrese de seleccionar la opción Screen Sharing (Compartir Pantalla).

Refrescando Conceptos de Bluetooth

De todos los términos peculiares que aparecen en el mundo tecnológico, *Bluetooth* es probablemente mi favorito. El nombre deriva del monarca danés del siglo décimo Harald Blåtand, evidentemente el campeón de las redes inalámbricas de su tiempo. Blåtand fue considerado un pacificador en la guerra con Escandinavia, y ¿acaso con las redes no se trata de reunir gente — o cosas—? De cualquier manera, aparentemente Blåtand se traduce como Bluetooth (Diente Azul) en inglés.

Qué historia fascinante, Ed, pero pensé que había comprado Macs Para Dummies, *no* Historia Europea Para Dummies. *¿Qué está pasando?*

Tiene razón. Vamos al punto: Bluetooth (la tecnología, no el rey Vikingo) es un esquema inalámbrico de corto alcance que le permite a su Mac arreglárselas muy bien con una manada de aparatos compatibles, a una distancia de hasta treinta pies.

Dentro de los trucos posibles gracias a Bluetooth:

- ✔ Conecte la Mac a un teléfono celular con Bluetooth. Si no tiene acceso a un hotspot (punto de acceso) Wi-Fi, puede usar el teléfono como módem para conectarlo al ciberespacio en forma inalámbrica.

- ✔ Puede imprimir en forma inalámbrica con una impresora Bluetooth.

- ✔ Puede intercambiar archivos con otra Mac con Bluetooth u otra computadora o dispositivo.

- ✔ Parlotear en iChat a través de auriculares Bluetooth.

- ✔ Sincronizar datos con una Palm compatible o cualquier otro dispositivo móvil.

- ✔ Controlar un teclado o mouse inalámbrico Bluetooth.

Las Macs más recientes vienen equipadas con capacidades Bluetooth. Compañías tales como Belkin y D-Link venden adaptadores Bluetooth USB en el rango de $25–$40 para las computadoras más antiguas que no incluyan esta característica.

Ser descubierto

El sendero hacia una significativa experiencia Bluetooth empieza en System Preferences (Preferencias de Sistema). Haga clic en Bluetooth bajo la sección Hardware, y será trasladado al área que se muestra en la Figura 18-3.

Antes de que la Mac pueda comunicarse con dispositivos Bluetooth o viceversa, debe activar la funcionalidad de Bluetooth. Para ayudar a otros dispositivos a encontrar a su Mac, seleccione la opción Discoverable (Descubrible).

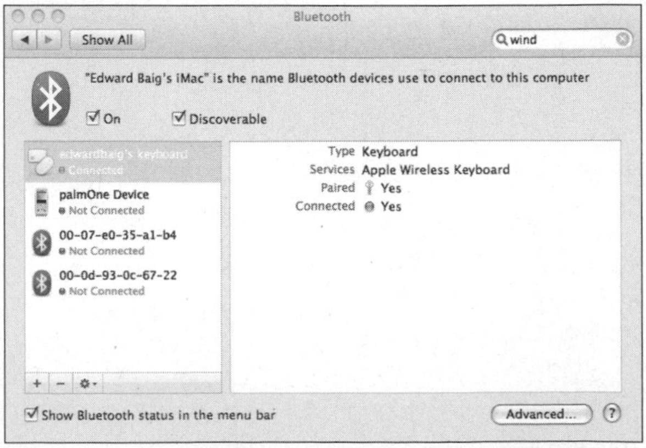

Figura 18-3: Controle todo usando las preferencias de Bluetooth.

De manera análoga, va a querer poner sus otros dispositivos Bluetooth en el modo Discoverable para que su Mac pueda comunicarse con los mismos. Pero tenga cuidado. Si se encuentra en un lugar público, es probable que quiera desactivar el modo Discoverable por razones de seguridad o privacidad.

Haga clic en Advanced (Opciones Avanzadas) para obtener más control sobre el comportamiento de Bluetooth. Puede

- ✔ Abrir Bluetooth Setup Assistant (Asistente de Configuración Bluetooth) al iniciar la computadora, si no reconoce su teclado o mouse Bluetooth.

- ✔ Permitir que un teclado o mouse Bluetooth despierte a su computadora en modo de suspensión.

- ✔ Hacer que su Mac le indique cuando se intenta conectar un dispositivo de audio Bluetooth a su computadora.

- ✔ Compartir su conexión Internet con otros dispositivos Bluetooth.

Puede también controlar cómo comparten archivos diversos dispositivos con su Mac. Vuelva hacia la pantalla principal de System Preferences y haga clic en Sharing (Compartir). Asegúrese de que el cuadro Bluetooth Sharing esté seleccionado. Ahora deberá determinar otras opciones, incluyendo si prefiere Accept and Open (Aceptar y Abrir) o Accept and Save (Aceptar y Guardar) los ítems enviados por otras computadoras y dispositivos Bluetooth. Si los guarda, deberá elegir dónde pondrá estos ítems. Y seleccione Ask What to Do (Preguntar Qué Hacer) si desea tomar la decisión de guardar o abrir caso por caso.

También puede determinar si se le permite a los dispositivos Bluetooth navegar la carpeta Public u otras carpetas en su computadora. Como otra medida clave de seguridad, seleccione la opción Require Pairing for Security (Requerir Emparejamiento por Seguridad —descripto a continuación), que significa que se le pedirá una contraseña antes de que se transfieran los archivos.

Emparejar

Para emparejar, o configurar, dispositivos Bluetooth de modo que trabajen con su Mac, siga estos pasos:

1. **Elija Bluetooth en System Preferences (Preferencias de Sistema).**

2. **Haga clic en + en la parte inferior izquierda de la ventana Bluetooth.**

   Como alternativa, si el ícono de estado de Bluetooth aparece en la barra de menú del Leopard, haga clic en el mismo y luego clic en Set up Bluetooth Device (Configurar Dispositivo Bluetooth). De ambas maneras, aparece el Bluetooth Setup Assistant (Asistente de Configuración Bluetooth).

3. **Seleccione el tipo de dispositivo que desea configurar, tal como un teléfono celular o una impresora.**

   Seleccione Any Device (Cualquier Dispositivo) si el que desea configurar no se encuentra en la lista. Asegúrese de que el aparato en cuestión se encuentre a menos de treinta pies de distancia de la computadora.

4. **Asegúrese de que Bluetooth esté encendido en el dispositivo seleccionado.**

   (Si Bluetooth no está encendido, es probable que tenga que bucear a través de los menús del dispositivo hasta encontrar el control que despierte a Bluetooth.) Con algo de suerte, la Mac puede encontrarlo. Como se ve en la Figura 18-4, mi configuración de Bluetooth encontró un iPhone.

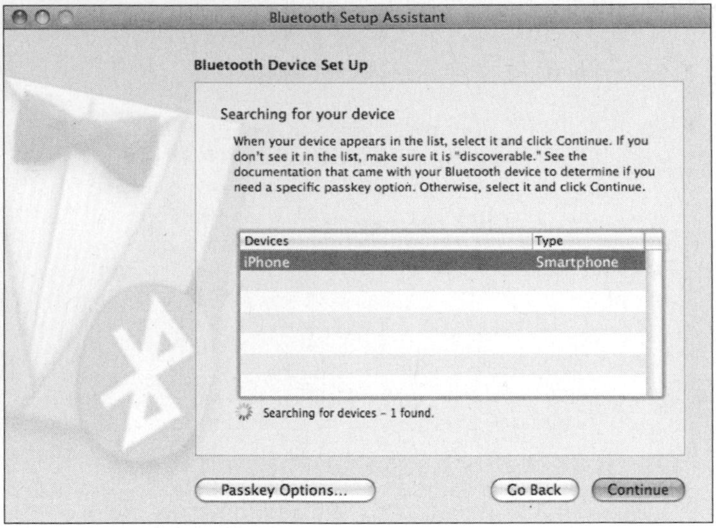

Figura 18-4: Descubriendo un iPhone.

5. **Haga Clic en Continue (Continuar).**

   La Mac se toma unos pocos segundos reuniendo toda la información que puede sobre el dispositivo elegido para determinar cómo interactuar con el mismo.

6. **Haga Clic en Continue nuevamente.**

   El dispositivo le pide que ingrese una passkey (clave) — es el código que le permitirá completar el proceso. La documentación del dispositivo puede especificar qué es lo que necesita ingresar como código de acceso.

7. **Ingrese la passkey (clave).**

   El aparato y la Mac pueden compartir una conexión Bluetooth.

Aunque es posible emparejar casi cualquier dispositivo Bluetooth con su computadora, debería tener una razón convincente para hacerlo. Mientras escribo esto, no podía, por ejemplo, enviar un archivo vía Bluetooth al iPhone que emparejé.

De todos modos, dadas todas las formas variadas que existen para trabajar en red con su Mac, debería sentirse feliz de saber que su preciada computadora se comporta tan amigablemente con los demás.

Capítulo 19

Sobrevivir en un Mundo Windows

. . . .

En Este Capítulo

▶ Descubrir qué tienen en común Mac y Windows

▶ Migrar hacia una Mac desde Windows

▶ Alistarse en Boot Camp

▶ Navegar un universo paralelo

. . . .

Si no fuera porque sus amadas computadoras son tan tremendamente especiales, se podría esperar que los usuarios leales a Macintosh tengan complejo de inferioridad. Pero el sistema operativo de Mac no tiene nada de inferior, excepto su participación microscópica en el mercado.

Apple ha tenido escaso éxito a través de los años en lograr que los usuarios de Windows se pasaran al bando de Mac. Sin embargo, el éxito arrollador de iPod e iPhone así como la migración hacia los procesadores Intel ayudó bastante para que Apple atrajera a más desertores de Windows. Lo mismo puede decirse sobre los comerciales de TV inteligentes y divertidos que ha ido generando Apple. Los anuncios muestran un tipo con onda de Mac como contrapartida a un geniecillo pedante, usuario de PC.

Lo fundamental es que, para bien o para mal, estamos en un mundo dominado por Windows. La mayoría de las veces, el usuario de Apple ha tenido que adaptarse al entorno Windows y esto no fue recíproco. Cada tanto, el usuario de Mac se encuentra con programas y sitios Web que funcionan sólo con la plataforma Windows. Aún así, la alianza extraordinaria entre Apple e Intel ha demostrado que en este mundo tan loco todo es posible.

Es más, como veremos en este capítulo, las últimas Macs pueden ser transformadas realmente en PCs Windows totalmente operativas. Vale la pena repetirlo: *Las últimas Macs pueden ser transformadas realmente en PCs Windows totalmente operativas.*

Qué Tienen en Común una Mac y una PC con Windows

A pesar de todas sus diferencias, Mac y Windows son más parecidas de lo que se puede uno imaginar en un principio. Y compartir terreno es algo bueno:

- ✔ Las Macs y las PCs con Windows pueden compartir las mismas impresoras, escáneres, cámaras digitales, mouse, teclados y otros periféricos.

- ✔ Ambos sistemas administran en forma fluida los tipos de archivos más frecuentes, incluyendo PDFs, JPEGs y texto.

- ✔ Microsoft produce una versión de Office para cada plataforma. De manera tal que puede trabajar en programas tales como Word, Excel, y PowerPoint con pocas dificultades. Las versiones de Office para Mac y Windows han estado usando los mismos formatos de archivo desde el lanzamiento de Office 97 para Windows.

- ✔ La Mac puede leer la mayoría de los CDs y DVDs formateados en una PC con Windows.

- ✔ Ambos lados pueden comunicarse fácilmente por e-mail o usando el sistema de mensajería instantánea AIM (AOL).

- ✔ Puede acceder a una cuenta MobileMe (Capítulo 12) desde una PC con Windows.

- ✔ Existen versiones de Windows Media Player, QuickTime Player y RealPlayer que funcionan en una Mac.

- ✔ Como dijimos en el Capítulo 18, los dos sistemas pueden estar conectados a la misma red cableada o inalámbrica y compartir archivos.

- ✔ Y como ya sabemos, Intel está dentro de ambas computadoras.

Hacer el Cambio

Muy bien, entonces ya ha leído suficiente de este libro para satisfacer su curiosidad sobre la Mac y está preparado para desertar.

Pero francamente, ha invertido tiempo y energía durante años para que los archivos y preferencias de Windows sean exactamente como le gusta. Dentro de ciertos límites, esta sección describirá formas de replicar el entorno Windows en su nueva Mac.

El Software Move2Mac

El programa Move2Mac creado por Detto Technologies que se comercializa a un valor de $50 hace la parte del león de la mudanza hacia una Mac desde Windows. Puede crear un perfil de configuraciones y archivos si quiere mudarse desde una PC, y luego dejar que el programa complete la tarea a partir de ese momento.

Move2Mac combina un software que usted deberá cargar en la Mac y la PC con un cable especial para conectarlas entre sí. Para los sistemas pre Windows XP, obtenga la versión de Move2Mac con un cable Mac USB a PC paralelo. Para un equipo con XP, use el cable USB a USB.

Si bien el software es lo suficientemente inteligente como para ubicar archivos en el lugar correcto, Move2Mac no lo hace todo. Las aplicaciones no cruzan desde la PC a la Mac, y el programa de Detto tampoco convierte los archivos de PC al formato Mac. Esto no tiene importancia para los programas más populares, pero sí para otros. Busque en `www.detto.com/mac-file-transfer.html` más información al respecto.

Ayuda de Apple

Cuando compra una Mac nueva en Apple Store (Tienda de Apple), automáticamente califica para que un técnico certificado Mac, conocido en forma no muy modesta como Genius (Genio — ver Capítulo 19), transfiera todos sus datos en forma gratuita. Si en cambio compró su Mac en línea o a través de otro canal de venta, un Genius también transferirá sus datos, pero a un costo no inferior a $50.

La PC debe tener instalado Windows 95 o posterior, y va a necesitar sus discos de instalación de Windows, cualquier cable necesario, y el teclado y mouse de la PC. Si usa el servicio de transferencia gratuito, va a tener que establecer las configuraciones usted mismo.

Grabar un disco

Debido a que su Mac puede leer CDs o DVDs formateados por Windows, podrá grabar sus archivos importantes en un disco para copiarlos luego en su Apple. Es probable que no necesite grabar todos sus archivos al disco, pero un buen lugar donde empezar son las carpetas My Documents (XP) o Documents (Vista) dentro del equipo con Windows. Estas carpetas pueden incluir muy probablemente fotos y videos.

Discos duros externos

Puede intercambiar archivos también usando discos duros externos con conexión vía USB o FireWire y también pendrives USB.

Puede incluso utilizar un iPod como disco externo, configurándolo para usarlo como tal. Borre temporalmente las canciones de su iPod para obtener así más espacio de almacenamiento (y vuelva a agregar la música posteriormente). Visite docs.info.apple.com/article.html?artnum=300173 para una explicación detallada.

Usar una red existente

Otra forma de obtener los archivos de Windows en su Mac es usando una red. Asegúrese de activar la opción compartir archivos en Windows. Vaya al Network and Sharing Center (Centro de Redes y Recursos Compartidos) en un equipo con Windows Vista para empezar.

Agregue su Mac a su red cableada o inalámbrica (si no es ya parte de la misma) e intercambie los archivos como se describe en el Capítulo 18.

El switch KVM

Si acaba de comprar una Mac pero va a conservar su computadora con Windows por un tiempo, considere comprar un switch *KVM* (keyboard-video-mouse: teclado-video-mouse). Este dispositivo utiliza USB para permitir que dos equipos compartan el monitor y varios periféricos. Un switch KVM de Belkin con todos los cables necesarios cuesta alrededor de $70.

Alistarse en el Boot Camp

En las secciones precedentes he ido analizando diversas estrategias para permitir la coexistencia *separada* de equipos Mac y Windows. Pero si posee una de las nuevas Macs basadas en Intel, puede ejecutar OS X *y* Windows XP en el mismo equipo.

Seguramente le parecerá una intervención divina. De hecho, ha sido posible ejecutar Windows en una Mac por algún tiempo — con agonizantes limitaciones. Las viejas Macs cargadas con el software de emulación Virtual

PC de Microsoft podían correr Windows también, pero el programa era lastimosamente lento. Incluso si encuentra una vieja copia de este programa, no funcionará en las últimas Macs.

Boot Camp, el software en estado beta ya casi terminado de Apple, sacudió al público computacional cuando apareció en forma apocalíptica en Abril de 2006. Boot Camp se graduó de su estado beta con la llegada de Leopard, que incluye el software Boot Camp Assistant (Asistente de Boot Camp) almacenado en la carpeta Utilities (Utilidades) bajo Applications (Aplicaciones).

Boot Camp en sí mismo es gratis, pero deberá proveer el CD de instalación completo original de Windows XP con Service Pack 2 o posterior o Windows Vista de su propiedad. No se puede usar un disco de upgrade (actualización) XP o Vista.

Otros requerimientos son:

- Una Intel Mac con OS X versión 10.5 o posterior — si es necesario, ejecute Software Update (Actualización de Software)
- Al menos 10GB de espacio libre en el disco de arranque
- Un disco de instalación Mac OS X Leopard

Si no se mete en problemas, la instalación completa (incluyendo Windows) puede llevarle alrededor de una hora.

Pero como los problemas *son* posibles, haga una copia de respaldo de la información importante que tenga en el disco de arranque de su Mac.

Entrenamiento básico

A continuación detallamos los pasos a seguir para dejar funcionando a Boot Camp. Asumimos que no ha instalado aún Windows con Boot Camp beta:

1. **Ejecute el Boot Camp Assistant (en la carpeta Utilities bajo Applications) para asegurarse de que tiene la última versión de *firmware* en su computadora.**

   Encontrará las actualizaciones disponibles en www.apple.com/ support/downloads/. Siga las instrucciones en pantalla si tiene que actualizar firmware. Si está utilizando una computadora portátil, asegúrese de que esté conectada a la fuente.

2. Genere una partición para Windows XP o Vista.

Lo que realmente está haciendo es excavar un área de su disco duro para el sistema operativo Windows, como se ve en la Figura 19-1. Esta partición debe tener al menos 5GB y puede crecer hasta ocupar todo el disco duro menos 5GB. Si no tiene planeado hacer mucho en Windows, reserve una partición pequeña para XP o Vista; si planea ejecutar juegos con uso intenso de gráficos y muchos programas Windows, debería dedicar una porción bastante más generosa del disco duro para Windows. Arrastre el divisor para configurar las particiones de OS X y Windows simultáneamente. O haga clic en Divide Equally (Dividir por Igual) para armar una partición idéntica para cada sistema operativo. Otra opción más: haga clic en 32GB para dedicarle esa cantidad de espacio a Windows.

Si tiene más de un disco duro interno, puede elegir en qué disco hacer la partición. Si algo de esto lo pone nervioso, sepa que puede remover la partición Windows más tarde y volver a tener una Mac con una única partición.

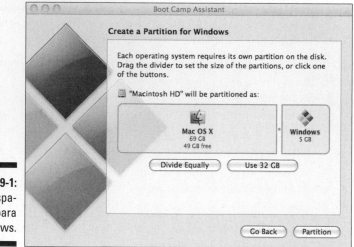

Figura 19-1:
Hacer espacio para Windows.

3. Inserte el CD de Windows. Haga clic en Start Installation (Iniciar la Instalación).

Si salió del Boot Camp Assistant (Asistente de Boot Camp) antes de instalar Windows, ábralo nuevamente, elija Start the Windows Installer (Iniciar el Instalador de Windows), y luego haga clic en Continue (Continuar).

4. **Cuando se le solicite elegir la partición de Windows, seleccione C: si está ejecutando Windows XP o seleccione Disk 0 Partition 3 BOOTCAMP si está ejecutando Vista.**

   Si se equivoca al ingresar esta opción puede borrar totalmente su disco de arranque del Mac OS X.

5. **Formatee la partición:**

   • **Para Windows XP, formatee la partición ya sea con el NTFS file system (sistema de archivos NTFS) o FAT.**

   FAT provee una mejor compatibilidad entre los dos sistemas operativos pero sólo soporta particiones de hasta 32GB o menores; NTFS es más confiable y seguro, pero no podrá grabar archivos de Windows desde Mac OS X.

   • **Para Vista, formatee la partición usando NTFS. Haga clic en Drive Options (Advanced — Opciones de disco avanzadas), haga clic en Format, y luego clic en OK. A continuación, clic en Next (Siguiente).**

6. **Después de instalar Windows, expulse el disco de Windows yendo a My Computer (Mi PC), seleccionando la unidad de disco óptico (D:), y haciendo clic en Eject This Disk (Expulsar Este Disco) en la lista de Systems Task (Tareas del Sistema).**

7. **Inserte el disco de instalación de Leopard, y siga las instrucciones en pantalla.**

   A esta altura estará cargando los drivers (controladores) de Boot Camp para que Windows reconozca AirPort, Bluetooth, la cámara iSight, la tecla Eject (Expulsar) en el teclado Mac, redes, audio, gráficos, etc.

   Se agregarán un panel de control de Boot Camp para Windows y un ítem de Apple Boot Camp para la bandeja del sistema.

8. **Cuando vea el mensaje que indica que el software "has not passed Windows Logo testing," ("No ha pasado la prueba del logotipo de Windows") haga clic en Continue Anyway (Continuar de todos modos).**

   No cancele ninguna instalación de controladores. Se reiniciará la computadora.

9. **Siga cualquier instrucción de Found New Hardware que aparezca (Nuevo Hardware Encontrado).**

Como con cualquier computadora Windows nueva, Microsoft requiere que active su software XP o Vista dentro de los treinta días.

Está muy bueno que pueda usar Windows en su Mac. Pero a esta altura ya estará ansioso por volver al entorno OS X. La siguiente sección le dirá cómo.

Intercambiar sistemas operativos

Puede ir y venir entre Leopard y Windows, pero no puede ejecutar ambos sistemas simultáneamente bajo Boot Camp. En lugar de esto, deberá iniciar un sistema operativo o el otro, de ahí el nombre de *Boot Camp (Campo de Arranque)*.

Reinicie su equipo y pulse la tecla Option hasta que aparezca el ícono de cada sistema operativo en pantalla. Resalte Windows o Macintosh HD y haga clic en la flecha para iniciar el sistema operativo de su elección.

Si desea que arranquen siempre OS X o Windows, elija ⌘⇨System Preferences (Preferencias de Sistema) y haga clic en Startup Disk (Disco de Arranque). Elija el Sistema Operativo que desea que arranque por defecto.

Puede ejecutar la misma función dentro de Windows haciendo clic en el ícono Boot Camp en la bandeja de sistema y seleccionando el panel de control de Boot Camp. Haga clic en el ícono de Macintosh HD o Windows, dependiendo de su preferencia a la hora de iniciar el equipo.

Un Universo Parallels (y Fusion)

Como hemos visto, la mayor desventaja de Boot Camp es el requerimiento de tener que reiniciar su computadora cada vez que desea abandonar un sistema operativo en un universo paralelo. ¿Puede augurar *problemas?*

Existen dos remedios disponibles fácilmente por $80, Parallels Desktop (Escritorios Paralelos) de una empresa pionera de Virginia, Parallels, Inc., y VMWare Fusion de VMware ubicada en Palo Alto, California. Estos programas toman la forma de una *máquina virtual*. Los programas simulan una máquina Windows con su propia pantalla dentro de OS X. O, si así lo quiere, Windows a pantalla completa. La máquina falsa se comporta exactamente igual que la real. Puede agregar software, navegar la Web, escuchar música y jugar juegos Windows en una Mac.

Puede aplicar también este asunto de la virtualización a las versiones de Windows tan antiguas como Windows 3.1 y también con Linux, Solaris, OS/2, MS-DOS, y otros sistemas operativos.

Parallels y Fusion son diferentes a Boot Camp porque puede ejecutar cualquier sistema operativo *mientras* corre Leopard, sin tener que reiniciar el equipo. Es más, puede compartir archivos y carpetas entre OS X y Windows, además de copiarlos y pegarlos a través de ambos sistemas operativos. La característica Coherence (Coherencia) dentro de Parallels le permite ejecutar programas Windows como si fuesen aplicaciones Mac.

Ningún programa, al momento de escribir esto, soporta aún la interfaz gráfica más bonita Aero en Vista. Y en mi experiencia usando Parallels, la instalación puede resultar un tanto difícil.

Puede obtener más información sobre Parallels en www.parallels.com y sobre VMWare Fusion en www.vmware.com/products./fusion.

Virtual o no, está ejecutando Windows dentro de su Mac. Así que tome las precauciones necesarias cargando antivirus y otros programas para incrementar la seguridad.

¿No es reconfortante saber que las Macs se las arreglan bien en un mundo Windows?

Capítulo 20

Enfrentar Problemas en el Paraíso

· ·

En Este Capítulo

▶ Arreglar una computadora excéntrica o congelada

▶ Adentrarse en Disk Utility (Utilidad de Disco)

▶ Eliminar problemas de arranque

▶ Reinstalar el sistema operativo

▶ Reparar problemas comunes

▶ Mantener la computadora

▶ Invocar asistencia externa

· ·

Me resisto a convertirme de pronto en el Sr. Pesadilla Fatal, pero después de leer acerca de todas las maravillas que pueden lograr las Macs, es mi triste deber señalar que la peor @#$& sucede. Incluso en una Mac.

Por suerte, los problemas suelen ser menores. Un mouse empacado. Hardware cansado. Software desobediente. Bajo las más nefastas circunstancias, su computadora o un componente clave dentro de la misma está por estirar la pata. Después de todo, una Mac, como cualquier computadora, es una máquina. Sin embargo, es raro que se tope con algún problema insoluble. Así que mantenga la calma, examine cuidadosamente este capítulo, y con suerte encontrará el consejo que le permitirá resolver su problema. Si no es así, le brindaré recomendaciones sobre dónde buscar ayuda.

Una Computadora Excéntrica

Su Mac que alguna vez fuera una velocista de nivel mundial ahora apenas puede trotar. Aquí tiene cuatro posibles explicaciones, y cómo mejorar la situación en cada caso.

✔ **Su Mac necesita más memoria.** El programa que puede estar ejecutando demanda más memoria RAM de la que tiene disponible. Siempre recomiendo obtener tanta memoria como su computadora (o su billetera) lo permita. Agregar RAM a las últimas clases de equipos Mac no es difícil (verifique la documentación de su computadora para datos específicos), aunque esto involucre abrir el gabinete y asegurarse de estar comprando el tipo de memoria correcto.

✔ **Su Mac se está quedando sin espacio en el disco duro.** Esta es una fácil: Elimine programas o archivos que ya no utilice. Seguramente hay algo con lo que pueda seguir viviendo aunque no lo tenga. Pero si cada bit almacenado es indispensable, compre un disco adicional.

✔ **El procesador de su Mac, o CPU, está sobreexigido.** Si sospecha que éste puede ser el caso, abra Activity Monitor (Monitor de Actividades), que se muestra en la Figura 20-1, eligiendo Applications⇨Utilities (Aplicaciones⇨Utilidades). Activity Monitor revela mucho sobre los programas y procesos que se están ejecutando actualmente en su equipo. Haga clic en el título CPU para mostrar las aplicaciones que exigen la mayor carga de trabajo a su CPU (*central processing unit — unidad central de procesamiento*). Las más demandantes aparecen primero. Cierre las que no necesite en este momento.

✔ **La Mac puede estar tratando de ahorrar energía.** Una laptop Mac puede estar ralentizando el procesador a propósito. Elija ⇨System Preferences (Preferencias de Sistema) y haga clic en Energy Saver (Ahorro de Energía). Utilice el menú emergente Optimization (Optimización) que se encuentra en el sector superior para cambiar la opción de Better Energy Savings (Mejores opciones de ahorro de energía) a Better Performance (Mejor Rendimiento).

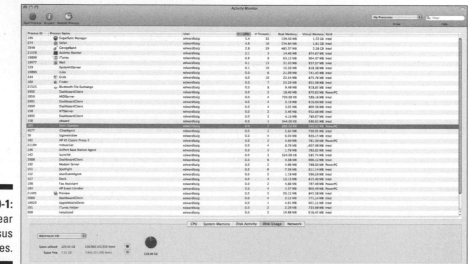

Figura 20-1: Monitorear sus actividades.

Una Computadora o Programa Congelado

Mencionar pelotas de playa suele evocar imágenes placenteras de surf, arena, y tardes de verano gloriosas, excepto para los expertos en Mac. Ellos aman un día en la playa. Pero la visión de coloridas pelotas girando no es tan placentera en su Apple, sobre todo cuando parece que estas pelotas no se van a ir nunca de la pantalla. Una pelota de playa girando — y girando, y girando más — es una señal inequívoca de que su maniática Mac se ha convertido en una Mac congelada o como mínimo a uno de los programas en la máquina le está dando la versión tecnológica de una pataleta. (En algunos casos, puede ver un engranaje girando como cursor.) Los que están familiarizados con Windows consideren esta imagen como el equivalente al reloj de arena que se demora en la pantalla.

No ocurre a menudo que un programa congelado haga colapsar a todo el sistema, pero sucede. Su primera reacción instintiva sería clavar un alfiler a estas virtuales pelotas de playa giratorias de la muerte, si tan sólo supiera cómo. Si es un modelo de paciencia, puede intentar esperar a que el problema se solucione por sí solo y tener la esperanza de que las pelotas giratorias finalmente se detengan. Si esto no sucede, considere las opciones que se describen en esta sección.

Force Quit (Forzar Salida)

Force Quit es la forma más común en Mac para decirle a una aplicación congelada, "Estoy furioso y ya no te aguanto más." (Si usted es muy joven, esta frase se utilizó en la película de 1976 *Network [Un mundo implacable]*, dedicada a las cadenas de televisión.)

Elija ⌘⇨Force Quit o presione ⌘+Option+Esc. Aparece una ventana como la de la Figura 20-2. Haga clic en el nombre de la aplicación descarriada (probablemente aparezca el cartel "not responding" [no responde] al lado de su nombre). Bajo Force Quit generalmente no va a tener que reiniciar su máquina.

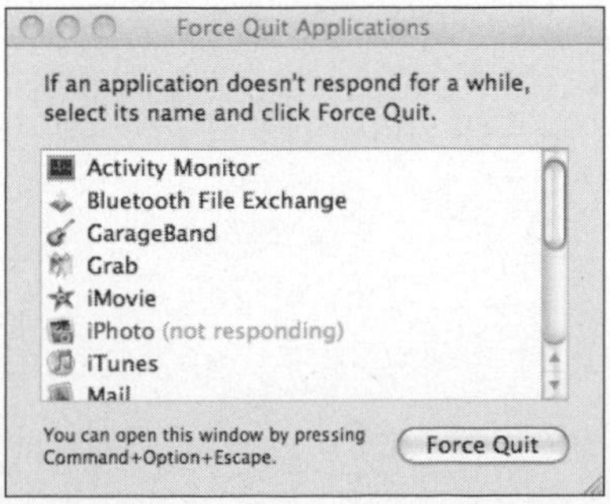

Figura 20-2: Dar salida con el comando Force Quit.

Como va a perder todos los cambios no guardados, Apple le arroja una pequeña amonestación antes de permitirle forzar la salida. ¡Y bueh! Tal vez sea la única alternativa.

Haciendo clic sobre un ícono del dock mientras presiona la tecla Ctrl invocará un menú emergente que entre otras opciones incluye el ítem Quit (Salir). Si mantiene presionada la tecla Option, Quit se convierte en Force Quit (Forzar Salida).

Cuando un programa se va

A veces, por razones que nadie sabe, un programa se derrumba. Tan simple como eso. Puede reabrir la aplicación y tener la esperanza de que esto haya sido una extraña aberración causada por un alienígena travieso en su ruta al planeta Vista. O puede tener entre manos una enfermedad crónica.

Cuando los programas se caen de repente, es posible ver cuadros de diálogo indicando *quit unexpectedly (se ha cerrado inesperadamente),* como los que se ven en la Figura 20-3. A veces el mensaje le permite hacer clic para Reopen (Reabrir) el programa quisquilloso; a veces la opción es Try Again (Volver a Intentarlo). OS X restaura las configuraciones predeterminadas de la aplicación (y de esta forma descarta las preferencias más recientes que haya configurado), en caso de que alguna configuración nueva (¿se imagina?) sea la causante del caos.

Si siente la necesidad, tengo un par de aplicaciones a las que les gusta colgarse con cierta frecuencia y puedo obtener una captura de pantalla para que usted vea el cuadro de diálogo. Word2008 es uno de ellos, y es por eso que estoy usando una versión anterior para editar. También, iMovieHD todavía "sigue vivo", y si todo sale bien posee cierta funcionalidad que le dará la opción de mantener todas sus configuraciones nuevas al salir del programa. Sus antiguas preferencias se guardan en un archivo con la extensión *.saved,* en caso de que en algún momento desee volver a dicha configuración. Si fuera el caso, mueva sus preferencias nuevas y actuales desde su ubicación actual y quite la extensión .saved al archivo más viejo.

Si siente que quiere aportar su granito de arena ayudando a que Apple haga las cosas mejor en el futuro, puede enviar un informe del problema como el que se ve en la Figura 20-3 a la compañía. Apple no se pondrá directamente en contacto con usted respecto a este inconveniente.

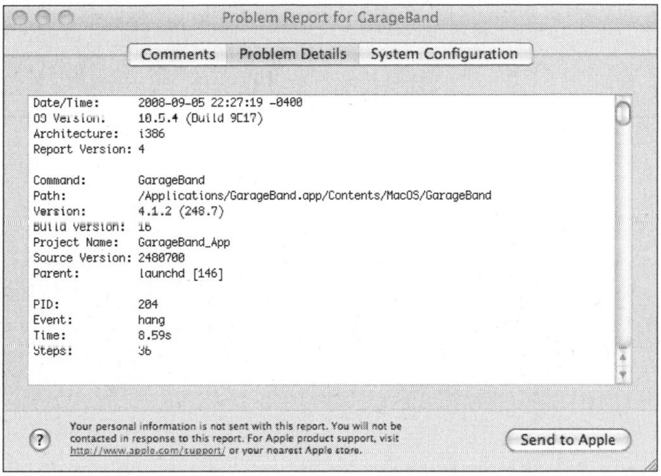

Figura 20-3:
Ayudar a
Apple a
solucionar
problemas.

Si el problema persiste, puede ser hora de visitar la biblioteca. No, no ese tipo de biblioteca. Una carpeta Preferences (Preferencias) vive dentro de su carpeta Library (Biblioteca), que a su vez reside en su carpeta Home (Inicio). ¡Ah, bueno! ¿Entendió? Estos archivos de preferencias tienen el sufijo *.plist* y empiezan comúnmente con *com.* seguido por los nombres del desarrollador y del programa, como por ejemplo, *com.microsoft.Word.plist.* Intente arrastrar un archivo *.plist* con el nombre de la aplicación en problemas fuera del escritorio. Si el programa se ejecuta sin problemas, tire el archivo de preferencias corrupto.

Sólo para tenerlo al trote, una carpeta Preferences separada reside dentro de una carpeta Library separada dentro de la carpeta Macintosh HD (en la que puede hacer clic sobre el lateral izquierdo del Finder). Probablemente deba repetir este truco allí también.

Forzar un reinicio

Force Quit normalmente lo rescatará de algún problema menor, pero no es siempre eficaz. Si ésta es la situación que vive ahora, es probable que tenga que reiniciar. Asumimos aquí que su computadora congelada no le permitirá comenzar todo de nuevo en forma convencional eligiendo ⌘⇨Restart (Reiniciar).

En cambio, pruebe mantener presionado el botón de encendido por varios segundos, o presionar Ctrl+⌘ y luego el botón de encendido. Si todo esto falla, desenchufe el equipo (o extraiga la batería de su laptop), pero deje esto como último recurso.

Safe boot (Iniciar en modo seguro)

Al iniciar Leopard en *Safe mode (Modo Seguro)* se activan una serie de medidas concebidas para devolverle la salud a su computadora. Se ejecuta una verificación del disco duro (vea la siguiente sección), se cargan sólo las *extensiones kernel* (archivos del sistema) esenciales mientras se ignoran otras, se eliminan los archivos denominados *font cache* (caché de fuentes), y quedan deshabilitados los ítems de arranque e inicio de sesión.

Para iniciar el equipo en modo seguro, presione el botón de encendido en su computadora, y a la vez mantenga presionada la tecla Shift en el instante que escuche el sonido familiar de bienvenida. Suelte la tecla Shift cuando aparezca el logo de Apple. Se dará cuenta que lo hizo correctamente si aparecen las palabras *Safe Boot (Inicio Seguro)* en la ventana de inicio de sesión. (Antes del sistema operativo Tiger, las palabras *Safe Boot* aparecían en la pantalla de inicio de OS X; esta característica no era opcional en las versiones anteriores a OS X versión 10.2.)

Debido a sus maquinaciones bajo el capó, el inicio en modo seguro demora mucho más tiempo. Esto es perfectamente normal. Como también el factor de que no podrá usar AirPort, un módem USB o su reproductor de DVD, tampoco podrá capturar películas en iMovie ni podrá utilizar ciertas aplicaciones o características.

Si el inicio en modo seguro resolvió su inconveniente, reinicie la Mac en forma normal la próxima vez, sin presionar Shift. En caso contrario, tal vez resulte oportuno revisar su garantía o llamar a un experto, como se indica más adelante en este capítulo.

Disk Utility (Utilidad de Disco)

Todo equipo de baseball de campeonato tiene un valioso jugador utilitario, que puede ocupar casi cualquier posición. La versátil herramienta *Disk Utility* en su Mac sirve a este propósito en lo que al disco duro se refiere. De un vistazo, le brinda un resumen de sus discos, incluyendo la capacidad de los mismos, el espacio disponible y la cantidad de archivos y carpetas.

Me concentraré en dos de las tareas principales que puede realizar Disk Utility: reparar discos dañados y arreglar *permisos* mal configurados, como se muestra en la Figura 20-4. Lea el apartado "No intente (casi nada de) esto en su hogar" para echar un vistazo a las otras proezas de Disk Utility.

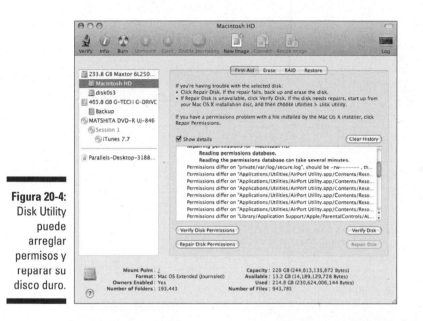

Figura 20-4: Disk Utility puede arreglar permisos y reparar su disco duro.

Permissions granted (Permisos otorgados)

Como administrador de su computadora, tiene el derecho de abrir, ver y modificar programas, carpetas y archivos en su disco a voluntad. Otras cuentas de usuario en su sistema (como se describe en el Capítulo 5) reciben privilegios variados para leer y cambiar cosas. Para regular quién puede hacer qué, la Mac establece un complejo conjunto de permisos.

A veces, debido a un nuevo software instalado o un problema con la electricidad, estos permisos se desarreglan, lo que resulta en programas que se congelan o fallan al intentar abrirlos. Disk Utility puede ser su salvación. Francamente, es probable que quiera ejecutar los siguientes pasos como mantenimiento preventivo, particularmente si ha instalado una actualización del sistema operativo de gran magnitud o una aplicación nueva:

1. **Abra Disk Utility en la carpeta Utilities (Utilidades) bajo Applications (Aplicaciones), y haga clic en la pestaña First Aid (Primeros Auxilios).**

2. **En el panel a la izquierda, haga clic para resaltar el nombre de su disco, volumen o lo que se denomina una imagen.**

3. **Haga Clic en Verify Disk Permissions (Verificar Permisos del Disco) para testear los permisos sin cambiar nada (incluso aunque aparezca algún permiso embrollado) o haga clic en Repair Disk Permission (Reparar los Permisos del Disco) para testear *y* arreglar las cosas.**

   A medida que Disk Utility hace su trabajo, aparecerá un registro de mensajes enigmáticos en la ventana de resultados. No intente sacar ninguna conclusión a partir de ellos porque no indican necesariamente que sus permisos tengan algún problema.

Sólo podrá reparar los permisos en el disco utilizado para arrancar OS X.

Tareas de Reparación

Si sospecha que su disco duro está realmente dañado (incluso un reinicio no parece mejorar mucho la cosa), ejecute Verify Disk (Verificar Disco) para detectar cualquier error. Si aparece alguno, deberá tener permiso de administrador para autorizar una reparación. No puede reparar (ni siquiera testear) discos protegidos contra escritura o CDs y DVDs no grabables.

Pero la restricción más importante es ésta: Aunque puede usar Disk Utility para verificar el disco que está usando (y como ya vimos, arreglar permisos), no puede repararlo sin arrancar desde otro disco. Este disco será muy probablemente su CD o DVD de instalación de Mac OS X, el que espero tenga a mano. Con esto en mente, una buena idea es hacer una copia de su disco de instalación ahora mismo y esconderla en algún lugar seguro.

Luego de arrancar con este otro disco, abra Disk Utility, seleccione el disco de arranque, y haga clic en Repair Disk (Reparar Disco). Por cierto, arrancar desde otro disco tiene sus bemoles. Para hacer esto, mantenga presionada la tecla C y espere que OS X arranque. Elija el idioma y luego seleccione Disk Utility en el menú.

Usar S.M.A.R.T.

Luego de arrancar con el disco de instalación, puede querer volverse S.M.A.R.T. (A.S.T.U.T.O.) — que viene de Self-Monitoring Analysis and Reporting Technology (Tecnología de Auto Monitoreo, Análisis y Reporte). Al seleccionar un disco duro en Disk Utility, aparece el estado de S.M.A.R.T. en la parte inferior de la ventana. Si el estado que aparece es *Verified (Verificado),* su disco está en buena forma.

No intente (casi nada de) esto en su hogar

Algunas de las otras capacidades de Disk Utility son directamente espeluznantes para el usuario novato, pero de todos modos vale la pena mencionarlas. Por ejemplo, puede usar Disk Utility para borrar sus discos de forma tal que los archivos no puedan recuperarse. A menos que sea un espía internacional, *no va a querer hacer esto.*

El programa puede *hacer particiones,* o separar su disco en volúmenes individuales que OS X trata como discos discretos. Es más, un nuevo truco de Leopard le permite expandir, reducir o agregar particiones sin eliminar todos los datos del disco duro. Para expandir un volumen, haga clic en el nombre del disco duro en la lista que aparece a la izquierda (consulte la figura), y luego haga clic en la pestaña Partition (Partición). De la lista Volume Scheme (Esquema de Volúmenes), elija el volumen justo debajo del que quiere expandir, y haga clic en el botón – para eliminarlo. Ahora puede aprovechar el nuevo espacio liberado arrastrando el divisor

debajo de la partición que está expandiendo. Como alternativa, asigne un tamaño nuevo en el recuadro provisto. Si queda todavía espacio disponible, haga clic en el botón + para agregar un nuevo volumen y ponerle un nombre. Haga clic en Apply (Aplicar) cuando haya finalizado sus ajustes.

Disk Utility puede también crear *disk images (imágenes de disco),* que son archivos electrónicos que almacenan otros archivos y carpetas. Las imágenes de disco se pueden usar para múltiples propósitos, como hacer una copia de seguridad, trasladar archivos de una Mac a otra, y enviar archivos por correo electrónico.

Y aquí tenemos un toque tecnológico formidable: Disk Utility puede crear también un *RAID scheme (esquema RAID),* acrónimo para expertos de Redundant Array of Independent Disks (Arreglo Redundante de Discos Independientes). Se trata de un método para usar varios discos como un único volumen.

Si aparece el estado *About to Fail (A Punto de Fallar)* en rojo, tiene entre manos una bomba a punto de estallar. Haga una copia de seguridad de su disco y archivos críticos de inmediato, y reemplace el disco a la brevedad.

Tenga en cuenta que no se puede verificar el estado S.M.A.R.T. de todos los discos externos.

Problemas de Startup (Arranque)

Hemos analizado algunos métodos para que usted pueda salir de un apuro. Pero, ¿qué sucede si no puede siquiera arrancar su Mac? Esta es una circunstancia muy inusual. Puede que no tenga energía debido a un cable mal conectado (culpa del perro), el interruptor del tomacorriente múltiple está apagado, su batería se quedó vacía o hay un apagón en el vecindario. ¿No se dio cuenta de que está todo oscuro?

En algunas laptops, puede verificar si la batería necesita recarga presionando un pequeño botón en la misma. Las luces en la batería le indicarán cuánta carga le queda.

Aquí tiene otra variante para probar: Presione el botón de encendido y mantenga presionadas las teclas ⌘, Option, P y R, y espere hasta escuchar el sonido de arranque una segunda vez.

Si ha agregado memoria, instalado una tarjeta AirPort o instalado otro componente, y el equipo no puede arrancar, asegúrese de que la instalación esté bien hecha y vuelva a intentarlo. Si su computadora sigue sin revivir, intente extraer la memoria o tarjeta que acaba de instalar y vuelva a intentarlo.

Y si después de todo esto, todavía no arranca, debería buscar el servicio de garantía, como explico más adelante en este capítulo.

Reinstalar OS X

Si el problema ha puesto realmente de rodillas a su computadora, puede que sea tiempo de reinstalar su sistema operativo favorito. Ya ha sufrido bastante por tantas complicaciones. Obviamente estará en estado de pánico respecto a poder retener los archivos y las configuraciones de usuario.

Mantenga la calma. Haga lo siguiente:

1. **Inserte el disco de instalación de OS X en su unidad de CD o DVD.**

2. **Haga doble clic en el ícono Install Mac OS X (Instalar Mac OS X) y siga los pasos habituales de instalación.**

3. **Elija su disco actual de OS X disk como su disco destino (que casi seguro será la única opción disponible de todos modos), cuando le pregunte.**

4. **Haga clic en Options (Opciones).**

   Ha llegado a un punto importante del proceso.

5. **Si quiere salvar sus archivos existentes y configuraciones, seleccione Archive and Install (Archivar e Instalar) y luego Preserve Users and Networks Settings (Preservar Configuraciones de Usuarios y Redes). Si prefiere empezar de cero, seleccione Erase and Install (Borrar e Instalar), teniendo en cuenta que esta acción es irreversible.**

6. **Haga Clic en Continue (Continuar).**

7. **Para instalar ciertas partes de OS X, haga clic en Customize (Personalizar). Para ejecutar la instalación básica recomendada por Apple, haga clic en Install (Instalar).**

8. **Como el disco de OS X que está usando muy probablemente no tenga las últimas actualizaciones, dese una vuelta por Software Update (Actualización de Software — que se encuentra en el menú) para poner al día a Leopard (o la versión de OS X que esté utilizando).**

Una versión comprada del OS X puede diferir un poco de la versión que estaba cargada en su computadora.

No reinstale una versión anterior del OS X sobre una posterior. Si por algún motivo se siente impulsado a hacerlo de todos modos, borre su disco duro o seleccione la opción erase (borrar) del instalador de OS X. Va a tener que reinstalar todas las actualizaciones de software.

Reinstalar OS 9

Reinstalar OS 9, o para el caso, ejecutar aplicaciones Classic (Clásicas) no es una opción posible para las Macs con Intel (vea el apartado "Macs del Fin de Siglo") o cualquier Mac ejecutando Leopard. Pero si tiene una máquina más antigua, puede instalar la carpeta System (Sistema) del Mac OS 9 con los CDs o discos de instalación del OS 9. Si es lo primero, mantenga presionada la tecla C mientras se reinicia su Mac. Esto le permitirá reiniciar desde el disco óptico. Si está usando un disco de OS X, inserte el disco Additional Software & Hardware Test (Software Adicional y Test de Hardware). Haga doble clic en Install Additional Software (Instalar Software Adicional) y siga las instrucciones en pantalla a partir de ahí.

Macs del fin de siglo

Allá por 1999, la gente estaba preocupada por el Y2K. Bill Clinton era absuelto en su juicio de destitución. Lance Armstrong obtuvo el primero de sus títulos del Tour de France. Durante el otoño boreal de ese año, Apple presentó OS 9, el principio del fin de lo que pasó a conocerse como el sistema operativo *Classic* de Mac. OS 9 cedió el paso a algo nuevo y mejor en 2001, el más robusto OS X, nuestro campo de juego de Mac a lo largo de todo este libro. (Antes de que los verificadores de datos quisquillosos decidan atacarme, OS X estuvo disponible para el público en estado beta en 2000.)

Al mismísimo año siguiente, Steve Jobs presidió una simulación de funeral para el OS 9 en una conferencia. El jefe de Apple levantó compungido una caja de OS 9 desde un ataúd y dijo con sorna, "Ahora está en ese gran cesto de residuos tecnológicos de Internet." OS 9 todavía respiraba, sin embargo. Las Macs que se vendían a principios del siglo veintiuno podían arrancar en el nuevo sistema operativo a través del *simulador* de OS 9 llamado Classic mode (Modo Clásico). Las Macs que se vendieron después de Enero 2003 sólo podían arrancar en OS X, aunque los amigos podían seguir usando su software más antiguo a través del entorno Classic de OS X.

Esto tampoco duró mucho tiempo. En 2006, con la presentación de las Macs con Intel, Apple anunció que no ofrecería más soporte para Classic. Y hoy en día Classic no está disponible ni siquiera para G4s y G5s corriendo Leopard (al menos sin el software llamado SheepShaver). No hay que hacer mucho esfuerzo para correr aplicaciones Classic (si su computadora puede hacerlo). Haga doble clic en el programa OS 9, y el entorno Classic enciende el motor y pone primera. Si está visible, también puede hacer clic en el ícono del número 9 en la barra de menú de OS X y elegir Start Classic (Iniciar Classic).

Soluciones Frecuentes para Otros Problemas

A veces su Mac necesita más bien primeros auxilios que una cirugía mayor. En esta sección, consideraremos algunos inconvenientes menores.

Un mouse saltarín

Los ratones verdaderos viven para el polvo y la mugre. Y lo mismo sucedía por largo tiempo con los roedores de computadora. Pero los últimos mouse ópticos incluidos con las Macs más recientes no se traban como sus antecesores porque estos pequeños animalitos no usan más la bolita coleccionista de mugre bajo su panza.

Tenga en cuenta que a los mouse ópticos no les gusta el vidrio ni las superficies reflectantes, entonces si tiene que usar un mouse en una superficie de este tipo deberá utilizar una almohadilla o un trozo de papel debajo.

Si el mouse no responde en absoluto, desconéctelo del puerto USB y luego vuelva a conectarlo, simplemente para asegurarse que la conexión esté bien ajustada. Si tiene un mouse inalámbrico, asegúrese de que esté encendido y las baterías posean carga.

Mientras tanto, si quiere cambiar la velocidad del puntero de mouse en pantalla o quiere cambiar la velocidad de clic, visite Keyboard & Mouse (Teclado y Mouse) bajo System Preferences (Preferencias de Sistema), como se describe en el Capítulo 4.

Un CD atascado

Es muy atractiva la forma en que las Macs prácticamente se tragan los CDs. Aquí viene la parte no tan atractiva: cuando la unidad, particularmente las del tipo slot-loading (carga por ranura), no escupen nuevamente el disco.

Intente alguna de estas soluciones:

- ✔ Salga del programa que está usando el disco y luego presione Eject (Eyectar) en el teclado.
- ✔ Abra la ventana del Finder (Buscador), y haga clic en el ícono pequeño de expulsar en la barra lateral. O intente arrastrar el ícono del disco desde el escritorio de Mac hacia la papelera.
- ✔ Cierre su sesión de usuario (bajo el menú) y luego presione la tecla Eject en el teclado.
- ✔ Reinicie la computadora mientras mantiene presionado el botón del mouse.

Mi Mac no me da ni la hora

Si su computadora ya no puede llevar un registro de la fecha y hora, es porque la batería interna ha mordido el polvo de la derrota. En algunos modelos, no puede reemplazarla usted mismo; deberá contactar una tienda Apple o algún proveedor de servicio autorizado.

El programa equivocado responde al llamado del deber

La Mac hace algunas suposiciones cuando debe decidir qué aplicación debería abrir un determinado archivo. Por ejemplo, Preview es el visualizador de documentos predeterminado en Leopard y maneja en forma rutinaria gráficos en formato JPEG y documentos PDF. Los archivos *.doc* son parte de la provincia donde Microsoft Word (esto, si no toma su lugar Pages en iWork '08 de Apple) toma control. Pero supongamos que quiere que los programas de Adobe Photoshop y Reader se hagan responsables de los JPEGs y PDFs, y que el procesador propio de Mac, TextEdit, se haga cargo de las tareas relativas a los archivos DOC, ¿cómo lograrlo?

Esto es lo que hay que hacer:

1. **Resalte el ícono del archivo que quiere abrir con una aplicación diferente y presione ⌘+I.**

2. **En el panel Get Info (Obtener Información) que aparece, haga clic en el triángulo que apunta hacia la derecha de Open With (Abrir con) y elija la aplicación que manejará este tipo de documento de ahora en más, como muestra la Figura 20-5.**

   En este ejemplo, tomé un archivo *.doc* que de otra forma se abriría en Word y puse a TextEdit a cargo. A propósito, si quiere abrir un archivo con un padre diferente del que Apple sugiere, elija Other (Otro) del menú emergente.

   Como alternativa, acceda al comando Open With (Abrir Con) resaltando el ícono del archivo en cuestión y eligiendo File⇨Open With (Archivo⇨ Abrir Con). También puede invocar el panel Get Info desde el mismo menú. Otra manera de llegar a Open With: Presione Control mientras hace clic en el ícono (o clic derecho si su mouse tiene dos botones).

3. **Si quiere que la aplicación abra todos y cada uno de los archivos de este tipo que puedan aparecer en el futuro, haga clic en Change All (Cambiar Todo).**

El Kernel hace plin plin

De la nada, se le pide que reinicie su computadora. En muchos idiomas, nada menos. Su equipo fue golpeado por un *kernel panic (pánico del núcleo del sistema operativo)*. La causa probable es un software corrupto o incompatible. (También puede inducirlo hardware dañado, pero esto es altamente improbable.)

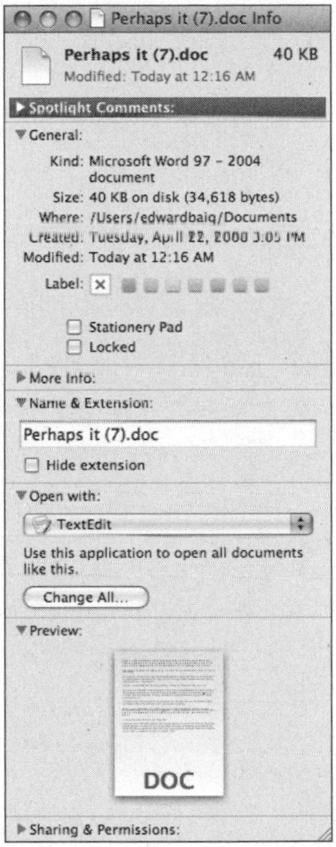

Figura 20-5:
Permitir que
otra apli-
cación abra
su archivo.

La buena nueva es que reiniciar el sistema resuelve el problema sin daños
colaterales. Si no es así, pruebe remover cualquier memoria o hardware que
haya agregado recientemente. Si piensa que algún software de los que instaló
últimamente ha sido el culpable, diríjase al sitio Web del editor y revise si ha
publicado algún parche o actualización descargable para solucionarlo.

SOS para el DNS

Si está navegando por la Web y obtiene un mensaje de error diciendo que
no se encuentra una entrada DNS, ha ingresado una dirección Web o URL
incorrecta, el sitio en cuestión no existe más (o nunca existió), o el sitio
experimenta problemas temporales. DNS es la jerga computacional que
se refiere a *Domain Name System* o *Server (Sistema o Servidor de Nombre
de Dominio)*. Mensajes similares pueden presentarse como el error *404 not
found on this server (404 no encontrado en este servidor)*.

Curar las tristezas de la papelera

En el mundo físico, puede intentar arrojar algo fuera de su papelera sin lograrlo porque la basura se trabó en el fondo del cesto. El cesto de papeles virtual de su Mac a veces sufre un destino similar: Un archivo se niega a moverse cuando hace clic en Empty Trash (Vaciar Papelera) en el menú del Finder (Buscador).

Intente eliminar los archivos manteniendo presionada la tecla Option cuando selecciona Empty Trash.

Un archivo puede negarse a desaparecer sin protestar por diversas razones. En principio, no se puede borrar un ítem que se encuentre abierto en otro sector de su computadora, así que asegúrese de que el ítem se encuentra verdaderamente cerrado. Más aún, puede estar intentando mandar a la zanja un archivo sobre el que no tiene suficientes permisos. La otra explicación más plausible es que un archivo bloqueado está en la papelera. Puede desbloquearlo eligiendo File⇨Get Info (Archivo⇨Obtener Información) y asegurándose de que el cuadro Locked (Bloqueado) no esté seleccionado.

Luego de que un programa falla inesperadamente, pueden aparecer una o más carpetas Recovered Files (Archivos Recuperados) en su papelera después de reiniciar. Los archivos temporales son utilizados y descartados a menudo por sus aplicaciones, pero cuando el programa se cae es posible que no se borren. Si alguno de estos archivos es valioso, arrástrelo fuera de la papelera. Sin embargo, la mayoría de las veces es seguro descartarlos junto con el resto de la basura.

Práctico Mantenimiento de Rutina

Su computadora puede necesitar amor y cariño cada tanto. Esta sección tiene algunos consejos que lo ayudarán a brindárselo.

Purgue archivos y programas innecesarios

Si hace tiempo que tiene a su Mac, probablemente haya apilado programas y archivos que ya no tienen propósito. Puede tratarse de controladores asociados con una impresora que ya reemplazó hace un par de años. Puede ser un software al que dejó de amar. Aunque esos archivos no estén lentificando el sistema, están consumiendo espacio de disco inútilmente. Estos programas pueden incitar a la agitación en los procesos que se realizan en segundo plano. El Activity Monitor (Monitor de Actividad), mencionado anteriormente en este capítulo, puede darle una pista sobre esto.

Lo fundamental: es tiempo de jubilar a estos archivos y programas de una vez (con una generosa indemnización por despido, por supuesto). Ya sabe cómo eliminar archivos. Pero no es siempre obvio *cuáles* archivos hay que descartar. Algunos programas dejan restos de metralla por todo su disco duro.

Ingrese el nombre de la aplicación que está por descartar en el cuadro de búsqueda del Finder y haga lo mejor que pueda para determinar cuáles de los archivos que se muestran en los resultados están asociados a la aplicación que desea volar por los aires.

No elimine los archivos de los que sepa poco o nada. Las consecuencias no son precisamente bonitas si borra accidentalmente un archivo crucial del sistema; va a necesitar acceso de administrador para sacarse de encima algunos archivos clave. Si envía a la papelera archivos que no le resultan familiares, espere un día o algo así para asegurarse de que no los necesita.

Haciendo copias de seguridad de sus tesoros

Soy consciente de que estuve machacando su cabeza con este tema a través de todo el libro. Considere esto como el hostigamiento final. Haga copias de seguridad. Haga copias de seguridad. Haga copias de seguridad. Ya sea que use Time Machine, Disk Utility, software de terceros u otro método, SIMPLEMENTE HÁGALO. LO MÁS PRONTO POSIBLE. Mire, terminé gritando.

Actualizar software

Tenga por norma visitar Software Update (Actualización de Software) bajo System Preferences (Preferencias de Sistema) o en el menú , o programe que su Mac verifique si existen actualizaciones a intervalos regulares. Yo la actualizo en forma semanal, pero puede hacerlo tan a menudo como en forma diaria o con tan poca frecuencia como en forma mensual (lo que no recomiendo). Si por alguna razón visita System Preferences, siempre puede ir a Software Update y hacer clic en Check Now (Verificar Ahora). También puede seleccionar un cuadro que le permite a su máquina descargar las actualizaciones importantes en forma automática. No es mala idea.

Vaya directamente hacia las áreas de soporte dentro de los sitios Web de los editores de otro software instalado en su equipo para ver si han actualizado sus programas. La descarga suele ser gratuita.

Invocar Ayuda Externa

Casi todo lo que describí en este capítulo hasta ahora es algo que usted debería poder manejar por sí mismo. Pero eventualmente, se encontrará en situaciones que superan su nivel de experiencia, especialmente cuando se tope con problemas serios de hardware. O quizás simplemente no tiene tiempo, ni paciencia, no le gusta o le falta confianza. Comprendo su reticencia. Por fortuna, puede encontrar asistencia en muchos lugares, aunque la ayuda no siempre es gratuita.

Software de Terceros

Pese a todas las herramientas de calidad para solucionar problemas que vienen con la Mac, a veces querrá buscar software externo. Aquí tiene algunos programas que pueden sacarlo de un aprieto o ayudarlo con el mantenimiento rutinario. Los precios y números de versión pueden variar:

- Alsoft DiskWarrior 4, en `www.alsoft.com`. Un utilitario de reparación por $100 que le advierte sobre fallas inminentes en su unidad de disco. Verifique que DiskWarrior sea compatible con su modelo.

- Cocktail, en `www.macosxcocktail.com`. Un utilitario shareware por $15.

- OnyX 1.9.6 para Mac OS X 10.5 (Leopard), en `www.titanium.free.fr/pgse/english/download.html`. Un programa descargable gratuito de Titanium Software que ejecuta una variedad de tareas de mantenimiento.

- Prosoft Data Rescue II, en `www.prosofteng.com`. Un programa de $99 diseñado para ayudarlo a recuperar archivos en un disco duro corrupto.

- SpringCleaning 9.1.1, en `my.smithmicro.com/mac/springcleaning/index.htmlwww.allume.com`. Un utilitario de $50 orientado a optimizar el rendimiento eliminando archivos descarriados.

- TechToolPro, en `www.micromat.com`. Un solucionador de problemas por $98 de Micromat.

AppleCare

Su Mac viene con noventa días de soporte telefónico gratuito y un año de soporte gratis si la compró a través de un canal minorista Apple autorizado. El programa de garantía extendida llamado AppleCare prolonga el período en que recibe soporte telefónico a tres años (desde la fecha de compra).

AppleCare cubre la computadora en sí más las estaciones base AirPort Express y Extreme, Time Capsule, MacBook Air SuperDrive, y RAM de Apple (cargada en la Mac, por supuesto). Con ciertos modelos, entre ellos Mac Mini, también puede cubrir un monitor de Apple si lo compró al mismo tiempo.

Los precios dependen del equipamiento que está cubriendo: AppleCare para un monitor Apple cuesta $99; Mac Mini, $149; iMac, $169; MacBook, MacBook Air, $249; Mac Pro, $249; MacBook Pro, $349. Las garantías extendidas son como cualquier tipo de seguro — un tiro de dados, pero un tiro de dados que para algunos vale la pena.

Consultar a Einstein

Una de las características de las tiendas minoristas Apple es el Genius Bar (Bar de Genios). Los expertos Apple pueden responder preguntas sobre su Mac y, si hace falta, instalar memoria y atender reparaciones (por un costo). Mi experiencia personal me hace creer que estos hombres y mujeres (mayormente) jóvenes tienen muchos conocimientos sobre los temas con los que pueda abordarlos. A juzgar por comentarios en los blogs, sin embargo, no todos están preparados para ingresar en Mensa. Ahora las malas noticias. No puede darse una vuelta sin más trámite por el Genius Bar. Lo que me lleva a…

Hacer una reserva

Reunirse con los que Apple denomina Genius (Genio) requiere pedir una cita previamente. Vaya a `www.apple.com/retail` haga clic en la tienda Apple más cercana (si es que tiene alguna), y busque Make Reservation (Hacer una Reserva). Deberá registrarse como Guest (Invitado) o miembro ProCare (vea la siguiente sección). Puede solicitar una cita para el próximo turno disponible.

Si ya se encuentra en una tienda Apple y no está abarrotada de gente, haga una reserva en ese instante usando las Macs que se encuentran en la tienda.

Consultar a un pro (fesional)

Como miembro de ProCare, puede reservar una cita con un Genius en la tienda de su elección con hasta quince días de anticipación. A un costo de $99 por año, ProCare no es barato, pero obtiene los siguientes privilegios principescos: reparaciones prioritarias, una puesta a punto anual de su computadora (diagnósticos del sistema, limpieza de monitor y teclado, y más), y ayuda para configurar un equipo nuevo.

One to One Training

Otro servicio de $99 por año es el llamado One to One Training (Capacitación Individual) provee tutoriales cara a cara sobre una variedad de tópicos, desde la creación de películas hasta fotografía digital. Las sesiones de capacitación se desarrollan en su tienda Apple cercana; puede hacer su reserva en línea.

Si hay alguna mala noticia respecto a todo esto es que Apple solía incluir capacitación personal como parte de ProCare. Ya no más.

Ayuda, necesito a alguien

Suena como un cliché, pero está rodeado de ayuda gratuita (o a bajo costo):

✔ El vecino con ínfulas de experto, su compañero de cubículo, o amigos que no sabía que tenía en la Web.

✔ En sitios de redes sociales tales como Meetup.com, puede buscar y con suerte encontrar un grupo de usuarios Macintosh reuniéndose por su zona.

✔ Obtenga referencias de Apple en `www.apple.com/usergroups`. Encontrará un calendario de eventos; ingrese su código postal para ubicar un grupo cercano a su zona.

✔ Para respuestas gratuitas en línea, busque en los newsgroups (grupos de noticias) y bulletin boards (tableros de anuncios) sobre computación, como se describe en el Capítulo 11.

✔ Revise los artículos sobre diagnóstico y resolución de problemas en `www.apple.com/support`.

✔ Antes de abandonar un capítulo sobre resolución de problemas y la sección más tecnófila de este libro, sería negligente de mi parte si no mencionara otra de las vías para obtener ayuda. Es el menú Help (Ayuda) que se encuentra en casi todos los programas que usa. Seguramente, no obtendrá respuestas satisfactorias a todas sus preguntas, y deberá ser cuidadoso a la hora de formular la pregunta. Pero antes de embarcarse en una búsqueda salvaje por una respuesta reveladora, pruebe con los menús de Help. Han estado ahí todo este tiempo.

Parte VI
La Parte de los Diez

The 5th Wave   Por Rich Tennant

EL PODCAST "TECNOLOGÍAS LAMP"
A PUNTO DE VOLVERSE "EXPLICÍTO"

"A veces estos portalámparas necesitan limpieza.
Primero, asegúrese de que la lámpara esté
desenchufada, y luego . . ."

En esta parte . . .

Siempre me ofrezco como voluntario para armar las listas de mis diez películas favoritas para un determinado año o género, pero resulta que esto no es Apreciación de Películas Para Dummies. Estimo que tampoco es apropiado brindar una lista de mis diez canciones preferidas de todos los tiempos.

En esta parte, presento mi cuota Para Dummies de "listas de diez" con diez ingeniosos widgets para el dashboard, los diez mejores sitios Web sobre Apple y Mac, y diez trucos impecables que su máquina puede hábilmente dominar, con su amable asistencia.

(Psss . . . no diga nada, pero son éstas: El Padrino, Ciudadano Kane . . .)

Capítulo 21

Diez Widgets Ingeniosos para el Dashboard

*P*iense en los widgets del Dashboard que vimos en el capítulo 6 como un reflejo de nuestras vidas ocupadas. Todos estamos distraídos, sin mucho tiempo, yendo para todos lados. Generalmente sabemos lo que queremos y lo queremos ahora. En esta sociedad de comida rápida, los bocadillos de software parecen inevitables.

En este capítulo presento, en orden alfabético, una lista de diez widgets deliciosos. Con más de 4.800 widgets disponibles en el sitio de Apple al momento de escribir este libro, puede fácilmente preparar un menú de diez widgets más, y diez más para después. Y así sucesivamente. Para encontrarlos en Apple, vaya a www.apple.com/downloads/dashboard. También puede buscar otros widgets para el Dashboard en el ciberespacio. La mayoría de los widgets son gratuitos, aunque muchas veces se piden donaciones.

Cocktail

¿Puede mezclar un, estem, Apple Martini? ¿Kamikaze? ¿O un *Piper at the Gates of Dawn*? El widget gratuito Cocktail de Seven le permite impresionar a sus amigos con sus habilidades de mezclólogo. Simplemente escriba el trago que tiene en mente. La base de datos de Cocktail incluye casi siete mil recetas de tragos. Haga clic en "Feeling Thirsty?" ("¿Tiene sed?") para una selección al azar. Con su ícono en forma de copa de Martini, que se muestra en la Figura 21-1, Cocktatil es además uno de los widgets de mejor aspecto.

Figura 21-1: Voy a pedir un cóctel con ese widget.

Countdown Plus

Hmm. El widget sencillo de Steven Chaitoff Countdown Plus (Pro Cuenta Regresiva) le indica cuánto tiempo queda para una fecha específica, como la fecha esperada del nacimiento de un bebé, sus próximas vacaciones, su aniversario o el día que saldrá bajo libertad condicional.

Gas

Odio pagar de más en la gasolinera. Gas (por "gasolina" en inglés) de Jason Barry puede ayudarlo a ahorrar unos pocos centavos por galón o litro. El widget le envía información de GasPriceWatch.com y tiene enlaces a datos sobre gasolineras de AAA. Puede ordenar los resultados según Regular (Normal), Plus, Premium o Diesel y establecer preferencias para encontrar estaciones de una a quince millas de distancia de un código postal designado. Además, haga clic en la dirección de la estación de gasolina que haya elegido y el widget disparará Google Maps en su navegador. El widget Gas es gratuito, pero sus productores esperan que les pase parte de sus ahorros (a través de PayPal). Puede ver el widget con o sin un cartel.

Hurricane Tracker

Si vive en una zona afectada por huracanes, o piensa visitar una en las vacaciones, Hurricane Tracker (Rastreador de huracanes) y Hurricane Tracker Companion (Compañero del rastreador de huracanes) de Travel Widgets son recursos útiles (Échele un vistazo a ambos en la Figura 21-2). La ventana principal de Hurricane Tracker incluye enlaces de texto a los comunicados del National Hurricane Center (Centro Nacional de Huracanes). La imagen de satélite está detrás. El widget Companion le permite elegir cómo quiere que aparezcan las imágenes satelitales con las opciones Visible, Infrared (Infrarrojo) y Water Vapor (Vapor de agua).

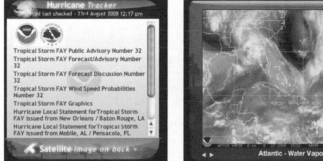

Figura 21-2:
Rastreando
tormentas

iStat pro

El anterior alcalde de la Ciudad de Nueva York Ed Koch solía preguntar siempre "¿Cómo me está yendo?" Este monitor de sistema personalizable de iSlayer.com le permite obtener una idea rápida de cómo le está yendo a su Mac. Como muestra la Figura 21-3, puede verificar el uso de CPU, memoria y disco, medir los sensores de temperatura y más.

Figura 21-3:
Una forma
rápida de
monitorear
su Mac.

Movies

¿Quiere saber qué pelis dan en el barrio? ¿Quiere leer una sinopsis y ver avances para decidir cuál ver? Es precisamente lo que Movies (Películas), un widget sencillo para los fanáticos de las películas le permite hacer. Apple incluye el widget con Leopard. Incluso le permite comprar boletos (a través de Fandango). Ahora, veamos, *Vicky Christina Barcelona* (Ver Figura 21-4) o *The Dark Knight*. . .

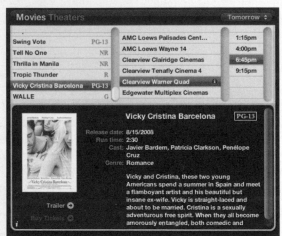

Figura 21-4:
Un widget
para ir
al cine.

pearLyrics/Sing that iTune

Es realmente triste. Uno de mis widgets preferidos, pearLyrics, ya no está disponible. Aparentemente, esto se debe a conflictos legales con miembros de la industria de la música. Lo menciono de todos modos porque todavía funciona en mi equipo y la idea detrás del mismo es muy atractiva para cualquier fanático de la música que alguna vez quiso cantar una canción pero no recordaba la letra. Además, todavía puede descargar un widget similar llamado Sing that iTune (Cante esa iTonada).

Los dos widgets muestran la letra de canciones que esté escuchando en iTunes, por lo menos la mayor parte del tiempo. Y Sing that iTune, a diferencia de pearLyrics, muestra el arte de portada del álbum. También le permite descargar material gráfico, guardar las letras en iTunes y buscar letras en japonés o chino. Quién sabe, quizás pearLyrics vuelva algún día. Mientras tanto, eche un vistazo a Sing that iTune.

Send SMS

SMS significa Short Message Service (Servicio de mensajes cortos), un estándar global muy utilizado para enviar mensajes de texto a teléfonos celulares. Este widget de SMS Mac le permite enviar mensajes de texto a un teléfono móvil desde su teclado. Usted escribe su misiva en el área provista en la pantalla principal del widget y luego hace clic para girarla e ingresar un destinatario y un número de teléfono.

La compra del programa por única vez suma 15 dólares (puede pagar a través de PayPal) y cubre la tarifa anual de 10 dólares y los primeros 50 mensajes SMS (5 dólares). No es barato.

Wikipedia

Con la enciclopedia gratuita cooperativa Wikipedia, la cual describo en el Capítulo 11, puede hacer una búsqueda de casi cualquier tema imaginable. O puede probar con un clic en el pequeño botón ? junto al campo de búsqueda para que le muestre un artículo al azar, con temas que van desde la elección parlamentaria danesa de 1975 al forajido vaquero del siglo diecinueve William "Curly Bill" Brocius (O Brocious — la Wikipedia no está segura). De hecho, cualquiera puede hacer una contribución a una entrada de Wikipedia, así que la información que descubra puede estar abierta a la interpretación y posiblemente no sea precisa. Haga clic en el botón Wikipedia del widget para saltar al sitio completo de Wikipedia.

Word of the Day

Me siento un poco *laborioso*. Después de todo, soy agencioso en mi aplicación o prosecución y persistentemente afanoso. Además, laborioso es mi palabra del día, la cual me trae un widget que se llama, precisamente Word of the Day. Las definiciones (como la que aparece en la oración anterior a esta) están provistas por Dictionary.com.

A aquellos de ustedes que busquen reforzar su vocabulario se les insta amablemente a hacer una donación.

Capítulo 22

Diez Sitios Web Indispensables de Mac

En mi campo de trabajo, estoy acostumbrado a recibir el correo electrónico o la llamada de teléfono del estilo "¿Cómo es que no...?" Con esto me refiero a "¿Cómo es que no escribiste sobre mi compañía o producto?" Así que no me sorprenderé de escuchar a gente preguntar acerca de este capítulo "¿Cómo es que no eligió mi sitio web preferido de Macintosh?" Limitar cualquier lista a diez elementos es extremadamente difícil. En especial cuando se trata de sitios web sobre su leal computadora. Caramba, uno de mis editores quería que metiera con calzador www. mactech.com porque es un increíble compendio de debates y artículos relacionados con Mac. Vaya, supongo que lo acabo de hacer. Y ni siquiera cuenta como uno de mis diez.

AppleInsider

www.appleinsider.com

Al igual que en muchos otros sitios exhaustivos que se dedican a la gente de Cupertino (incluyendo algunos de esta lista), encontrará infinidad de noticias y revisiones sobre todo lo relacionado con Apple. Pero AppleInsider (el "Informante de Apple") también le solicita su ayuda. Se lo invita a enviar rumores e información al sitio — y puede hacerlo en forma anónima.

MacFixIt

www.macfixit.com

Cuando algo salió mal y todavía está buscando respuestas a pesar de mis mejores esfuerzos en el Capítulo 20, visite MacFixilt (Mac Arreglatodo). Este sitio de resolución de problemas resuelve un montón de complicaciones, aunque tendrá que pagar 24,95 dólares al año para la versión Pro con tutoriales, acceso completo a más de una década de contenido y alertas de correo electrónico relacionadas con los productos que le interesan. Entre los muchos temas que encontré está lograr que los sitios bancarios funcionen con Safari, mensajes de error extraños en iChat y problemas de autenticación en iTunes.

MacOSX Hints

www.macosxhints.com

En el sitio MacOSX Hints (Pistas de MacOSX), puede aprender a crear una configuración RAID particionada, convertir meta archivos gráficos de PowerPoint, asegurar el correo electrónico con certificados digitales y evitar comportamientos extraños en la interfaz gráfica con determinados alias. Como puede ver, algunas de las pistas para buscar pueden volverse muy técnicas.

MacRumors

www.macrumors.com

Apple es una de las empresas más reservadas del planeta. En muy pocas ocasiones la compañía revela de antemano los secretos sobre los nuevos productos. Eso no evita que una gran cantidad de personas monten guardia respecto de Apple y especulen sobre qué puede salir de Cupertino. Además, ¿a quién no le encanta escuchar un rumor jugoso de vez en cuando? ¿Apple se fusiona con Nintendo? (No cuente con eso). ¿Apple va a agregar un plan de suscripción a iTunes? (Tampoco cuente con eso). Diríjase a MacRumors (Rumores de Mac) para el último chismorreo.

MacSurfer

www.macsurfer.com

MacSurfer (surfista de Mac) es un excelente recurso para los adictos a las noticias de Apple. Los titulares de noticias de MacSurfer tienen enlaces a artículos sobre todo lo que tiene que ver con Apple, lo que incluye medios tradicionales, sitios web, el mismo sitio Apple y bloggers. Los enlaces están organizados en Apple/Macintosh, OS X, General Interest/Potpourri (Interés general/miscelánea), Hardware/Software, Reviews/How-To/Tutorials/Tips (Reseñas/Cómo se hace/Tutoriales/Consejos), Analysis/Commentary/Editorial/Opinion (Análisis/Comentario/Editorial/Opinión), Press Releases/Products/Public Relations (Comunicados de prensa/Productos/Relaciones públicas), Computer Industry (Industria Informática), Finances (Finanzas) y más.

Macworld

www.macworld.com

Está todo aquí en Macworld (Mundo Mac): Noticias, resolución de problemas a través de blogs como Mac 911, revisión de productos, foros de discusión y artículos actuales y anteriores de la revista *Macworld*.

Other World Computing

`www.macsales.com`

¿Necesita más RAM para su computadora? ¿O una unidad de disco duro adicional, quizás? Tal vez incluso un complemento que le permita ver TV en su Mac? Other World Computing (Computación de otro mundo, también conocido como OWC) se especializa en ventas de accesorios para Mac desde la primera presidencia de Bush. El canal minorista en línea se ha ganado una reputación estelar por su rápida entrega y gran confiabilidad.

The Unofficial Apple Weblog

`www.tuaw.com`

The Unnofficial Apple Weblog (El Weblog no oficial de Apple, también conocido como TUAW) es un blog de entusiastas que permite a los usuarios comentar sobre artículos y revisiones de Apple escritos por personas como su seguro servidor en *USA TODAY*. (Por supuesto que es una publicidad gratuita y descarada para mí y mi periódico, pero estamos casi al final del libro. Y hay muchos otros enlaces a artículos escritos por otros periodistas).

VersionTracker

`www.versiontracker.com/macosx`

VersionTracker (rastreador de versiones) es un depósito de descargas de shareware, freeware y actualizaciones para software de Mac. Haga clic en un nombre para descubrir más sobre lo que hace un programa y para echar un vistazo a las calificaciones y comentarios de los usuarios.

Y Último en Orden, pero No en Importancia, Apple.com

www.apple.com

Apple parece un lugar obvio para ir. Caramba, probablemente ya haya llegado ahí con solo abrir Safari por primera vez. Y puede que no le resulte agradable el ataque frontal de anuncios y promociones de Mac, iPod y iPhone, incluso si ya bebió de las aguas de Apple. Pero muy probablemente la mayoría de ustedes sienta cariño por los productos de la compañía.

Como sugerí en el Capítulo 20, www.apple.com está lleno de recursos útiles, especialmente para novatos, aunque no se limita sólo a ellos. Puede descargar manuales y actualizaciones de software, publicar preguntas en foros de discusión, leer comunicados de prensa y consultar la base de conocimiento. Pero principalmente, creo, se irá con un sentido renovado de buena voluntad hacia la compañía responsable de la computadora que tanto le fascina a la mayoría de ustedes.

Capítulo 23

Me Despido con Estas Diez Cosas

En Este Capítulo

▶ Locura remota

▶ Si las matemáticas lo provocan

▶ Hablar en otro idioma

▶ Zipeo de raíz

▶ ABC del FTP

▶ Captura de pantalla

▶ Ver TV en una Mac

▶ Leer revistas

▶ ¿Le gustaría jugar una partida de ajedrez?

▶ Reconocimiento de voz

Aquí estamos, después de cientos de páginas de este libro, y aún nos queda más para decir. Lo cierto es que probablemente podría seguir miles de páginas más y todavía no hacerle justicia a todo lo que su Mac puede lograr (con algo más que una pequeña ayuda de su parte, por supuesto). Si bien los programas, funciones o capacidades que se cubren en este capítulo no pudieron aparecer en otra parte del libro, no los considere descastados o ideas de último momento.

A riesgo de traer a colación otro cliché gastado, lo que queda último en orden definitivamente no queda último en importancia.

Locura Remota

Apenas del tamaño de un encendedor descartable Bic o un iPod Shuffle, el control remoto de Apple de color blanco-iPod, que la compañía ha empezado a incluir con algunos modelos de Mac, tiene botones mínimos: play/pause (reproducir/pausa), volume up/down (subir/bajar volumen), fast-forward (avanzar rápido), rewind (retroceder) y Menu (menú). Su principal objetivo es controlar los menús e íconos amigables que conforman la interfaz Front

Row (mencionada en el Capítulo 4), que le permite escuchar música y ver fotos, DVDs y videos del otro lado de la habitación. Pero el control remoto multitalentoso de Apple también le permite escuchar un iPod, siempre que tenga lo que se conoce como conector Universal Dock (de base universal).

Ahora suponga que tiene más de una Mac compatible con el control remoto, o tal vez AppleTV (que viene con él). Querrá *emparejar* el remoto con una computadora específica u otro dispositivo para que al presionar un botón no haga que todos los equipos de una habitación se peleen entre sí. Así se hace: Mueva el control remoto a tres o cuatro pulgadas (Entre 7,5 y 10 cm) de la Mac y luego mantenga presionado los botones fast forward (avanzar rápido) y Menu (Menú) al mismo tiempo durante cinco segundos. Un pequeño símbolo parecido a un eslabón de cadena aparece en pantalla para decirle que el emparejamiento se ha completado.

Si las Matemáticas lo Provocan

No pretendo saber la diferencia entre un Concoideo (Figura 23-1) y un Atractor de Lorenzo; la matemática es demasiado avanzada para mí. Pero el Grapher (graficador) que se incluye con OS X y al que se accede a través de la carpeta Utilities (Utilidades) en la sección Applications (Aplicaciones) le permite graficar ecuaciones matemáticas de dos y tres dimensiones. Además, las animaciones del programa son bastante geniales. Y si tiene curiosidad por saber cómo se ven los mencionados Concoides y Atractores de Lorenzo, junto con otras fórmulas y ecuaciones en dos y tres dimensiones, haga clic en los nombres del menú Grapher Examples (Ejemplos de Grapher).

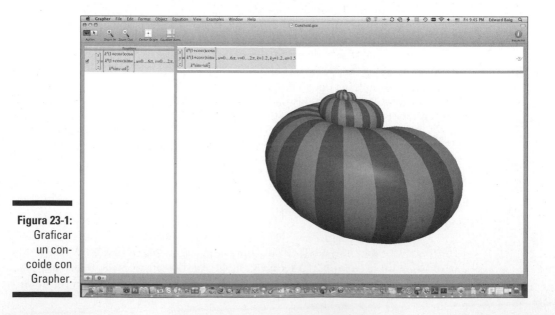

Figura 23-1:
Graficar
un con-
coide con
Grapher.

Hablar en Otro Idioma

Cuando configuró la Mac por primera vez, seleccionó el idioma que quería usar. Pero las circunstancias cambian. De pronto tiene la oportunidad de dirigir la oficina de su compañía en Roma y ahora necesita sumergirse en el italiano.

Para cambiar el idioma preferido de su computadora, seleccione System Preferences (Preferencias del sistema) del menú y seleccione International (Internacional). Haga clic en la pestaña Language (Idioma), como se muestra en la Figura 23-2. Arrastre el idioma que quiere usar para los menús de aplicación, cuadros de diálogo y demás al extremo superior de la lista de idiomas.

Figura 23-2:
La Mac es multilingüe.

A continuación, haga clic en la pestaña Formats (Formatos) en la sección International (Internacional) para elegir la región en la que vive, personalizar fechas, hora y moneda local, o decidir si quiere usar el sistema de medidas de los EE.UU. o el sistema métrico. Si además hace clic en la pestaña Input Menu (Menú de entrada), puede elegir una distribución de teclado distinta, como la paleta kana japonesa o el hangul coreano.

Zipeo de Raíz

Los archivos que descarga de Internet suelen estar comprimidos o "zipeados" — y por una buena razón. Los archivos zipeados ocupan menos espacio y llegan mucho más rápido que los archivos que no se han reducido.

Los archivos comprimidos se identifican fácilmente por sus extensiones, como *.zip* (un estándar común utilizado en OS X y Windows) y *.sit*. Estos archivos deben extraerse (o "deszipearse") antes de que pueda leerlos. Apple solía incluir un programa para este propósito llamado StuffIt Expander. OS X le permite descomprimir archivos .zip — pero no los archivos .sit — sin el StuffIt.

StuffIt de SmithMicro Software todavía resulta práctico para abrir esos otros tipos de archivos comprimidos, especialmente los archivos comprimidos .sit o .sitx. Visite www.stuffit-expander.com para descargar una versión gratuita del software o para darse el gusto de comprar la versión Deluxe (aproximadamente $80, aunque la he visto con descuento por mucho menos). Además de encoger archivos a una fracción de su tamaño, StuffIt Deluxe le permite encriptar y hacer copias de seguridad de sus archivos.

Mientras tanto, puede archivar o crear sus propios archivos .zip a través de OS X, obviamente útil si está enviando muchos archivos pesados por correo electrónico a un amigo. Haga clic derecho (o Ctrl-clic) en los archivos que desea comprimir dentro de Finder y seleccione Compress *Filename* (Comprimir *Nombre de archivo)*. Los archivos comprimidos recientemente llevan la extensión .zip. El archivo se crea en la misma ubicación que el archivo original y recibe el nombre *nombreoriginadelarchivo.*zip. También puede elegir File⇨Compress (Archivo⇨Comprimir). Si comprime muchos archivos al mismo tiempo, el archivo toma el nombre Archive.zip.

En forma predeterminada, los archivos comprimidos se abren con la herramienta Archive Utility. Aparece en el Dock (en Leopard) mientras los archivos se despliegan, a menos que elija abrirlos con StuffIt Expander o con algún otro programa.

ABC del FTP

Los sitios *FTP (File Transfer Protocol* o *Protocolo de Transferencia de Archivos)* generalmente son creados por compañías o individuos para facilitar el intercambio de archivos de tamaño considerable a través de Internet. Por lo general (pero no exclusivamente) son archivos de video o imagen. La Mac tiene un servidor FTP incorporado para brindar acceso a su máquina a otras personas.

Para conceder dicho acceso, seleccione ⌘⇨System Preferences (⌘⇨ Preferencias del sistema) y haga clic en Sharing (Compartir). Seleccione la casilla File Sharing (Compartir archivos) y haga clic en Options (Opciones). Haga clic en Share Files Using FTP (Compartir Archivos a través de FTP).

Otras computadoras ahora pueden compartir y copiar archivos desde y hacia su máquina. También tendrá que abrir puertos en el software de su enrutador para permitir el acceso.

No se tome este paso a la ligera. Tenga en cuenta las ramificaciones de seguridad antes de permitir que cualquiera tenga acceso a su equipo. Inmediatamente debajo del cuadro que seleccionó está la advertencia "FTP logins and data transfers are not encrypted (Los inicios de sesión de FTP y transferencias de archivos no están encriptados)."

Ahora suponga que quiere acceder al sitio FTP de otra persona. Desde el menú de Finder, seleccione Go⇨Connect to Server (Ir a⇨Conectar a un servidor). Ingrese la dirección del servidor en el cuadro provisto y haga clic en Connect (Conectar). Según el servidor al que esté intentando conectarse, probablemente deberá ingresar un nombre y una contraseña.

Puede arrastrar y soltar archivos de su computadora en ese servidor FTP. Pero generalmente se necesita ayuda de un software externo. Yo utilizo un programa shareware $25 llamado Fetch (disponible en `www.fetchsoftworks.com`) para volcar archivos en el servidor FTP. Otras excelentes opciones de FTP incluyen Transmit3 (`www.panic.com`) y RBrowser (`www.rbrowser.com`).

Captura de Pantalla

A menos que quiera escribir un libro similar a éste, probablemente se preguntará para qué querría tomar una foto de la pantalla de su computadora. Permítame sugerirle un par de posibilidades: tal vez quiere tomar una foto de la pantalla para una presentación en el trabajo. O tal vez quiera mostrar precisamente cómo se ve un error extraño a la persona que podría ayudarlo a resolver el problema. Más allá de la motivación, si desea tomar una foto de la pantalla de Mac (o de cualquiera de sus ventanas), puede ser el momento de abrir la utilidad Grab. Vaya a Applications⇨Utilities (Aplicaciones⇨Utilidades) y haga clic en Grab (Tomar). A través del menú Capture (Captura) de Grab, puede tomar una foto de una pantalla completa, ventana o menú, de la siguiente manera:

- ✔ Seleccione Window (o presione Shift+⌘+W), haga clic en Choose Window (Elegir ventana) y luego haga clic en la ventana para tomar su fotografía.

- ✔ Seleccione Screen (Pantalla) o presione ⌘+Z. Luego, para capturar la pantalla completa, haga clic en cualquier lado fuera de la ventana que aparece.

✔ Seleccione Capture⇨Timed Screen (Captura⇨Pantalla con temporizador) o presione (Shift+⌘+Z) y luego haga clic en Start Timer (Iniciar temporizador) en la ventana que aparece. Grab captura la pantalla completa diez segundos después. Esto le da la oportunidad de preparar la pantalla a su gusto (tal vez activando un menú) antes de capturar la imagen.

✔ Elija la opción Selection (Selección) o Shift+cmd+A. Luego arrastre con el mouse la porción de pantalla que quiere tomar.

A continuación encontrará atajos universales del sistema. Estos no necesitan que abra la utilidad Grab:

✔ Presione ⌘+Shift+3 para tomar una fotografía de la pantalla completa.

✔ Presione ⌘+Shift+4 y arrastre el mouse para seleccionar la parte de la pantalla que desea tomar.

✔ Presione ⌘+Shift+4, presione la barra espaciadora, mueva el puntero para resaltar el área que desea en la foto y luego haga clic. Esto es útil para tomar una foto de, digamos, la barra de menú. Si presiona la barra espaciadora nuevamente puede seleccionar el área arrastrando el mouse. Presione Escape para cancelar.

Las imágenes de pantalla capturadas de esta forma se guardan como archivos en el escritorio. Si prefiere pegar la imagen capturada en un documento, presione la tecla Control mientras presiona las otras combinaciones de teclado, lo que coloca la imagen en el portapapeles. Desde ahí, puede pegar la imagen en su documento elegido.

Ver TV en una Mac

A pesar de toda su elegancia multimediática, ninguno de los modelos de Mac, por lo menos hasta el momento de escribir este libro, viene con un sintonizador de televisión incorporado. Es una de las pocas áreas en las que los equipos basados en el software Windows Media Center tienen derecho a presumir. No solo las máquinas basadas en Media Center le permiten ver TV directamente desde su pantalla de computadora, sino que funcionan de un modo muy parecido a las grabadoras de video digitales TiVo o DVRs. Entre otras proezas, esto significa que puede hacer una pausa y rebobinar TV en vivo y grabar programas para ver en su propio horario, no en el que un ejecutivo de programación tiene en mente.

Sólo porque Apple no puso un sintonizador de TV en la Mac, no significa que no lo hayan hecho otras compañías. Recomiendo revisar las distintas opciones de EyeTV de Elgato Systems. El equipo de Elgato de 200 dólares EyeTV 250 Plus Digital TV Recorder está preparado para los cambios futuros previstos en febrero de 2009, cuando la mayoría de las transmisiones de TV analógicas dejarán de existir en favor de las transmisiones digitales. Y el software de EyeTV le brinda mucha flexibilidad de edición. También puede ver los productos de la compañía rival Miglia, TVMini en www.miglia.com.

Leer revistas

La próxima versión de OS X, apodada Snow Leopard (Leopardo de las nieves), está en camino (y puede que ya haya salido al mercado para cuando lea esto). Es prácticamente seguro que habrá cambios. Por su naturaleza, la tecnología es un negocio al rojo vivo, competitivo y sensible al paso del tiempo, y Apple se mueve con más velocidad que la mayoría. Así que si bien confío en que la información que brindo en este libro resultará útil para el futuro previsible, y también en el largo plazo, tengo que admitir que alguna información se tornará rancia. Una excelente forma de mantenerse al día es echar un vistazo con cierta frecuencia a las revistas más destacadas especializadas en Mac, *MacLife* (antes conocida como *MacAddict*) y *Macworld*. Sí, ya sé que la forma de estar actualizado es ponerse en línea (como lo prueba el capítulo anterior). Pero, caramba, todavía soy un periodista gráfico y quiero que el medio siga prosperando.

¿Le Gustaría Jugar una Partida de Ajedrez?

Ah, la pregunta que hace la computadora (finalmente) desafiante Hal 9000 en la película clásica *2001: Odisea en el espacio*. Resulta ser que su Mac también puede jugar un muy buen partido de ajedrez sin que, como lo hizo HAL, se vuelva contra sus amos humanos. El programa Chess (Ajedrez) de Mac, que se encuentra en la carpeta Applications (Aplicaciones), le permite competir contra la computadora o contra un contrincante humano.

Es más, al acceder a Preferences (Preferencias) en el menú de Chess, puede cambiar el estilo y las piezas del tablero de madera que se muestran en la Figura 23-3 a césped, mármol o metal. También puede arrastrar un control deslizable dentro de Chess Preferences para hacer que la computadora juegue más rápido o con mayor agresividad.

Figura 23-3:
Le toca
mover.

Al igual que HAL, su Mac puede hablar mientras hace sus movimientos — en casi doce voces, como si fuera poco, desde Deranged (Loca, probablemente apropiada para HAL) a Hysterical (Divertida). Nuevamente, usted puede responderle, siempre que haya seleccionado Allow Player to Speak Moves (Permitir que el jugador diga sus jugadas) en Preferences (Preferencias). Haga una prueba: "Pawn e2 to e4 to move the white king's pawn" (Peón e2 a e4 para mover el peón del rey blanco), por ejemplo. Lo que nos lleva a la siguiente sección.

Reconocimiento de Voz

¿Usted es del tipo mandón al que le encanta ladrar órdenes? Si es así, le encantará saber que la Mac puede responder a sus comandos hablados, desde "Quit this application" (Salir de esta aplicación) a "Switch to Finder" (Cambiar a Finder). Y para personas físicamente impedidas para escribir o controlar un mouse, el reconocimiento de voz puede ser la única vía para trabajar en una computadora.

Abra System Preferences (Preferencias del sistema), nuevamente en el menú , y seleccione Speech (Voz). Compruebe que esté seleccionado el panel Speech Recognition (Reconocimiento de voz), como se muestra en la Figura 23-4. Ahora, haga clic para encender el botón Speakable Items (Ítems hablados). Una ventana de retroalimentación de micrófono aparecerá en su escritorio, con la tecla o teclado que necesita presionar para alertar a la Mac que está a punto de hablar. Presione la tecla Escape para comenzar a gritar sus comandos.

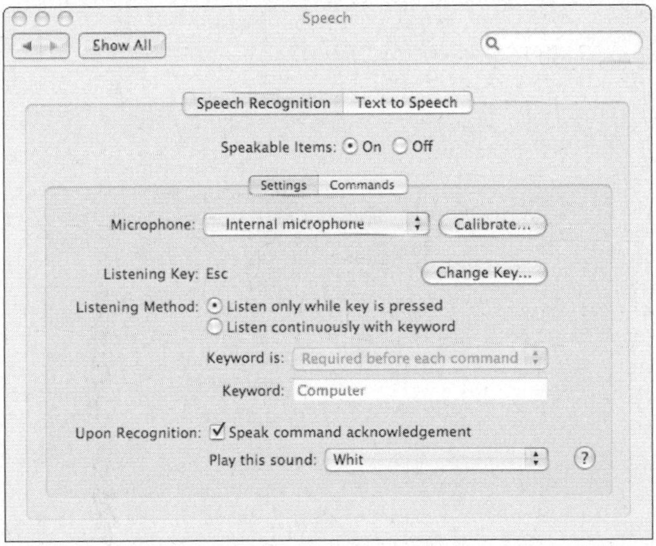

Figura 23-4:
La Mac está a favor de la libertad de expresión.

Para ver una lista de comandos que su computadora puede entender, haga clic en el pequeño triángulo en el extremo inferior de la ventana de retroalimentación y luego haga clic en la ventana Open Speech Commands (Abrir comandos de voz).

Haga clic en Calibrate (Calibrar) para mejorar el rendimiento de su micrófono interno (o conectado). El proceso de calibración consta de ajustar un control deslizable y hablar en voz alta las frases que aparecen en la pantalla, como *Open a document* (Abre un documento) y *Show me what to say* (Muéstrame qué decir) hasta que la computadora hace que estas frases parpadeen para indicar que fueron reconocidas.

Si quiere divertirse con la voz, pídale a la Mac en voz alta que le cuente un chiste. Le responderá con un chiste tonto de "Toc toc" como este:

"Toc toc".

"¿Quién es?"

"Gra"

"¿Qué Gra?"

"Gracias por escuchar, pero es mi último chiste de toc toc".

Y gracias porque, bueno, este también fue mi último chiste.

Índice

• D •

• J •

• K •

BUSINESS, CAREERS & PERSONAL FINANCE

Accounting For Dummies, 4th Edition*
978-0-470-24600-9

Bookkeeping Workbook For Dummies†
978-0-470-16983-4

Commodities For Dummies
978-0-470-04928-0

Doing Business in China For Dummies
978-0-470-04929-7

E-Mail Marketing For Dummies
978-0-470-19087-6

Job Interviews For Dummies, 3rd Edition*†
978-0-470-17748-8

Personal Finance Workbook For Dummies*†
978-0-470-09933-9

Real Estate License Exams For Dummies
978-0-7645-7623-2

Six Sigma For Dummies
978-0-7645-6798-8

Small Business Kit For Dummies, 2nd Edition*†
978-0-7645-5984-6

Telephone Sales For Dummies
978-0-470-16836-3

BUSINESS PRODUCTIVITY & MICROSOFT OFFICE

Access 2007 For Dummies
978-0-470-03649-5

Excel 2007 For Dummies
978-0-470-03737-9

Office 2007 For Dummies
978-0-470-00923-9

Outlook 2007 For Dummies
978-0-470-03830-7

PowerPoint 2007 For Dummies
978-0-470-04059-1

Project 2007 For Dummies
978-0-470-03651-8

QuickBooks 2008 For Dummies
978-0-470-18470-7

Quicken 2008 For Dummies
978-0-470-17473-9

Salesforce.com For Dummies, 2nd Edition
978-0-470-04893-1

Word 2007 For Dummies
978 0 470-03658-7

EDUCATION, HISTORY, REFERENCE & TEST PREPARATION

African American History For Dummies
978-0-7645-5469-8

Algebra For Dummies
978-0-7645-5325-7

Algebra Workbook For Dummies
978-0-7645-8467-1

Art History For Dummies
978-0-470-09910-0

ASVAB For Dummies, 2nd Edition
978-0-470-10671-6

British Military History For Dummies
978-0-470-03213-8

Calculus For Dummies
978-0-7645-2498-1

Canadian History For Dummies, 2nd Edition
978-0-470-83656-9

Geometry Workbook For Dummies
978-0-471-79940-5

The SAT I For Dummies, 6th Edition
978-0-7645-7193-0

Series 7 Exam For Dummies
978-0-470-09932-2

World History For Dummies
978-0-7645-5242-7

FOOD, GARDEN, HOBBIES & HOME

Bridge For Dummies, 2nd Edition
978-0-471-92426-5

Coin Collecting For Dummies, 2nd Edition
978-0-470-22275-1

Cooking Basics For Dummies, 3rd Edition
978-0-7645-7206-7

Drawing For Dummies
978-0-7645-5476-6

Etiquette For Dummies, 2nd Edition
978-0-470-10672-3

Gardening Basics For Dummies*†
978-0-470-03749-2

Knitting Patterns For Dummies
978-0-470-04556-5

Living Gluten-Free For Dummies†
978-0-471-77383-2

Painting Do-It-Yourself For Dummies
978-0-470-17533-0

HEALTH, SELF HELP, PARENTING & PETS

Anger Management For Dummies
978-0-470-03715-7

Anxiety & Depression Workbook For Dummies
978-0-7645-9793-0

Dieting For Dummies, 2nd Edition
978-0-7645-4149-0

Dog Training For Dummies, 2nd Edition
978-0-7645-8418-3

Horseback Riding For Dummies
978-0-470-09719-9

Infertility For Dummies†
978-0-470-11518-3

Meditation For Dummies with CD-ROM, 2nd Edition
978-0-471-77774-8

Post-Traumatic Stress Disorder For Dummies
978-0-470-04922-8

Puppies For Dummies, 2nd Edition
978-0-470-03717-1

Thyroid For Dummies, 2nd Edition†
978-0-471-78755-6

Type 1 Diabetes For Dummies*†
978-0-470-17811-9

INTERNET & DIGITAL MEDIA

AdWords For Dummies
978-0-470-15252-2

Blogging For Dummies, 2nd Edition
978-0-470-23017-6

Digital Photography All-in-One Desk Reference For Dummies, 3rd Edition
978-0-470-03743-0

Digital Photography For Dummies, 5th Edition
978-0-7645-9802-9

Digital SLR Cameras & Photography For Dummies, 2nd Edition
978-0-470-14927-0

eBay Business All-in-One Desk Reference For Dummies
978-0-7645-8438-1

eBay For Dummies, 5th Edition*
978-0-470-04529-9

eBay Listings That Sell For Dummies
978-0-471-78912-3

Facebook For Dummies
978-0-470-26273-3

The Internet For Dummies, 11th Edition
978-0-470-12174-0

Investing Online For Dummies, 5th Edition
978-0-7645-8456-5

iPod & iTunes For Dummies, 5th Edition
978-0-470-17474-6

MySpace For Dummies
978-0-470-09529-4

Podcasting For Dummies
978-0-471-74898-4

Search Engine Optimization For Dummies, 2nd Edition
978-0-471-97998-2

Second Life For Dummies
978-0-470-18025-9

Starting an eBay Business For Dummies, 3rd Edition†
978-0-470-14924-9

GRAPHICS, DESIGN & WEB DEVELOPMENT

Adobe Creative Suite 3 Design Premium All-in-One Desk Reference For Dummies
978-0-470-11724-8

Adobe Web Suite CS3 All-in-One Desk Reference For Dummies
978-0-470-12099-6

AutoCAD 2008 For Dummies
978-0-470-11650-0

Building a Web Site For Dummies, 3rd Edition
978-0-470-14928-7

Creating Web Pages All-in-One Desk Reference For Dummies, 3rd Edition
978-0-470-09629-1

Creating Web Pages For Dummies, 8th Edition
978-0-470-08030-6

Dreamweaver CS3 For Dummies
978-0-470-11490-2

Flash CS3 For Dummies
978-0-470-12100-9

Google SketchUp For Dummies
978-0-470-13744-4

InDesign CS3 For Dummies
978-0-470-11865-8

Photoshop CS3 All-in-One Desk Reference For Dummies
978-0-470-11195-6

Photoshop CS3 For Dummies
978-0-470-11193-2

Photoshop Elements 5 For Dummies
978-0-470-09810-3

SolidWorks For Dummies
978-0-7645-9555-4

Visio 2007 For Dummies
978-0-470-08983-5

Web Design For Dummies, 2nd Edition
978-0-471-78117-2

Web Sites Do-It-Yourself For Dummies
978-0-470-16903-2

Web Stores Do-It-Yourself For Dummies
978-0-470-17443-2

LANGUAGES, RELIGION & SPIRITUALITY

Arabic For Dummies
978-0-471-77270-5

Chinese For Dummies, Audio Set
978-0-470-12766-7

French For Dummies
978-0-7645-5193-2

German For Dummies
978-0-7645-5195-6

Hebrew For Dummies
978-0-7645-5489-6

Ingles Para Dummies
978-0-7645-5427-8

Italian For Dummies, Audio Set
978-0-470-09586-7

Italian Verbs For Dummies
978-0-471-77389-4

Japanese For Dummies
978-0-7645-5429-2

Latin For Dummies
978-0-7645-5431-5

Portuguese For Dummies
978-0-471-78738-9

Russian For Dummies
978-0-471-78001-4

Spanish Phrases For Dummies
978-0-7645-7204-3

Spanish For Dummies
978-0-7645-5194-9

Spanish For Dummies, Audio Set
978-0-470-09585-0

The Bible For Dummies
978-0-7645-5296-0

Catholicism For Dummies
978-0-7645-5391-2

The Historical Jesus For Dummies
978-0-470-16785-4

Islam For Dummies
978-0-7645-5503-9

Spirituality For Dummies, 2nd Edition
978-0-470-19142-2

NETWORKING AND PROGRAMMING

ASP.NET 3.5 For Dummies
978-0-470-19592-5

C# 2008 For Dummies
978-0-470-19109-5

Hacking For Dummies, 2nd Edition
978-0-470-05235-8

Home Networking For Dummies, 4th Edition
978-0-470-11806-1

Java For Dummies, 4th Edition
978-0-470-08716-9

Microsoft® SQL Server™ 2008 All-in-One Desk Reference For Dummies
978-0-470-17954-3

Networking All-in-One Desk Reference For Dummies, 2nd Edition
978-0-7645-9939-2

Networking For Dummies, 8th Edition
978-0-470-05620-2

SharePoint 2007 For Dummies
978-0-470-09941-4

Wireless Home Networking For Dummies, 2nd Edition
978-0-471-74940-0

OPERATING SYSTEMS & COMPUTER BASICS

Mac For Dummies, 5th Edition
978-0-7645-8458-9

Laptops For Dummies, 2nd Edition
978-0-470-05432-1

Linux For Dummies, 8th Edition
978-0-470-11649-4

MacBook For Dummies
978-0-470-04859-7

Mac OS X Leopard All-in-One Desk Reference For Dummies
978-0-470-05434-5

Mac OS X Leopard For Dummies
978-0-470-05433-8

Macs For Dummies, 9th Edition
978-0-470-04849-8

PCs For Dummies, 11th Edition
978-0-470-13728-4

Windows® Home Server For Dummies
978-0-470-18592-6

Windows Server 2008 For Dummies
978-0-470-18043-3

Windows Vista All-in-One Desk Reference For Dummies
978-0-471-74941-7

Windows Vista For Dummies
978-0-471-75421-3

Windows Vista Security For Dummies
978-0-470-11805-4

SPORTS, FITNESS & MUSIC

Coaching Hockey For Dummies
978-0-470-83685-9

Coaching Soccer For Dummies
978-0-471-77381-8

Fitness For Dummies, 3rd Edition
978-0-7645-7851-9

Football For Dummies, 3rd Edition
978-0-470-12536-6

GarageBand For Dummies
978-0-7645-7323-1

Golf For Dummies, 3rd Edition
978-0-471-76871-5

Guitar For Dummies, 2nd Edition
978-0-7645-9904-0

Home Recording For Musicians For Dummies, 2nd Edition
978-0-7645-8884-6

iPod & iTunes For Dummies, 5th Edition
978-0-470-17474-6

Music Theory For Dummies
978-0-7645-7838-0

Stretching For Dummies
978-0-470-06741-3

Get smart @ dummies.com®

- **Find a full list of Dummies titles**
- **Look into loads of FREE on-site articles**
- **Sign up for FREE eTips e-mailed to you weekly**
- **See what other products carry the Dummies name**
- **Shop directly from the Dummies bookstore**
- **Enter to win new prizes every month!**